Peter Gomez
Mark Lambertz
Timo Meynhardt

Verantwortungsvoll führen in einer komplexen Welt

Unseren Lieben

Peter Gomez, Mark Lambertz und Timo Meynhardt

Verantwortungsvoll führen in einer komplexen Welt

Denkmuster – Werkzeuge – Praxisbeispiele

Haupt Verlag

Peter Gomez ist emeritierter Professor der Universität St. Gallen. Er war Rektor seiner Universität und Präsident der Schweizer Börse. Er publiziert zum Vernetzten Denken in der Führung und zur strategischen Entwicklung von Unternehmen.

Mark Lambertz ist ein «Digital Native» der ersten Stunde. Er gründete 1995 eine der ersten Digitalagenturen und führte sie erfolgreich während zweier Jahrzehnte. Heute berät und coacht er Teams und Unternehmen auf ihrem Weg zur agilen Organisation.

Timo Meynhardt ist Professor an der Handelshochschule Leipzig und Leiter eines Forschungszentrums an der Universität St. Gallen. Er beschäftigt sich mit Gemeinwohlfragen im Management (Public Value Scorecard, GemeinwohlAtlas) und ist Ko-Autor des Leipziger Führungsmodells.

Dieses Buch gibt es auch als E-Book.

Gestaltung und Satz: pooldesign.ch
Korrektorat: Monika Paff, D-Langenfeld

1. Auflage 2019
Diese Publikation ist in der Deutschen Nationalbibliografie verzeichnet.
Mehr Informationen dazu finden Sie unter http://dnb.dnb.de.

Der Haupt Verlag wird vom Bundesamt für Kultur mit einem Strukturbeitrag für die Jahre 2016–2020 unterstützt.

ISBN: 978-3-258-08140-3

Printed in Austria

www.haupt.ch

Inhaltverzeichnis

Prolog

Komplexität ist allgegenwärtig. Kaum eine gesellschaftliche, wirtschaftliche oder technologische Entwicklung, die dieses Prädikat nicht beansprucht. Kein Begriff, der die heutige Unsicherheit und Ratlosigkeit der Menschen besser zum Ausdruck bringt. Grund genug, um sich mit diesem Phänomen auseinanderzusetzen. Was meint die Aussage, ein Tatbestand, eine Entwicklung oder ein System sei komplex? Geht es um eine inhärente Eigenschaft, oder liegt einfach ein mangelndes Verständnis für die Zusammenhänge vor? Lässt sich Komplexität überhaupt bewältigen, oder sind wir deren Dynamik wehrlos ausgeliefert? Die von diesem Buch angesprochenen Führungskräfte müssen sich der Komplexität stellen, sonst können sie ihre Aufgabe nicht verantwortungsvoll wahrnehmen. Sie müssen lernen, Komplexität zu verstehen, abzubilden und zu bewältigen. Dieses Buch setzt sich zum Ziel, eine «Hilfe zur Selbsthilfe» auf diesem Weg zu sein und entsprechende Denkmuster und Werkzeuge zur Verfügung zu stellen.

Verschiedene Entwicklungslinien prägen unsere heutige Zeit, ganz besonders die Digitalisierung, die Globalisierung, der Klimawandel und die Synthetische Biologie. Im Mittelpunkt dieses Buches steht die Digitalisierung der Unternehmenswelt, und es zeigt auf, wie verantwortungsvolle Führungskräfte sich diesem fundamentalen Wandel stellen. Exemplarisch für die sich abzeichnenden Entwicklungen sei das «Internet der Dinge» genannt. Dieses kann ohne Umschweife als «komplex» bezeichnet werden. Es wird der künftigen Mobilität völlig neue Dimensionen eröffnen: autonomes Fahren, Wegfall jeglicher Staus, massive Einsparung von Energie. Der digitale Wandel zeigt sich hier von seiner besten Seite, die inhärente Komplexität dieser Technologie wird daher gerne akzeptiert. Bei näherem Hinsehen offenbaren sich aber auch Schattenseiten. Diese Entwicklung erfordert eine intensive (online-) Vernetzung von Aktivitäten, die vorher unabhängig voneinander (offline) funktioniert hatten. Zusammen mit der gleichzeitig zunehmenden Komplexität der Verkehrssysteme ergibt dies einen Giftcocktail, der zu einer massiv höheren Störungsanfälligkeit führt. Komplexe Computersysteme haben zwangsläufig Sicherheitsmängel, und bei starker Verknüpfung ergeben sich auch aus kleinen Abweichungen Kettenreaktionen, die schwierig zu stoppen sind.

Bereits 1984 hat der Soziologe Charles PERROW in seinem Buch «Normal Accidents» (1984) aufgezeigt, welcher Zusammenhang zwischen der Komplexität und der Koppelung (der Intensität der Verknüpfung der Teile) eines Systems besteht. Wenn bei steigender Komplexität sich gleichzeitig die Koppelung erhöht, dann nimmt die Gefahr von Großunfällen exponentiell zu. Dies widerspricht aber der menschlichen Intuition, die steigende Komplexität meist mit mehr Kontrolle (oder in heutiger Terminologie: Compliance) zu bewältigen versucht. Dabei wäre das Gegenteil gefordert: Je komplexer ein System, desto autonomer müssen dessen Teile sein, um das Gleichgewicht zu halten. Oder anders ausgedrückt, die Intelligenz muss im System verteilt sein. Dies gilt für Atomkraftwerke genauso wie für Universitäten, für Großkonzerne ebenso wie für kleine und mittlere Unternehmen.

Dieses Beispiel zeigt, dass die menschliche Intuition in komplexen Situationen oft kein guter Ratgeber ist. Der Nobelpreisträger Daniel KAHNEMANN (2011, 241) umschreibt dies wie folgt: «Der Anspruch der Intuition, in einer unvorhersagbaren Situation korrekte Resultate zu liefern, ist eine Selbsttäuschung … Der Intuition kann in Situationen, die keine Regelmäßigkeiten aufweisen, nicht vertraut werden.» Und er geht sogar noch weiter (2011, 225): «Die Forschung zeigt … dass zur Maximierung der Prognosegenauigkeit in schlecht strukturierten Umwelten die endgültige Entscheidung Algorithmen überlaßen werden sollte.» Dies ist kein Plädoyer dafür, Entscheide in Zukunft an Maschinen zu delegieren. Aber wissenschaftliche Erkenntnisse zu Verhaltensmustern komplexer Systeme sollten Priorität erhalten vor dem Vertrauen auf die eigene Intuition. Dafür spricht auch, dass das menschliche Gehirn sich wohl räumlich gut orientieren kann, aber bei gleichzeitig mit verschiedenen Geschwindigkeiten ablaufenden Prozessen überfordert ist. Die in diesem Buch angewandte Methodik des Vernetzten Denkens soll helfen, kontraintuitive Entwicklungen aufzuzeigen und der Komplexität angemessene Strategien zu entwickeln.

Szenenwechsel. Rolf Soiron, eine der profiliertesten Schweizer Führungspersönlichkeiten der letzten Jahrzehnte, hat in einem kürzlichen Interview (SOIRON, 2018, 76) die Frage nach seiner beruflichen Motivation wie folgt beantwortet: «Die Mechaniken und Zusammenhänge, wie Organisationen ticken, zu verstehen». Und er fährt fort: «Vielleicht weil mich die spezielle Mechanik von Organisationen so interessierte, kam ich immer ziemlich rasch in die Nähe derjenigen, die das Sagen hatten. Quantitativ waren meine Netzwerke daher nie sehr groß, qualitativ aber recht gut.»

Aus diesen Ausführungen lässt sich der Anspruch dieses Buches ableiten. Wir erforschen die Zusammenhänge, Mechaniken und Strukturen von Unternehmen angesichts des digitalen Wandels. Wir zeigen auf, wie mit der steigenden Komplexität der neuen Unternehmenswelt umgegangen werden muss. Für uns bedeutet «verantwortungsvoll führen», die Lebensfähigkeit des Unternehmens zu sichern und zu entwickeln, indem den Ansprüchen seines Umfeldes ganzheitlich Rechnung getragen wird. Es geht uns weder um die Vorhersage möglicher zukünftiger Entwicklungen, noch um die umfassende Darstellung digitaler Strategien oder der zur deren Umsetzung erforderlichen sozialen Kompetenzen. Wir möchten Führungskräfte anleiten, als «reflektierende Praktiker» die Komplexität der heutigen Unternehmenswelt zu akzeptieren, deren Zusammenhänge und Strukturen gedanklich zu durchdringen und kompetent zu handeln. Es gibt nämlich nur einen Weg, die Zukunft vorherzusehen – sie selber zu gestalten!

Wir beginnen unser Buch mit der Entwicklung von Denkmustern, die das verantwortungsvolle Führen in einer komplexen Welt leiten sollen. Dann stellen wir unsere «Landkarte» in Form des Viable System Model VSM vor. Dieses bereits vor einem halben Jahrhundert entwickelte Organisations- und Führungsmodell (Beer, 1972)hat nichts von seiner Aktualität eingebüßt. Im Gegenteil, seine Zeit ist mit den Herausforderungen des digitalen Wandels erst gekommen, indem es den Übergang vom Denken in Hierarchien zum Verstehen von Netzwerken ideal begleitet. Die für die Lebensfähigkeit eines jeden Unternehmens konstitutiven Funktionen des normativen, des strategischen und des operativen Managements werden in ihrer detaillierten Ausgestaltung vorgestellt und anhand von Praxisbeispielen illustriert. Die so gewonnenen Erkenntnisse werden schließlich zu Prinzipien verantwortungsvoller Führung in Zeiten des digitalen Wandels verdichtet.

1.

Reflexion in Zeiten des digitalen Wandels

Das digitale Zeitalter übt eine große Faszination auf die Menschen aus, und die Medien – von Fachpublikationen bis hin zur Boulevardpresse – nehmen dieses Thema bereitwillig auf. Die einen beschwören das Schreckgespenst eines massiven Verlustes von Arbeitsplätzen und der Übernahme der Kontrolle durch intelligente Maschinen, die anderen sehen darin die überfällige Freisetzung von Innovationspotenzialen ungeahnten Ausmaßes. Es wird oft mit Schlagworten wie «Künstliche Intelligenz», «Autonomes Fahren» und «Roboter statt Menschen» operiert, ohne allerdings zu präzisieren, was genau sich hinter diesen Begriffen verbirgt. Und ohne zu verstehen, dass es sich beim «digitalen Wandel» nicht um eine singuläre Erscheinung handelt, sondern dass diese durch mehrere Megatrends charakterisiert ist. Ein Ziel dieses Buches ist es, das Verständnis für diese Entwicklungen zu schärfen und aufzuzeigen, was «Führung» in diesem Kontext bedeuten kann.

Die Globalisierung, die ökologische Nachhaltigkeit, politische Unsicherheiten, der demografische Wandel und die synthetische Biologie fordern Führungskräfte heraus. Unser Fokus liegt aber auf dem digitalen Wandel.

Neben dem digitalen Wandel sehen sich Führungskräfte mit einer Vielzahl kaum überschaubarer Herausforderungen konfrontiert. Dazu zählen neue politische Unsicherheiten, die Globalisierung, die ökologische Nachhaltigkeit, der demografische Wandel und die Versprechen der völlig neuen Disziplin der synthetischen Biologie. Auf diese Themen wird im Verlauf unserer Ausführungen immer wieder Bezug genommen, ganz besonders in Kapitel 3 zum sinnstiftenden Wertbeitrag und in Kapitel 4 zur nachhaltigen Entwicklung des Unternehmens. Sie stehen aber – wie bereits im Prolog dargelegt – nicht im unmittelbaren Fokus unserer Ausführungen, da dies den Rahmen dieses Buches sprengen würde. Der digitale Wandel lässt sich anderseits ohne deren Einbezug nicht verstehen, wie besonders bei der Entwicklung der strategischen Netzwerkdiagramme in Kapitel 4 zu illustrieren sein wird.

Megatrends des digitalen Wandels

Drei Megatrends des digitalen Wandels werden auf künftige Unternehmensführung einen großen Einfluss haben:

- Weltweit befindet sich die liberale Wirtschaftsordnung auf dem Rückzug. Die **unternehmerischen Freiräume** werden durch staatliche Einflussnahme und Regulierung stark eingeschränkt, und in den wichtigen Wachstumsbereichen diktieren Monopole den Wettbewerb.
- Die Innovationen der digitalen Technologie führen zu grundlegenden Umwälzungen in drei Bereichen: Kommunikation, Energie und Logistik. Diese können nur als Ganzes verstanden werden, als verbindendes Element profiliert sich dabei das **Internet der Dinge**.
- Die Ablösung der herkömmlichen Infrastrukturen durch digitale Plattformen und Netzwerke wird die **Zukunft der Arbeit** entscheidend prägen. Dem Verlust heutiger Arbeitsplätze steht eine Vielzahl neuer Beschäftigungsmöglichkeiten entgegen.

Diese Megatrends definieren in Abb. 1.1 ein Spannungsfeld, in dem sich die künftige Führung behaupten muss.

Abbildung 1.1
Spannungsfeld der Führung im digitalen Wandel

Die **unternehmerische Freiheit** wird zum knappen Gut. Was hat sich gegenüber früher verändert, als sich bei technologischen Entwicklungsschüben dem unternehmerischen Denken und Handeln fast grenzenlose Chancen boten?

Vier Entwicklungen prägen unsere Zeit:

- Die liberale Wirtschaftsordnung ist im Rückzug begriffen
- Monopole dominieren die wichtigsten Wachstumsmärkte
- Der Staat reguliert (oft willkürlich) den digitalen Wandel
- Unternehmen verlieren ihre gesellschaftliche Akzeptanz («Lizenz zum Geschäften»)

Die liberale Wirtschaftsordnung baut auf Eigenverantwortung, Leistungsbereitschaft, Respekt vor privatem Eigentum, freiem Wettbewerb und Mut zum Risiko. Diese Ordnung geht meist einher mit einer demokratischen Gesellschaftsordnung. Weltweit sind Demokratien im Niedergang begriffen (LEVITSKY, ZIBLATT, 2018; KAGAN, 2018). Und mit ihnen die Möglichkeiten, unternehmerisch Neuland zu betreten. Aber auch in den noch bestehenden Demokratien gewinnen ideologische Strömungen an Einfluss, die im «(neo-)kapitalistischen» System des Unternehmertums eine ungerechtfertigte Bereicherung einiger Weniger zulasten der breiten Bevölkerung sehen. Entsprechend werden die unternehmerischen Freiheiten schrittweise eingeengt.

Die wichtigsten digitalen Wachstumsmärkte werden von weltweiten Monopolen dominiert. GAFA (Google, Apple, Facebook, Amazon) setzen die Standards und sind für viele andere Unternehmen unverzichtbare Partner beim Aufbau des eigenen Geschäfts (GALLOWAY, 2017). Gelingt es kreativen Start-ups, eine Nische zu besetzen, so werden sie bei Erfolg von den Großen akquiriert. Das Geschäft funktioniert nach dem Prinzip: «Der Gewinner nimmt alles!» Eine reale Chance haben nur die schnellen Verfolger oder allenfalls etablierte Firmen, die dank ihrer Kapitalkraft digitale Geschäfte aufbauen können, dies vor allem im B2B-Bereich.

> **Die Kombination von privatwirtschaftlichen Monopolen und staatlichen Regulierungen hindert den freien Wettbewerb.**

Der Staat sieht sich mit der Situation konfrontiert, dass die neuen Technologien Freiräume schaffen, die aufgrund ihrer Neuartigkeit noch keiner gesetzlichen Regelung unterstehen. In diese stoßen die schnellsten Digitalunternehmen hinein und bauen sich die Monopolsituation ganz nach ihren eigenen Regeln auf. Aus gesellschaftspolitischen Überlegungen kann dies der Staat nicht hinnehmen, was sich in Eingriffen und Regulierungen niederschlägt. Dies alles erfolgt aber weitgehend unter Ausschluss demokratischer und gesetzgeberischer Prozesse in einer «Zone der Willkür» – und damit zum Nachteil von Unternehmen und der Gesellschaft im weitesten Sinne. Ein gutes Beispiel dafür ist die kürzlich erlassene EU-Datenschutzverordnung, die vieles neu regelt, aber (dank geschickter Lobbytätigkeit der betroffenen Firmen) auch vieles ungeregelt lässt. Eine interessante Entwicklung zeichnet sich im Konkurrenzkampf zwischen den Monopolisten selber ab, indem Apple den Mitwettbewerber Facebook (zumindest zeitweise) von seinen iPhones verbannt, um diesen zu zwingen, unfaire Datenpraktiken aufzugeben. Dies wohl nicht aus moralischen Überlegungen, sondern um zu vermeiden, dass auf alle Monopolisten neue Regulierungen zukommen.

Bestehende Unternehmen verlieren zunehmend ihre gesellschaftliche Akzeptanz, ihre «Lizenz zum Geschäften». Ihnen wird vorgeworfen, zu sehr auf den eigenen Gewinn bedacht zu sein und die gesellschaftliche Wertschöpfung geringzuschätzen. Diese Entwicklung haben viele Unternehmen auch selber zu verantworten, da für sie das Gemeinwohl oft nur eine Nebenbedingung war. Die Erkenntnis aber wächst, dass die Wahrnehmung der gesellschaftlichen Verantwortung der Schlüssel für eine erfolgreiche Zukunft ist. Voraussetzung ist aber unternehmerische Freiheit (SCHWARZ, 2018). Diese muss mehr denn je auch verdient werden.

Das **Internet der Dinge** spielt in der «dritten industriellen Revolution» die entscheidende Rolle. Diese begann in den Augen von Jeremy RIFKIN (2014) mit dem Schock des bisher höchsten Ölpreises im Jahr 2008. Dieser löste den Umstieg in neue Energien und umfassende Maßnahmen zur Bekämpfung des Klimawandels aus. Parallel dazu eröffneten sich durch die digitalen Technologien in vielen Bereichen ungeahnte neue Anwendungsfelder und Märkte. Diese Entwicklungen können nur als Ganzes verstanden werden, denn die drei Dimensionen der Kommunikation, der Energie und der Logistik bedingen einander gegenseitig, um Produktivitätssteigerungen zu erzielen, welche wiederum Voraussetzung für künftiges Wachstum sind. Die Produktivität lässt sich heute nur noch steigern, wenn die Reibungsverluste entlang der Wertschöpfungskette reduziert werden können – am besten gleich auf null. Und dies ist mit den künftigen Möglichkeiten der digitalen Plattformen und des Internets der Dinge möglich. Mit diesem «globalen neuronalen Netz» lassen sich – zumindest glauben dies die Utopisten – die Grenzkosten bis auf null reduzieren, es gibt keine Gewinne, keine Eigentumsrechte und keine knappen Güter mehr, wir befinden uns im Endzustand in der «Share Economy».

Das Internet der Dinge – ein faustischer Pakt?

Dass all diesen Verheißungen des Internets der Dinge gewichtige mögliche Gefahren gegenüberstehen, haben wir bereits im Prolog dargelegt. In Abb. 1.2 seien diese Zusammenhänge nochmals illustriert.

Heute fahren Automobile unabhängig voneinander und offline. Allfällige Staus lassen sich durch geschicktes Umfahren umgehen. Das gilt auch für den Energieverbrauch, er lässt sich gezielt verringern. Wird mithilfe des Internets der Dinge alles miteinander verknüpft und online betrieben, so erhöht sich nicht nur die Koppelung. Die Komplexität des Verkehrssystems steigt aufgrund der immer sophistizierter werdenden Computersysteme und damit auch die Störungsanfälligkeit. Auch kleine technische Probleme oder Eingriffe von Hackern bewirken eine kaum mehr aufhaltbare Kettenreaktion.

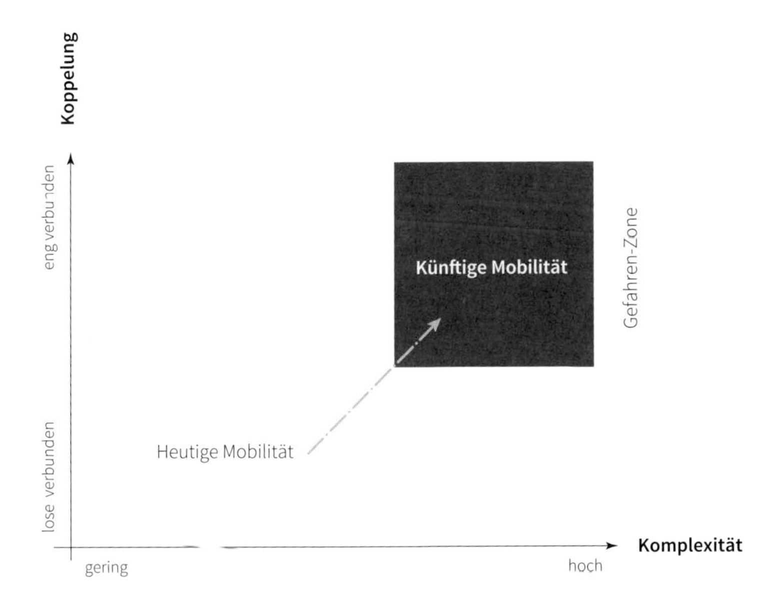

Abbildung 1.2
Entwicklung der Mobilität im Zeitalter des Internets der Dinge (in Anlehnung an CLEARFIELD und TILCSIK (2018, 51).

> Das autonome Fahren und die elektronische Börse haben vieles gemeinsam!

Ähnliches gilt für die Börse. Vor der Einführung der elektronischen Börse wurden die Geschäfte im Ring abgewickelt, die Wertschriftenhändler riefen einander die Kurse zu, und die rückwärtigen Dienste führten diese aus. Dabei kam es kaum zu Fehlern. Bei der elektronischen Börse, insbesondere beim Hochfrequenz-Handel, steigt die Komplexität exponentiell an. Es können pro Sekunde über 30 000 Angebote bearbeitet werden. Und mit den heute dominierenden Produkten wie ETFs (Equity Traded Funds – einen Index abbildenden Aktienfonds) wird die Koppelung erhöht. Wie gefährlich dies sein kann, zeigt die Börsenentwicklung im Dezember 2018. Dieser Monat war der schlechteste seit 1931, und dies nicht wegen sich verschlechternder Fundamentaldaten, sondern weil automatische Handelsalgorithmen von Hedgefunds eine Abwärtstendenz prognostiziert und damit eine Kettenreaktion ausgelöst hatten.

Das Internet der Dinge wird zweifellos zur dominierenden Technologie der Zukunft werden. Deshalb muss es einen zentralen Fokus bei Überlegungen zur künftigen Unternehmensführung einnehmen. Dies aber immer unter Berücksichtigung der möglichen Schäden, die diese Technologie anrichten kann.

Diese Überlegungen führen nahtlos zum Thema der **Zukunft der Arbeit.** Nach RIFKIN (2014) gibt es für die nächsten zwei Generationen ausreichend Gelegenheit zur Arbeit, nämlich bei der Demontage der Infrastruktur der zweiten industriellen Revolution und beim Aufbau der digitalen Plattformen und des Internets der Dinge. Eine Differenzierung drängt sich angesichts neuerer Erkenntnisse auf. Gemäß einer Studie von McKINSEY (2018) werden in der Schweiz bis 2030 eine Million Jobs wegfallen. Anderseits entstehen dafür fast so viele neue Arbeitsplätze. Sie erfordern aber ganz andere Fähigkeiten. Firmen und Bildungsinstitute stehen vor der Aufgabe, rund 800 000 Arbeitskräfte umzuschulen und weiterzubilden. Eine Untersuchung der Weltbank (NZZ, 2018) stellt fest, dass der Rückgang von industriellen Arbeitsplätzen sich vor allem auf die angelsächsischen Staaten konzentriert. Grund dafür sind einerseits der fehlende soziale Schutz und anderseits die Mängel im Bildungswesen.

Welche Verantwortlichkeiten ergeben sich für die Zukunft der Arbeitswelt?

Die obigen Aussagen sind allerdings mit großer Vorsicht zu genießen. Deshalb wird in Abb. 1.3 ein Szenario vorgestellt, das die Thematik aus einer anderen Perspektive beleuchtet: Wer soll in Zukunft die Verantwortung tragen für eine nachhaltige Entwicklung der Arbeitswelt?

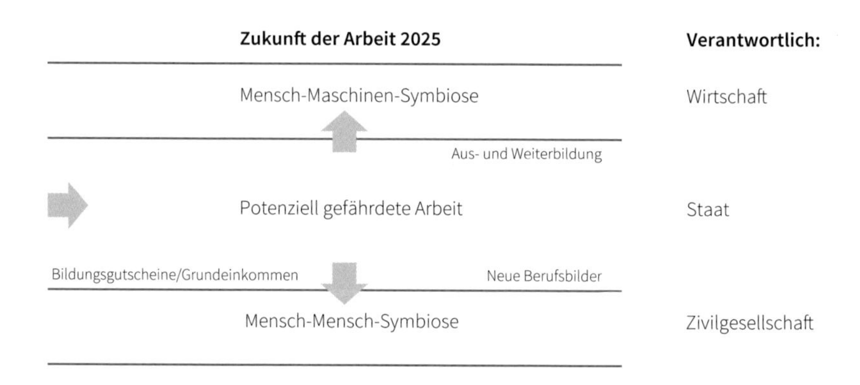

Abbildung 1.3
Szenario zu Verantwortlichkeiten für die Zukunft der Arbeit

Der Arbeitsmarkt von Ländern wie der Schweiz oder Deutschland könnte sich in Zukunft in drei Segmente teilen. Das oberste Segment bilden die gut ausgebildeten Arbeitskräfte, die bei der Mensch-Maschinen-Symbiose einen Mehrwert erbringen. Die Verantwortung der Rekrutierung und Förderung dieser Mitarbeitenden sollte bei der Wirtschaft liegen. Das dritte Segment umfasst alle jene Berufe, die auf einer engen Beziehung zwischen Menschen aufbauen, wie die Gesundheitspflege, die Altersbetreuung oder der Schulunterricht. Hier sollte die Verantwortung in Zukunft vermehrt bei der Zivilgesellschaft mit ihrem Milizsystem liegen. Das zweite Segment beinhaltet die potenziell gefährdete Arbeit. Hier sollte der Staat subsidiär zum Zuge kommen, dies durch Aus- und Weiterbildungsangebote zur Erreichung des ersten Segments, durch die Entwicklung neuer Berufsbilder für das dritte Segment sowie beim Reißen aller Stricke durch ein bedingungsloses Grundeinkommen.

Reflektierende Unternehmenspraxis

Ein grundlegendes Verständnis für den Umgang mit diesen Megatrends ist Voraussetzung für eine verantwortungsvolle Führung in Zeiten des digitalen Wandels. Unser Buch will dazu die Voraussetzung schaffen und fokussiert dabei auf die Frage: Welche Denkmuster und Werkzeuge sind geeignet, um diese und ähnliche Spannungsfelder bestmöglich zu bewältigen, und wie gehen Führungskräfte bei deren Umsetzung in der Unternehmenspraxis vor? Welche inhaltlichen Strategien und Taktiken sie entwickeln, und wie dabei ihre soziale Führungskompetenz zum Tragen kommt, wird anhand von Praxisbeispielen ergänzend illustriert. Führungskräfte sollen aber mit erster Priorität ein Instrumentarium kennenlernen, das sie auf den Umgang mit komplexen Zusammenhängen vorbereitet.

Unser Buch fokussiert auf Denkmuster und Werkzeuge beim Umgang mit den Spannungsfeldern des Wandels.

Weshalb wird dieser Umgang mit den genannten Megatrends nicht öfter thematisiert? Es fehlt schlicht ein ganzheitliches Verständnis für diese Entwicklungen. Der Grund dafür ist die meist von Expertinnen und Experten geführte, stark spezialisierte Diskussion. Diese haben meist eine eingeengte Sichtweise auf das technologisch Machbare und die sich abzeichnenden Wettbewerbsvorteile. Als Spezialisten und Berater müssen sie aber kaum Verantwortung für die Wirkung ihres Denkens und Handelns in Gesellschaft, Wirtschaft und Unternehmen übernehmen. Nicht ganz von der Hand zu weisen ist auch deren Einstellung zum Thema der Führung, wie Mitroff (2018, Pos. 259) treffend bemerkt: «Es ist eine selbstgefällige Annahme, dass – im Vergleich zur Technologie – Management einfach, wenn nicht gar trivial sei.»

Führungskräfte sind nicht einfach für die Umsetzung technologischer Neuerungen zuständig, sondern sie müssen ihre Mitarbeitenden für diesen Wandel begeistern, dessen Auswirkungen für die gesunde Entwicklung des Unternehmens richtig einschätzen und den Wandel selbst weiterentwickeln und beschleunigen. Damit leisten sie auch einen Beitrag zum Gemeinwohl, den die Zivilgesellschaft heute von Führungskräften zu Recht erwartet.

Ein umfassendes Führungsverständnis setzt ein stetes Überdenken der eigenen Aufgabe im größeren Kontext des Wandels von Gesellschaft, Wirtschaft und Unternehmen voraus – überzeugende Führungskräfte beweisen sich in diesem Umfeld als **reflektierende Praktiker**. Aber erfordert der tiefgreifende Wandel tatsächlich ein grundlegend neues Führungsverständnis, wie dies heute vielerorts gefordert wird? Oder kommen jetzt erst recht die Grundsätze guter Führung zum Tragen, wie sie über die letzten Jahrzehnte entwickelt und in der Praxis erfolgreich umgesetzt worden sind? Auf diese Frage wird im 6. Kapitel näher einzugehen sein.

Der Begriff des reflektierenden Praktikers wurde zu Beginn der 1980er-Jahre von Donald SCHON (1984) geprägt. Als stehender Ausdruck bezeichnet er **Frauen und Männer, die Führungsverantwortung übernehmen**. Um dies noch zu unterstreichen, verwenden wir in diesem Buch stets die Mehrzahl: **«reflektierende Praktiker».** Im Gegensatz zu Expertinnen und Experten sind reflektierende Praktiker in das Unternehmen integriert, sie tragen Verantwortung für ihr Denken und Handeln, sie beeinflussen den Lauf der Dinge. Sie verfügen über großes implizites Wissen – meist Erfahrung genannt –, das sie mit neuen Inhalten kombinieren müssen.

Reflektierende Praktiker machen sich intensiv Gedanken zu den grundlegenden Zusammenhängen ihrer Führungssituation. Für den digitalen Wandel heißt dies beispielhaft, dass sich technologische Entwicklungen zwar zu einem gewissen Grad prognostizieren lassen (siehe «Moore's Law», MOORE, 1965), die möglichen Anwendungen jedoch voller Überraschungen sind, oder anders ausgedrückt: Hier liegen die Wettbewerbsvorteile innovativer Unternehmen. Reflektierende Praktiker lassen sich nicht von den Versprechungen der technologischen Entwicklung blenden, sondern haben stets das eigene Unternehmen im Blick. Sie wissen, dass sich Anwendungen nicht prognostizieren lassen, sondern dass sie selber die Zukunft gestalten müssen. Und sie sind sich bewusst, dass sie mit ihren Eingriffen in das Unternehmen dieses nicht nur verändern, sondern dass es darauf reagiert, und zwar auf oft unvorhersehbare Weise. Das bedeutet, dass sie ihr «internes Modell» laufend anpassen, d. h., über ihre Reflexion reflektieren. Ganz entscheidend ist schließlich die Fähigkeit, die gesellschaftlichen und wirtschaftlichen Implikationen des digitalen Wandels und deren Auswirkungen auf das Unternehmen zu verstehen.

Reflektierende Praktiker – Frauen und Männer, die ihre Führungsaufgabe ganzheitlich wahrnehmen – haben eine umfassendere Sicht als Experten, sie sind für ihr Unternehmen und ihre Mitarbeitenden verantwortlich.

Reflektierende Praktiker stellen sich somit – im Gegensatz zu Experten – zum digitalen Wandel die folgenden Fragen:

- Experten: Welche neue Technologie könnte für das Unternehmen vorteilhaft sein?
  Praktiker: Welche Anwendungsmöglichkeiten ergeben sich aus der neuen Technologie für mein Unternehmen? Welche bisher nicht existierenden Märkte entstehen neu?
- Experten: Wie kann die neue Technologie bestmöglich im Unternehmen eingesetzt werden?
  Praktiker: Wie reagiert mein Unternehmen auf den durch die neue Technologie notwendigen Umbau?
- Experten: Welchen wirtschaftlichen Erfolg erzielt das Unternehmen durch die Anwendung der neuen Technologie?
  Praktiker: Welche Vorteile ergeben sich zusätzlich für meine Mitarbeitenden und für das Gemeinwohl?

In ähnlicher Weise argumentiert Nicholas TALEB (2018) mit dem Begriff des «Skin in the Game», dass die eigene Haut auf dem Spiel stehen muss. Reflektierende Praktiker verfügen über Führungswissen und -erfahrung sowie ein passendes Instrumentarium für wirkungsvolles Handeln. Vor allem aber verfügen sie über einen kreativen Zugang zu neuartigen Problemsituationen.

Reflektierende Praktiker müssen ganz spezifische Denkmuster entwickeln, um der Komplexität des digitalen Wandels gewachsen zu sein. Im Folgenden werden fünf solche Denkmuster vorgestellt und in ihrer praktischen Anwendung illustriert.

Denkmuster für die verantwortungsvolle Führung des Wandels

Neuartige Problemsituationen, wie sie sich beim digitalen Wandel zunehmend stellen, erfordern einen kreativen Zugang beim Erkennen der großen Zusammenhänge und bei der Bewältigung der anstehenden Komplexität. Wegleitend ist dabei die Einsicht, dass es keine unternehmerische Freiheit ohne gesellschaftliche Verantwortung geben kann und dass das Wohlergehen der Menschen stets im Mittelpunkt des Denkens und Handelns der reflektierenden Praktiker stehen muss.

Verantwortung übernehmen wird oft verstanden als «antworten können», «legitime Erwartungen erfüllen» oder «die Einheit von Handlung und Haftung sicherstellen». Wir wählen mit unseren Denkmustern einen etwas anderen Zugang, indem wir den reflektierenden Praktikern einen normativen Rahmen bereitstellen.

Verantwortungsvolles Führen zeigt sich für uns darin, dass eine Führungskraft die Denkmuster beachtet und ganz im Sinne praktischer Weisheit und mit gesundem Menschenverstand in der Praxis zur Anwendung bringt.

Unsere Arbeitshypothese lautet, dass sie in ihrer Führungspraxis bessere Resultate für sich und andere erzielen, wenn sie mit den Denkmustern operieren und ihre Aufmerksamkeit damit lenken.

- Fünf Denkmuster charakterisieren verantwortungsvolle Führung:
  - Die optimale Vereinfachung von Komplexität
  - Die Perspektive der russischen Puppen
  - Die Einheit von Freiheit und Verantwortung
  - Im Zentrum der Mensch
  - Die ganzheitliche Erfolgsmessung

Denkmuster 1: Die optimale Vereinfachung von Komplexität

Komplexität erkennen, abbilden und bewältigen – diese drei Phasen durchlaufen reflektierende Praktiker, wenn sie mit schwierigen Problemstellungen konfrontiert sind. Dabei müssen sie folgende Fragen beantworten:

- Ist das Problem tatsächlich **komplex**?
- Lassen sich in der Komplexität **Muster** erkennen, und welches ist die **optimale Vereinfachung** der Problemsituation?
- Wie können die **eigenen Optionen** der Problembewältigung erweitert werden?

Ausgangspunkt ist die Unterscheidung von einfachen, komplizierten und komplexen Problemen. Einfache Probleme sind durch eine geringe Anzahl von Einflussgrößen und Beziehungen charakterisiert, sie lassen sich analytisch lösen. Der Großteil der täglichen

Führungsaktivitäten fällt in diesen Bereich. Bei komplizierten Problemen steigt die Zahl der Einflussgrößen und der Beziehungen an. Die Art der Verknüpfung bleibt aber über die Zeit unverändert. Logistische Probleme gehören beispielsweise in diese Kategorie, mit der notwendigen Ausdauer findet sich letztlich eine optimale Lösung. Bei komplexen Problemen ändern sich im Zeitablauf nicht nur die Einflussgrößen und Beziehungen, sondern auch das **Verknüpfungsmuster ist dynamisch**. Die Entwicklung der Gesellschaft und der Wirtschaft gehört in diese Kategorie, genauso wie Wertschöpfungsprozesse von Unternehmen, bei welchen die Grenzen zwischen Lieferanten, Unternehmen und Kunden neu gezogen oder gar erfunden werden müssen.

Die Unterscheidung von komplizierten und komplexen Problemen ist nicht nur ein Sprachspiel, sondern Voraussetzung für einen kompetenten Umgang mit den Herausforderungen unserer Zeit.

Diese Zusammenhänge sind in Abb. 1.4 festgehalten.

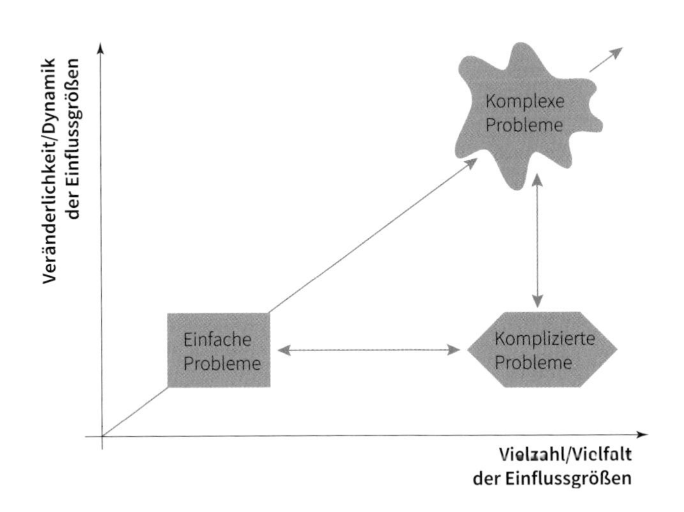

Abbildung 1.4
Einfache, komplizierte und komplexe Probleme

Je nachdem, ob ein Problem als kompliziert oder als komplex identifiziert wird, kommen unterschiedliche Denkweisen und Methoden zum Zug. Als verhängnisvoll erweist es sich im Unternehmensalltag, wenn komplexe Probleme mit dem für komplizierte Probleme vorgesehenen Instrumentarium angegangen werden, sei es aus mangelndem Verständnis für Komplexität oder aus sturem Festhalten an gewohnten Methoden. Dass hiervon auch die akademische Welt nicht verschont bleibt, sei nur am Rande erwähnt. Eine exakte Identifikation und Akzeptanz von Komplexität ist aber für das weitere Vorgehen unerlässlich.

Wenn sich komplexe Problemsituationen als Folge der dynamischen Entwicklung der Teile und ihrer Verknüpfungen nicht vollständig erfassen lassen, stellt sich natürlich die Frage, wie man sich überhaupt ein Bild machen kann. Mit Sicherheit lässt sich sagen, dass eine reduktionistische Betrachtungsweise – indem man das Ganze in seine Teile zerlegt und diese analysiert – nicht funktionieren kann, denn es gilt: «Das Ganze ist mehr als die Summe der Teile.» Oder noch konkreter, das Ganze ist «etwas anderes» als die Summe der Teile.

Das gilt auch im Zeitalter des «Big Data». Mehr und detailliertere Daten zu den einzelnen Teilen führen nicht zwangsläufig zu einem besseren Verständnis des Ganzen. Oder um es noch deutlicher auszudrücken, wir erleben heute mit «Big Data» oft einen Rückfall in das überwunden geglaubte reduktionistische Denken: «Der Glaube, dass komplexe Systeme verstanden werden können, indem man sie in ihre Teile zerlegt, deren Daten erfasst und diese isoliert studiert» (BRIDLE, 84). Dies führt dazu, dass unter Zeitdruck stehende Führungskräfte Komplexität nicht mehr durch eigene Denkleistung erfassen, sondern diese Aufgabe an Automaten delegieren. Und diese schaffen wiederum zusätzliche Komplexität, womit eine Aufwärtsspirale in Gang gesetzt wird. Mehr denn je ist deshalb eigenes vernetztes Denken gefordert, wie in Kapitel 4 ausführlich zu zeigen sein wird.

«Big Data» birgt die Gefahr des reduktionistischen Denkens und der Ablösung der eigenen geistigen Kreativität durch Automaten.

Das Verhalten von komplexen Situationen und Systemen lässt sich grundsätzlich **nicht prognostizieren**. Führungskräfte müssen sich somit in einer Welt zurechtfinden, die außer ihrer Geschichte wenig Anhaltspunkte für ein künftiges Handeln bereithält. Und gerade die Geschichte erweist sich oft als schlechte Ratgeberin. Technologien lassen sich recht gut voraussehen, sie sind meist dem Bereich des Komplizierten zuzuordnen. Anwendungsmöglichkeiten sind aber immer wieder überraschend, weil sie sich eben aus der Komplexität ergeben.

Ziel der Erfassung von komplexen Problemsituationen muss stets die **optimale Vereinfachung** sein. Dies gemäß dem Bonmot von Albert Einstein: «Man soll die Dinge immer so einfach wie möglich sehen, aber nicht einfacher!» Die Gefahren liegen vor allem beim «nicht einfacher», wie wir schon verschiedentlich gezeigt haben. Die unzulässige Reduktion komplexer Sachverhalte auf komplizierte oder gar einfache Zusammenhänge steht hier im Vordergrund. Diese lässt sich meist an folgender Formulierung erkennen: «... das ist ja nichts anderes als ...». Folgende weitere Erkenntnis erweist sich in diesem Kontext ebenfalls als hilfreich: Für jedes komplexe Problem gibt es eine einfache Lösung, und die ist sicher falsch! Wenn beispielsweise bei einem Streitgespräch zum Drogenproblem sich zwei einfache Lösungsvorschläge gegenüberstehen, nämlich die Drogen völlig zu verbieten versus die Drogen völlig freizugeben, dann handelt es sich zweifellos um ein komplexes Problem.

Für jedes komplexe Problem gibt es eine einfache Lösung ... und die ist sicher falsch!

Ein zentraler Grund für eine unzulässige Vereinfachung ist die in der folgenden Abbildung 1.5 festgehaltene Problematik der Zeitschere. Die zum Treffen guter Entscheide in komplexen Situationen benötigte Zeit nimmt stetig zu, hingegen nimmt die verfügbare Zeit aufgrund des Wettbewerbsdrucks und des starken Wandels immer mehr ab. Die sich öffnende Schere zwingt Führungskräfte zu «Sattelentscheiden», die sich durch mangelhafte Zielbestimmung, Beschränkung auf wenige Ausschnitte der Entscheidungssituation und einseitige Schwerpunktbildung auszeichnen. Dies führt aber zur Vernachlässigung von Nebenwirkungen und zur Übersteuerung. Wenn schließlich nur noch autoritäres Verhalten zu helfen scheint, ist die Schieflage perfekt. Dietrich DÖRNER (1989) hat diesen Mechanismus anschaulich in seinem Buch «Die Logik des Misslingens» beschrieben.

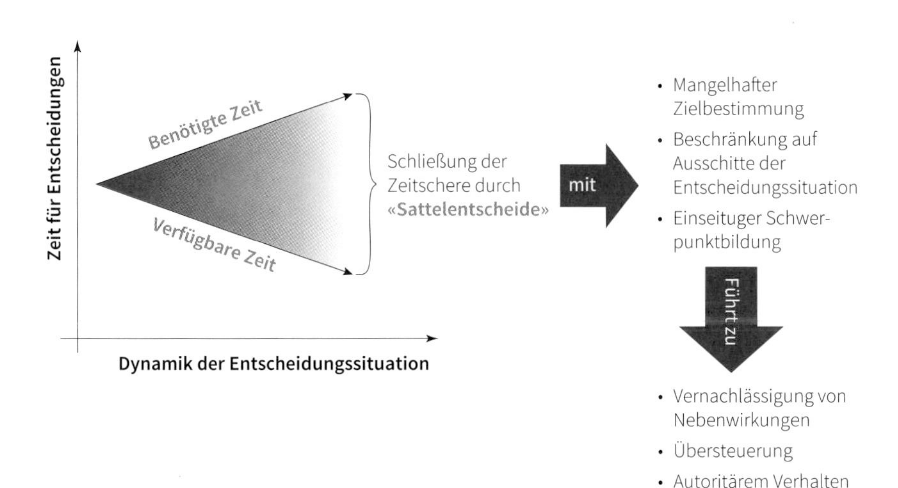

Abbildung 1.5
Die Zeitschere als Grund für unzulässige Vereinfachung (GOMEZ, MEYNHARDT, 2010, 139)

Den Versuch, komplexe Systeme optimal vereinfacht abzubilden, hat sich die **Methodik des Vernetzten Denkens** (GOMEZ, PROBST, 1999) zum Ziel gesetzt. Diese wird in 4. Kapitel zur strategischen Führung im Detail vorgestellt und in ihrer Anwendung illustriert.

Die Bewältigung von Komplexität erfordert das Zusammenspiel von optimaler Vereinfachung und Weiterentwicklung eigener Optionen!

- Wie ist nun bei der **Bewältigung von Komplexität** vorzugehen? Wir sprechen hier bewusst von der «Bewältigung» der Komplexität und nicht von der Lösung eines komplexen Problems. Eine solche gibt es nämlich aufgrund der angeführten Argumente nicht, es gibt lediglich eine Annäherung an einen Idealzustand. Wegweisend für den Umgang mit Komplexität ist das «Gesetz der erforderlichen Varietät» von Ross ASHBY (1970, 207), wobei die Varietät die Vielfalt möglicher Zustände des Systems misst. Das Gesetz besagt, dass zur Bewältigung der Varietät einer Problemsituation eine mindestens gleich große Varietät durch die reflektierenden Praktiker aufgebaut werden muss. Abbildung 1.6 illustriert diesen Zusammenhang, wobei die Problemsituation bewusst amöboid als schwer fassbar dargestellt wird, während das Rechteck des Managements dessen begrenztes Instrumentarium abbildet.

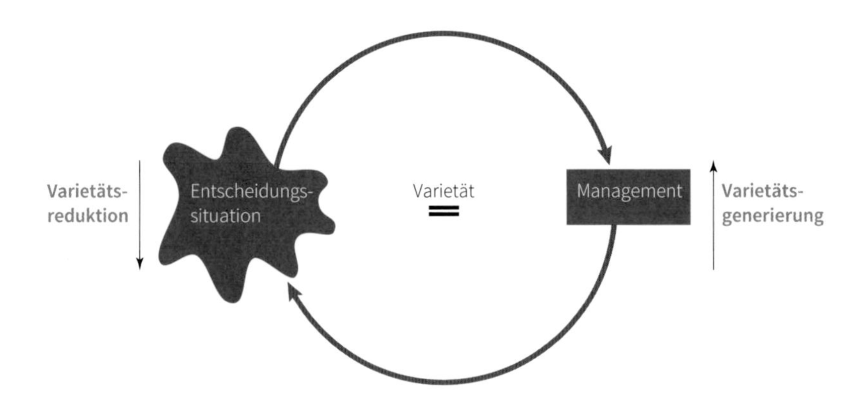

Abbildung 1.6
Das Gesetz der erforderlichen Varietät (nach ASHBY, 1970)

Um die Varietät ausgeglichen zu gestalten, gibt es zwei Möglichkeiten: Vereinfachung der Entscheidungssituation (Varietätsreduktion) und Stärkung der eigenen Gestaltungsmöglichkeiten (Varietätsgenerierung). Um die volle Wirkung zu entfalten, müssen diese beiden kombiniert werden.

Der Schlüssel zur Vereinfachung der Entscheidungssituation mit dem Ziel der **Varietätsreduktion** liegt in der Erkennung von Mustern. Die Forschung zur Selbstorganisation und zur Evolution von komplexen Systemen gibt hierzu wichtige Hinweise. Es geht um die Identifikation von Regelmäßigkeiten im Fluss von scheinbar ungeordneten Ereignissen und Prozessen. Systemgrenzen sind nicht vorgegeben, sie können neu gezogen werden, indem bereichsübergreifend in Wirkungsketten gedacht wird. Emergente, spontan entstehende, sich selbst verstärkende Entwicklungen sind stets das Resultat von Rückkoppelungen, die tiefere Einblicke in die Eigendynamik der Entscheidungssituation ermöglichen. «Power Laws» (TALEB 2008) sind empirische Gesetzmäßigkeiten der Skalierung, die oft gegen die Initiution und reduktionistische Erklärungsversuche verstoßen. Schließlich gibt es auch bei komplexen Entwicklungen Konstellationen, sogenannte «pockets of order» (JOHNSON, 2009), die eine Prognose ermöglichen. Diese Zusammenhänge sind auf der **linken Seite** der Abb. 1.6 festgehalten und werden im weiteren Verlauf des Buches illustriert.

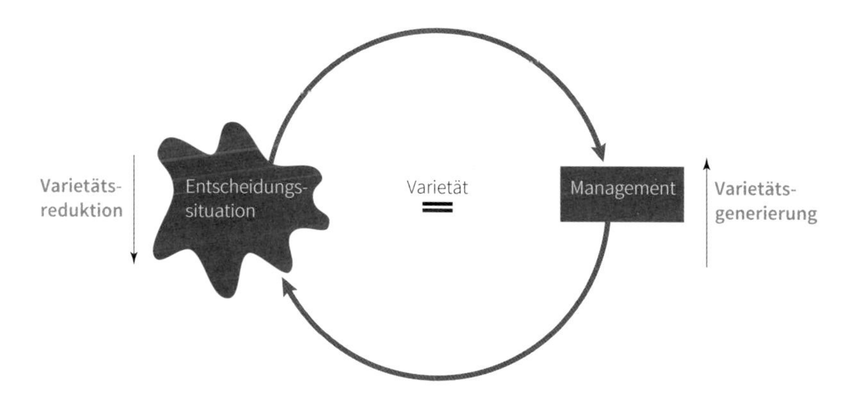

- **Muster:** Definiere die Systemgrenzen neu
- **Emergenz:** Identifiziere Rückkoppelungen
- **Skalierung:** Entdecke die Power Laws
- **Prognose:** Finde «pockets of order»

- **Leverage:** Setze bei den «Tipping Points» an
- **Organisation:** Favorisiere die lose Koppelung
- **Black Box:** Experimentiere statt zu modellieren
- **Resilienz:** Baue gezielt Fehler ein

Abbildung 1.7 Komplexitätsbewältigung auf der Basis des Gesetzes der erforderlichen Varietät

Wegleitend für Varietätsreduktion im Unternehmenskontext ist folgende Aussage von Steve Jobs (*ISAACSON, 2011*): «Einfachheit ist die höchste Form der Raffinesse ... Es erfordert eine Menge harter Arbeit ... etwas Einfaches zu schaffen, die Herausforderungen zu verstehen, die dem Ganzen zugrunde liegen, und eine elegante Lösung zu entwickeln.» Voraussetzung ist ein grundlegendes Verständnis der Spielregeln der Entscheidungssituation. Im Unternehmen geht es dabei um die Geschäftslogik, die Umweltdynamik und die Unternehmenskultur. Die Geschäftslogik beinhaltet die konstituierenden Prinzipien der Unternehmensführung und die speziellen Ausprägungen der jeweiligen Unternehmenskonstellation. Konkret, wer die Grundlogik unternehmerischer Tätigkeit – beispielsweise niedergelegt im Konzept des Shareholder Value (RAPPAPORT, 1998) – und die branchenspezifischen Anforderungen an das Unternehmen nicht versteht, wird nicht in der Lage sein, diesen Mangel durch Maßnahmen der Varietätsgenerierung wettzumachen. Das Gleiche gilt für die Umweltdynamik und die Unternehmenskultur. Wie Clayton CHRISTENSEN (2003) gezeigt hat, sind Unternehmen stets durch disruptive Angriffe der Wettbewerber in ihrer Lebensfähigkeit bedroht. Disruptionen laufen nach bestimmten Mustern ab, die rechtzeitig als Ausdruck der Umweltdynamik erkannt werden müssen. Die Unternehmenskultur schließlich ändert sich je nach Lebensphase des Unternehmens, in der Pionierphase gelten andere Spielregeln als in der Reifephase. Erst wer sich ein klares und einfaches Bild des Zusammenspiels von Geschäftslogik, Umweltdynamik und kulturellem Wandel verschafft, hat die Varietät der Problemsituation so reduziert, dass der Aufbau der eigenen Varietät in Angriff genommen werden kann.

Auf der **rechten Seite** der Abb. 1.7 sind Ansatzpunkte der **Varietätsgenerierung** durch das Management festgehalten. Die Forschung zu Komplexität und Selbstorganisation stellt auch hier eine Vielzahl von Hinweisen für die Unternehmensführung bereit. «Tipping Points» sind Ansatzpunkte, bei denen mit relativ kleinen Eingriffen eine große Wirkung erzielt wird (GLADWELL, 2006). Hierarchische Organisationsformen dominieren immer noch unsere Wirtschaft. Aber auch die Natur lehrt uns – wie bereits im Prolog gezeigt –, dass in vielen Fällen eine lose Kopplung gegenüber starren Strukturen viele Vorteile hat. In der digitalen Welt verliert das Modellieren stetig an Bedeutung, an seine Stelle tritt das Experimentieren. Pilotversionen werden im Markt getestet und stetig weiterentwickelt, bis das fertige Produkt stimmig ist. Und schließlich gewinnt der gezielte Einbau von Fehlern zunehmend an Bedeutung, um die Anpassungsfähigkeit (Resilienz) zu testen.

Gravierende Unfälle sind oft das Resultat der Kombination von hoher Komplexität und starker Kopplung.

Zur Abrundung dieses Denkmusters soll die Anwendung des Gesetzes der erforderlichen Varietät am Beispiel der Vermeidung von Großunfällen illustriert werden. Wie bereits in Abb. 1.2 zu den Gefahren des Internets der Dinge illustriert, sind viele gravierende Unfälle, die meist durch relativ kleine Fehler ausgelöst werden, das Resultat des Zusammenspiels von Komplexität (linke Seite der Gleichung) und Kopplung (rechte Seite der Gleichung). Wenn die Komplexität zunimmt, ergibt sich eine Vielzahl neuer Teile. Sind diese eng miteinander gekoppelt, beispielsweise durch bereichsübergreifende Prozesse, so erfolgt auch bei kleinen Fehlern eine Kettenreaktion, die das Ganze unkontrollierbar macht. Wenn ein Unternehmen komplexer wird, so versucht das Management oft intuitiv, diesem Trend durch Zentralisierung zu begegnen. Dies ist aber genau die falsche Reaktion. Um die Kontrolle zurückzugewinnen, muss bei der Gestaltung solcher Systeme die Komplexität so einfach wie möglich gehalten werden (Varietätsreduktion), und die Kopplung muss lose sein (Varietätsgenerierung).

Die Ausführungen zum ersten Denkmuster der Komplexitätsbewältigung sollen mit einigen Beobachtungen aus einer etwas ungewohnten Sicht abgeschlossen werden. Komplexität ist keine objektive Eigenschaft eines Systems, sondern abhängig von der Perspektive und damit der Systemabgrenzung des Beobachtenden. Führungskräfte können Komplexität aufbauen, sei es durch schieres Unvermögen oder durch bewusste Manipulation. Ersteres hat als Ursache meist mangelnde methodische oder Sachkompetenz. Eine konsequente Umsetzung der Erkenntnisse zum ersten Denkmuster (siehe unten) kann hier weiterhelfen. Etwas anders liegt der Fall bei der Manipulation. CLEARFIELD und TILCSIK (2018, 67) führen als Beispiel das Unternehmen Enron an. Das Unternehmen baute Modelle, um den «wahren» Wert ihrer Vermögenswerte zu ermitteln. Bei Großprojekten trafen sie Annahmen, welche Einkünfte sie über die kommenden Jahre generieren könnten. Diese verbuchten sie als unmittelbare Geldflüsse, ohne solche je erzielt zu haben. Damit manipulierten sie den Aktienkurs und schließlich auch die Boni. Dieses sogenannte «mark-to-market accounting» (den Marktwert ansetzen) erhöhte nicht nur die Komplexität, sondern macht aus Enron ein eng gekoppeltes System – mit den bekannten Konsequenzen des Bankrotts.

CLEARFIELD und TILCSIK (2018) argumentieren weiter, dass Sicherheitssysteme oft die wichtigste Quelle von Systemversagen seien. Diese Systeme weisen meist einen so hohen Komplexitätsgrad auf, dass die Verantwortlichen dadurch völlig absorbiert werden und die einfachen Gefahrensignale ignorieren. Denn jedes komplexe System produziert schwache Signale, wenn es aus dem Ruder zu laufen droht. Wie diese entdeckt werden können, wird in Kapitel 4 gezeigt.

Für das **Denken und Handeln der reflektierenden Praktiker** bedeuten diese Erkenntnisse Folgendes:

- Unterscheide zwischen komplizierten und komplexen Problemen, und richte dein Vorgehen auf deren spezifische Charakteristika aus!
- Lasse dich nicht von «Big Data» zu einer reduktionistischen Sicht komplexer Probleme verleiten!
- Gehe komplexe Probleme stets im Geiste des «Gesetzes der erforderlichen Varietät» an, die Gleichung von Varietätsreduktion und Varietätsgenerierung muss aufgehen!
- Lerne von der Natur den geschickten Umgang mit Komplexität!
- Vermeide zerstörerische Kettenreaktionen – sorge für lose Koppelung in komplexen Systemen!

Denkmuster 2: Die Perspektive der russischen Puppen

Unternehmerische Aktivitäten spielen sich nicht im luftleeren Raum ab, sie sind in gesellschaftliche und wirtschaftliche Zusammenhänge eingebettet. Die Gesellschaft – oder präziser die Zivilgesellschaft – führt auf der Grundlage gemeinsamer Wertvorstellungen durch formale Regeln und abstrakte Vorgaben Individuen zusammen, die sonst keine enge Beziehung zueinander haben. Die Wirtschaft als Teil der Gesellschaft regelt die Austauschbeziehungen in Form von idealerweise freien Märkten. Beide zusammen geben so den Rahmen jeglicher unternehmerischen Tätigkeit vor. Unternehmen schließlich nutzen diesen Spielraum, um als kleinste produktive Einheiten zur Sicherstellung des Wohlergehens des größeren Ganzen beizutragen.

Weitere Teile der Gesellschaft – wie etwa der Staat, die Wissenschaft, die Kultur – üben einen prägenden Einfluss auf die Unternehmen aus. Hier soll aber vorerst der Fokus auf das Zusammenspiel von Gesellschaft, Wirtschaft und Unternehmen gelegt werden. Dieses gestaltet sich nach dem **Prinzip der russischen Puppen** – «Matrjoschka», aus Holz gefertigte, bunt bemalte, ineinander schachtelbare Puppen. In ihren Grundzügen sind sich diese drei Systeme sehr ähnlich, aber sie können nur in ihrer gegenseitigen Abhängigkeit verstanden werden.

Die Gesellschaft, die Wirtschaft und die Unternehmen sind komplexe Systeme, sie setzen Wertvorstellungen um, sie sind im Prinzip dem Gemeinwohl verpflichtet, und sie dienen dem Wohlergehen der Menschen. Diese Eigenschaften bestimmen die Möglichkeiten und Grenzen unternehmerischen Handelns. Aber nur durch eine grundlegende Einsicht in das Zusammenspiel von Gesellschaft, Wirtschaft und Unternehmen lassen sich die unternehmerischen Spielräume optimal erkennen und nutzen.

Das Denkmuster der russischen Puppen ermöglicht den Zugang zum wichtigsten Bindeglied von Gesellschaft, Wirtschaft und Unternehmen: Sie alle sind komplexe Systeme. Diese lassen sich weder analytisch noch statistisch noch mittels «Big Data» vollständig erfassen und abbilden. Sie zeichnen sich durch Eigendynamik aus und lassen sich deshalb nicht prognostizieren. Und sie lassen sich auch nicht direkt steuern oder «managen». Und trotzdem gibt es Wege, sich mit und in ihnen zurechtzufinden.

Armin NASSEHI (2017) charakterisiert auf eindrückliche Weise die **Gesellschaft** als komplexes System. Sie zeichnet sich durch verteilte Intelligenz aus, wobei eine Vielzahl von eigenständigen Logiken miteinander konkurrieren, ohne dass sie sich aufeinander abbilden lassen. Wirtschaft, Politik, Kultur, Medien, Wissenschaft, Rechtssystem haben ihre eigenen Problemlösungsperspektiven, die sie stets weiter optimieren. Sie definieren sich in ihrer Perspektivendifferenz zu den anderen Bereichen und kämpfen um die «narrative Autorität». Die Lösung (oder besser Bewältigung) für die Gesamtheit der Gesellschaft wichtiger Probleme ist deshalb äußerst schwierig. Nicht nur die Interessen, sondern auch die jeweiligen Sprachen lassen einen Diskurs nicht zu. Der streitbare Philosoph Peter SLOTERDJIK hat dies treffend mit einem Bonmot unter Verweis auf die Systemtheorie des Soziologen Niklas LUHMANN festgehalten:

> «Mir kommen die Welt von heute und ihre Debatten mit jedem Tag mehr vor wie ein aus dem Ruder gelaufenes Luhmann-Seminar.»
> (SLOTERDJIK 2018)

Diese Problematik wird gegenwärtig durch die Erstarkung der «Identity Policy» (FUKUYAMA, 2018) noch verschärft. Die politischen Grenzen zwischen «Links» und «Rechts» verwischen sich zusehends, die Menschen fühlen sich Minoritäten zugehörig und schotten sich gegen die Andersdenkenden ab. In unseren Breitengraden sind dies etwa die Bauern gegen die Befürworter von Freihandelsverträgen, die Velofahrer gegen die Automobilisten oder die Vegetarier/Veganer gegen die Fleischkonsumenten. Hier Verbindendes zu finden, erweist sich zunehmend als schwierig bis unmöglich.

> Wir versuchen, die Gesellschaft aus der Sicht der Logik der Wirtschaft zu erklären – das erweist sich aber als Illusion!

Als weiteres Element der Komplexität führt NASSEHI (2017) an, dass der angestrebte Umbau der Gesellschaft dazu führt, dass diese sofort auf die Eingriffe reagiert. Damit sind diese Aktivitäten immer unterkomplex, sie schaffen neue Konstellationen, die wiederum Interessengruppen auf den Plan rufen. Wie gehen wir aber mit dieser Komplexität um, schließlich müssen wir uns irgendwie zurechtfinden? NASSEHI (2017) präsentiert eine verblüffende Einsicht: Wir versuchen, die Gesellschaft aus der Sicht der Logik der Wirtschaft zu erklären und die Ökonomie für gesellschaftliche Fehlentwicklungen verantwortlich zu machen. Folglich wird der Kapitalismus an den Pranger gestellt, freie Märkte werden reguliert, «Big Data» wird als Mittel der Revitalisierung der Planwirtschaft angepriesen. Dies alles in der Erwartung, damit eine Komplexitätsreduktion zu erreichen und schließlich unsere gesellschaftlichen Verwerfungen interpretieren und bewältigen zu können. Dies erweist sich aber als Illusion, da auch die Wirtschaft ähnlich komplex ist wie die Gesellschaft, nach gleichen Gesetzmäßigkeiten funktioniert und nicht dadurch prognostizierbar wird, dass man mit deterministischen Modellannahmen arbeitet.

Die Wirtschaft ist auch ein «komplexes adaptives System» – eher ein Ökosystem als eine Maschine – und kann nicht komplett durchschaut, verstanden oder kontrolliert werden.

So ortet der Chairman des Economic and Development Review Committee der OECD, William WHITE (2018), die Hauptursache der steigenden globalen Verschuldung in einem mangelnden Verständnis für die **wirtschaftlichen Zusammenhänge**. Er kritisiert die Annahme, dass die Struktur der Wirtschaft sowohl durchschau- als auch beherrschbar sei. Dies ist populär, aber falsch, wirtschaftliche Systeme weisen emergente Eigenschaften auf, und es gibt kein Gleichgewicht in solchen Systemen. Wie die Gesellschaft besteht die Wirtschaft aus verschiedenen Sektoren mit jeweils unzähligen Akteuren. Diese verfolgen ihre Ziele individuell nach einfachen Regeln, und Wechselwirkungen und Rückkoppelungseffekte führten zu unerwarteten Ergebnissen oft nicht linearer Natur.

Wie die Gesellschaft und die Wirtschaft weisen **Unternehmen** Eigenschaften auf, die deren Steuerung oder gar «Beherrschung» verunmöglichen. Unternehmen sind grundsätzlich komplex, wenn auch nicht so stark von Interessengruppen getrieben wie die Gesellschaft oder die Wirtschaft. Aber auch hier gibt es keinen Königsweg auf der Basis stark vereinfachender Managementansätze und -modelle. Dies wird im Verlauf dieses Buches aus verschiedensten Perspektiven zu illustrieren sein.

Im Unternehmenskontext erweist sich die «Helikoptersicht» als bewährtes Vorgehen bei der Umsetzung des Prinzips der russischen Puppen. Bevor Führungskräfte eine Problemsituation in Angriff nehmen, steigen sie – bildlich gesprochen – zuerst in den Helikopter und erheben sich hoch über das Gelände. Von dort sehen sie das Unternehmen eingebettet in die Gesellschaft und die Wirtschaft. Sie gewinnen Einsicht in die großen Zusammenhänge und können sich erste Gedanken über ihre Handlungsoptionen machen. Dann landen sie mit dem Helikopter an einem genau spezifizierten Standort – beispielsweise dem Marketing – und gewinnen dort eine umfangreiche Bodenprobe. Diese nehmen sie wieder in ihrem Helikopter auf jene Flughöhe mit, die eine Interpretation der gewonnenen Daten im größeren Kontext von Unternehmen, Wirtschaft und Gesellschaft erlaubt.

Das Prinzip der russischen Puppen wird in Kapitel 2 ausführlich zur Anwendung kommen. Das Viable System Model (BEER, 1972), das dort als Landkarte der reflektierenden Praktiker vorgestellt wird, hat die Eigenschaft der Rekursivität. Ein lebensfähiges System besteht aus Subsystemen, die ihrerseits ebenfalls die Eigenschaft der Lebensfähigkeit aufweisen.

Für das **Denken und Handeln der reflektierenden Praktiker** bedeuten diese Erkenntnisse Folgendes:

— Gewinne aus «Helikoptersicht» einen Überblick über die Einbettung der Führungssituation!
— Betrachte die Zusammenhänge von Gesellschaft, Wirtschaft und Unternehmen durch die verbindende «Komplexitätsbrille»!
— Verstehe deine Handlungsoptionen als Eingriffe in unvorhersehbar reagierende Gebilde!
— Vermeide Scheinlösungen durch unzulässige Vereinfachungen deiner Grundannahmen und Denkmodelle!

Denkmuster 3: Die Einheit von Freiheit und Verantwortung

Eigenverantwortung, Leistungsbereitschaft, Respekt vor privatem Eigentum, freier Wettbewerb und Mut zum Risiko sind Eigenschaften einer liberalen Weltsicht, wie sie in diesem Buch vertreten werden. Wir machen uns dabei die Argumente von Karl POPPER («Die offene Gesellschaft und ihre Feinde», Nachdruck 2003), Friedrich von HAYEK («Der Weg zur Knechtschaft», Nachdruck 2003) und Isaiah BERLIN («Freiheit», 1969) zu eigen. Kern ist ein freiheitliches Menschenbild, das ein ausgewogenes Verhältnis von Rechten und Pflichten umfasst. Der Staat darf die Freiheit des Einzelnen nur beschränken, wenn diese die Freiheit und die Sicherheit Anderer bedroht. Der Staat übernimmt im liberalen Weltbild die Verantwortung für die Bereiche der Sicherheit, der Bildung, der Infrastruktur und der Sozialleistungen. Dies im Gegensatz zur libertären Geisteshaltung, die staatliche Aktivitäten weitestgehend zurückdrängen möchte.

Das liberale Welt- und Menschenbild ist im Rückzug begriffen. Umso mehr müssen reflektierende Praktiker die sich durch den Wandel ergebenden Freiräume verantwortungsvoll nutzen.

Wie eingangs erwähnt, schafft der digitale Wandel Freiräume, die noch nicht gesetzlich reguliert sind. Um diese Freiräume kämpfen nicht nur Unternehmen, auch der Staat möchte diese baldmöglichst besetzen. Man kann in diesem Zusammenhang von einer zeitlich begrenzten «Zone der staatlichen Willkür» sprechen. Diese Freiräume verschaffen Unternehmen bei geschickter Nutzung Wettbewerbsvorteile, vor allem für die «early movers». Diese sind aber nur nachhaltig, wenn sie verantwortungsvoll genutzt werden. Denn nur dann wird dem Staat kein Anlass gegeben, regulatorisch einzugreifen. Voraussetzung für ein grundlegendes Verständnis dieser Zusammenhänge ist eine zeitgemäße Interpretation der liberalen Weltsicht.

Ausgangspunkt für solche Überlegungen sind gesellschaftliche, wirtschaftliche und politische Entwicklungen, wie Globalisierung, Individualisierung, Nachhaltigkeit und internationale Regulierung. Sollen diese im Geiste des Liberalismus als Chance und nicht als Gefahr gesehen werden, so müssen die liberalen Werte gestärkt und allenfalls neu ausgerichtet werden, und dies in den vier Bereichen: Gemeinschaft, Gesellschaft, Wirtschaft und Politik (GOMEZ, 2015). Die Unterscheidung von Gemeinschaft und Gesellschaft wurde bereits im 19. Jahrhundert vom Soziologen Ferdinand TÖNNIES (1887/2005) eingeführt. Gemeinschaft bezeichnet das reale und organische Leben in Familie, Nachbarschaft und Verein. Voraussetzung dafür ist der Gemeinsinn. Gesellschaft hingegen entsteht durch ideelle Bindung von sich «Fremden» durch formale Regeln und abstrakte Vorgaben. Diese erst ermöglichen ein Leben in Freiheit. Gemeinschaft und Gesellschaft befinden sich in steter Interaktion mit Wirtschaft und Politik. Wirtschaft ermöglicht Fortschritt, und Politik sichert die Zukunftsfähigkeit. Erst das Zusammenspiel dieser Kräfte aber ermöglicht wahrhaft liberales Denken und Handeln (vgl. zum Folgenden GOMEZ, 2015, 25).

Chancen für unternehmerische Freiräume ergeben sich in der Gemeinschaft, in der Gesellschaft, in der Wirtschaft und in der Politik. Was bedeutet es, diese verantwortungsvoll zu nutzen?

Ist in der heutigen Zeit Gemeinsinn überhaupt noch aktuell? Fragt man die junge Generation, was in ihrem Leben das Wichtigste ist, dann stehen mit Abstand die Freunde und die Familie an der Spitze. Und hierbei spielen das gegenseitige Vertrauen, der Zusammenhalt und die Integrität des Einzelnen die entscheidende Rolle. Ordnet man **Gemeinschaft** in ein liberales Koordinatensystem (Abb. 1.8) ein, so ist zwischen ihren Voraussetzungen und ihren grundlegenden Werten zu unterscheiden. Voraussetzungen sind sozialer Friede und Sicherheit, grundlegende Werte das gegenseitige Vertrauen, die Toleranz gegenüber dem Anderssein und das Augenmaß bei der Nutzung des eigenen Spielraums.

Das Pendant zur Gemeinschaft ist die **Gesellschaft**. Diese regelt das Zusammenleben und die gemeinsamen Wertvorstellungen von Fremden. Eine liberale Gesellschaft ruht auf drei tragenden Säulen: Freiheit, Eigentum und Rechtssicherheit. Ohne Freiheit keine Eigentumsrechte; Freiheit wiederum ist nicht nur Anspruch, sondern auch Verpflichtung. Freiheit ist eine Tätigkeit, sie bedeutet, Lebenschancen zu schaffen und zu nutzen. Und dies kann sie nur, wenn rechtliche und institutionelle Rahmenbedingungen dies absichern. Daraus lassen sich im liberalen Koordinatensystem von Abb. 1.8 als Voraussetzungen für eine freie Gesellschaft das Eigentum und die Rechtssicherheit ableiten, die grundlegenden Werte lauten Wahlmöglichkeiten, Chancengleichheit, Verantwortung.

Bei der Erfassung der **Wirtschaft** stehen die Themen des Wachstums und des Fortschritts in einer freiheitlichen Marktwirtschaft im Vordergrund. Wachstum schafft Wohlstand, darf aber nicht zur Ideologie oder zum Zwang verkommen. Der Wachstumspfad soll im Dienste des Fortschritts folgende Leitideen umsetzen: Investition in Innovation und Wertschöpfung, Schuldendisziplin und ressourcengerechtes Wachstum Voraussetzung für Fortschritt sind Bildung, Freiheit des Denkens und internationale Vernetzung, nur so entsteht neues Wissen und Wertschöpfung. Im liberalen Koordinatensystem von Abb. 1.8 lässt sich die Wirtschaft wie folgt einordnen: Voraussetzung für Fortschritt sind Bildung und Weltoffenheit im Sinne weltweiter Vernetzung, die grundlegenden Werte lauten Denkfreiheit, Investition und Innovation.

Das Spektrum der **Politik** rundet diese Betrachtung ab. Diese muss die Zukunftsfähigkeit der gemeinschaftlichen, gesellschaftlichen und wirtschaftlichen Entwicklung sicherstellen. Voraussetzung dafür sind demokratische Freiheit der Meinungsäußerung und Föderalismus, der eigenverantwortliche Gemeinschaften ermöglicht. Zukunftsfähigkeit beinhaltet nicht nur umweltgerechtes Handeln, sondern auch umfassende Sicherung des Wohlergehens künftiger Generationen. Nachhaltiges, zukunftsfähiges Denken und Meinungsvielfalt sind äußerst anspruchsvoll, zumal deren heutige Ausprägungen durch die elektronischen Medien herausgefordert werden. Im liberalen Koordinatensystem von Abb. 1.8 wird die Politik wie folgt abgebildet: Voraussetzung für «Zukunftsfähigkeit» sind Meinungsäußerungsfreiheit und Generationengerechtigkeit, die grundlegenden Werte lauten lebendiger Bürgerstaat, Ressourceneffizienz und Nachhaltigkeit.

Die Integration dieser Anforderungen zu einem kohärenten Koordinatensystem für einen zeitgemäßen Liberalismus ergibt folgendes Bild in Abb. 1.8.

Bereiche	Voraussetzungen	Werte
Gemeinschaft «Gemeinsinn»	Sozialer Frieden Sicherheit	Vertrauen Toleranz Augenmaß
Gesellschaft «Freiheit»	Eigentum Rechtssicherheit	Wahlmöglichkeiten Chancengleichheit Verantwortung
Wirtschaft «Fortschritt»	Wissen Weltoffenheit	Denkfreiheit Investition Innovation
Politik «Zukunftsfähigkeit»	Meinungsäußerungsfreiheit Generationengerechtigkeit	Lebendiger Bürgerstaat Ressourceneffizienz Nachhaltigkeit

Abbildung 1.8
Das Koordinatensystem des zeitgemäßen Liberalismus (GOMEZ, 2015, 26)

Welche Handlungsanweisungen lassen sich aus diesem Koordinatensystem für reflektierende Praktiker ableiten? Entscheidende Hinweise gibt das oben vorgestellte Denkmuster der russischen Puppen. Unternehmen sind einerseits eingebettet in die Gesellschaft, die Wirtschaft und die Politik. Anderseits sind die Mitarbeitenden Teil unterschiedlicher Gemeinschaften: Familie, Sportverein, Kirche, Gemeinde. Wenn reflektierende Praktiker die Grundprinzipien einer liberalen Ausrichtung der übergeordneten Gesellschaft, Wirtschaft und Politik kennen, können sie ihr Unternehmen besser positionieren. Wenn sie die Mitarbeitenden im Kontext ihrer Gemeinschaften verstehen, können sie auch besser deren Motivation und deren Ziele einordnen. Und schließlich sind sich alle diese Bereiche **selbstähnlich**, sie funktionieren nach gleichen Prinzipien – denen von komplexen Systemen.

Was bedeutet Freiheit und Verantwortung in einer von Daten und Algorithmen dominierten Welt?

Gelten die aufgeführten Prinzipien und Handlungsanleitungen auch heute noch weitgehend uneingeschränkt, so haben sich doch mit dem digitalen Wandel neue Herausforderungen ergeben. Was bedeutet Freiheit und Verantwortung in einer von Daten und Algorithmen gesteuerten Welt? (GUTZWILLER, MÜLLER, 2018). Freiheit bedeutet, über eigene Daten zu verfügen, nicht nur im Sinne der Berechtigung, sondern auch der Befähigung, diese zu erwerben. Und wie kann Verantwortung für Entwicklungen übernommen werden, die von Algorithmen und Datenstrukturen weitgehend vorbestimmt sind? Es gab zwar schon immer Sachzwänge, aber die heutigen Skaleneffekte sprengen alle Dimensionen. Trägt der Staat weiterhin die Verantwortung für die Rechte seiner Bürger? Alles Fragen, deren Beantwortung wohl erst im Verlauf der digitalen Weiterentwicklung möglich sein wird. Und dies nicht durch Experten, sondern durch die unmittelbar Betroffenen, die Verantwortlichen in Politik, Wirtschaft und Unternehmen sowie letztlich die Bürgerinnen und Bürger.

Für das **Denken und Handeln der reflektierenden Praktiker** bedeuten diese Erkenntnisse Folgendes:

Gemeinschaft: Vertrauen, Toleranz, Augenmaß
- Schaffe eine Kultur des Vertrauens!
- Ermögliche die Diversität von Meinungen!
- Feiere die kleinen Erfolge!

Gesellschaft: Wahlmöglichkeiten, Chancengleichheit, Verantwortung
- Erhebe Job Rotation zum Prinzip!
- Fördere Diversität, garantiere gleiche Ausgangsbedingungen!
- Organisiere nach dem Prinzip der Autonomie der kleinsten Einheit!

Wirtschaft: Denkfreiheit, Investition, Innovation
- Ermögliche eine Fehlerkultur!
- Gib Effektivität Priorität vor Effizienz!
- Schaffe Freiraum für Kreativität!

Politik: Lebendiger Bürgerstaat, Ressourceneffizienz, Nachhaltigkeit
- Beziehe die Mitarbeitenden in Entscheidungsprozesse ein!
- Poche auf optimalen Ressourceneinsatz!
- Setze auf die langfristige gesunde Entwicklung des Unternehmens!

Denkmuster 4: Im Zentrum der Mensch

In jeglichen Führungssituationen geht es mit erster Priorität darum, dass die Mitarbeitenden im Mittelpunkt stehen und ihre Talente, Fähigkeiten und Erwartungen von Strukturen, Prozessen und Automatismen optimal unterstützt werden. Dies gilt für die gegenwärtige Führung genauso wie für die Führung im digitalen Wandel. In der anschwellenden Literatur zur künstlichen Intelligenz und zum Internet der Dinge wird diese Thematik allerdings bisher nur sehr spärlich angesprochen. Vielmehr wird in Form von extremen Szenarien eine kommende Massenarbeitslosigkeit und die Ablösung der Mitarbeitenden als eigenständig denkende und handelnde Arbeitskräfte durch Roboter und Automaten heraufbeschworen. Die einleitend zu diesem Kapitel angesprochenen Studien zur Zukunft der Arbeit aber zeichnen ein differenziertes Bild. Nicht die Anzahl der Arbeitsplätze wird sich ändern, sondern die Arbeitsinhalte und -formen werden dem Wandel unterliegen. Mitdenkende Arbeitskräfte werden an Bedeutung gewinnen, und deshalb wird ihre gezielte Integration in die durch künstliche Intelligenz geprägte Zukunft von entscheidender Bedeutung sein.

Bei einer am Menschen orientierten Unternehmensentwicklung ist zu berücksichtigen, dass Begriffe wie Freiheit, Macht und Politik neu definiert werden. Freiheit bedeutet, in Netzwerke integriert zu sein, Macht misst sich an der Position im Netzwerk, und das politische Schwergewicht verlagert sich von der Geo- in die Biosphäre. Im Kapitel «Die Zukunft von Mensch und Maschine» seines Buches «Hit Refresh» macht Satya NADELLA, CEO von Microsoft, einige bemerkenswerte Aussagen, die hier wörtlich wiedergegeben werden (NADELLA, 2018, 201 f.):

«... Wir wollen Intelligenz bauen, die unsere menschlichen Fähigkeiten und Erfahrungen ergänzt. Wir denken nicht in Begriffen wie ‹Mensch gegen Maschine›, sondern konzentrieren uns lieber darauf, menschliche Talente wie Kreativität, Empathie, Gefühl, Körperlichkeit und Einsicht mit der KI-Fähigkeit zu verbinden, gewaltige Datenmengen zu verarbeiten und Muster schneller zu erkennen – mit dem Ziel, die Weiterentwicklung der Gesellschaft zu fördern.
... Wir müssen unsere Technologie mit Schutzmaßnahmen für Privatsphäre, Transparenz und Sicherheit versehen. KI-Geräte müssen dafür ausgelegt sein, neu auftretende Bedrohungen zu erkennen und angemessene Gegenmaßnahmen einzuleiten.
... Alle unsere Technologie muss inklusiv und gegenüber allen respektvoll sein. Sie muss Menschen ungeachtet ihrer Kultur, ihrer Abstammung, ihrer Nationalität, ihres wirtschaftlichen Status, ihres Alters, ihres Geschlechts, ihrer körperlichen und mentalen Fähigkeiten und vielem anderen mehr dienen.»

«Wir denken nicht in Begriffen wie ‹Mensch gegen Maschine›, sondern konzentrieren uns lieber darauf, menschliche Talente wie Kreativität, Empathie, Gefühl, Körperlichkeit und Einsicht mit der KI-Fähigkeit zu verbinden.» (NADELLA, 2018, 201)

Der CEO von Google, Sundar PICHAI (2018) hat anfangs Sommer 2018 die sieben Prinzipien seines Unternehmens zur Künstlichen Intelligenz bekannt gegeben. Dabei betont er, dass diese keine theoretischen Konzepte seien, sondern konkrete Standards, die die Forschung und die Produkteentwicklung bei Google aktiv lenken sollen.

Google glaubt, dass Künstliche Intelligenz ...
- sozial dienlich sein,
- unfaire Verzerrungen in jeder Hinsicht vermeiden,
- auf Sicherheit gebaut und getestet sein,
- gegenüber Menschen verantwortlich sein,
- den Schutz der Privatsphäre schützen,
- hohen wissenschaftlichen Standards genügen,
- für Anwendungen, die diesen Prinzipien genügen, verfügbar sein

muss.

Grundsätzlich lebt Google dem Hippokratischen Eid der Medizin nach, der die Vermeidung jeglichen Schadens als oberstes Ziel proklamiert.

«Vermeide jeglichen Schaden» – auch bei der Entwicklung der Künstlichen Intelligenz.

In ihrem Buch «Human + Machine» präsentieren DAUGHERTY und WILSON (2018) eine Auslegeordnung konkreter Handlungsanweisungen für eine menschengerechte Digitalisierung. Besonders interessant sind ihre Ausführungen zu Aktivitäten, die Mensch-Maschinen-Hybriden charakterisieren werden. Der Mensch steht im Mittelpunkt, und die Maschinen ergänzen ihn oder geben ihm Superkräfte. Sie unterscheiden folgende symbiotische Fähigkeiten:

- Den Menschen mehr Zeit für kreative Aktivitäten verschaffen
- Die Mensch-Maschine-Interaktion zum Normalfall werden lassen
- Bei Unsicherheit der Maschine die eigene Einschätzung einbringen
- Optimale maschinelle Antworten auf schwierige Fragen erhalten
- Intelligenz durch Kombination von Geist und Algorithmus verstärken
- Die mentalen Maschinenmodelle weiterentwickeln
- Lernprozesse gegenseitig verstärken
- Gemeinsam völlig neue Geschäftsmodelle entwickeln

Wir müssen «moralische Knautschzonen» zum Schutz der Mitarbeitenden einbauen

(DAUGHERTY, WILSON, 2018)

Dies sind ethisch verantwortungsvolle Aussagen, allerdings bisher nur Absichtserklärungen. In ihrem Buch «Surveillance Capitalism» äußert sich Soshana ZUBOFF (2019) dazu sehr kritisch. Sie sieht in der gegenwärtigen Entwicklung eine schrittweise Modifikation menschlichen Verhaltens mit dem Ziel einer vollständigen Manipulation, nicht zuletzt durch Maschinen. Sie illustriert dies anhand der oben zitierten Unternehmen Google und Microsoft sowie anhand von Facebook. Diese Unternehmen würden jegliche Freiheiten verlangen, um neue Technologien frei von Regulierungen zu lancieren. Und wenn der Erfolg sich eingestellt hat, werden sie den Wissensvorsprung verwenden, um ihre Freiheiten zu verteidigen. Sie sagt: «Überwachungskapitalisten wissen zu viel, als dass sie sich für Freiheit qualifizieren» (ZUBOFF, 498). Die Zukunft wird weisen, ob die Aussagen der Führungsspitzen von Google und Microsoft oder die Bedenken von ZUBOFF Realität werden. Es ist aber für reflektierende Praktiker in jedem Fall unumgänglich, dem Prinzip des Menschen im Zentrum Geltung zu verschaffen.

Für das **Denken und Handeln der reflektierenden Praktiker** bedeuten diese Erkenntnisse Folgendes:

— Denke und handle nicht in Kategorien wie «Mensch gegen Maschine», sondern konzentriere dich darauf, menschliche Talente wie Kreativität, Empathie, Gefühl, Körperlichkeit und Einsicht mit der Künstlichen Intelligenz zu verbinden!
— Vermeide jeglichen Schaden – befolge den «Hippokratischen Eid» bei der Entwicklung der Künstlichen Intelligenz!
— Ermögliche deinen Mitarbeitenden ein permanentes Lernen und Weiterentwickeln!
— Gib eigenen Mitarbeitenden bei der Besetzung neuer Stellen Priorität vor externen Spezialisten.
— Behalte die Entwicklungen des «Überwachungskapitalismus» mit kritischem Geist im Auge.

- **Denkmuster 5: Die ganzheitliche Erfolgsmessung**

Woran orientieren sich Unternehmen heute, wenn sie ihren Erfolg beurteilen oder messen? Unter dem Einfluss der einschlägigen Managementliteratur und der Anleitung durch führende Beratungsunternehmen haben sich in den letzten Jahrzehnten grundlegende strategische Konzepte durchgesetzt, die von der Unternehmenspraxis bereitwillig aufgenommen worden sind. Diese Konzepte stammen – wie ihre Bezeichnung verrät – vorwiegend aus dem angelsächsischen Bereich.

Die folgende Abb. 1.9 ordnet die wichtigsten Konzepte auf der Zeitachse und in ihrer Positionierung im Spannungsfeld von Profit und Gemeinwohl ein. Diese Konzepte sind untrennbar mit den Namen ihrer Promotoren verbunden, was im weiteren Verlauf des Buches zu illustrieren sein wird.

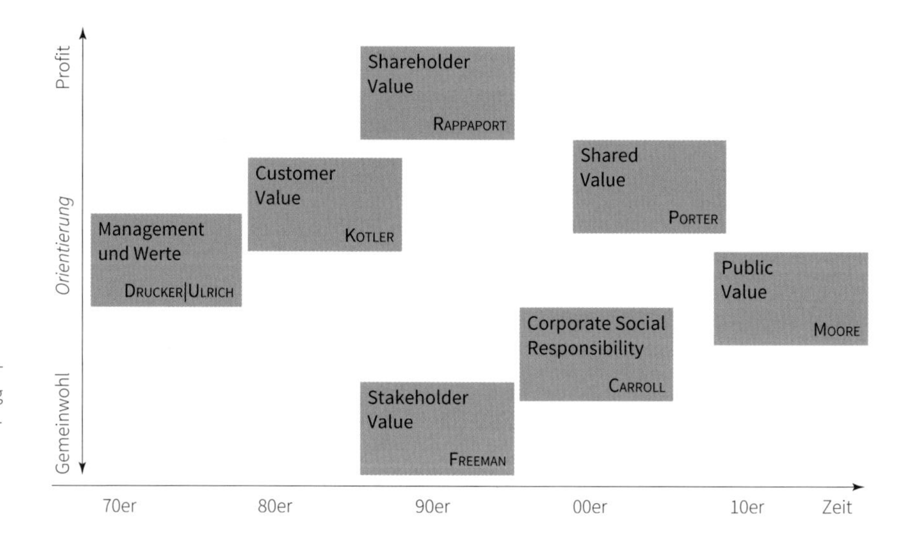

Abbildung 1.9
Konzepte der strategischen Ausrichtung und der Erfolgsmessung (in Anlehnung an GOMEZ, MEYNHARDT, 2014, 20)

Bereits in den 1970er-Jahren wurde die Thematik der Wertschöpfung von Unternehmen ganzheitlich aufgenommen, und es wurden darauf aufbauend umfassende Theorien und Modelle entwickelt. Ab Beginn der 1980er-Jahre schlossen sich dann in rascher Folge Konzepte an, die sich auf einen einzelnen Aspekt der Unternehmensführung fokussierten. Dies oszillierend im Spannungsfeld von Profit und Gemeinwohl. Zu Beginn stand der «Customer Value» im Mittelpunkt, mit der Kundenzufriedenheit als Kompass unternehmerischen Handelns. Nachdem das Management weitestgehend die Deutungshoheit über die Ziele der Unternehmensführung übernommen hatte, kam die Gegenbewegung in Form des «Shareholder Value»-Konzeptes. Dieses kann vereinfacht als eine dynamische Investitionsrechnung angewandt auf ein ganzes Unternehmen charakterisiert werden. Es hatte aber viel weitreichendere Wirkungen, indem die finanziell-ökonomischen Aspekte der Unternehmensführung plötzlich erste Priorität erhielten. Dem stemmte sich das «Stakeholder Value»-Konzept entgegen, indem es die legitimen Interessen anderer Anspruchsgruppen thematisierte. Dieses Konzept erwies sich angesichts der vielen (teilweise auch selbsternannten) Stakeholders als zu kompliziert, als dass es die erwünschte politisch-soziale Wirkung hätte voll entfalten können. Mit dem Konzept der «Corporate Social Responsibility» wurde eine leichter umsetzbare Lösung gefunden, allerdings bewirkte diese nicht die angestrebte Neuausrichtung des unternehmerischen Kerngeschäfts, sondern erzeugte lediglich flankierende Maßnahmen. Das Konzept des «Shared Value» schließlich schlägt vor, das Unternehmen gemeinsam mit den von den Geschäftsaktivitäten unmittelbar Betroffenen weiter zu entwickeln. Der Erfolg dieser Bemühungen lässt sich noch nicht endgültig abschätzen. Mit dem Konzept des «Public Value» – der dem Gemeinwohl verpflichteten Wertschöpfung – kehrte die Erfolgsmessung von Unternehmen wieder an ihre Wurzeln zurück. Die ganzheitlichen Ansätze der 1970er-Jahre werden zeitgemäß aufgearbeitet, und die gesellschaftliche Funktion der Unternehmensführung rückt in den Mittelpunkt. Und auch der Customer Value erlebt im digitalen Zeitalter eine eindrucksvolle Wiederkehr, wie im 4. Kapitel zu zeigen sein wird.

Jedes dieser Konzepte hat sein eigenes Messinstrumentarium entwickelt. Wenn also von Erfolgsmessung gesprochen wird, so muss die jeweilige Perspektive spezifiziert werden. Kommt der Shareholder Value-Ansatz zum Zug, dann sind ganz andere Messgrößen im Spiel, als wenn die Perspektive der Corporate Social Responsibility eingenommen wird. Dies wird in den Kapiteln 3 und 4 ausführlich begründet und illustriert. Entscheidend ist dabei, dass keine Messgröße Anspruch auf absolute Priorität beanspruchen kann, wie dies beispielsweise mit dem Shareholder Value in den 1990er-Jahren der Fall war. In jeder Situation ist aufzuzeigen und zu begründen, welche Erfolgsmessung im Interesse der nachhaltigen Entwicklung des Unternehmens ist. Der Public Value – Ansatz versucht diesen Prozess zu strukturieren und so eine ganzheitliche Sicht sicherzustellen.

Mit dem Public Value-Konzept kehrt die unternehmerische Erfolgsmessung wieder an ihre Wurzeln zurück, zur Wertschöpfung für die Gesellschaft.

Das Public-Value-Konzept wird im Mittelpunkt der Ausführungen des 3. Kapitels zum sinnstiftenden Wertbeitrag des Unternehmens stehen. Mit der praktischen Umsetzung dieses Konzeptes in Form der Public Value Scorecard werden die Anliegen der verschiedenen Ansätze der Erfolgsmessung aufgenommen. Bisher fehlte eine übergreifende und integrierende Sichtweise der Wertschöpfung für die Gesellschaft und damit letztlich für den einzelnen Menschen. Das Konzept des «Public Value» stellt dieses Denkmuster bereit und gibt damit dem schwer fassbaren Begriff des **Gemeinwohls** ein Gesicht.

«Immer dann, wenn Menschen ihre Werte und Bedürfnisse im gesellschaftlichen Umfeld verwirklicht sehen, wird das Gemeinwohl gestärkt. Unternehmen leisten dazu ihren Beitrag, indem sie in den Augen der Bevölkerung im Kerngeschäft erstklassige Arbeit leisten, zur Lebensqualität beitragen, den Zusammenhalt der Gesellschaft stärken und sich anständig verhalten. Gemeinwohl wird so fassbar, aber steuern lässt es sich nicht, weder durch staatliche Eingriffe noch durch privatwirtschaftliche Initiativen – dies im Einklang mit der liberalen Weltsicht. Es ist der Preis der Freiheit, darauf zu setzen, dass Unternehmen im eigenen Interesse ihre Geschäftsmodelle gemeinwohlverträglich ausrichten. Nur so können sie dauerhaft am Markt bestehen, die besten Talente halten und letztlich auch ihre Anteilseigner überzeugen» (GOMEZ, MEYNHARDT, 2018). Ähnlich argumentiert auch Colin MAYER in seinem Buch «Prosperity» (MAYER, 2018).

Für das **Denken und Handeln der reflektierenden Praktiker** bedeuten diese Erkenntnisse Folgendes:

— Sei vertraut mit den Konzepten des Customer Value, des Shareholder Value, des Stakeholder Value und des Shared Value – denn sie sind je einzeln unerlässlich für eine gute Unternehmensführung!
— Verliere die integrierende Sichtweise des Public Value nie aus den Augen, die den menschlichen Grundbedürfnissen verpflichtet ist!
— Verstehe das Gemeinwohl als eine regulative Idee, nicht als unternehmerische Messgröße.
— Nutze die Freiheit, im Interesse des Unternehmens deine Geschäftsmodelle gemeinwohlverträglich auszurichten!

Mit dem 5. Denkmuster zur ganzheitlichen Erfolgsmessung schließt sich der Kreis der Anforderungen, die reflektierende Praktiker in Zeiten grundlegenden Wandels an sich selber stellen müssen. Im folgenden 2. Kapitel sollen nun diese Denkmuster in eine «Landkarte für reflektierende Praktiker» umgesetzt werden.

2.

Die Landkarte der reflektierenden Praktiker

Nach den einleitenden Überlegungen und der Offenlegung unserer Prämissen möchten wir den Leserinnen und Lesern (als reflektierende Praktiker) vorstellen, auf welcher Basis die weiteren Ausführungen dieses Buches strukturiert sind – es geht um das Viable System Model (VSM) von Stafford BEER (1972). Dieses Modell ist nicht nur als Ordnungsrahmen für die Organisation von lebensfähigen Systemen geeignet, es ist auch passfähig für die Strukturierung eines Konzeptes oder eben … eines Buches. Gleich zu Beginn möchten wir darlegen, warum das Modell der lebensfähigen Organisation aktueller denn je erscheint und bestens dazu geeignet ist, die in der Einleitung genannten Herausforderungen des verantwortungsvollen Umgangs mit organisatorischer Komplexität anzugehen.

Dieses Kapitel ist wie folgt aufgebaut:

- Die Struktur: Das Viable System Model VSM – Herkunft und Zukunft
- Der Praxistest: Von den Denkmustern zur Landkarte
- Das Werkzeug: Die Funktionsweise des Viable System Model
- Der Case: Machine Ltd.
- Die Umsetzung: Netzwerke verstehen und entwickeln
- Das Wissen: Weiterführende Literatur

Die folgenden Kapitel 3 bis 5 weisen die gleiche Gliederung auf, um eine möglichst große Vergleichbarkeit der Inhalte zu gewährleisten.

Die Struktur: Das Viable System Model VSM – Herkunft und Zukunft

Führung findet immer in Organisationen statt. Diese sind so allgegenwärtig, dass wir uns selten Gedanken machen, was hinter diesem Begriff steckt. Er teilt damit das Schicksal des Begriffs der Komplexität, er wird für Phänomene verwendet, die nicht so leicht durchschaut werden können, vielleicht sogar eine gewisse Bedrohung darstellen. Deshalb soll hier eine Klärung versucht werden. Ausgangspunkt ist die Umschreibung der Organisation als System: «Ein System ist eine bestimmte Perspektive, die Welt zu sehen!» (WEINBERG, 1975, 52).

> Ein System ist eine bestimmte Perspektive,
> die Welt zu sehen!

Wenn also von Organisationen gesprochen wird, muss zuerst eine bestimmte Sicht eingenommen werden. Hier bietet sich der von Gareth MORGAN in seinem Buch «Images of Organization» (MORGAN, 1997) vorgestellte Ansatz an. Er schlägt acht Metaphern vor, die Organisationen aus verschiedenen Perspektiven abbilden lassen:

- Organisationen als Maschinen
- Organisationen als Organismen
- Organisationen als Gehirne
- Organisationen als Kulturen
- Organisationen als politische Systeme
- Organisationen als psychische Gefängnisse
- Organisationen als Fluss und Transformation
- Organisationen als Herrschaftsinstrumente

Das unserem Buch zugrunde liegende Verständnis orientiert sich an den beiden Metaphern der Organisation als Organismus und der Organisation als Gehirn. Dies in Übereinstimmung mit dem St. Galler Ansatz des Systemorientierten Managements (ULRICH, 1968; KRIEG, 1971; GOMEZ, MALIK, OELLER, 1975; PROBST, 1987, SCHWANINGER, 2000), der Erkenntnisse der Systemtheorie und der Kybernetik auf die Führung von Unternehmen anwendet. MORGAN (1997, 116) schreibt zum Übergang der beiden Metaphern: «Bei der Metapher des Organismus ... wurde die Bedeutung von kreativen Organisationen hervorgehoben, die zur Innovation und Evolution fähig sind, um die Herausforderungen einer sich verändernden Umwelt anzunehmen. ... Die Metapher des Gehirns identifiziert die Voraussetzungen, um lernende Organisationen in einem umfassenden Sinn zu gestalten.»

Die im Folgenden zu entwickelnde Landkarte für die reflektierenden Praktiker nimmt einerseits die Anforderungen und Erwartungen des unternehmerischen Umfelds auf und setzt diese in innovative Strukturen und Lösungen um. Anderseits schafft sie die Voraussetzungen für eine lernende Organisation, indem sie den von MORGAN (1997, 102) vorgestellten Gestaltungsprinzipien einen konkreten Inhalt gibt:

- Baue ein Ganzes in alle Teile!
- Verteile Intelligenz über das ganze System!
- Stelle die erforderliche Varietät bereit!
- Ermögliche Autonomie!
- Lerne zu lernen!

Das von Stafford BEER (1972) entwickelte Viable System Model VSM stellt eine ideale Grundlage für die konkrete Umsetzung der Erkenntnisse aus den Metaphern der Organisation als Organismus und als Gehirn bereit. Es dient uns als Richtschnur bei der Entwicklung der Landkarte für die reflektierenden Praktiker.

Lebensfähigkeit – der Versuch einer Definition

Noch vor der eigentlichen Einleitung in den strukturellen Aufbau des VSM soll zunächst der Begriff der Lebensfähigkeit definiert werden, weil dieser oftmals mit dem Terminus der Überlebensfähigkeit gleichgesetzt wird. Eine Differenzierung ist aber notwendig, um die Grundidee der Viabilität zu verstehen. Stafford BEER definiert «Viable» als die Fähigkeit, die eigene Existenz aufrechtzuerhalten (1972, 1985), und versteht darin ein Ganzes, das autonom in einer Umwelt existieren kann. Damit ist die Gefahr einer Verwechslung von Lebensfähigkeit und Überleben jedoch nicht gebannt, sodass zur weiteren Ausarbeitung ein Zitat von ALBERT SCHWEITZER (1966) zur weiteren Reflexion einladen soll:

«Der denkend gewordene Mensch erlebt die Nötigung, allem Willen zum Leben die gleiche Ehrfurcht vor dem Leben entgegenzubringen wie dem seinen. Er erlebt das andere Leben in dem seinen. Als gut gilt ihm: Leben erhalten, Leben fördern, entwickelbares Leben auf seinen höchsten Wert bringen. Als böse: Leben vernichten, Leben schädigen, entwickelbares Leben niederhalten. Dies ist das denknotwendige, universelle, absolute Grundprinzip des Ethischen.»

Aus dieser Herleitung wird deutlich, dass der Begriff «Leben» den Aspekt der Entwicklung integriert, der beim reinen Überleben nicht vorkommt, da es beim Kampf um Ressourcen eher um die Erhaltung des minimal notwendigen Status quo geht. Mithin kann man zur Unterscheidung auch die Bedürfnishierarchie von Maslow (1943) heranziehen. Lebensfähigkeit umfasst sowohl den Aspekt des Überlebens wie auch des Lebens. Wesentlich ist hierbei, den Grad der Autonomie zu bestimmen. Wenn ein Mensch auf einer Intensivstation von lebenserhaltenden Maßnahmen abhängig ist, dann mag er auf diese Weise überleben, aber er ist nicht mehr im Sinne der Lebensfähigkeit entwicklungsfähig – dieser Mensch braucht eine Form der medizinischen Unterstützung seitens der Umwelt, die nicht der Norm entspricht. In solchen Situationen geht es nur noch um die Aufrechterhaltung basaler Funktionen, um den Fortschritt einer Krankheit oder den Tod zu vermeiden. Im Umkehrschluss kann man damit formulieren, dass ein System vielleicht überlebens-, aber nicht automatisch lebensfähig ist.

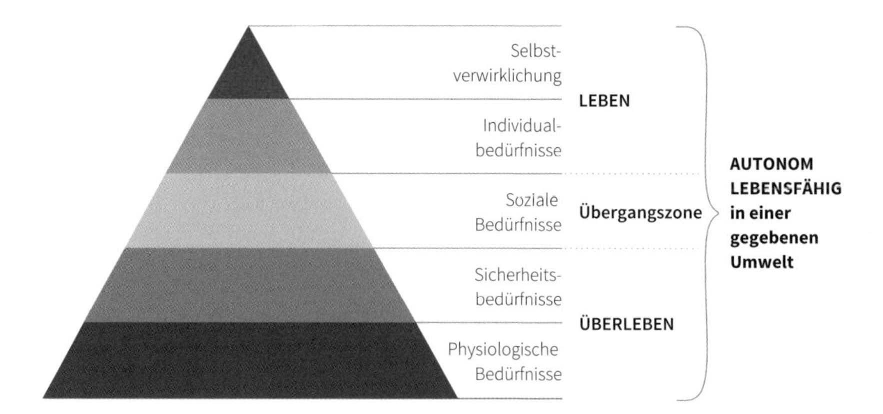

Abbildung 2.1 Die bekannte Pyramide von MASLOW (1943), ergänzt um die Begriffe Leben, Überleben und lebensfähig – immer vor dem Hintergrund einer relativen Autonomie!

- **Der ganzheitliche Blick auf ein Unternehmen**
  Das Viable System Model VSM integriert das normative, das strategische und das taktisch-operative Management sowie die Wertschöpfung eines Unternehmens zu einem Ganzen. Ebenso bietet das VSM einen holistischen Blick auf eine Organisation, um dem Wunsch nach mehr Agilität oder Lean Thinking Rechnung zu tragen und anpassungsfähige Strukturen aufzusetzen, die das alte Paradigma des Befehlens und Kontrollierens überwinden, ohne dabei eine Organisation grundsätzlich neu erfinden zu müssen. Ebenso wenig muss man die Prinzipien der guten Führung zum wiederholten Male neu beschreiben – auch diese Aspekte sind im VSM enthalten. Mithin erlaubt das Modell einen Ordnungsrahmen für Lebensfähigkeit – die innovative und nachhaltige Entwicklung des Unternehmens in einem sich rasch wandelnden Umfeld – zu schaffen, welchen reflektierende Praktiker bereits oft genug intuitiv einsetzen.

  Statt jedoch nur auf die Intuition zu setzen und möglicherweise das Rad neu zu erfinden, offeriert das VSM eine solide Basis, um mit den typischen Denkfallen der Organisation eines komplexen Systems umzugehen. Ebenso ermöglicht das Modell einen kritischen Blick auf aktuelle Moden wie die Adhokratie, die Holakratie oder agile Frameworks wie z. B. das populäre Scaled Agile Framework oder Scrum of Scrums. Die Debatte um die Neuerfindung von Organisationen, wie diese u. a. durch Frederic LALOUX (2015) betrieben wird, erscheint daher einigermaßen seltsam. Fast niemand hat das VSM auf dem Schirm. Dies ist umso verwunderlicher, als mittels des VSM ein Denkwerkzeug zur Verfügung steht, mit dem die zuvor in der Einleitung benannten Themenkomplexe zur Strategie und zum Public Value bestens integriert und in eine operative Form überführt werden können.

Die Komplexität der Organisation muss zur Komplexität der Umwelt passfähig justiert werden.

Die zentrale Frage der lebensfähigen Organisation lautet: Ist die Komplexität der internen Organisation passfähig zur Umwelt und den verschiedenen Anspruchsgruppen aufgestellt, und können gegebene Lieferversprechen eingehalten werden? Das in Kapitel 1 vorgestellte Gesetz der erforderlichen Varietät holt an dieser Stelle selbst die hartgesottenste Führungskraft wieder ein. Es braucht die Erkenntnis, dass erst die richtige Mischung aus Steuerung und Regelung die gewünschte Lenkbarkeit ergibt, um unternehmerische Ziele zu erreichen und den Einsatz der Mittel klug auszutarieren (Steigerung der Effizienz des Bestandsgeschäfts vs. Investitionen in neue Geschäftsmodelle). Des Weiteren lässt sich aus Ashby's Gesetz ableiten, dass Wissen und Macht in jedem lebensfähigen System bereits verteilt sind. Niemand kann alles alleine wissen, geschweige denn tun. Damit wird klar, dass die Muster der Viabilität überall in Organisationen zu finden sind! Mithin dient das VSM zuvorderst als Analysewerkzeug, um herauszufinden: Welchen Preis zahlt ein Unternehmen, um seine Lebensfähigkeit aufrechtzuerhalten? Welcher Verlust wird bewusst oder unbewusst in Kauf genommen? Welche Reibungsverluste gibt es innerhalb der Teileinheiten? Welche basalen Organisationsprozesse funktionieren nur suboptimal?

- Stafford BEER hat als Schöpfer des Modells einen wichtigen Ausdruck geprägt, der zentral für dessen Verständnis ist und übergreifend für alle Unternehmen gültig sein soll: «**POSIWID** – The Purpose of a System Is What It Does» (Beer, 1985, 99). Diese Aussage verweist darauf, dass nur die tatsächlich realisierten Verhaltensweisen und Leistungen eines Unternehmens den Sinn und Zweck («Purpose») ergeben. Diese sehr radikal klingende Formulierung stößt auf Kritik, da es zu einfach erscheint, den Sinn und Zweck einer Organisation anhand ihrer Resultate zu bewerten. Die Sichtweise des «Purpose» (Das große Warum) ist natürlich auch ein valider Ansatz, um auf ein Unternehmen zu blicken. Passenderweise lassen sich die beiden Perspektiven integrieren, wenn man den formulierten Sinn und Zweck mit dem realisierten Sinn und Zweck vergleicht. Erst beide Ansätze zusammen ergeben die Möglichkeit zur kontinuierlichen Entwicklung und Verbesserung der Ergebnisse des Unternehmens. Darauf wird im nächsten Kapitel vertieft einzugehen sein.

- Eine besondere Eigenschaft des Modells ist noch hervorzuheben: Das VSM ist isomorph, d. h., es ist gleichgestaltig. In jedem lebensfähigen System sind die entsprechenden Muster des Modells anzutreffen, ganz gleich ob es sich um einen Großkonzern oder einen vergleichsweise kleinen Mittelständler handelt. Das ist eine starke Aussage, doch bis heute ist das VSM nicht widerlegt worden – ganz im Gegenteil. Dies zeigt sich in einer Studie aus dem Jahre 2016 (SCHWANINGER, SCHEEF, 2016). Darin wurde zum ersten Mal mit einem quantitativen Verfahren die Rolle der proklamierten Teileinheiten als hinreichende Voraussetzung für die Lebensfähigkeit von Organisationen empirisch untermauert. Mit dem VSM wurden schon unterschiedlichste Organisationen analysiert und auf Stärken und Schwächen hin untersucht. Die Bandbreite reicht von Unternehmen bis hin zu öffentlichen Verwaltungen, Universitäten oder politischen Institutionen, wie die Literaturhinweise am Ende dieses Kapitels dokumentieren.

Die Geschichte des Modells reicht bis in das Jahr 1959 zurück, als Stafford BEER es in seinen ersten Zügen im Buch «Cybernetics and Management» (1959) beschrieb. Einen Auftritt auf der politischen Weltbühne hatte das Modell, als es im Projekt «Cybersyn» für die Restrukturierung der chilenischen Wirtschaft genutzt werden sollte. Es kam jedoch nicht in der vollen Ausprägung zum Einsatz, da der damalige Putsch das begonnene Experiment beendete.

Das VSM hat Zukunft!

Ohne zu viel der eigentlichen Herleitung des Modells vorwegzunehmen, so sei doch bereits an dieser Stelle ein kleiner Überblick gegeben, um die Einzigartigkeit der Theorie von der Lebensfähigkeit zu vermitteln, und zu zeigen, warum das VSM im Vergleich zu aktuellen Modethemen überlegen ist.

Aus dem Modell heraus lassen sich vier elementare Managementebenen, ein operatives System und die Umwelt herausfiltern, in die das lebensfähige System eingebettet ist. Damit sind die wesentlichen Bestandteile genannt, welche die Voraussetzung für die Lebensfähigkeit von produktiven, sozialen Systemen (ULRICH, 1968) sind.

Umwelt: Das Modell fordert die Nutzer gleich zu Beginn dazu auf, sich mit der Umwelt zu beschäftigen, denn ohne Umwelt kann ein Unternehmen nicht existieren. Es sind damit die vielfältigen Leistungsbeziehungen und die an die Kunden, die Aktionäre und die Gesellschaft gelieferte Wertbeiträge gemeint. Erst diese legitimieren das wirtschaftliche Handeln eines Unternehmens.

Operation: Der Ort der eigentlichen Wertschöpfung, in welchem relativ autonom Mehrwerte für eine Umwelt produziert werden, in die das System eingebettet ist. Damit ist diese Ebene elementar, um Lieferversprechen zu erfüllen, die Kunden zu generieren und zu behalten. In der Sprache des Fußballs formuliert: «Die Wahrheit ist auf dem Platz.»

Lokales Management: Dieses System ist das «Scharnier» zwischen der Operation und der taktischen Management-Ebene. Es muss den Spagat zwischen lokaler Wertproduktion und übergeordneten Anliegen schaffen. Es kennt die Leistungsfähigkeit der Operation und ist in der Lage, lokal auftretende Probleme im Tagesgeschäft eigenständig zu lösen.

Taktisch-operative Management-Ebene: Hier findet die Koordination des Tagesgeschäfts statt. Es geht um das Lösen übergreifender Aufgabenstellungen, meist getaktet nach einem definierten Arbeitsrhythmus (z. B. Fünf-Werktage-Woche, eine Arbeitsschicht oder ein sogenannter Sprintzyklus im Scrum). Die Hauptaufgabe dieses Systems besteht darin, die übergeordneten Rahmenbedingungen für die Operation herzustellen, indem es Ressourcen und Regeln für die Wertschöpfung bereitstellt. Übergreifende Probleme werden per Audit erkannt und behoben. Im weiteren Verlauf wird diese Ebene der sprachlichen Einfachheit zuliebe auch als operatives Management bezeichnet.

Strategische Management-Ebene: Diese erkundet die Umwelt und bereitet die Organisation auf kommende Veränderungen vor, indem es vorrausschauend-vernetzt denkt und die Dynamiken der In- und Umwelt sichtbar und damit beschreibbar macht. Diese Ebene verantwortet strategische Szenarien und arbeitet mit Frühindikatoren, um rechtzeitig Maßnahmen langfristiger Natur in Gang zu setzen. Ebenso ist sie der Ort für Innovation und das Austesten neuer Opportunitäten. Es geht um die langfristige Entwicklung eines Unternehmens.

Normative Management-Ebene: Die letzte Ebene bildet den «Ethos» des Systems ab und die darin enthaltenen Themenkomplexe wie den «Sinn und Zweck» (Purpose), die Identität, die Vision und die Werte der Organisation. Dieses Teilsystem entfaltet im optimalen Fall den sozialen Klebstoff (Kohäsionskräfte) und hält «den Laden» zusammen.

In Abb. 2.2 sind diese Funktionen zu einem Ganzen zusammengefügt. Sie ergeben ein Lenkungssystem, dessen Komponenten nummeriert sind und die Systeme 1 bis 5 abbilden.

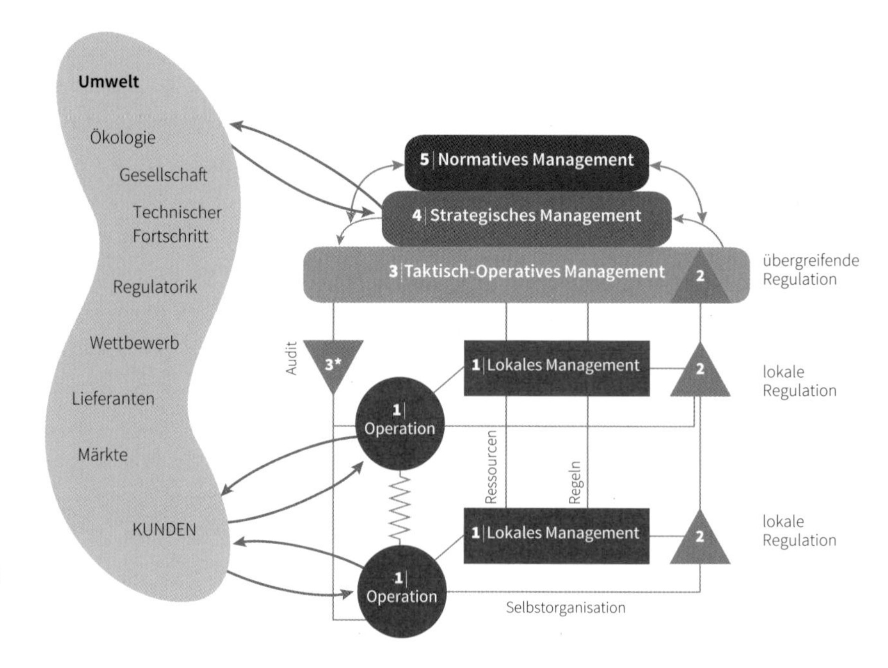

Abbildung 2.2
Stark vereinfachte Darstellung des Viable System Model von Stafford BEER (1972)

Das VSM gibt unserem Buch die Struktur vor.

Nach dieser ersten groben Beschreibung des Modells wird nachvollziehbar, warum wir uns für die vorliegende Struktur dieses Buches entschieden haben. Hierbei haben wir bewusst dafür gestimmt, den Aufbau «von oben» zu beginnen, also beim Management zu starten und erst zum Schluss auf operative Themen einzugehen.

Im 3. Kapitel befinden wir uns daher auf der **normativen Management-Ebene.** Hier steht der Wertbeitrag des Unternehmens im Mittelpunkt. Welche Freiräume hat es, welchen Sinn und Zweck («Purpose») verfolgt es, welche Vision wird zum Kompass, und wie soll letztlich der Erfolg des Unternehmens beurteilt werden? Zentrales Instrument ist hier die Public Value Scorecard.

Im 4. Kapitel wird aufgezeigt, wie **Strategien entwickelt** und erfolgreich umgesetzt werden. Komplexe Systeme und ihre Dynamiken werden in ihren Zusammenhängen derart abgebildet, dass sie verstanden und ihre Hebelpunkte identifiziert werden können. Hier kommt das Vernetzte Denken als Werkzeug zum Zug.

Im 5. Kapitel schließlich steht auf der **taktisch-operativen Ebene** des VSM die Zusammenführung von Ansätzen des Lean- und Agile-Thinking zu einer ganzheitlichen

Sicht auf organisationale Werströme, Liefertreue und Qualität im Vordergrund. Hier wird das VSM anhand von Praxisbeispielen weiter vorgestellt.

Mit dieser Struktur möchten wir nicht nur Stafford Beer, dem Begründer des VSM, die Ehre erweisen, sondern auch demonstrieren, dass wir Denkwerkzeuge nicht nur empfehlen, sondern sie auch selber anwenden. Es gilt: «Eat your own dogfood.»

Das Viable System Model stellt sich den aktuellen Moden der Unternehmensorganisation.

Nicht ohne Grund könnte ein Kundiger des VSM behaupten: Bisherige Versuche, neue Organisationsmodelle zu entwickeln, behandeln in ihren Lösungsansätzen nur die Symptome, aber nicht die Ursachen von «kranken» Organisationen. Es bleibt bei vielen «modernen» Ansätzen nur bei einer oberflächlichen Betrachtung der Pathologie, anstatt die basalen Ordnungsmuster der Organisation zu verstehen, um dann in die Tiefenbohrung zu gehen und Aspekte wie Entscheidungs- und Kommunikationsmuster, Informationsverbreitungs- und -speicherungs-Medien oder Zielfindungsprozesse zu untersuchen. Es werden häufig nur Teilaspekte von organisationalen Problematiken behandelt, aber eben kein erweiterter Blick auf das Gesamtsystem gerichtet. Es entstehen am Ende doch wieder die funktionalen Silos, die keiner wollte, und die politischen Ränkespiele, die mehr Schaden als Nutzen fürs Ganze anrichten, wie folgende Beispiele zeigen.

Der Ansatz der *Holakratie* – als kommerzieller Ableger der Soziokratie – (ROBERTSON, 2016) fokussiert sehr stark auf die Organisation von Kommunikationsmustern, die nach «Themen» bzw. Kreisen gegliedert werden. In dieser Governancestruktur kommen vordefinierte Rollen hinzu, um den Austausch zwischen den unterschiedlichen Kreisen sicherzustellen sollen. Dieser grundsätzlich interessante Ansatz, der soziale Systeme als Kommunikationen von Individuen versteht, greift jedoch zu kurz, da er Aspekten wie der Umwelt und der Lieferung von Mehrwerten nur unzureichend Rechnung trägt. Berichte aus der Praxis sprechen von einer Vervielfachung der Rollen für den Einzelnen, sodass eine entsprechende Verwirrung vorherrscht und es unklar ist, welche Aufgaben in welchem Kontext von einem Individuum erledigt werden sollen. Dieses Problem wird noch dadurch verstärkt, dass in der Holakratie eine Verfassung (Constitution) eingeführt wird, in welcher die Eigentümer freiwillig auf Befugnisse verzichten sollen, Eingriffe in subsidiäre Kreise vorzunehmen, da diese sich eigenständig konstituieren müssen. Interessanterweise kommt in der Mustervorlage einer holakratischen Verfassung nicht einmal das Wort Kunde vor. Aus unserer Sicht zeigt sich hier die dunkle Seite der Selbstorganisation, in welcher ein überbordendes Regelwerk zum Selbstzweck verkommt. Brian Robertsons

Metapher vom Betriebssystem einer Organisation ist letztendlich eine unzulässige Vereinfachung, die in verzwickter Kompliziertheit endet. Hier wird deutlich, wie eine falsche Interpretation von organisationalen Zusammenhängen zu einer Bürokratie ausarten kann und sich die bekannte Methodenhörigkeit im negativen Sinne auslebt – ganz so, als wenn die pure Anwendung eines Werkzeugs ein Erfolgsgarant wäre.

Die Kritik bezüglich der eindimensionalen Betrachtung betrifft genauso den *Adhokratie* genannten Ansatz, der das Problem der Entscheidungsfindung in einer vorgegebenen Zeit adressiert. Dieser von Alvin TOFFLER (1970) als Denkfigur ins Spiel gebrachte und von Henry MINTZBERG (1989) weiterentwickelte Denkrahmen setzt auf eine maximale Autonomie von peripheren, kundennahen Einheiten und einer minimalen zentralen Struktur. Dieser grundsätzlich löbliche Ansatz geht jedoch in der Praxis häufig zu Lasten der Kohäsionskräfte der Organisation, sodass es nur sehr wenigen derartig aufgestellten Unternehmen gelingt, zu einem gemeinsamen Ziel hinzustreben.

• Was macht das Viable System Model so einzigartig?

Das VSM zeigt die Meta-Strukturen und deren Zusammenhänge jeder Organisation auf. Das VSM verhilft zu einer konsolidierten Ansicht, wie die zuvor benannten Management-Ebenen einer lebensfähigen Organisation im Wechselspiel verstanden und genutzt werden können.

Über die Strukturen hinaus enthält das Modell die grundlegenden Kommunikationsmuster, um die Teilsysteme zu einem Ganzen zu verbinden. Z. B. sind im VSM Managementaspekte wie KPIs/Kennzahlen, Zielfindungsprozesse oder Ressourcenverhandlungen explizit berücksichtigt.

Das Modell löst das Paradoxon «Lokal vs. Zentral» auf und integriert Selbstorganisation und übergreifende Strukturen zu einem Gesamtkonstrukt (im Fachjargon horizontale und vertikale Varietät genannt). Es gibt nicht vor, wie die Meta-Strukturen im Detail betrieben werden sollen, aber es vermittelt die Konsequenzen, wenn z. B. die strategische Ebene nicht zuverlässig bespielt wird. Das Modell bleibt also selbst offen und enthält damit keine Checklisten oder fertigen Management-Rezepte.

Ein wesentlicher Punkt zum Verständnis des VSM besteht darin, die enthaltene hierarchische Ordnung (gemäß Verantwortung) nicht als ein «Ober sticht Unter» zu interpretieren, sondern die Ebenbürtigkeit jedes Elements zu verinnerlichen. Jedes Element ist für sich genommen wertlos – nur das Zusammenspiel der Einzelteile ermöglicht die Entfaltung der in der Organisation enthaltenen Potenziale. Mithin fordert das VSM einen gesamtheitlichen Blick auf das «große Ganze», um lokale Minima in der Organisation zu reduzieren und stattdessen das Gesamtmaximum eines Systems zu erschließen. Dies im Hinblick auf das übergreifende Regulativ «Lebensfähigkeit und Entwicklung».

Wahrscheinlichkeit statt Wahrheit

Es sei ergänzend darauf hingewiesen, dass das VSM für Systeme geeignet ist, die eher in einem von Wahrscheinlichkeiten geprägten Kontext operieren, also von einem bestimmten Grad an Unsicherheit bestimmt sind. Diese Unsicherheit resultiert zumeist aus einem unbeständigen Umfeld, ganz gleich ob die Volatilität aus dem Markt heraus, von der spezifischen Branche oder von sonstigen Faktoren wie der technologischen Entwicklung bestimmt ist. Die Planbarkeit von unternehmerischen Vorhaben kann also nur auf Wahrscheinlichkeiten beruhen; es gilt, ein mechanistisches Verständnis der Welt zu vermeiden. Diese Haltung ist zutiefst mit einem verantwortungsvollen Gebrauch des Modells verbunden.

Der Praxistest: Von den Denkmustern zur Landkarte

Zur abschließenden Beurteilung des VSM werden die fünf Denkmuster des 1. Kapitels herangezogen, um die Praxistauglichkeit unseres gewählten Ansatzes zu ermitteln.

1. **Die optimale Vereinfachung von Komplexität**
   Die Originaldarstellung des VSM wirkt bei der ersten Begegnung zuweilen sehr detailliert, doch im Kern geht es eigentlich nur um ein paar Handvoll funktionaler Elemente, die man in ihrer Vernetzung erfasst haben sollte, um mit dem VSM sinnvoll arbeiten zu können. Zum weiteren Verständnis des VSM sind zusätzlich noch *vier Prinzipien des Managements*, *drei Axiome* und *ein Gesetz* zu verstehen, und schon hat man das Rüstzeug zur Hand, um loszulegen. Abschließend sei noch angemerkt, dass das Modell selbst rekursiv aufgebaut ist und eine fraktale (selbstähnliche) Struktur besitzt. Durch diesen Aufbau folgt es der im 1. Kapitel vorgestellten Idee der russischen Puppen – eleganter geht es nicht.
2. **Die Perspektive der russischen Puppen**
   Das Modell enthält über die oben genannten Elemente hinaus auch eine umfassende Beschreibung der *Umwelt*, in welche das lebensfähige System eingebettet ist. Es wird also nicht wie in so vielen Organisationsmodellen der Fehler begangen, die Umwelt und die relevanten Anspruchsgruppen zu ignorieren. Es sei an dieser Stelle darauf hingewiesen, dass im Agile- und Lean-Kontext der Kunde als Anspruchsgruppe zwar prominent genannt wird. Das VSM geht aber noch weiter und macht es möglich, systematisch die in den Denkmustern identifizierten Stakeholder zu integrieren. Das VSM erlaubt damit einen erweiterten Blick auf die vielfältigen Beziehungen, die eine Organisation mit der Umwelt unterhält. Ebenso

gilt die Perspektive der russischen Puppen für die Innensicht eines Unternehmens, wie später noch zu erläutern sein wird –man trifft auf das Phänomen einer selbstähnlichen Struktur, die an ein Fraktal erinnert.

3. **Die Einheit von Freiheit und Verantwortung**
   Hier offeriert das VSM gleich zwei Perspektiven, welche gesamtheitlich betrachtet werden sollten. Zum einen ist da die Frage nach der Gestaltung von Freiräumen und Verantwortung *innerhalb* der Organisation, zum anderen das Auftreten und *Verhalten in der Umwelt*. Bezüglich der ersten Frage zeigt das Modell, dass es stets um die richtige Balance aus Selbstorganisation in der Operation und passender Zentralität in den Managementprozessen gehen muss, damit ein nachhaltiges Gesamtoptimum möglich ist. Ebenso ist es mit dem Modell möglich, die externen Anforderungen an Compliance und darüberhinausgehend auch bezüglich des Gemeinwohls sichtbar zu machen. In diesem Kontext fungiert das VSM als dialektisches Hilfsmittel und wirkt dabei wie eine «Landkarte der Organisation». Dies ermöglicht die Katalyse von Diskursen rund um die Frage nach Freiheit und Verantwortung aus einer Helikopterperspektive.
4. **Im Zentrum der Mensch**
   Das VSM operiert «*ad rem*» (von der Sache her), sodass es im Modell zunächst keine Menschen per se gibt. Es geht darum, *Aufgaben* zu erledigen; den Zweck der Organisation zu «produzieren». Hierfür werden Fähigkeiten gebraucht, um die verschiedenen Teilsysteme der Lebensfähigkeit verantwortungsvoll zu betreiben. Dies schließt natürlicherweise im 21. Jahrhundert die Symbiose von Mensch und Maschine ein, wie diese bereits in der Einleitung beschrieben wurde. Erst die Kombination der Stärken und Schwächen von Mensch und Maschine erlaubt die effektive und effiziente Herstellung von Mehrwerten in Form von Produkten oder Dienstleistungen. Dies ist im Grundsatz im VSM enthalten und soll in der nächsten Antwort weiter ausgeführt werden.
5. **Die ganzheitliche Erfolgsmessung**
   Der Clou zum Verständnis des VSM besteht darin, das Modell als eine Meta-Informationsarchitektur zu verstehen, die in jedem lebensfähigen System zu finden ist. Man könnte das Modell auch als ein Meta-Kommunikationsnetzwerk interpretieren, um aus eingehenden Daten die notwendigen Informationen zu extrahieren, um diese zu organisationalem Wissen und letztendlich in Weisheit münden zu lassen. Man stelle sich dabei das Modell nicht nur als statische Darstellung vor, sondern als ein pulsierendes Gebilde, in welchem permanent Daten fließen und als Informationen verarbeitet werden.

Stafford BEER (1985) hat zur Harmonisierung der verschiedenen Planungsebenen, die sich aus der Struktur der Teilsysteme ergeben, die Bewertungslogik von Abb. 2.3 in das VSM integriert.

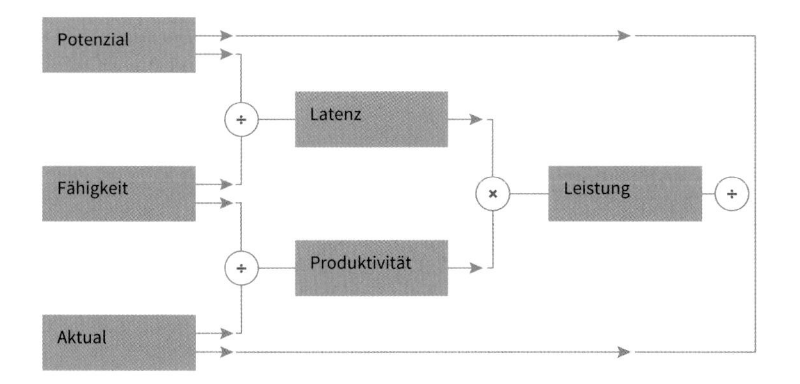

Abbildung 2.3
Bewertungslogik des Viable System Model nach Beer (1985)

Aktual: die aktuellen Fähigkeiten, so wie diese vorhanden sind und zur Wertschöpfung im Moment genutzt werden. Die Optimierung des Aktuals obliegt der lokalen Regulation in Zusammenarbeit mit dem lokalen Management.

Fähigkeit: das Leistungsvermögen, das erzielt werden könnte, wenn mit den gleichen Ressourcen, aber perfekter innerer Organisation operiert werden würde. Fällt in die Verantwortung des taktisch-operativen Teilsystems.

Potenzial: die theoretisch möglichen Ergebnisse, wenn sowohl die interne Organisation als auch die Verbindung zur Umgebung (also den Kunden) sehr gut funktioniert. Es werden die realistisch erreichbaren Kennziffern ermittelt und nicht irgendwelche Fantasiewerte. Diese Kennziffern werden im Wesentlichen vom System 4 (Strategie) evaluiert und in die Rechnung eingebracht. Das VSM entspricht damit den Anforderungen der fünf Denkmuster, so dass es im nächsten Schritt in Aktion vorgestellt werden kann.

Das Werkzeug: Die Funktionsweise des Viable System Model

In Abb. 2.2 wurde das VSM in stark vereinfachter Form vorgestellt, um die grundlegenden Zusammenhänge zu erklären. Um diese nun zu vertiefen, kommt eine erweiterte Originaldarstellung von Stafford BEER (1985) nach LAMBERTZ (2016) zum Zuge. Sie zeigt die rekursive Logik des VSM auf. Die übergeordneten Management-Ebenen finden sich ebenso im lokalen Management und in der Wertproduktion wieder. Die Struktur ist wie ein Fraktal ineinander verschachtelt. Die Idee des Spiegelbilds-im-Spiegelbild erklärt dieses Phänomen sehr schön: In jedem reflektierten Bild ist eine verkleinerte Version des Gesamtbildes enthalten.

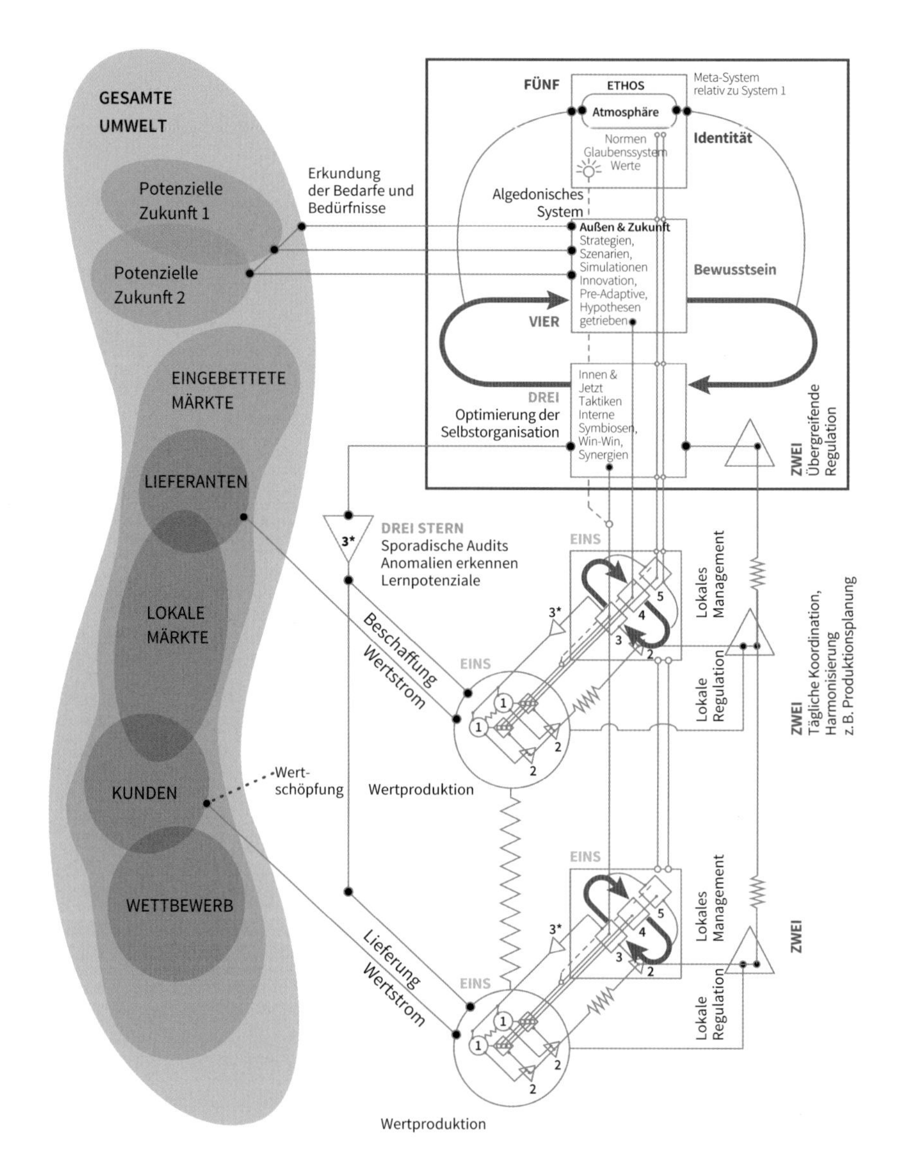

Abbildung 2.4
Das Viable System Model von Stafford Beer in einer erweiterten Fassung von LAMBERTZ (2016)

Der Case: Machine Ltd.

Um die Einführung in das VSM praxisnah zu gestalten, wird das Musterunternehmen namens *Machine Ltd.* verwendet. Die Machine Ltd. ist das verbindende Elemente über die Kapitel hinweg, in dem die Herausforderung der digitalen Transformation eines Unternehmens beschrieben wird. In steckbriefartiger Form sei dieses kurz vorgestellt. Wichtig: Mit dem Beispiel soll nicht der Eindruck eines Kochrezepts oder gar einer Blaupause vermittelt werden! Die konkrete Anwendung der verschiedenen Denkwerkzeuge und Methoden hängt immer vom Kontext ab und kann daher in einem Buch immer nur beispielhaft erfolgen. Jedoch soll damit der Transfer auf das Umfeld der Leserin oder des Lesers erleichtert werden.

Branche:	Maschinenbau
Produkte & Services:	Herstellung von hochspezialisierten Robotern für die Automobil-Industrie, Montage- und Wartungsdienste
Mitarbeiter:	400, davon 350 in der zentralen Verwaltung & Produktion, 50 in Landesgesellschaften
Standorte:	Eine Zentrale & Produktion, diverse Vertriebs- und Serviceorganisationen auf allen Kontinenten, zum Teil durch lokale Partnerschaften
Gründungsjahr:	1978
Geschäftsführung:	Mary Machine, in der 2. Generation frisch vom Vater übernommen, welcher das Unternehmen gegründet und aufgebaut hat.
Wirtschaftliche Ausgangssituation:	Das Unternehmen läuft profitabel, doch die Veränderungen in der Automobil-Industrie betreffen die Machine Ltd. natürlich unmittelbar. Hervorzuheben ist ein sinkender Absatz im Kernmarkt Europa, der stärker über den Preis als über die Qualität der Produkte gekennzeichnet ist. Dank gutem Beziehungsmanagement ist es zwar bisher gelungen die Umsätze stabil zu halten, aber der Ertrag sinkt immer mehr. Gleichzeitig hat das Unternehmen Schwierigkeiten bei der Anwerbung von Fachkräften.

Bei der nun folgenden detaillierten Vorstellung der Funktionsweise des Viable System Model wird die Machine Ltd. immer wieder als Bespiel aufgeführt.

Die nährende Umwelt eines Systems

Gleich zu Beginn unserer Ausführungen wird der Blick auf die Umwelt gerichtet – denn ohne Umwelt kein System. Es ist daher elementar, die Umwelt und die entsprechenden Anspruchsgruppen zu identifizieren und von außen auf eine Organisation zu schauen, bevor man die interne Struktur mit dem VSM untersucht.

Die Umwelt besteht aus typischen Teilsystemen, die für alle wirtschaftlich handelnden Organisationen relevant sind. Abb. 2.5 erhebt dabei keinen Anspruch auf Vollständigkeit, geht es doch zunächst darum, das Konzept der Umwelt einzuführen. Die Umwelt ist zudem amöboid dargestellt, da sie sich nie vollständig erfassen lässt.

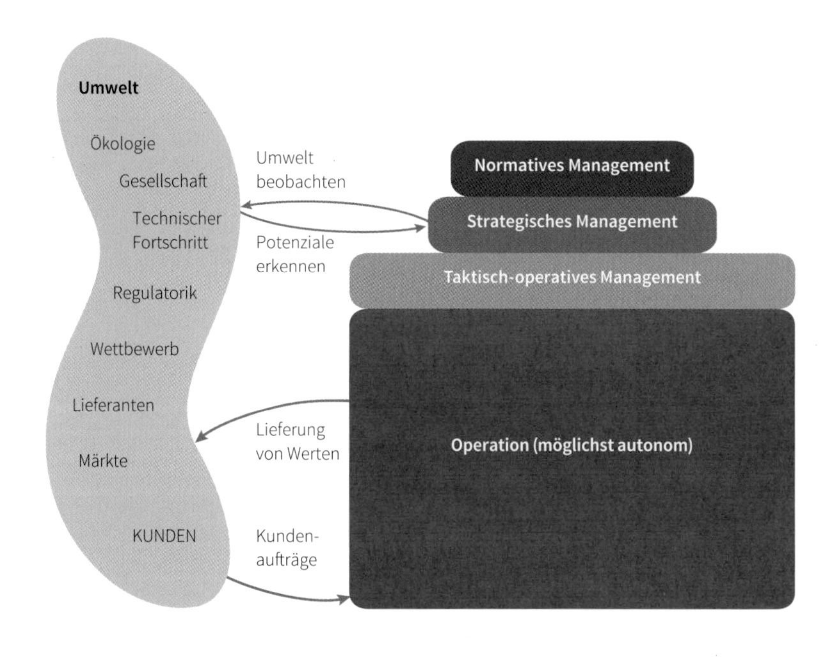

Abbildung 2.5 Typische Umwelt einer wirtschaftlich handelnden Organisation, einschließlich der Verbindungen mit einem lebensfähigen System

Die in der *Umwelt* beispielhaft aufgeführten Untersysteme sind natürlich nicht überschneidungsfrei abbildbar. Vielmehr macht man sich diese Eigenschaft zunutze, um die vielgestaltigen Beziehungen mit der Umwelt zu adressieren. So kann je nach Kontext und Analyseziel eine entsprechende Überlappung von Kunden, Regulatorik und dem Themenfeld der Ökologie die entsprechende Komplexität von Wertbeiträgen nach außen sichtbar und beschreibbar machen.

Im Modell sind dabei zwei essenzielle Verbindungstypen zu unterscheiden:

1. **Verbindung Umwelt-Operation:**
   Diese Verbindung symbolisiert einen Wertstrom, bei welchem einerseits Geschäftsobjekte in die Operation einströmen (z. B. Kundenaufträge, Material oder Vorprodukte von Lieferanten etc.) und anderseits Güter hinausströmen, welche Werte für die Leistungsempfänger in der Umwelt bereithalten. Vereinfacht gesagt steht diese Verbindung für die Wertschöpfung, und zwar in dem Sinne, dass erst dann Wert für einen Kunden geschaffen wird, wenn die Lieferung dem Kunden dabei hilft, sein Problem zu lösen. Der Anwendungsfall des Kunden ist der entscheidende Moment, und nicht die Herstellung des Produkts/Services innerhalb der Operation!
2. **Verbindung Umwelt-Strategisches Management:**
   Die Aufgabe dieses Kanals besteht darin, die relevanten Veränderungen in der Umwelt zu erkennen und mittels Modellierungstechniken wie dem Vernetzten Denken eine langfristige Lenkbarkeit der Organisation sicherzustellen. Frühindikatoren dienen als Marker, um sich schnell genug an eine volatile Umwelt anzupassen und die richtigen Entscheidungen treffen zu können.

Als nächstes soll nun auf die Teilsysteme des Viable System Model eingegangen werden. Dabei ist es wichtig, diese Subsysteme als Teile eines großen Ganzen zu verstehen. Erst das Zusammenspiel der Akteure produziert die benötigte Lebensfähigkeit.

Das System-in-Focus: Um welche Systemebene geht es eigentlich?

Das Prinzip der russischen Puppen ist im VSM in Form seiner rekursiven Struktur wiederzufinden. Dies bedeutet, dass alle *operativen Teilsysteme* in sich *selbstähnlich* aufgebaut sind. Das gesamte Unternehmen weist demzufolge die gleichen Managementsysteme auf, wie sie in der Operation enthalten sind. Ebenso zergliedert sich eine Operation in weitere subsidiäre Einheiten, die wiederum die gleichen Managementstrukturen aufweisen.

Daher ist beim Einstieg in das VSM stets zu klären, welche System-/Rekursionsebene mit dem Modell analysiert wird. Es besteht sonst die Gefahr, alle möglichen Teileinheiten falsch zu verorten und damit allerhand Konfusion auszulösen. Mit anderen Worten: Das VSM ist ein mächtiges Werkzeug, mit dem man auch mächtigen Schaden anrichten kann, wenn nicht die richtige organisationale Auflösungsstufe definiert ist – das System-in-Focus.

Für einen optimalen Schnitt entlang der operativen Teilsysteme einer Organisation empfiehlt es sich, einen Rekursionstrichter aufzuzeichnen. Werfen wir in Abb. 2.6 einen Blick auf die typischen Rekursionsebenen von Machine Ltd.

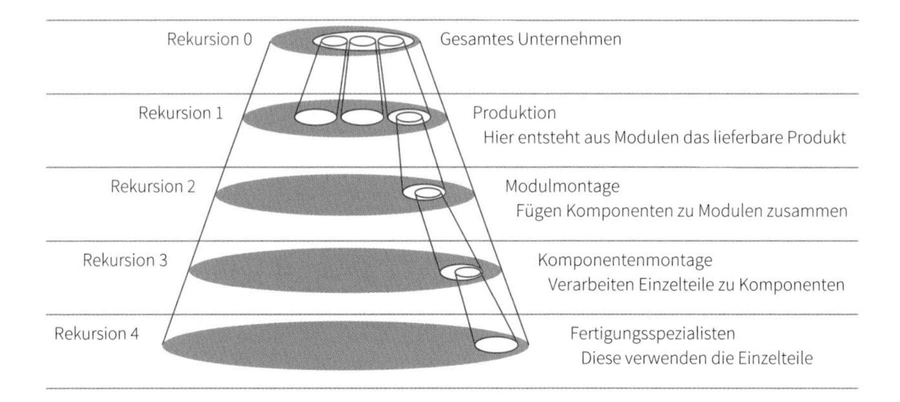

Abbildung 2.6
Rekursionsebenen von Machine Ltd.

Dank dieser Darstellung ist ersichtlich, dass die Vertriebs- und Serviceorganisationen des Musterunternehmens keine eigene Rekursionsebene darstellen. Der Fokus auf die wertschöpfenden Einheiten ermöglicht die Gestaltung einer konsistenten Struktur, die auf den Kunden ausgerichtet ist. Für die weitere Herleitung des VSM wird nun die oberste Rekursionsebene herangezogen (R0). Im Folgenden spezifizieren wir die Systeme 1 bis 5, welche das Lenkungssystem einer gegebenen Rekursionsebene, hier R0, konstituieren.

System 1 – der Ort der Wertschöpfung, der selber wieder ein lebensfähiges System ist

Das System1 besteht aus einem lokalen Management und der dazugehörigen Operation, die selber wieder lebensfähig ausgestaltet ist und dann die nächste Rekursionsebene verkörpert! Es verantwortet die Ergebnisse, welche an die Umwelt geliefert werden – allerdings nur, solange die anderen Komponenten des Lenkungssystems ihre Funktion erfüllen. Daraus geht hervor, dass die wertschöpfenden Einheiten nicht für Irrtümer oder Fehler herangezogen werden können, wenn übergeordnete Planungsprozesse versagt haben. Grundsätzlich steigt im VSM die Verantwortung von «unten» (System 1) nach «oben» (System 5) an – es gilt dabei das Subsidiaritätsprinzip, so dass das «höhere» Management nur dann intervenieren darf, wenn das lokale System nicht in der Lage ist, sich eigenständig zu regulieren. Das System 1 kann immer nur so gut funktionieren, wie es mit Mitteln und sinnvollen Regeln ausgestattet ist. Erst dann ist die *Wertschöpfung* in der Lage, möglichst autonom am Markt zu agieren und Kundenbedürfnisse zu befriedigen.

Die Autonomie des System 1 ist relativ, da eine totale Eigenständigkeit den Betrieb eines großen Ganzen nicht erlauben würde. Insofern sollte in der weiteren Behandlung des VSM die Zentralität der Managementebenen sowohl als «Grenzensetzer» wie auch als «Befähiger» der Wertschöpfung verstanden werden. Hierzu passt die Aussage, dass es beim VSM um **Aligned Autonomy** – aufeinander ausgerichtete Autonomie von Teileinheiten – geht.

Die **Abgrenzung der Operation von den Managementfunktionen** ist ebenso elementar wie die Definition der zu untersuchenden Rekursionsebene. In der Praxis stellt es sich zum Teil als anspruchsvoll heraus, die operativen Einheiten und damit die entsprechenden Kernprozesse zu identifizieren. Sehr leicht gehen die direkten und indirekten Wertschöpfungsprozesse ineinander über. Um dieses Dilemma zu lösen, bietet es sich an, ganz im Sinne von Peter DRUCKER (1954) zu denken: Ein Unternehmen stellt Dinge her – aber erst wenn der Kunde dafür Geld bezahlt, wird es zu einem Gut. Damit ist klar, dass z. B. die IT-Abteilung nicht Teil der Operation der Machine Ltd. sein kann, denn die IT ist für die technische Infrastruktur zuständig, welche die **Produktion von direkten Werten für den Kunden** ermöglicht, aber **nicht vollzieht**. Der Begriff der Marktnähe ist ein weiterer Indikator, um zu bewerten, ob eine Businessfunktion wie der Vertrieb ins System 1 gehört – oder eben auch nicht. Wer es jedoch mit der Kundenzentrierung ernst meint, der gestaltet ein System 1, in dem alle Businessfunktionen enthalten sind, die der **Kunde im Produktlebenszyklus erwartet**. Vereinfacht gesagt: Ist der Kunde bereit (zumindest theoretisch), für eine Leistung zu bezahlen? Dann ist es mit hoher Wahrscheinlichkeit eine Funktion, die Teil des System 1 ist. Somit geht hervor, dass z. B. der typische Kundendienst einen Teil der Wertschöpfungskette darstellt und ein Aspekt ist, der ergänzend zur eigentlichen Herstellung eines Produktes mitgedacht gehört. Es geht also um einen integrierten Ansatz, um die relevanten Kontaktpunkte in der 1:1-Beziehung mit dem Kunden zu bespielen. Auch hier bietet sich wieder Peter DRUCKER (1954) mit dem Klassiker an: «Der Zweck eines Unternehmens besteht darin, Kunden zu kreieren und zu behalten». Alles, was damit direkt zu tun hat, gehört ins System 1. Eine weitere Besonderheit ist beim VSM hervorzuheben. Denn in einem komplexen System besteht die Operation selten nur aus einer Einheit; meist sind verschiedene Arbeitsschritte in der Produktion verteilt. Daraus folgt, dass Materialflüsse beziehungsweise Geschäftsobjekte zwischen den operativen Einheiten vorhanden sein müssen. Zu diesem Zweck hat Stafford Beer eine Zickzack-Linie als visuelles Element eingeführt. Dies bedeutet gleichzeitig, dass alle anderen dargestellten Linien als Informationskanäle zu verstehen sind. Hier werden Daten durch Interpretationsprozesse zu Informationen, die wiederum als Grundlage für Entscheidungen dienen. Dies lässt sich in Abb. 2.7 wie folgt darstellen.

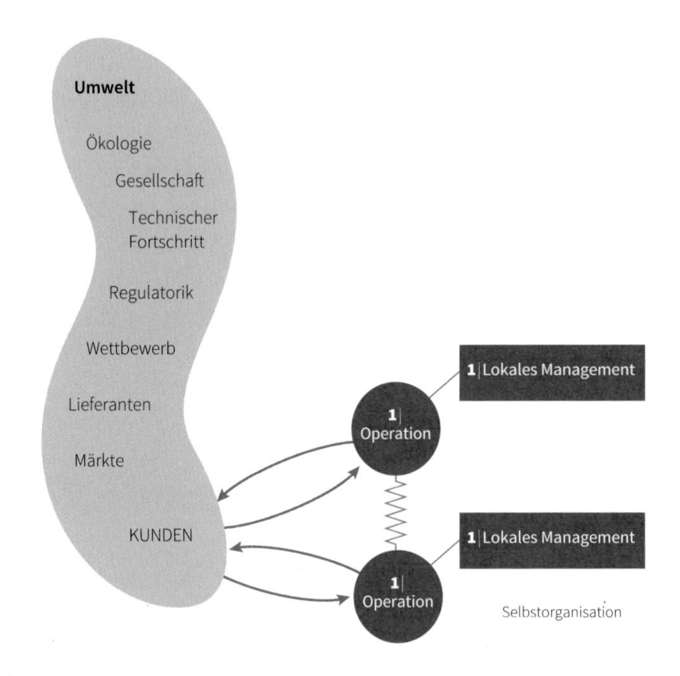

Abbildung 2.7 Die Umwelt und die operativen 1er-Systeme einschließlich dem lokalen Management, welche Wert für die Umwelt schöpfen

Beispiel Machine Ltd.
Bei der Machine Ltd. werden in der Operation die marktnahen Aktivitäten der Wertschöpfung gebündelt (Beschaffung, Produktion, Qualitätssicherung, Lager, Logistik, Service oder Vertrieb). Das lokale Management besteht aus den Produktionsleitern der verschiedenen Module sowie der Endmontage und dem Qualitätsmanagement. Der erweiterte Führungskreis umfasst auch die Leiter der Komponenten-Teams (eine Rekursionsebene niedriger). Wie noch weiter auszuführen ist, besteht ein reger Austausch mit übergeordneten Managementeinheiten, damit die Operation der Machine Ltd. bestmöglich den Bedarf und Bedürfnisse der Kunden (= explizite und implizite Erwartungen) erfüllen kann.

Typische Fehler bei der Umsetzung des System 1
Fehler 1: Der Wertstrom geht nicht vom Kunden aus. Es entstehen dadurch unnötige Über- oder Unterkapazitäten, sodass verschiedenen Verschwendungsarten Tor und Tür geöffnet wird. Ein weiterer Fehler besteht darin, das Problem des Kunden nicht erkannt zu haben, auch weil man die Erwartungen des Kunden nicht kennt. Die bloße Herstellung eines Produktes stellt noch keinen Wert für diesen dar. Erst der Gebrauch eines Produktes oder einer Dienstleistung entscheidet über den Wert einer Sache.

Fehler 2: Nicht zum Kernprozess der Operation gehörende Einheiten werden in das System 1 verpflanzt, dadurch entsteht im System Verwirrung. Überlastete Schnittstellen kollabieren schnell.

Fehler 3: Der Herstellungsprozess eines Produktes oder Services wird nicht vollständig geistig durchdrungen, sodass Wechselwirkungen in der Produktion eines komplexen Gewerks unterschätzt werden. Insbesondere die Handhabung von Abhängigkeiten von Teilergebnissen im Gesamtwertstrom erweist sich als ungenügend.

Fehler 4: Die Kompetenz der Operation und des lokalen Managements im Sinne des vorhandenen «Wissens, was funktioniert» wird nicht in übergeordneten Managementprozessen genutzt. Das entsprechende Know How geht verloren, sodass es fast unmöglich ist, passfähige Entscheidungen im Sinne der Lebensfähigkeit zu treffen.

System 2 – lokale und übergreifende Regulation für das Tagesgeschäft der Organisation

Wie schon mehrfach betont, kann ein komplexes System nicht gesteuert, sehr wohl aber gelenkt werden. Die erste Lenkungsebene aus Sicht eines übergeordneten Managements ist im System 2 verortet. Dieses Teilsystem übernimmt die Aufgabe, das allfällige Tagesgeschäft geräuschlos zu organisieren und die Selbstorganisation des System 1 zu unterstützen. Es soll Schwankungen im Betrieb (Oszillationen) vermeiden und für eine gleichmäßige Auslastung sorgen, indem es sinnvolle Grenzwerte definiert, die weder über- noch unterschritten werden sollen. Es geht darum, die Operation in einem idealen Korridor zu halten, der eine passende Lieferfähigkeit für die Kunden sicherstellt. Insofern kommt in diesem Zusammenhang der Gebrauch von Leistungskennzahlen (KPIs) ins Spiel, um die Produktivität der 1er-Systeme erfassen zu können und mit Kapazitätsengpässen auf lokaler und übergreifender Ebene umzugehen.

Die Verwendung von Kennzahlen hat aber auch noch einen anderen Grund. Dies soll mit einer Verfeinerung der bisherigen VSM-Darstellung in Abb. 2.8 illustriert werden.

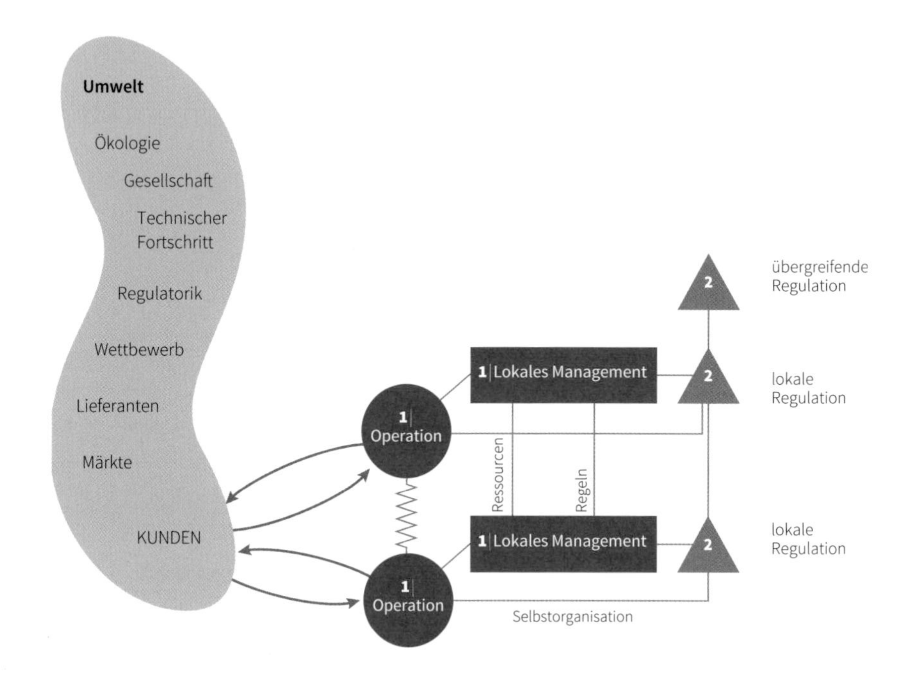

Abbildung 2.8
Das System 2 des VSM

Im VSM wird die Funktion der systemischen Regulation auf zwei Unterebenen unterschieden:

1. Die lokale Regulation
   Diese ist zur Unterstützung für das jeweilige lokale Management und die dazugehörende Operation zuständig. Zur Visualisierung dieses Zusammenhangs sind die lokalen Regulatoren mit entsprechenden Kanälen mit den Partnersystemen verbunden. Hier werden zur kurzfristigen Koordination der wertschöpfenden Aktivitäten die entsprechenden Informationen und Kennzahlen/Leistungswerte ausgetauscht. Dies soll den lokalen Betrieb optimieren und stabil halten.
2. Die übergreifende Regulation
   Dieses Teilsystem ist für die Erreichung eines regulativen Gesamtoptimums zuständig und ist mit dem taktisch-operativen Management verbunden. Diesem Management liefert es Informationen über die Gesamtleistungsfähigkeit des System 1 und unterstützt bei der (relativ) kurzfristigen Planung. Dies gelingt der übergreifenden Regulation, in dem diese die Leistungsdaten der lokalen Einheiten «nach oben hin» aggregiert. Ein Filterprozess stellt sicher, dass nicht ALLE Informationen zu JEDEM Detail genutzt werden, sondern eine ausgewogene Mischung aus Faktoren, die auf die Fähigkeiten der Operation schließen lassen. Die Form des Dreiecks für das System 2 könnte als Sinnbild für diesen Aggregierungsprozess stehen. Es erfolgt eine besondere Form der Übersetzung der Vorgänge auf operativer Ebene

zuhanden des übergeordneten Managements, damit dieses verantwortungsvoll über die Verwendung von Ressourcen und Regeln entscheiden kann.

Ein umfassendes Verständnis der Regulation

Das System 2 hat *keine disziplinarische Macht* – es entscheidet nicht über die Rahmenbedingungen der 1er-Systeme (Ziele, Ressourcen und Regeln). Es soll diese bestmöglich darin unterstützen, die jeweiligen Ziele zu erreichen und Oszillationen sowohl im lokalen Kontext wie auch im Gesamtsystem zu dämpfen. Gutes Management macht sich das Wissen der 2er-Systeme zunutze, da diese einen besseren Einblick in den «Maschinenraum» haben und daher die Leistungsfähigkeit besser bewerten können. Aus diesem Grund wird der regulative Kanal auch seitlich als eigenständiges Konstrukt dargestellt und ist nicht Teil der zentralen «Kommandoachse». Nebeneffekt dieser Darstellung: Man sieht, wie die horizontale Linie der Selbstorganisation die Kanäle der Regeln und Ressourcen buchstäblich kreuzt. Der natürliche Zielkonflikt zwischen Stabilität in der Wertschöpfung und Veränderung des Systems durch das Formulieren von Zielen seitens des Managements springt einem förmlich ins Auge.

Beispiel Machine Ltd.
Die Regulation des übergeordneten Tagesgeschäfts wird per sogenannter Pull-Steuerung realisiert. Das heißt, durch die radikale Ausrichtung des Wertstroms hin zu den Kunden wird nicht per klassischem Produktions-Planungs-System (PPS) gearbeitet, sondern im Takt des Kunden beziehungsweise des Marktes. Die Produktionsweise orientiert sich in hohem Maße an Lean-Prinzipien und integriert die verschiedenen marktbezogenen Aktivitäten zu einem Wertstrom. Des Weiteren sind im System 2 auch die Funktionen zu finden, welche als Unterstützungsprozesse für die Operation fungieren, wie z. B. der interne IT-Support, Personalplanung, Controlling oder ähnliche Themen.

Typische Fehler bei der Umsetzung des System 2
Fehler 1: Es werden keine oder nur unzureichend aussagekräftige Informationen über die Leistungsfähigkeit der Operation ermittelt. Eine gute Informationslage ist aber essenziell, um die tägliche Kapazität und Auslastung regulieren zu können.

Fehler 2: Den Akteuren im System 2 steht nicht die formale Macht zur Verfügung, um Probleme im Tagesgeschäft eigenständig mit der Operation zu lösen. Der Handlungsspielraum ist also beschränkt, wenn einfachste Aktivitäten einer offiziellen Erlaubnis bedürfen.

Fehler 3: Die Planungsprozesse des System 2 werden permanent durch das übergeordnete Management gestört (System 3, siehe nächsten Abschnitt). Eine Einmischung in das Tagesgeschäft mag zwar in besonderen Fällen geboten sein, doch darf dies nicht dauernd geschehen.

Fehler 4: Alle möglichen Aktivitäten rund um die Infrastruktur einer Organisation werden in das System 2 «abgeschoben». Allzu leicht entsteht ein wildes Konglomerat von Funktionen, die nichts mit der originären Aufgabe zu tun haben.

System 3 – die Führung des laufenden Geschäfts

Bereits bei der Vorstellung des System 2 war vom übergeordneten Management die Rede, um eine Abgrenzung zur Regulation vorzunehmen. Es geht beim System 3, auch taktisch-operatives Management genannt, um die Optimierung der Zusammenarbeit der 1er-Systeme. Metaphorisch gesprochen, soll es eine «Explosion von Potenzial» auslösen und Synergien zwischen den Einheiten der Operation herstellen. Das System 3 ist für den operativen Betrieb zuständig und erwirtschaftet den Ertrag des Unternehmens. Es trägt mithin die übergreifende Verantwortung für die Kundenzufriedenheit und ist entsprechend am aktuellen Marktgeschehen orientiert. Gleichzeitig ist das System für die Formulierung von Produktionszielen und die Bereitstellung von Ressourcen zuständig – dies wird durch zwei Kanäle visualisiert, die das System 3 mit dem lokalen Management der 1er-Systeme verbindet, wie die folgende Abb. 2.9 zeigt.

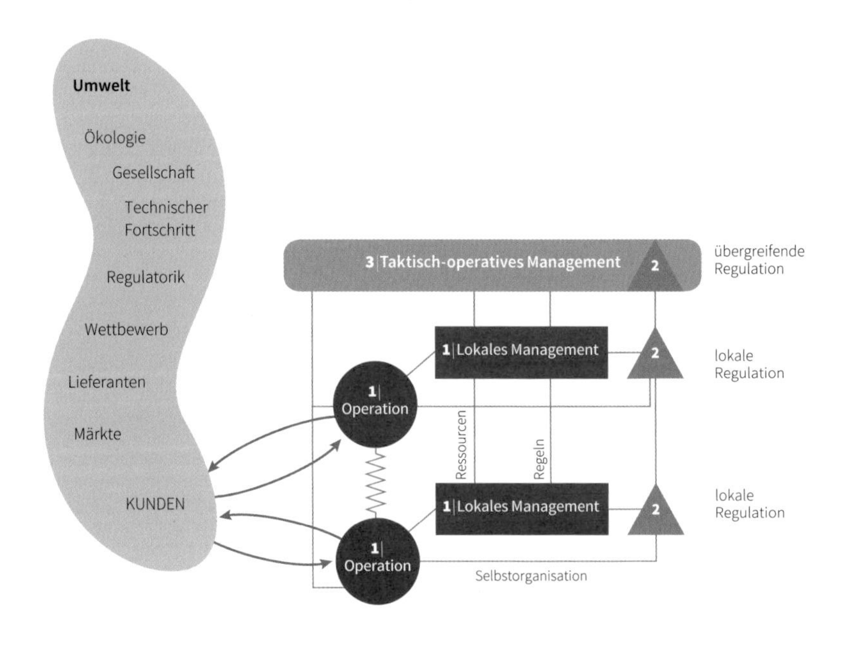

Abbildung 2.9
Das System 3 als taktisch-operatives Management

Das Management dieses Systems hat zwar dank des System 2 die kurzfristigen Ergebnisse im Blick und verantwortet diese letzten Endes, doch gleichzeitig müssen auch mittel- und langfristige Planungshorizonte berücksichtigt werden. Die Ausgewogenheit der Lieferfähigkeit und der Anpassungsfähigkeit der Organisation ist parallel zu denken, wenn z.B. über die Verwendung von Mitteln für die Operation entschieden wird. Der Schwerpunkt des zeitlichen Planungshorizonts liegt dabei auf der *mittelfristigen Sicherstellung der Ergebnisse*.

Des Öfteren wird am VSM kritisiert, dass es aufgrund der hier vorgestellten Logik sehr wohl ein «Ober sticht Unter» gäbe, weil das System 3 mehr Macht als die subsidiären Teilsysteme besitzt. Diese Anmerkung läuft jedoch ins Leere, weil im Modell nicht definiert wird, WIE GENAU diese Funktion aufgebaut und betrieben werden soll. So ist das Modell selbst ideologiefrei, weil es weder ein direktives noch ein partizipatives Vorgehen vorschreibt. Zunächst geht es bei dieser Fragestellung darum, die erforderliche Varietät herzustellen, damit die Operation Werte für die Umwelt liefern kann.

Eine Beteiligung von vielen Mitwirkenden in einem Themenfeld ist also möglich und in einer komplexen Welt sogar zwingend notwendig. Wenn das Erleben von Hierarchien maßgeblich von den Erfahrungen in sozialen Ritualen geprägt ist, dann gilt es, diese Interaktionsmuster zu «knacken» und Formate zu integrieren, welche mehr Beteiligung in kürzerer Zeit ermöglichen, um zu wirksamen Entscheidungen zu gelangen. Es geht darum, die erforderliche Interaktionsdichte (= interne Netzwerkstruktur) im System 3 zu arrangieren, damit es für die anderen Systeme des VSM die erforderlichen Informationen produzieren kann.

Es braucht des Weiteren die Erkenntnis, dass insbesondere der Vorgang der Vergabe von Mitteln in einem ko-kreativen Prozess erfolgen sollte, der flexibel genug ist, um auf veränderte Rahmenbedingungen schnell reagieren zu können. Nicht umsonst sprach Stafford Beer im Kontext des Ressourcen-Kanals vom «Resource Bargain» – er repräsentiert einen Kreislauf, genauso wie auch die anderen Kanäle im VSM eine Schleife darstellen.

Beispiel Machine Ltd.

Im Unternehmen ist System 3 der Ort der operativen Geschäftsführung – somit ist Mary Machine als Inhaberin letztendlich verantwortlich für die Ergebnisse, auch wenn sie dieses System nicht alleine betreibt. Die Verantwortung wird zwischen ihr und den Führungskräften aus der Operation aufgeteilt, um eine verantwortliche Planung aufzusetzen, welche eher mittelfristig angelegt ist. Als Intervall wird ein sogenannter Sprint (Arbeitsintervall von ein bis drei Wochen) verwendet (hier zwei Wochen lang).

Typische Fehler in der Umsetzung des System 3

Fehler 1: Die Planungsebenen und Zeithorizonte – kurz und mittelfristig – werden durcheinandergebracht, sodass sich die Aktivitäten des System 3 mit denen des System 2 überschneiden. Damit fehlt jedoch die Fähigkeit zur Lenkung des Systems auf mittlere Frist, weil keine übergreifend angelegte Aufgaben-, Ressourcen- und Kapazitätsplanung erfolgt.

Fehler 2: Fehlende Einbeziehung der 1er- und 2er-Systeme in mittelfristige Planungsprozesse, sodass die Planung des Tagesgeschäfts unter Druck gerät und hektisch agiert wird. Die Probleme werden vielleicht immer noch gelöst, doch die Frage ist: Zu welchem Preis?

Fehler 3: Zu starker Fokus auf Effizienz, sodass fälschlicherweise eine 100%ige Auslastung zu einer 100% Produktivität führen soll. Es wird ohne Puffer geplant, sodass die Menschen Überstunden leisten müssen, wenn unvorhergesehene Änderungen bei einen Kundenauftrag schnellstmöglich umgesetzt werden müssen. Es ist aber klüger, eher mit einer Auslastung von 70% zu planen, um am Ende die 100% zu leisten, die der Kunde erwartet.

Fehler 4: Der tödlichste Fehler besteht darin, wenn das System 3 per Mikromanagement den operativen 1er-Systemen ins Tageswerk hineinpfuscht. Aufgrund von Ashby's Gesetz kann das System 3 gar nicht alle Belange der Operation überblicken – es ist von Natur aus beschränkt. Falls permanent Eingriffe von oben erfolgen, resultiert daraus eine strukturelle Verunsicherung der 1er-Systeme, da diese entmündigt werden. Das entbindet die Menschen in der Operation von der Verantwortung, ihre Problemlösungskompetenz selbstständig zu entwickeln.

System 3* – Audits, Intro- und Retrospektiven

Die Aufgaben des System 3* (sprich: Drei Stern) ergeben sich aus dem Umstand, dass die zur Regulation genutzten Informationen immer gefiltert sind. Salopp gesagt, sieht man immer nur Datenausschnitte und kann sich nie sicher sein, dass alle taktisch-operativen Pläne zu 100% umgesetzt werden (Wahrscheinlichkeit statt Wahrheit!). Daraus folgt der Bedarf für ein System, dass diese Informationslücke bestmöglich (aber nicht absolut!) schließt und sporadisch Audits durchführt. Man könnte es als eine «ungeplante Kursüberprüfung» interpretieren, die von Zeit zu Zeit erfolgt. Als komplementäre Einheit zum System 2 soll es die verloren gegangenen Informationen ausgleichen, weil die Kennzahlen/KPIs des System 2 immer nur Fenster in die Realität sind. Obwohl wir Kennzahlen zur Lenkung brauchen, sind diese stets unvollständig. Visuell wird das System 3* als auf dem Kopf stehendes Dreieck dargestellt. Man könnte daraus auch auf die Metapher von der Tiefenbohrung schließen.

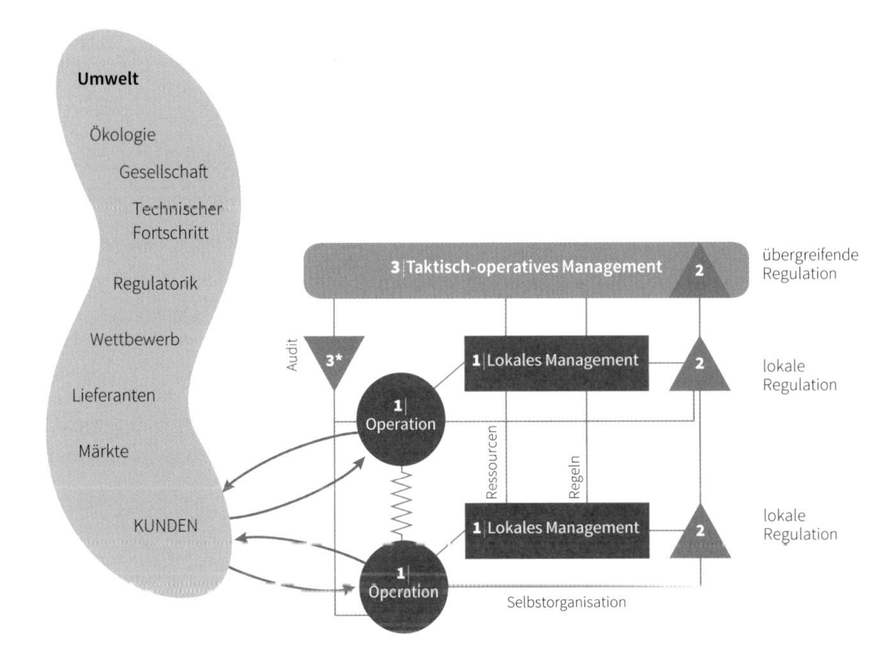

Abbildung 2.10
Eine weitere Verfeinerungsstufe des VSM mit dem System 3* (Audit-Kanal)

Dieses System leidet heutzutage zu Recht unter einem schlechten Ruf, wird es doch nur mäßig betrieben und scheint zu den undankbarsten Funktionen zu gehören, die man in einer Organisation wahrnehmen kann. Die häufig der Revision, dem Controlling oder dem Compliance-Bereich zugewiesene Funktion des 3* darf zu Recht über Nicht-Akzeptanz seitens des Restes der Organisation klagen. Denn in der Umsetzung dieser durchaus notwendigen Funktion werden die grundlegenden Ideen eines «Audit-Kanals» in einem lebensfähigen System grundlegend verletzt. Bevor auf die typischen operationalen Fehler eingegangen wird, soll eine weitere Besonderheit dieses Kanals erläutert werden.

Das System 3* dient nicht nur zum Ausgleich von verloren gegangener Varietät, sondern ist genauso wie das System 2 außerhalb der «zentralen Kommandoachse» verortet. Man könnte es als einen «Abgesandten des System 3» bezeichnen. Es besitzt ebenso wie das System 2 keine «disziplinarische Macht», sondern soll tieferliegende Fehler finden und strukturelle Verbesserungsvorschläge entwickeln. Es soll unabhängig den «Zustand des Maschinenraums» evaluieren und nicht als «politische Peitsche» durch die Organisation ziehen. Insofern kann man auch von einem Lernkanal sprechen – vorausgesetzt es ist ein intelligentes System, welches in der Lage ist, die vom System 3* ermittelten Informationen (und Verbesserungsvorschläge) in Maßnahmen zu überführen, die das System 2 dazu ertüchtigen, seine regulative Funktion zu übernehmen. In der

Welt des Lean-Thinking ist dies als Gemba-Walk bekannt. Führungskräfte sollen sich ein unvoreingenommenes Bild der Operation machen – «gehe hin und sehe!».

Typischerweise tritt das System 3* in Aktion, wenn nach einem Austausch von System 2 (übergeordnete Regulation) und System 3 (übergeordnetes Management) ein Problem zutage tritt, welches nicht im Rahmen des Alltagsgeschäfts gelöst werden kann. Meist ist dies ein Indikator, dass ein größeres Problem vorliegt, welches einen gesonderten Analyseprozess erfordert. Auftraggeber des System 3* ist das System 3, und doch ist es zur Neutralität verpflichtet und hat dem Wohl des Gesamtsystems zu dienen.

Beispiel Machine Ltd.

Da das System 3* nur sporadisch bespielt wird, ist dafür keine eigene Funktion oder Stelle vorgesehen. Vielmehr werden bei der Machine Ltd. die Aufgaben des Audit-Kanals durch das Werkzeug des Gemba Walks (Masaaki Imai, 1997) und durch das Kommunikationsritual der Retrospektive erledigt. Der Gemba Walk sorgt dafür, dass die Manager nicht den Kontakt zum Maschinenraum verlieren und lernen zu verstehen, «was wirklich geschieht» (Gemba = Gehe zum Ort des Geschehens). Die Retrospektive dient als regelmäßiger Reflexions- und Lernraum, um zu verstehen, was im nächsten Sprint beziehungsweise Arbeitsintervall anders gemacht wird.

Typische Fehler bei der Umsetzung des System 3*

Fehler 1: Die Revision und das Controlling werden kontinuierlich betrieben – der Rest des Systems ist unter permanentem Stress, und es existiert eine strukturelle Angst davor, Fehler zu machen. Dies geht gleichermaßen zu Lasten der Innovationsfreudigkeit und der Produktivität des Systems.

Fehler 2: Die ermittelten Daten sind nutzlos, weil beim Audit «betrogen» wurde – die berühmten Potemkin'schen Dörfer wurden errichtet. Geschönte Informationen werden geliefert, sodass tiefer liegende Probleme nicht erkannt, geschweige denn behoben werden.

Fehler 3: Wie bereits oben genannt, ist es tödlich, wenn die Ergebnisse eines wertgenerierenden Audits *nicht* umgesetzt werden. Dies ist auf zwei Ebenen gefährlich: Zum einen diskreditiert es den Zweck dieser Funktion, und zum anderen schwächt es die Autorität des System 3, welches die einzuleitenden Veränderungen verantwortet – es schadet der Reputation des übergeordneten Managements.

Fehler 4: Das System 3* wird überhaupt nicht organisatorisch betrieben und ist der blindeste der blinden Flecke der Organisation. Im schlimmsten Fall übernimmt der Kunde die Funktion des Audits und findet die organisatorischen Fehler im System – eine Bankrotterklärung im Sinne der Kundenorientierung und die beste Art, Werte zu vernichten.

System 4 – die Erkundung möglicher Zukünfte

Dieses System entspricht der strategischen Management-Ebene und umfasst neben der Beobachtung der Umwelt auch die Entwicklung von Szenarien sowie die Erprobung neuer Geschäftsmodelle beziehungsweise neuer Produkte und Dienstleistungen. Es ist somit auf eher langfristige Zeiträume ausgerichtet und soll die Lenkbarkeit des Unternehmens in veränderlichen Zeiten sicherstellen. Somit bereitet es ein Unternehmen in besonderem Maße auf die Megatrends vor und muss sowohl in der Breite wie auch in der Tiefe die nächsten Spielzüge vordenken.

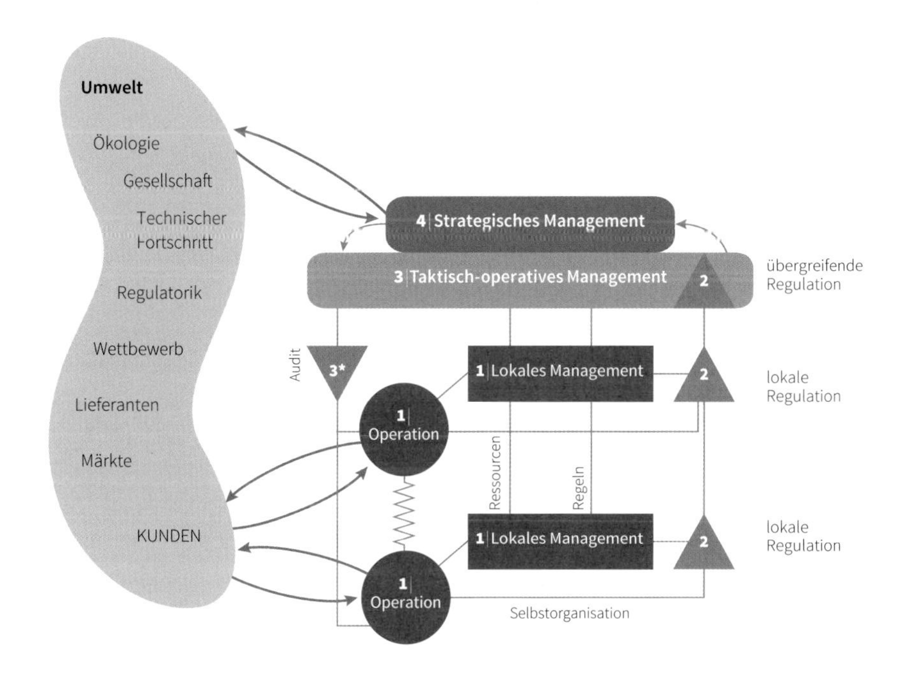

Abbildung 2.11
Das strategische Management (System 4) als Erforscher der Umwelt und Entwickler von Strategie und Innovation

Aus diesem Grund ist das System 4 der Ort, an dem sich ALLE organisatorischen Fragestellungen zur Entwicklung des Unternehmens wiederfinden. Dies umfasst also nicht nur die klassische Strategie oder die Forschungs- und Entwicklungsabteilung, sondern beispielsweise auch den HR- oder IT-Bereich. Jedes Themenfeld wie z. B. Vertrieb oder Marketing ist gut beraten, wenn es seine langfristige Planungs- und Gestaltungsebene bespielt und diese mit den anderen Themenfeldern koordiniert. Denn natürlich soll dies nicht im Silo vollzogen werden, sondern miteinander vernetzt geschehen, um die Unternehmensziele zu erreichen.

Aus dieser Einsicht geht also hervor, dass es verschiedene Kommunikations- und Entscheidungsprozesse gibt, wenn die oben genannten Themen bearbeitet werden. Selbstverständlich sind die Akteure im System 4 untereinander vernetzt. Bei der Gestaltung des System 4 kommt es also darauf an, ein Netzwerk zu schaffen, in dem Informationen gut fließen können, um gemeinsam etwas zu schaffen, zu dem jeder Einzelne nicht in der Lage wäre.

Aus der obigen Abb. 2.11 geht die Wechselwirkung des System 4 mit dem System 3 hervor (Kreislauf 3–4). Einerseits stellt das System 4 Strategien und Innovationen der Organisation zur Verfügung. Andererseits kann es diese Aufgaben nur dann effektiv erledigen, wenn es vom System 3 mit einem operationalen Modell und den entsprechenden Daten versorgt wird. Ohne Kenntnis der operativen Vorgänge wird es für das System 4 nur schwer möglich, seine passenden Strategien zu entwickeln. Diese Einsicht mag trivial klingen, doch in der Praxis wird dies häufig vernachlässigt.

Beispiel Machine Ltd.

Wie bereits oben erwähnt, sind im Unternehmen hier alle Funktionen der Organisation anzutreffen, um langfristige Entscheidungen in ihrem Vernetzungsgrad zu verstehen und dann aufeinander auszurichten. Dieses System ist dabei nicht nur den Führungskräften vorbehalten, da dies die Potenziale für gute Entscheidungen reduzieren würde. Mary Machine hat dafür gesorgt, dass wichtige Entscheidungen mit der angemessenen Vielfalt an Perspektiven beleuchtet werden, bevor eine Festlegung stattfindet. Zu diesem Zweck leistet sie sich ein internes «Red Team», welches in der Lage ist, Großgruppen-Formate zu moderieren und dabei gleichzeitig die Entscheidungsqualität im Blick behält. Mary ist sich bewusst, dass sie konstruktive Störer braucht, damit das Unternehmen nicht träge wird. Es gehört zu ihren Grundsätzen, dass jede Führungskraft sich in den Themen Strategie und Innovation einbringen muss.

Typische Fehler bei der Umsetzung des System 4

Fehler 1: Die Aktivitäten innerhalb des System 4 sind nicht koordiniert und finden entkoppelt statt. Strategische Initiativen kannibalisieren sich und zahlen nicht aufeinander ein. Damit ist die Gefahr gegeben, dass das Unternehmen nicht in der Lage ist, sich auf die Megatrends einzustellen, und schlimmstenfalls im Konkurs mündet.

Fehler 2: Die Aktivitäten des System 4 finden losgelöst vom Maschinenraum statt (Systeme 1, 2, 3, 3*), sodass die erforderliche Varietät fehlt, um strategische Initiativen auf die Straße zu bringen. Ohne Einbeziehung derjenigen, die eine Strategie umsetzen sollen, ist ein Scheitern der Initiative meistens garantiert.

Fehler 3: Das System 4 als Innovationsstätte der Organisation wird nur auf der übergeordneten Ebene betrieben, die subsidiären Systeme auf niedrigeren Rekursionsebenen werden vernachlässigt. Damit wird die Chance vertan, Innovationsthemen quer durch das Unternehmen zu verankern.

Fehler 4: Die Beobachtung der Umwelt erfolgt nur unzureichend, seien es die pure Ignoranz oder einfach nur handwerkliche Fehler bei der Auswahl von Frühindikatoren – eine permanente Schau nach außen ist notwendig, um im wahrsten Sinne des Wortes up-to-date zu bleiben und dem Wettbewerb den entscheidenden Schritt voraus zu sein.

System 5 – die Identität der Organisation

System 5 ist der «ultimative Boss», da es den Sinn und Zwecke (Purpose) repräsentiert und darüber entscheidet, auf welcher ethischen Grundlage Entscheidungen gefällt werden. Obgleich es recht weit von der Operation entfernt erscheint und nur indirekt wirken kann, so ist es doch gleichzeitig sehr wirkmächtig. Es bestimmt den übergreifenden Handlungsrahmen, aus dem heraus sich die Auswahl von Strategien (System 4) und Taktiken (System 3) ergibt.

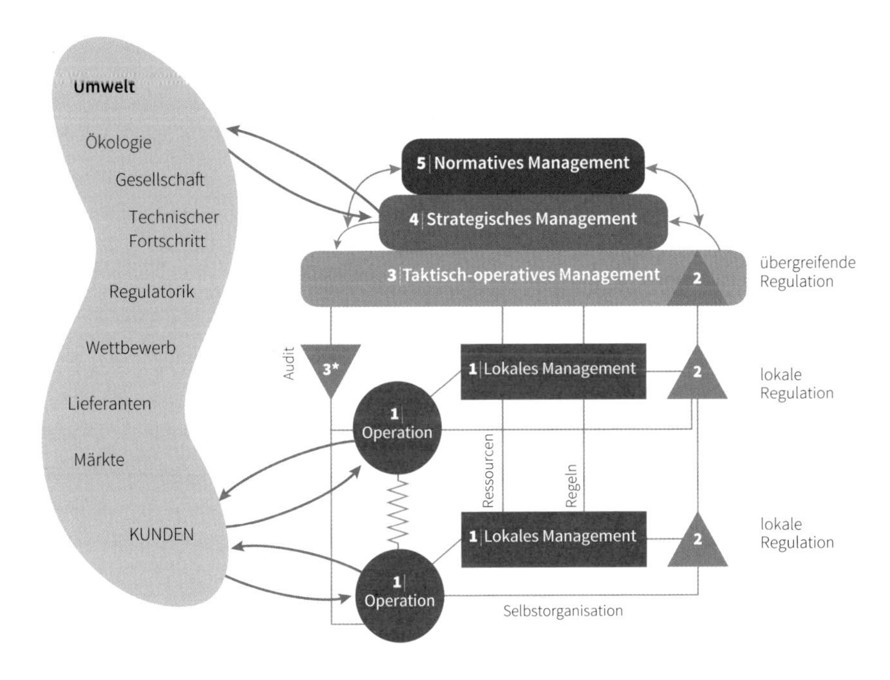

Abbildung 2.12
Den Abschluss einer Rekursionsebene bildet das System 5 – es wirkt regelnd auf den Kreislauf 3–4 ein.

Das System 5 ist somit für die Identität der Organisation verantwortlich, weil es alle Artefakte und Meetings enthält, die typischerweise zur Definition des Sinns und Zwecks dazugehören: Dies können Leitbilder, Werte, Unternehmensvision oder eine Betriebsversammlung sein, die das ethische Verhalten des Systems repräsentieren. Aus der rekursiven Natur des VSM wird auch klar, warum es nicht damit getan ist, die oben genannten

Artefakte «mal eben» herzustellen. Denn die Formulierung einer Sache ersetzt nicht das Umsetzen der Sache. Dies bezieht sich vorrangig auf die Vorbildfunktion, die Führungskräfte übernehmen müssen, wenn es darum geht, die wohlfeilen Formulierungen von Leitbildern ins tägliche Erleben zu überführen. Wenn dies gelingt, entfalten vorgelebte Werte eine hohe Sogwirkung und reduzieren soziale Komplexität enorm.

In Abb. 2.12 ist weiter zu sehen, wie zwei Kanäle vom System 5 auf den Kreislauf 3–4 einwirken. Dies erinnert daran, dass das normative Management für einen Ausgleich zwischen den Anliegen des taktischen und des strategischen Managements sorgen muss. Ein einfaches Beispiel für diese delikate Balance ist die Entscheidung, ob Investitionen in die Steigerung der Effizienz der Wertschöpfung (neue Maschinen) oder in die Entwicklung neuer Prototypen (Innovation) erfolgen sollen – beziehungsweise in welchem Mischungsverhältnis Budgets verteilt werden. Des Weiteren hilft das VSM, daran zu denken, dass ein übergeordnetes System 5 immer mit den subsidiären 5er-Systemen (eine Rekursionsebene niedriger) verbunden ist. Wenn z. B. das tatsächliche Führungsverhalten im Maschinenraum der Operation zu stark von den übergeordneten Richtlinien abweicht, dann zählt im Zweifel das, was im System 1 geschieht und letztendlich bei den Kunden, Shareholdern und der Gesellschaft ankommt. Damit trägt es die höchste Verantwortung für die sozialen Bindekräfte in der Organisation!

Beispiel Machine Ltd.

Auch hier ist Mary Machine in besonderem Maße gefragt. Sie versteht, dass ihr Verhalten das der angestellten Führungskräfte (mit-)beeinflusst. Die alte Erkenntnis der Vorbildfunktion hat sie tief verinnerlicht und zitiert gerne Karl Valentin mit dem folgenden Bonmot: «Kinder muss man nicht erziehen, sie machen einem eh alles nach.» Um den Wandel hin zu einem digitaleren Unternehmen zu beschleunigen, benutzt sie das Konzept der «Red Teams» auch auf dieser Ebene. Um die Verbreitung von Wertvorstellungen und den Austausch darüber zu verbessern, setzt sie auf Demo Days und Open Space-Ansätze, die das gemeinsame Lernen und Feiern von Erfolgen fördern sollen. Ebenso gehören das traditionelle Sommerfest und die Weihnachtsfeier zum festen Repertoire des Unternehmens. Mary ist klug genug zu wissen, dass es gute Traditionen gibt, die weitergeführt werden müssen – aller Veränderung zum Trotz.

Typische Fehler bei der Umsetzung des System 5

Fehler 1: Die identitätsstiftende Kraft des normativen Managements wird unterschätzt. Es herrscht die Meinung, dass Werte und Visionen nur *weiches Zeug* sind, dass mit dem harten Alltag des Managements nichts zu tun hätten.

Fehler 2: Die Akteure im System 5 sind ein elitärer Zirkel; es gibt keinen systemweiten Austausch, sodass Fürstentümer bestenfalls in friedlicher Ko-Existenz ihr Dasein fristen, aber von einem Ganzen, das mehr als die Summe der Einzelteile leistet, kann nicht die Rede sein.

Fehler 3: Die Entwicklung des «Purpose» einer Organisation findet einseitig statt. Die Orientierung richtet sich nur auf die Mitarbeiter, den Kunden, die Shareholder oder die Gesellschaft aus. Eine integrierte Betrachtung der Anliegen der Anspruchsgruppen findet nicht statt.

Fehler 4: Kein «Walking the talk» – vereinbarte Prinzipien, Richtlinien und Regeln werden nicht von den Führungskräften vorgelebt. Die Menschen lernen, dass sich nichts ändert, wenn Leitbilder eingeführt werden. Veränderungsbemühungen werden so zur Farce.

Das algedonische System – die interne Frühwarnung

Das letzte System im VSM dient dazu, sowohl bei Katastrophen, wie auch bei hochgradig günstigen Gelegenheiten, die entsprechenden Informationen innerhalb des Unternehmens schnell zu übertragen. Der Begriff «algedonisch» ist ein Kunstwort aus den griechischen Wörtern für Schmerz und Lust. Denn trotz aller Planung kann die Lebensfähigkeit nur sichergestellt werden, wenn in Extremfällen diese wichtigen Signale unter Umgehung der kommunikativen Standardwege fließen können. Im Management ist dies als Eskalation bekannt, aus dem Sicherheitswesen kennt man dies als Gebäudalarm. Dies wird regelmäßig geübt, um im Fall der Fälle vorbereitet zu sein.

Das algedonische System ist in der Gesamtdarstellung des Viable System Model in Abbildung 2.4 als gestrichelte Linie dargestellt und weitgehend selbsterklärend.

Die Prinzipien der Organisation des Viable System Model

Ergänzend zu den Systemen des VSM hat Stafford BEER (1985) spezifische Prinzipien abgeleitet, nach denen lebensfähige Systeme aufgebaut sind. Diese werden nachfolgend der Reihe nach aufgeführt. Daran schließt eine «Übersetzung» in die Businessdomäne an, um den praktischen Bezug zur Unternehmensführung herzustellen.

Das 1. Prinzip der Organisation
«Varietäten des Managements, der Operation und der Umgebung TENDIEREN DAZU, durch ein institutionelles System zu diffundieren und sich auszugleichen; diese Varietäten sollten derart gestaltet sein, dass sie geringste Schäden für die Menschen und die Kosten verursachen.»

Das 2. Prinzip der Organisation
«Die vier Kanäle, die Informationen zwischen dem Management, der Operation und der Umgebung übertragen, müssen jeder für sich eine höhere Übertragungskapazität als

das ursprüngliche Subsystem aufweisen. Sie müssen in einer bestimmten Zeit mehr Informationen, die für die Auswahl der Varietät relevant sind, übertragen können, als vom ursprünglichen System in der gleichen Zeit generiert wurden.»

Das 3. Prinzip der Organisation
«Wo immer eine Information, übertragen auf einem Kanal, der fähig ist, eine gegebene Varietät zu unterscheiden, eine Grenze überschreitet, durchläuft diese Information den Prozess der Transduktion; die Varietät der Schnittstelle muss mindestens gleichwertig zur Varietät des übertragenden Kanals sein.»

Das 4. Prinzip der Organisation
«Die Ausführung der ersten drei Prinzipien muss zyklisch gewartet werden und dies muss ohne Auszeit oder Verzögerung stattfinden.»

Übersetzung der Prinzipien in den Unternehmenskontext
Das **1. Prinzip** lehrt uns, dass komplexe Systeme bereits selbstorganisiert sind. Daher muss es darum gehen, die Selbstorganisation des Systems derart zu gestalten, dass die Verschwendung von humanen und finanziellen Mitteln so gering wie möglich gehalten wird. Dies bedeutet, sich ebenso des Umstandes bewusst zu sein, dass es immer einen Anteil an Verschwendung geben wird, egal wie sehr man auch versucht, die Organisation zu verbessern.

Aus dem **2. Prinzip** geht hervor, dass Kanalkapazität in einem lebensfähigen System von unten nach oben ansteigt. Das heißt, dass das Management in der Lage sein muss, die Veränderlichkeit der Operation, welche wieder durch die Veränderlichkeit der Umwelt geprägt wird, zu übersteigen. Daher ist es auch verständlich, warum das Management in der heutigen Zeit so derart gefordert ist, mit der Entwicklung Schritt zu halten. Aus den Arbeiten von Ralf-Eckhard TÜRKE (2008) geht hervor, dass dieses Prinzip insbesondere die Themen der Beziehungen und Rollen, der zeitlichen Verzögerungen und Sequenzen, sowie die Informationsmedien in der Organisation betrifft.

Im **3. Prinzip** wird deutlich, dass der Fluss von Informationen in einem System nicht nur durch die Informationskanäle bestimmt wird, sondern auch durch die «Verbindungsglieder» zwischen den Systemen. Die Klage über schlechte oder fehlende Schnittstellen ist im Businesskontext nichts Neues – ebensowenig ist dies im VSM und dem entsprechenden Prinzip der Fall: Diese Informationswandler müssen bewusst gestaltet werden, weil sonst keine Gesamtkoordination möglich ist. Auch hier bietet Ralf-Eckhardt TÜRKE (2008) eine Interpretation an, in welcher auf die unterschiedlichen Rationalitäten des Managements und der Politik verwiesen wird (die Systemgrenzen). Gleichermaßen weist er auf die Übergänge der Logiken von der Operation, der Strategie und dem normativen Management hin. Aus dieser Warte schließt sich die Frage an, ob die Akteure in der Organisation sich der unterschiedlichen Logiken des Managements bewusst sind. Abschließend ist der Hinweis enthalten, dass eine gemeinsame Sprache unabdingbar ist, um erfolgreich Informationen im System zu verteilen – dies gilt besonders für die unterschiedlichen Rekursionsebenen in einem Unternehmen. Die Sprache der Produktion ist häufig eine andere als die des Managements. Es braucht «Mehrsprachler» auf allen Ebenen.

Das **4. Prinzip** verweist auf den Umstand, dass jedes System regelmäßig gewartet werden muss. Insbesondere die in den drei vorherigen Prinzipien genannten Themen müssen kontinuierlich in Stand gehalten und verbessert werden. Dies schließt an eine der Grundideen des Lean Thinkings an – der kontinuierliche Verbesserungsprozess, kurz KVP. Dieser findet sich auch im sogenannten Deming-Kreislauf namens PDCA wieder (Plan – Do – Check – Act).

Die Axiome des Viable System Model

Neben den Prinzipien der Organisation hat Stafford Beer drei Axiome des Managements definiert. Diese werden ebenso kurz in deutscher Fassung wiedergegeben, um die Einsichten für die Praxis zu übertragen.

1. Axiom des Managements

   «Die Summe der horizontalen Varietät, über welche die operativen Elemente (1er-Systeme) verfügen,

   IST GLEICH

   der Summe der vertikalen Varietät, über welche die sechs vertikalen Komponenten der betrieblichen Bindekräfte verfügen.»

2. Axiom des Managements

   «Die Varietät, welche vom System 3 durch die Anwendung des 1. Axioms freigesetzt wird,

   ENTSPRICHT

   der Varietät, die das System 4 enthält.»

3. Axiom des Managements

   «Die Varietät, die vom System 5 freigesetzt wird,

   ENTSPRICHT

   der Restvarietät, welche durch die Anwendung des 2. Axioms übrig bleibt.»

Übersetzung der Axiome für den Unternehmenskontext

Diese recht abstrakt klingenden Formulierungen betrachten ein lebensfähiges System aus der Perspektive des ganzheitlichen «Variety Engineerings». Das bedeutet für die Unternehmensführung, dass die Varietäten (mögliche Systemzustände) in der Selbstorganisation der Operation mit den Varietäten der Lenkungskreisläufe des Managements ausbalanciert werden müssen. Diese Form des Ausgleichs gilt auch für die höheren

Ebenen im VSM. Hier muss die Varietät der Systeme 3 und 4 passen (2. Axiom). Übrig bleibende Varietät wird vom System 5 absorbiert (3. Axiom), weil es als «ethischer Kompass» dient.

Das Gesetz der Kohäsion

Abschließend kommt noch das Gesetz der Kohäsion ins Spiel, welches die übergreifenden Bindekräfte in der Organisation beschreibt (für mehrfache Rekursionen des lebensfähigen Systems).

> «Die System-1-Varietät, die für das System 3 der Rekursionsebene X zugänglich ist,
> ENTSPRICHT
> der Summe der Varietäten, die in den Metasystemen für die Rekursion Y für jedes rekursive Paar enthalten ist.»

Übersetzung des Gesetzes der Kohäsion für den Unternehmenskontext

Zusammengefasst besagt es, dass die Kräfte des Zusammenhalts über mehrere Rekursionsebenen zueinander passfähig aufgestellt sein müssen. Sonst droht der Zerfall, wie bereits zu Beginn des Kapitels vorgestellt. Das Einzelne muss in das Größere passen. Die Ideen zum Purpose, der ein wesentliches Element darstellt, um die Bindekräfte zu entfachen, werden im nächsten Kapitel weiter ausgeführt.

Bevor wir in den folgenden Kapiteln die Umsetzung des Viable System Model in der Führungspraxis aufzeigen und illustrieren, ist es sinnvoll, sich noch tiefergehend mit der Natur von Netzwerken auseinanderzusetzen. Obwohl das VSM auf den ersten Blick wie eine Hierarchie erscheint, handelt es sich um eine Meta-Architektur beziehungsweise ein Meta-Netzwerk für die Organisation eines lebensfähigen Systems. Das Modell dient als verlässlicher Referenzrahmen für basale Zusammenhänge, ist aber nicht der Leitfaden für die Detailfragen zur Gestaltung eines Netzwerks. Daher sollen komplementär zu den Erkenntnissen von Stafford Beer noch grundlegende Einsichten zu Netzwerken angereichert werden, um wieder dem Anspruch des Praxisbezugs gerecht zu werden. Zudem werden Fragen zur Struktur, den Rollen und des Umgangs mit (Informations-) Macht in Netzwerken erörtert.

Die Umsetzung: Netzwerke verstehen und entwickeln

Immer wieder ist bei der Organisationsentwicklung die Forderung zu lesen, dass «wir» endlich damit anfangen müssten, in Netzwerken zu arbeiten. Es wird pauschal behauptet, dass Netzwerke besser mit dem Thema Macht und Verantwortung umgehen könnten. Diese Forderung greift jedoch zu kurz, da sie selber ungenau formuliert ist und damit den Kern der zugrunde liegenden Problematiken heutiger Unternehmen nicht packt, wenn diese innovativer oder digitaler werden wollen.

Was ist falsch an der Aussage, wir müssten endlich in Netzwerken arbeiten?

Die Antwort ist relativ simpel: Es ist Unfug, dies zu fordern, weil wir bereits heutzutage in Netzwerkstrukturen arbeiten! Auch wenn ein Organigramm den Eindruck vermittelt, dass es nur ein hierarchisches «Oben sticht Unten» gäbe, so ist das tägliche Erleben selten von solchen hierarchischen Abläufen und Strukturen geprägt. Das Organigramm ist eine Illusion, wenn es um die tatsächlichen Prozesse im Unternehmen geht. Tatsächlich ist jeder Mitwirkende in der Organisation mit vielen anderen Menschen vernetzt – diese Verbindungen werden zwar nicht im typischen Organigramm abgebildet, doch besonders bei Projekten in Unternehmen entstehen automatisch Netzwerkstrukturen, weil unterschiedliche Funktionen zusammengebracht werden müssen, um ein Projektziel zu erreichen. Gleiches gilt auch für Querschnittsthemen – egal wie fein man auch versucht Funktionen in der Organisation zu schneiden. Irgendwann entstehen Themen, die nur gemeinsam bearbeitet werden können. Das ist auch alles andere als eine neue Erkenntnis, nur erscheint das im Diskurs über agile Unternehmen oft unterzugehen. Die funktionale Differenzierung zwingt uns dazu, cross-funktional zu arbeiten, weil keiner mehr alles alleine wissen, geschweige denn tun kann (siehe wieder Ashby's Gesetz).

Es geht nicht darum, ob wir in Netzwerken arbeiten, sondern nur wie. Ebenso stellt sich auch nicht die Frage, ob ein Konzern lebensfähig ist, sondern nur wie.

Es ist leicht möglich, eine Netzwerkstruktur aus einem Organigramm abzuleiten:

Aus ...

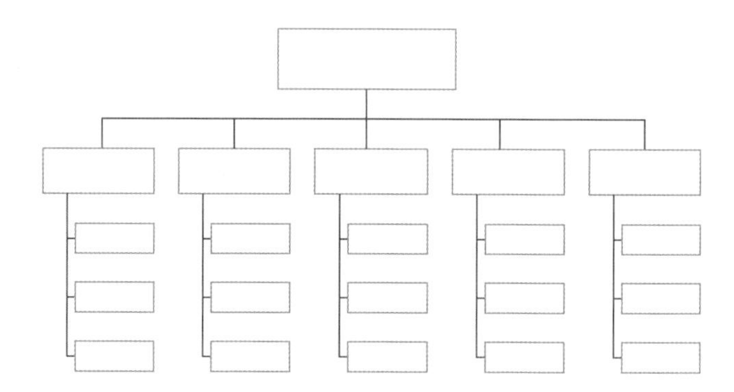

Abbildung 2.13
Typisches Organigramm

... wird eine sogenannte *Sterntopologie* ...

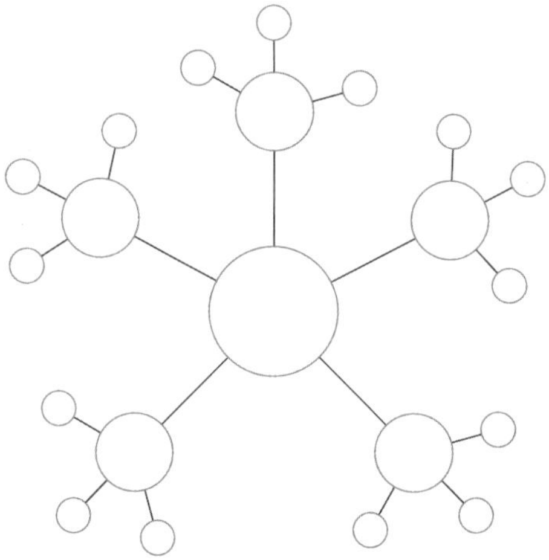

Abbildung 2.14
Typisches Sternnetzwerk

Jetzt werden die (Querschnitts-)**Themen** der Organisation über die Sterntopologie gelegt, sodass der Vernetzungsgrad in der Organisation deutlich wird:

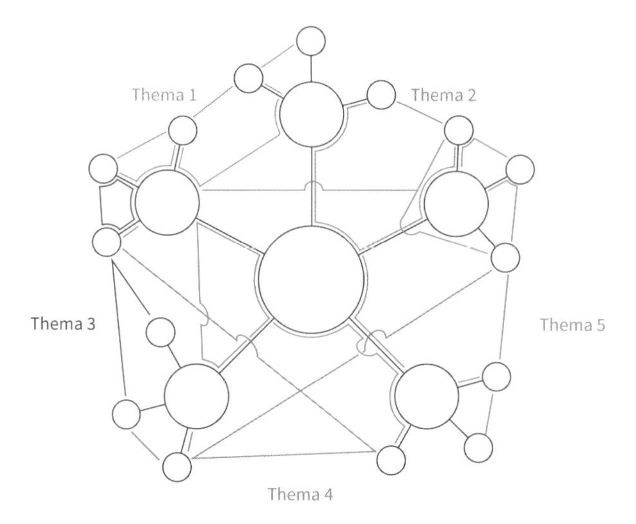

Abbildung 2.15
Über die Themen ergibt sich automatisch ein nicht lineares Netzwerk

Es stellt sich also nicht die Frage, ob wir in Netzwerken arbeiten, sondern auf welche Art und Weise wir eine solche Struktur aufrechterhalten – und wie flexibel diese Struktur auf Veränderungen reagieren kann (oder sich proaktiv neu strukturiert, um einen Vorteil in der Umwelt zu erlangen). Zusätzlich macht es Sinn, die verschiedenen Standardtypen von Netzwerken sowie deren Vor- und Nachteile zu kennen. Hierbei sind die linearen Strukturen eher für komplizierte Themen geeignet, währenddessen die vermaschten Typen wahrscheinlich für komplexe Themen passfähiger sind.

Selbstverständlich existiert auch die informelle Ebene der sozialen Verbindungen, die logischerweise beim «Betrieb des Netzwerks» mitgedacht gehört.

Vorteile und Nachteile unterschiedlicher Netzwerktopologien

Gute Netzwerkstrukturen zeichnen sich durch eine hohe Ausfallsicherheit aus – diese wird mit Puffern sichergestellt. Klug integrierte Redundanzen sorgen dafür, die allfälligen Informations- und Entscheidungsflüsse aufrechtzuerhalten. Aus diesem Grund sind zentralistische Strukturen eher zu anfällig für Störungen (z. B. Stern- oder Baumtopologie). Das bereits in der Einleitung genannte Prinzip der losen Kopplung (bei hoher Kohäsion) gilt es also bei der Auswahl einer Topologie zu berücksichtigen.

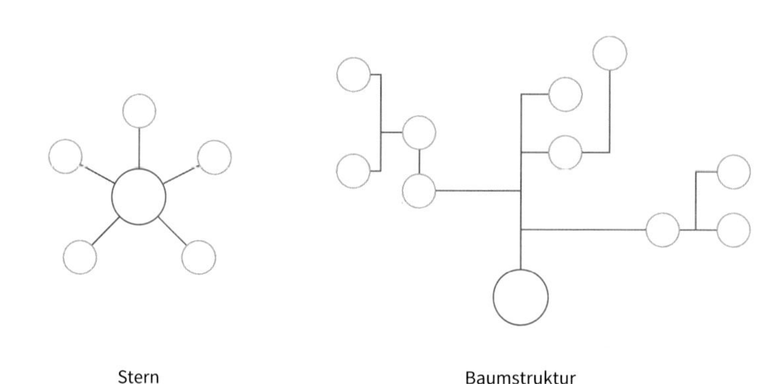

Abbildung 2.16
Typische zentralistische Strukturen: Stern und Baumtopologie

Insbesondere im Bereich der Produktion/Operation sind jedoch die dinglichen Fertigungsprozesse nach einer linearen Logik organisiert – hier haben wir es häufig mit einer Linientopologie oder einer sogenannten Daisy Chain zu tun. Dies ist auch bei einfachen Problemen angemessen, da sich Produktionsprozesse häufig aus der Beschaffenheit des herzustellenden Objektes ergeben. Bei einem Haus baut man daher auch erst das Fundament, bevor die Stockwerke errichtet werden. Gleiches gilt auch für die Entwicklung einer Software. Ohne Anforderung seitens des internen oder externen Kunden ist es schwierig, etwas Sinnvolles zu programmieren. Die Kunst im Management solcher Strukturen besteht darin, die Engpässe in den Knotenpunkten im Blick zu behalten.

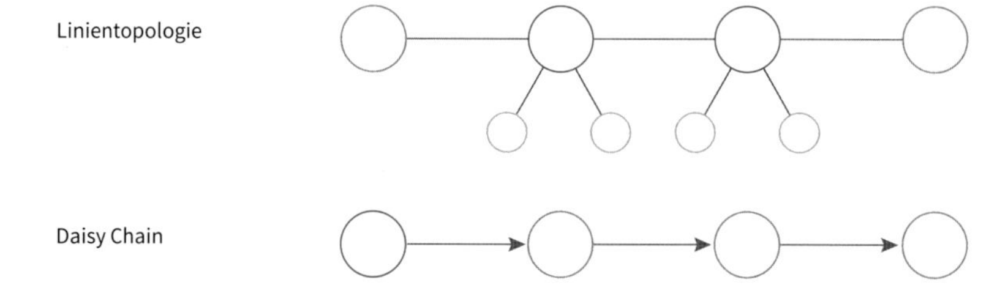

Abbildung 2.17
Typische lineare Strukturen in der Operation

In der Koordination und Führung von komplexen Systemen arbeiten Organisationen wie oben dargelegt bereits in Netzwerkstrukturen. Der korrekte technische Ausdruck für diese Art von Topologien nennt man vermaschte Strukturen, wobei noch zwischen voll- und teilvermaschten Mustern zu unterscheiden ist.

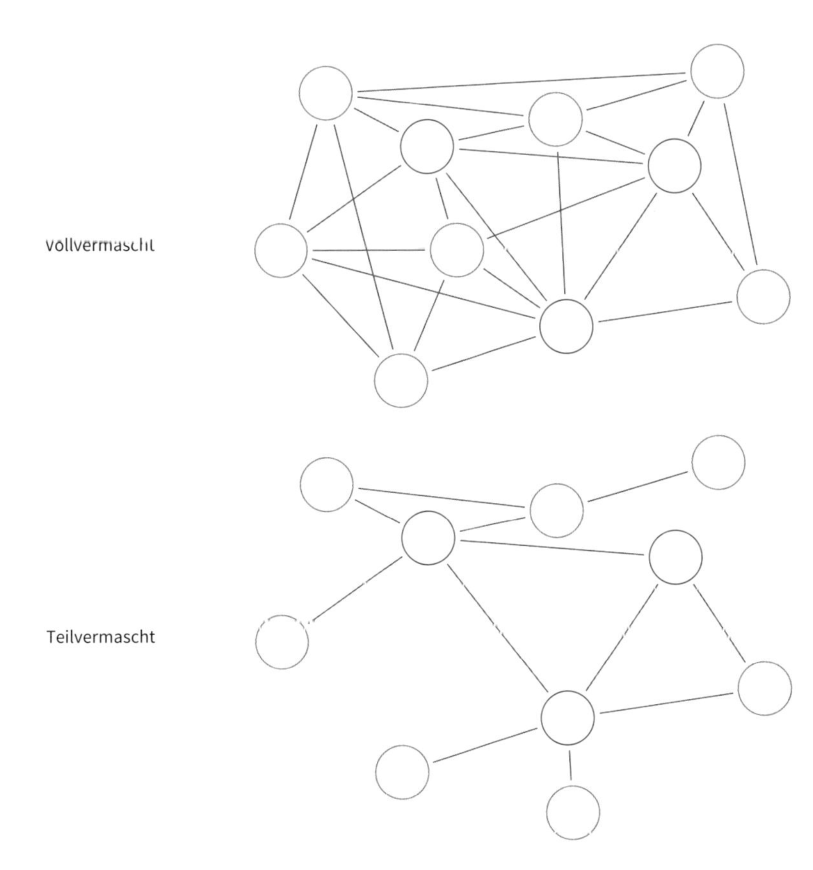

Abbildung 2.18
Vermaschte Topologien sind in komplexen Systemen der Normalzustand

Hierbei sind teilvermaschte Strukturen den vollvermaschten Strukturen vorzuziehen, da diese weniger anfällig für Störungen sind. Dies wurde bereits in Kapitel 1 im Zusammenspiel von Komplexität und Koppelung illustriert. Zwar soll der Vernetzungsgrad in einer Organisation erhöht werden, jedoch nicht bis ins Unendliche! Nochmals sei auf das Prinzip der losen Kopplung hingewiesen.

Beim Design von vermaschten Netzwerken kommt es u. a. darauf an, die richtigen Typen entlang des Wertstroms hin zum Kunden anzuordnen, um auf zweierlei Art mit Redundanzen umzugehen:

Redundanz im Sinne von **Doppelarbeiten**, also parallelen Aktivitäten, die nicht aufeinander abgestimmt sind und für entsprechende Verwirrung im System sorgen. Diese Redundanz muss reduziert werden.

Redundanz im Sinne von **Puffern**, damit insbesondere komplexe Systeme nicht kollabieren, weil ein zu hoher Grad an struktureller Kopplung vorhanden ist. Es braucht alternative Wertstrom-Routen im System, um bei einer Störung im Arbeitsfluss handlungsfähig zu bleiben und die Blockade aufzulösen.

Abschließend stellt sich die Frage, wie Macht und Wissen im System verteilt ist – und hier schließt sich der Kreis zur Hierarchie, weil in Netzwerken natürlich genauso Macht vorkommt wie in der Top-Down-Welt. Ein Blick auf die typischen Rollen in Netzwerken macht deutlich, dass auch hier wieder eine Übertragung des Organigramms auf die typischen Netzwerkrollen möglich ist – und die Forderung nach «Wir brauchen Netzwerke» sinnlos ist.

Sehr wohl kann man aber fordern, dass wir besser in Netzwerken arbeiten sollten.

Macht im System – Rollen im Netzwerk

Das Information-Broker-Konzept von Gould und Fernandez (1989) ist bestens dazu geeignet, mit der irrigen Annahme aufzuräumen, dass Netzwerke per se eine bessere Verteilung von Macht gewährleisten würden als die klassische Hierarchie-Denke, die vom Organigramm ausgeht. In jedem vernetzten System bilden sich «Schwerpunkte» (Entscheidungsstrukturen) in Form von Konzentration von Macht. Das ist auch erstmal nichts Negatives, weil man NIE die Logik von Macht mit dem Missbrauch von Macht verwechseln darf. Die von Fernandez und Gould (1989) abgeleiteten (Vermittler-)Rollen in Netzwerken sind daher auch erstmal wertfrei zu betrachten. So macht die Rolle eines Gatekeepers in einem komplexen System durchaus Sinn – ein Ausfiltern von hereinströmender Information ist notwendig, um das Wichtige vom Unwichtigen zu trennen.

Die Netzwerkrollen nach Gould und Fernandez

Grundsätzlich sind die Rollen hinsichtlich ihrer Orientierung zu unterscheiden. Die Rollen des Koordinators und des Gatekeepers sind nach *innen* gerichtet, während die Rollen des Repräsentanten, Beraters und Verbindungsgliedes eher nach *außen* orientiert sind.

Koordinator
Zwei Kollegen innerhalb des Systems werden miteinander verbunden, die zuvor nichts miteinander zu tun hatten. Der Informationsfluss wird durch den Koordinator sichergestellt.

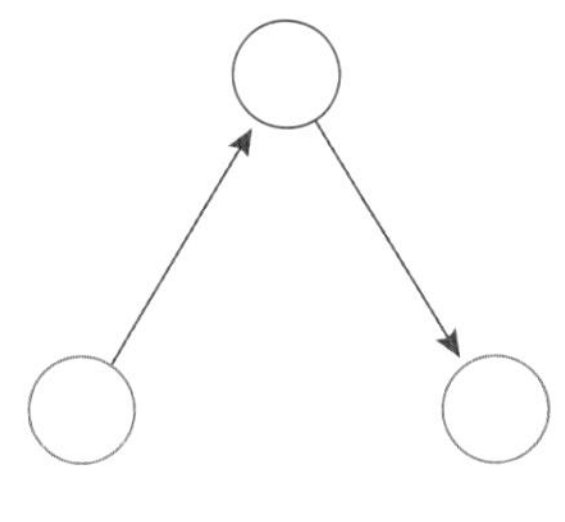

Abbildung 2.19
Verbindung innerhalb einer Einheit

Gatekeeper
Der Gatekeeper scannt die in das System hereinströmenden Informationen und lässt eine Auswahl davon in das Teilsystem hinein. Er übernimmt eine Filterfunktion und entscheidet über das interne Wissen bzw. den Informationsstand in einer Einheit.

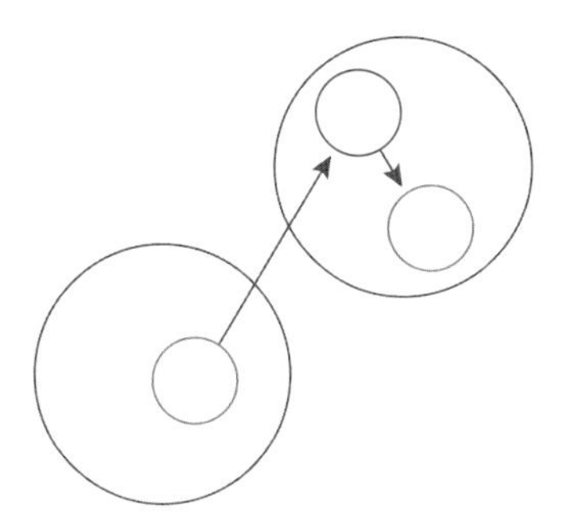

Abbildung 2.20
Die filternde Verbindung zwischen zwei Einheiten

Repräsentant
Dieser sammelt Informationen innerhalb einer Einheit und leitet diese an eine andere Einheit weiter. Er ist somit nach außen hin der Stellvertreter des Wissens seiner Einheit.

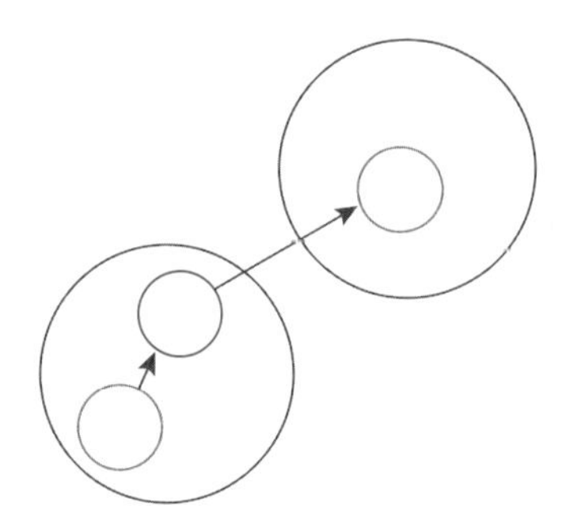

Abbildung 2.21
Die stellvertretende Rolle nach außen

Berater
Diese Rolle verbindet zwei Kollegen derselben Einheit, zu welcher der Berater selber nicht gehört. Der Informationsfluss und die Erhöhung der Qualität der Information steht im Vordergrund.

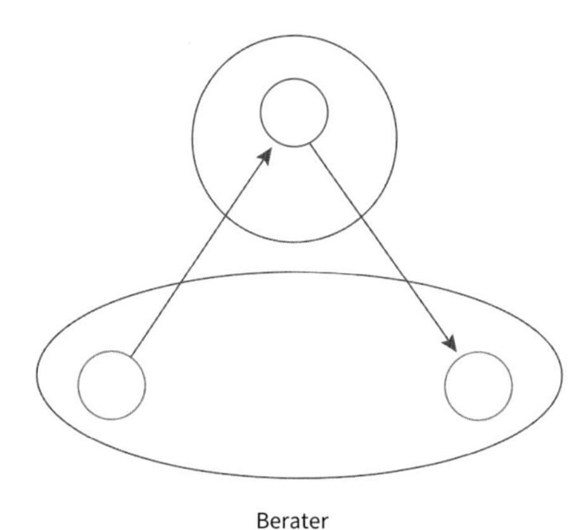

Abbildung 2.22
Verbindung von Akteuren der gleichen Einheit durch einen externen Dritten

Verbindungsglied
In dieser Rolle werden zwei Einheiten durch ein Verbindungsglied verbunden, die nicht zur gleichen Einheit gehören. In dieser Dreiecksbeziehung werden also drei unterschiedliche Einheiten miteinander verbunden.

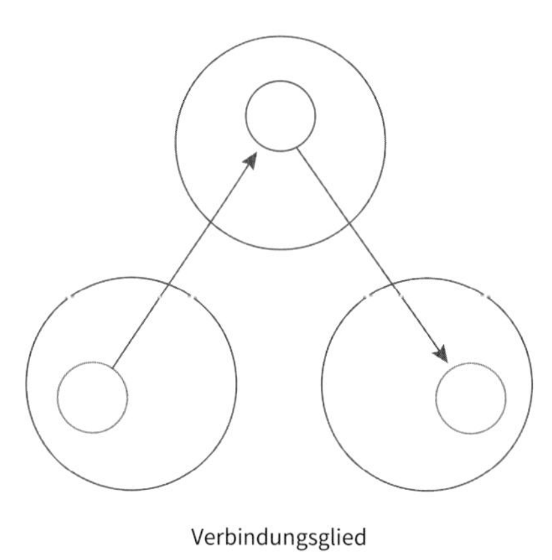

Abbildung 2.23 Die Funktion des Verbindungsglieds in der Dreiecksbeziehung

Die oben genannten Rollen machen deutlich, wie Informations- und damit Entscheidungsflüsse in einem Netzwerk zum Vorteil des Gesamtsystems oder zum persönlichen Vorteil missbraucht werden können. Besonders heikel ist im Konzept von Gould/ Fernandez die Zusammenführung der Rollen des Gatekeepers und Koordinators, wenn also die Informationsselektion und Anweisung per Information in einer Person vereinigt ist. Gleichwohl ist das im Management heutzutage der Normalzustand. Dies gilt auch für die Kombination von Gatekeeper und Repräsentant – auch dies ist eine ideale Brutstätte für systemische Korruption, Selbstzensur und selbstverachtender Unterwerfung, die zu struktureller Verdummung und Schwarmblödheit führen kann.

Zusätzlich wird es delikat, wenn man die Systemtheorie beiseitelegt und sich ganz platt die ökonomischen Abhängigkeiten in der Organisation anschaut ... So ist es kein Wunder, dass der HIPPO-Effekt immer wieder anzutreffen ist: *Es zählt die Meinung der am höchstbezahlten Person im Raum* (Highest Paid Person's Opinion). Hier passt ein Zitat von Upton Sinclair: «Es ist schwierig, jemanden dazu zu bringen, etwas zu verstehen, wenn sein Gehalt davon abhängt, dass er es nicht versteht.»

Macht ist immer ein Thema.

Der vielfach interpretierbare Begriff der Macht ist in Netzwerken also sehr wohl präsent, sodass die naive Forderung nach «mehr Netzwerk» nicht die Lösung für den Missbrauch von Macht darstellt. Der pauschale Ruf nach mehr Vernetzung (Vermaschung) ist ebenso nicht zielführend, da gerade in übervermaschten Netzwerken viel Zeit für die

Aufrechterhaltung der vielen Beziehungen für die Akteure verloren geht. Man operiert am Rande des Zusammenbruchs. Machtzentren im Sinne von Schwerpunkten (Attraktoren) sind mithin ein einfacher Weg, den Vernetzungsgrad in der Organisation **optimal zu vereinfachen** (das heißt jedoch nicht, es *zu* einfach zu machen!). Wichtig: die Funktion von Macht bitte nicht mit der Art und Weise verwechseln, wie diese ausgeübt wird (z. B. durch sinnvoll gestaltetes Management statt Befehlsketten), und gleichzeitig sich bewusst sein, dass jede Art der Entscheidungsstruktur Vor- und Nachteile mit sich bringt. Deswegen ist der Umgang mit Macht/Führung in Netzwerken natürlich weiterhin situativ – eine Blaupause kann es gar nicht geben, egal ob man sich als klassisch-hierarchische Organisation oder als Netzwerk versteht: Es kommt immer auf den Kontext und die notwendige Kompetenz an – und die eigenen Werte und das Menschenbild.

Niall FERGUSSON (2018, 46) hat all diese Fragestellungen sehr prägnant in sieben Einsichten verdichtet:

1. *Kein Mensch ist eine Insel.* Wir sind alle über Themen und Aufgaben miteinander verbunden. Wie im Rollenmodell von Fernandez und Gould gezeigt, sind nicht alle Knotenpunkte in einem Netzwerk gleichwertig. Es ist erkennbar, dass die nach außen orientierten Rollen die Geschicke des Netzwerks lenken, wenn diese Rollen über viele hochwertige Verbindungen verfügen.
2. *Gleich und gleich gesellt sich gern.* Menschen ziehen einander an, auch wenn nicht immer klar ist, warum dies geschieht. Sicher ist jedoch, dass es darum gehen muss, die Natur der Verbindungen zwischen den Menschen zu differenzieren. Es macht einen großen Unterschied, ob man mittels eines Netzwerks eine Familie oder Bürokollegen betrachtet. Ebenso ist es wichtig zu verstehen, was im Netzwerk ausgetauscht wird. Geht es um Geld, Vertrauen oder andere «Ressourcen»? Gleichzeitig ist klar, dass kein Netzwerkdiagramm die Reichhaltigkeit menschlicher Beziehungen jemals vollständig abbilden kann. Es bleibt immer nur eine Näherung an die Realität.
3. *Schwache Verknüpfungen sind stark.* Die «Dichte» eines Netzwerks spielt eine Rolle, ebenso wie der Grad an Vernetzung mit anderen Netzwerken (Cluster), auch wenn dies nur durch schwache Verknüpfungen geschieht. Somit stellen sich folgende Fragen, um die Wirkung von schwachen Verknüpfungen zu verstehen: Ist das Netzwerk Teil einer größeren Struktur? Gibt es Knotenpunkte, die vom Rest des Netzwerks isoliert sind? Gibt es Akteure im System, die bewusst «Löcher in der Struktur» ausbeuten? Wie modular ist das Netzwerk strukturiert?
4. *Struktur bestimmt Verbreitungsfähigkeit.* Der Aufbau des Netzwerks definiert die Fähigkeit des Systems, Informationen zu verbreiten. Fergusson spricht von der «Viralität» des Systems. Viele Ideen verbreiten sich viral, weil dies durch die formale Struktur des Netzwerks begünstigt wird. Die Fähigkeit wird durch Top-Down-Strukturen erschwert, weil dort kein horizontaler Austausch möglich ist.

5. *Netzwerke schlafen nie.* Netzwerke sind dynamisch und niemals statisch. Und im Guten wie im schlechten offen für Phasenübergänge. Sie können in komplex-adaptive Systeme transformiert werden, die neue Eigenschaften mitbringen («das Ganze ist etwas anderes»). Selbst kleine Veränderungen wie z. B. das Hinzufügen von wenigen Knotenpunkten können das Verhalten eines Netzwerks radikal verändern.
6. *Netzwerke netzwerken.* Wenn Netzwerke miteinander interagieren, kann das eine Netzwerk mit atemberaubender Geschwindigkeit ein anderes Netzwerk übernehmen. Gleichwohl kann eine hierarchische Sternstruktur ein instabiles, noch junges Netzwerk genauso schnell in den Kollaps treiben.
7. *Die Reichen werden reicher.* Aufgrund der Anziehungskraft von Präferenzen fördern die meisten sozialen Netzwerke in hohem Maße Ungleichheit.

Die Landkarte hinter der Landkarte

Zu guter Letzt möchten wir die bisherigen Ausführungen in eine «Landkarte» für reflektierende Praktiker verdichten, welche für den weiteren Verlauf dieses Buches wegleitend sein wird. Sehenden Auges adressieren wir die Spannungsfelder, Mehrdeutigkeiten und Ambivalenzen der Führung in einer komplexen Welt anhand des folgenden Schaubildes, welches die Essenz der folgenden Kapitel abbildet.

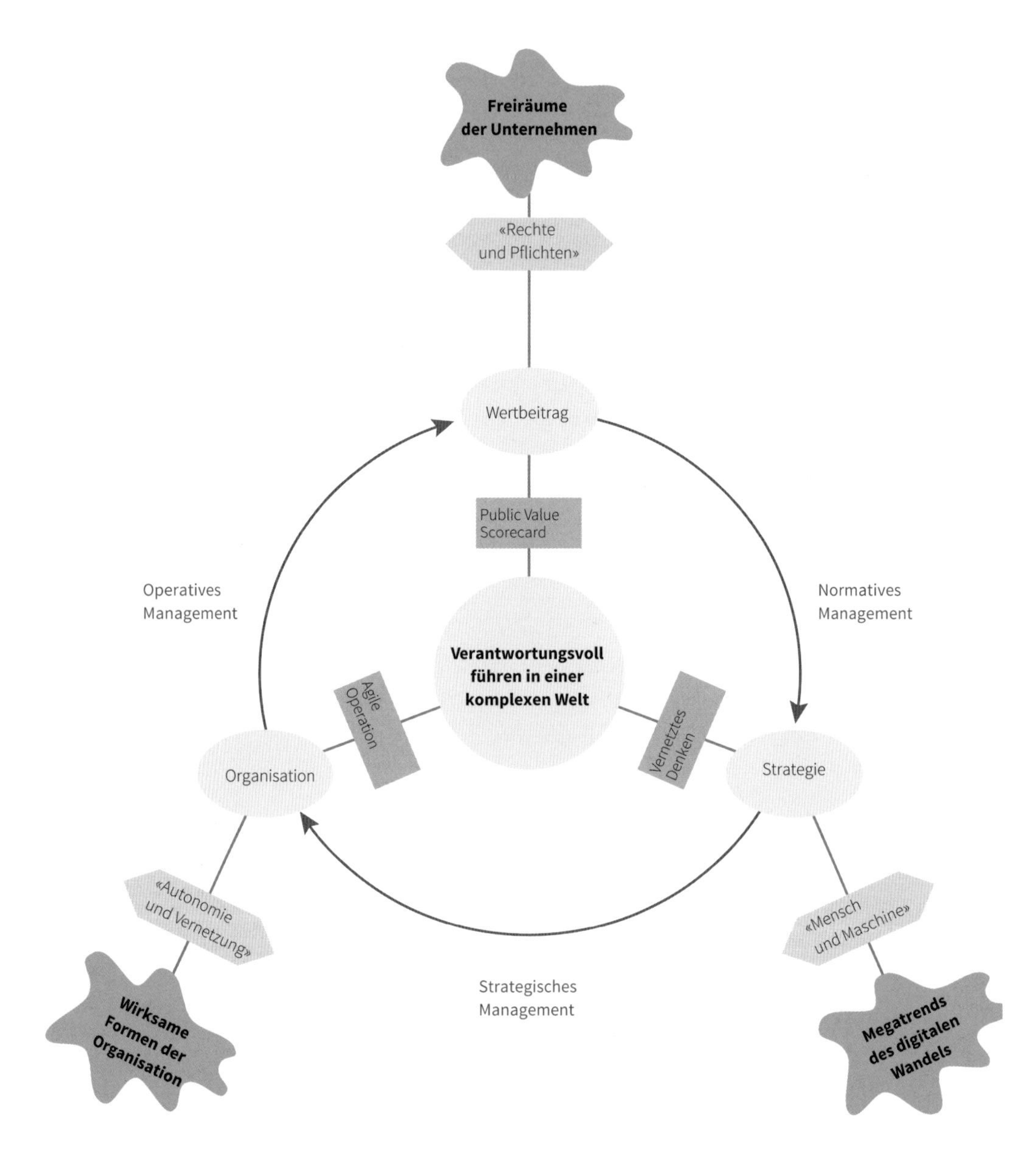

Abbildung 2.24
Die Landkarte
für reflektierende
Praktiker

Das Wissen: Weiterführende Literatur

Stafford Beers Originale	Sekundäre Einführungen	Branchen- und themen-spezifische	Verwandte Bereiche
«Diagnosing the System for Organizations» (1985)	«Die kybernetische Gestaltung des Operations Management» (GOMEZ, 1978)	«Kybernetik, Lean, Digital: für intelligente, schlanke und vernetzte Bauprojekte» (FRAHM, RAHEBI, 2018)	«Die Unternehmung als produktives soziales System» (ULRICH, 1968)
«The Heart of Enterprise» (1979)	«Strategie des Managements komplexer Systeme» (MALIK, 2015)	«Integrierte Planung von Distributionsnetzwerken» (GROTEN, 2017)	«Gesammelte Schriften» (ULRICH, 2001)
«Brain of the Firm», (1972)	«Intelligent Organizations» (SCHWANINGER, 2009)	«Businesspläne vor dem Hintergrund des Viable System Model» (STRASSER, 2016)	« Das kollegial geführte Unternehmen» (OESTERREICHa SCHRÖDER, 2016
Platform for Change (1975)	«Die intelligente Organisation – Das Playbook» (LAMBERTZ, 2018)	«Ist die Schweiz ein lebensfähiges System?» (WILLEMSEN, 1992)	«A Complexity Approach to Sustainability«, (ESPINOSA, WALKER, 2017)
«Decision and Control», (1966)	«Viable System Model: Interpretations and Applications of Stafford Beer's VSM» (ESPEJO, HARNDEN, 1989)	«Unterstützung von Selbstorganisation durch das Controlling» (PAETZMANN, 1995)	«Soziokratie – Kreisstrukturen als Organisationsprinzip» (STRAUCH, REIJMER, 2018)
«Cybernetics and Management (1959)	«Design and Diagnosis for Sustainable Organizations» (PEREZ-RIOS, 2012)	«Governance – Systemic Foundation and Framework» (TÜRKE, 2008)	«The Viability of Organizations» (LASSL, 2019)

3.

Die normative Sicht: Der sinnstiftende Wertbeitrag

Während in der Vergangenheit das normative Management mit Leitbildentwicklungen, Visionsarbeit, übergreifenden Richtlinien und Verhaltenskodizes – insbesondere im Compliance-Bereich – verbunden war, reicht das in einer sich rasch verändernden Welt kaum noch aus. In System 5 kristallisiert sich die Identität des Systems heraus. Dies in Form der erwünschten Verhaltensweisen, aber auch des unerwünschten Verhaltens, das zum Teil diametral zur Vision, den Werten und Kodizes steht. Es braucht einen «tieferen Grund», der den Sinn und Zweck des Unternehmens beschreibt, für die mitwirkenden Menschen als Anziehungspunkt dient und eine motivationale Gravitationskraft besitzt.

Dieses Kapitel ist wie folgt aufgebaut:
- Die Struktur: Das System 5 des Viable System Model
- Der Praxistest: Von den Denkmustern zur Wahl der Wertbeiträge
- Das Werkzeug: Die Public Value Scorecard
- Die Umsetzung: Drei Anwendungen in der Praxis
- Der Case: Machine Ltd.
- Das Wissen: Weiterführende Literatur

Die Struktur: Das System 5 des Viable System Model

Das «oberste» Teilsystem ist in einer delikaten Situation. Obgleich es die ultimative Verantwortung für das Verhalten der Organisation trägt, so ist es doch auf den ersten Blick am weitesten von der Operation und deren Umwelt entfernt. Gleichzeitig muss es in der Lage sein, eine ungeheure hohe Zahl möglicher Zukünfte zu absorbieren, die es nicht direkt beeinflussen kann. Mithin muss die Varietät der Akteure hinsichtlich ihrer konstituierenden Kommunikationsrituale, verwendeten Werkzeuge und der verwendeten Sprache sehr hoch sein, um diesen Anforderungen gerecht zu werden. Ein weiteres Merkmal des System 5 ist die sehr langfristige Orientierung. Die Handlungsspanne variiert zwar je nach Branche und Kontext, doch normalerweise geht es hier um Entscheidungen, die für viele Jahre gültig sein sollen – und zuweilen auch für die Ewigkeit gedacht sind.

Dies ist insofern bemerkenswert, wenn man die rekursive Natur des VSM berücksichtigt. Aus dem selbstähnlichen Aufbau geht hervor, dass die Sinnstruktur einer Organisation im gesamten System verteilt ist. Daher sollte man den Aufbau nicht als eine vertikale Kommandostruktur missverstehen – der Netzwerkcharakter des Modells macht klar, dass es um sinngekoppelte Interaktionen zwischen Teilsystemen gehen muss, um die notwendige Balance von Autonomie und systemischer Kohäsion sicherzustellen. Dazu ein plastisches Beispiel: Auf die Frage, woran er arbeite, antwortet ein Mitarbeiter eines kommunalen Unternehmens, der gerade die Räder eines Busses wechselt: «Ich sorge dafür, dass der Verkehr in der Stadt rollt.» Wie oft ist das aber heute im Arbeitsalltag vielen – gerade Führungskräften – nicht klar. Die Sinnkrise in vielen Unternehmen ist eine System-5-Krise!

Aber gerade die enorm gestiegene Komplexität des betrieblichen Alltags ist auf ein funktionierendes System 5 angewiesen, denn Normen und Werte helfen Unsicherheit zu reduzieren und ermöglichen gleichzeitig die notwendige Orientierung und erforderliche Flexibilität im Handeln. Sie wirken als Ordnungsparameter und damit als Entscheidungshilfe unter Unsicherheit (MEYNHARDT, 2004). Umso wichtiger ist es, dass die Führungskräfte sich heute stärker denn je der Arbeit am System 5 zuwenden und Rückkopplungen zwischen den Lenkungsebenen herstellen. Dies ist keine primär ethische, sondern zunächst im Interesse der Lebensfähigkeit des Unternehmens eine ganz funktional wichtige Herausforderung. Man muss also gar nicht Anhänger einer transformationalen Führungsphilosophie (motivationale Ausrichtung auf einen höheren Sinn und Zweck) sein, um die Notwendigkeit von Werten und Normen für den Unternehmenserfolg zu begründen.

Kohärenz, Stimmigkeit, Konsistenz, Synergie – all diese Begriffe der Managementliteratur kreisen um die Herausforderung, eine gemeinsame Zielausrichtung zu erarbeiten und handlungswirksam zu verinnerlichen. Ohne ein funktionstüchtiges System 5 mit einem attraktiven und akzeptierten «Purpose» kann ein Unternehmen heute immer weniger die Umweltkomplexität aufnehmen und verarbeiten. Daher gilt: «Unternehmen mit dauerhaftem Erfolg haben Grundwerte und einen Purpose, die festgelegt bleiben, während sich ihre Geschäftsstrategien und -praktiken ständig an die sich verändernde Welt anpassen» (COLLINS, PORRAS, 1996, 2). Oder anders formuliert:

**Wenn Komplexität die Herausforderung ist,
dann ist Purpose ein
wesentlicher Teil der Antwort.**

In unserer Kerngrafik sei hier zur Erinnerung besonders darauf hingewiesen, wie System 5 im Gesamtmodell direkt und indirekt auf die anderen Ebenen einwirkt und durch diese informiert wird.

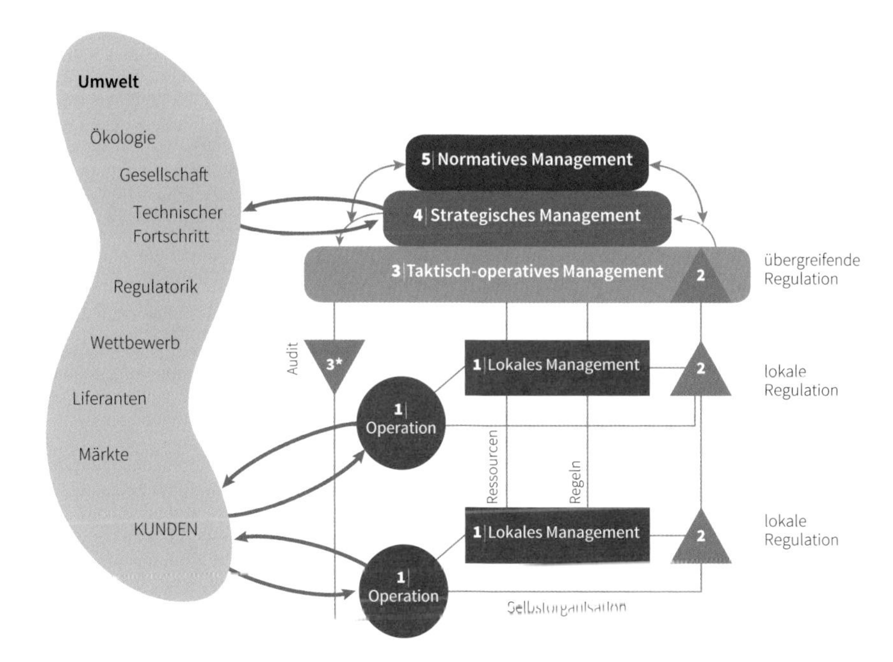

Abbildung 3.1
Das System 5 – der «ultimative Boss» im Viable System Model

Hier kommt der Begriff des «Purpose» ins Spiel. Es wäre voreilig, darin nur eine PR- Maßnahme zu sehen, die mit einem englischen Begriff eine Sillicon-Valley-Diskussion von (vermeintlichen) Weltverbesserern nach Europa trägt.

«Purpose» – mehr als eine weitere Mode aus dem Silicon Valley!

Reflektierende Praktiker verlangen heutzutage zu Recht nach einem erweiterten Verständnis des Begriffes «Purpose» und wie mit diesem in der Praxis gearbeitet werden kann, um unternehmerische Entscheidungen zu treffen. Anders als mit der Festlegung auf einen deutschen Begriff kann mit dem englischen Wort «Purpose» das gesamte Begriffsfeld von Sinn, Zweck, Bedeutung und Zielausrichtung angesprochen werden. Eine aktuelle Umfrage bestätigt dies, wie in Abbildung 3.2 gezeigt.

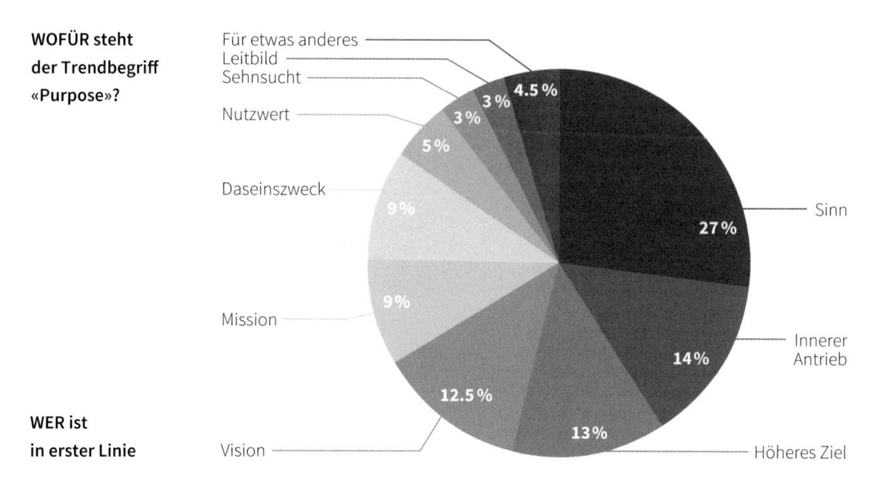

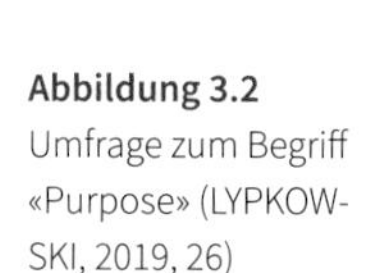

Abbildung 3.2
Umfrage zum Begriff «Purpose» (LYPKOWSKI, 2019, 26)

Bei aller Kritik an der gegenwärtigen Purpose-Euphorie steckt dahinter mehr als eine Mode. Denn: Es ist heute schwieriger geworden, ein gemeinsam getragenes Verständnis darüber zu erzielen, was «richtig» und «falsch» ist, erst recht in der digitalen Wirtschaftswelt mit ihren disruptiven Verheißungen. Normative Fragen im weitesten Sinne werden zu echten Führungsherausforderungen. In der Managementlehre wurde spätestens seit den Arbeiten von Chester BARNARD (1938) die Rolle des «Purpose» – des Warum und Wozu – als einigendes Band und Koordinationsprinzip in arbeitsteiligen Prozessen erkannt. Wie soll aus einer Gruppe von Experten ein schlagkräftiges Team werden, wenn darüber keine Einigkeit besteht?

Neu und herausfordernd ist heute, wie wenig sich der Mainstream der Führungsforschung in den letzten Jahrzehnten eigentlich damit beschäftigt hat. Es ging meistens um das Was (Sachebene) und das Wie (Beziehungsebene). Das Warum und Wozu schien ausgemacht: höher, schneller, weiter. An vielen Stellen der Wirtschaft, aber auch der Verwaltung scheint dies auch heute noch zu funktionieren. In einer rasanten digitalen Welt reicht dies nicht mehr aus.

Im Kern geht es bei der Purpose-Diskussion immer um ein zentrales Thema: eine überzeugende Antwort auf das Warum und Wozu, welches das Handeln motiviert und begründet. Die Frage nach diesen neuen Antworten hat die Unternehmenswelt mit einer Wucht erfasst, vor der Führungskräfte kaum mehr die Augen verschließen können. Nicht zuletzt ist es für sie aber auch eine Chance, der eigenen Macht einen Sinn zu geben.

Nur sollte man das Kind nicht mit dem Bade ausschütten: Der gesetzliche Rahmen und die Vorgaben der Eigentümer schränken die Ausrichtung auf einen Purpose genauso ein, wie ein solcher nur die Attraktivität gewinnt, die die Mitarbeiter und vor allem auch die

Kunden ihm beimessen. Ein Purpose zeigt sich zudem nicht in dem, was auf geduldigem Papier steht, sondern darin, was im Unternehmen tatsächlich gelebt und vorgelebt wird.

Vieles davon ist auch nicht neu: Die Koordinationsfunktion eines Purpose in Arbeitsgruppen und ganzen Unternehmen ist spätestens seit den erwähnten Arbeiten von Chester BARNARD (1938) beschrieben worden und spielt auch in der Diskussion um einen geeigneten Corporate Purpose seit den 1930er-Jahren eine wichtige Rolle (BERGER, 2019).

Die neue Qualität besteht heute darin, die Sinnfrage lauter und systematisch zu stellen. Dies geht über die Leitbilddiskussion und Visions- und Missionsarbeit hinaus. Doch worin besteht der Unterschied genau? Während die Vision das langfristige Zukunftsbild eines Unternehmens beschreibt, zielt die Mission schon auf den Purpose, wenn darin der Existenzgrund artikuliert wird. Die Purpose-Idee geht aber noch weiter: Sie fordert etwas ein, was konkret genug ist, den Beitrag des Unternehmens zu einem größeren Ganzen zu fassen. So klein oder groß dieses «Ganze» auch sein mag – das Wohnquartier, die Region, das Land oder auch die ganze Welt umspannend –, die positive Resonanz mit dem Umfeld ist in einer stark vernetzten Welt mehr denn je gefordert. Mit anderen Worten: Ein unternehmerischer Purpose ist nicht selbstgenügsam («Weil wir es wollen»), sondern nimmt den Beitrag zum Gemeinwesen, den Gemeinwohlbeitrag (Public Value) in den Blick. Dieser Gedankengang lässt sich auf eine Formel bringen:

$$P = M \times PV$$

P steht für Purpose, **M** für Mission und **PV** für Public Value, d. h. den Gemeinwohlbeitrag.

Ein guter Purpose wirkt gerade deshalb motivierend, weil er sich in den Dienst der Gesellschaft stellt. An dieser neuen Realität kommen auch jene nicht mehr vorbei, die die Wirtschaft vom Gemeinwohl fernhalten wollen und dies als staatliche Aufgabe verstanden wissen (GOMEZ, MEYNHARDT, 2018). Diese Trennung ist deshalb müßig, weil in einer vernetzten Welt Unternehmen immer auf das Gemeinwohl einwirken, ob sie dies sehen wollen oder nicht. Der gesellschaftlichen Funktion (Peter DRUCKER) kann sich niemand dauerhaft entziehen.

Zum Glück hat Stafford BEER sehr früh erkannt, dass die normative Ausrichtung eines Unternehmens sich im Handeln zeigt und eben nicht allein neben dem Spielfeld verhandelt wird. Er hat dazu vom schon erwähnten POSIWID-Prinzip gesprochen: «The Purpose of a System is What It Does» (1985, 99). Im Bild des Sports: Die Wahrheit liegt auf dem Platz. Allerdings kann auch nur das bewusst auf dem Platz ausgespielt werden, was durch kluge Gestaltungseingriffe vorbereitet wurde. Dafür ist im Viable System Model VSM das System 5 reserviert, um gezielt über Strukturen, Prozesse und Praktiken zu reflektieren, wie Werte und Normen verhaltenswirksam werden.

Wir wissen heute, welche durchdringende Rolle verinnerlichte Werte und Normen gerade unter Unsicherheit haben und dem Handeln Stimmigkeit und Konsistenz geben können. Es geht im System 5 auch, aber eben nur zu einem geringeren Teil, um moralisch-ethische Orientierungen. Zuallererst stehen jene Orientierungsgesichtspunkte und «Wahrheiten» im Mittelpunkt, die zählen, wenn es darauf ankommt: im Konfliktfall, im Krisenfall, aber auch wenn es gilt, Pläne zu machen und Visionen zu entwickeln. Es geht um jenes Wertwissen in Form von Emotionen, Intuition oder Bauchgefühl, welches aufgerufen werden kann, wenn ein Problem nicht logisch oder analytisch korrekt zu lösen ist. In solchen Fällen gilt: «Knowing is more than feeling, but often feeling is the only way of knowing» (MEYNHARDT, 2004, 11,).

Wissen ist mehr als fühlen, aber fühlen ist oft der einzige Weg zu wissen.

Das geschickte Management des System 5 wird mehr denn je zum Erfolgsfaktor, wenn die Komplexität des Geschäftsalltages keine mechanistische Wenn-Dann-Steuerung erlaubt und die Unsicherheit überwindendes Wertwissen gefragt ist. Die überragende Rolle des System 5 wird besonders dann deutlich, wenn eine Organisation gefordert ist, ihren Daseinsgrund zu begründen, den Kompass neu zu justieren und nicht zuletzt die Grundlagen für Motivation und Leistung zu erneuern.

Gemäß unserem systemisch orientierten Führungsverständnis scheint eine solche Sicht zunächst kontraintuitiv: In einem kaum überschaubaren Feld kalkulierbare Wirkungen zu erzielen, scheint schier unmöglich. In einem Netzwerk mit vielen Einflussgrößen unmittelbare Effekte zu erzeugen, scheint sich selbst zu widersprechen. Es gilt daher, die eigene Rolle und das Selbstverständnis zu klären. Unser Lösungsansatz ergibt sich aus der Idee der Beitragslogik. Sich an einem Beitrag messen zu lassen, heißt Verantwortung für Wirkungen zu übernehmen. Dies bedeutet aber auch, sich selbst als Teil eines umfassenderen Kontextes (Team, Ökosystem, soziales System, ...) zu sehen, zu dessen Lebensfähigkeit beizutragen, ohne diese «im Griff» zu haben. Damit wird die Grundspannung sichtbar, mit der reflektierende Praktiker umgehen müssen. In Abwandlung einer Regel des heiligen Ignatius von LOYOLA, dem Begründer des Jesuitenordens, ist festzuhalten (FESSARD, 1956):

«Handle so, als ob von dir die Welt abhinge, aber sei dir stets bewusst, dass du fast nichts bewirken wirst.»

Peter DRUCKER «löst» diese Spannung auf durch den Verweis auf einen Beitrag zum Erhalt oder einer Wiederherstellung einer «göttlichen Ordnung» (MEYNHARDT, 2010). In unserer säkularisierten Welt trägt diese Idee allerdings nur in abgewandelter Form als Beitrag eines Unternehmens oder einer Stadt zu einem größeren Ganzen, nämlich zum Gemeinwohl bei. Ein Wertbeitrag ist demnach ein Nutzen, der über das Individualwohl hinausgeht bzw. sich mit diesem so verbindet, dass mögliche Paradoxien und Spannungsfelder nicht aufgehoben, aber doch in eine produktive Balance gebracht werden. In der kapitalistischen Grundordnung besteht dann etwa die besondere Herausforderung darin, die notwendige Shareholder-Value-Orientierung mit dem Customer Value und nicht zuletzt mit dem Public Value produktiv zu verbinden, wie in Kapitel 4 zu zeigen sein wird.

Wie das etwa in einem börsennotierten Unternehmen zeitgemäß, im System 5 organisiert werden kann, zeigen BINDER et al. (2018) beispielhaft auf. Ausgangspunkt ist dort die Beobachtung der zunehmenden Spannung zwischen den gestiegenen Erwartungen des gesellschaftlichen Umfeldes und dem hohen Druck der Investoren auf steigende Kurse und die Erhöhung der Eigenkapitalrendite. Sie fordern, den Gegensatz vom Aktionärsnutzen und dem Nutzen für weitere Anspruchsgruppen aufzulösen bzw. in ein neues Verhältnis zu bringen. Vor allem fordern sie von den Investoren eine verstärkte Rechenschaftspflicht und sprechen vom «geduldigen Kapital». Und weiter: «Investoren und Asset Manager, die sich zu einem nachhaltigen Investitionsverhalten bekennen, sollen den Personen, denen gegenüber sie verantwortlich sind, Rechenschaft ablegen, wenn sie in einer Übernahmesituation oder bei einem anderen für das Unternehmen bedeutsamen Ereignis mit ihren Aktien stimmen oder diese veräußern oder ausleihen» (BINDER, 2018, 3).

So gesehen misst sich die Qualität des System 5 in einer Organisation auch daran, Mechanismen zu installieren, wie Investoren gewonnen werden können, die den ganzheitlichen Wertbeitrag des Unternehmens schätzen und sich daran beteiligen möchten. Man denke an den eindringlichen Appell von Larry FINK (2018), dem Gründer, Aufsichtsratsvorsitzenden und Vorstandsvorsitzenden des weltgrößten Vermögensverwalters BlackRock, der CEOs aufgefordert und ermahnt hat, einen «Sense of Purpose» zu entwickeln und ihr Geschäft stärker am gesellschaftlichen Nutzen auszurichten. Die Ausrichtung auf einen Beitrag, oder hier genauer: Wertbeitrag, ist auch der Kern des Leipziger Führungsmodells, auf welches wir uns hier stützen.

«Die Idee des Wertbeitrages zielt darin auf ganz unterschiedliche Werte: Natürlich zählen dazu neben finanziell-ökonomischen auch kulturelle, soziale und andere nichtfinanzielle Werte. Ein Wertbeitrag ist demnach ein Beitrag, der sich der Wertschätzung Einzelner oder von Organisationen und auch der Gesellschaft in einem Maße erfreut, dass er den Einsatz an Arbeit, Kapital und natürlichen Ressourcen mehr als rechtfertigt. Ein angestrebter Beitrag an sich ist weder ‹gut› noch ‹schlecht›. Die Akzeptanz entsteht im verantwortlichen Handeln und muss sich in der Praxis bewähren. Erst über den legitimierten Beitrag zu einem größeren Ganzen (‹Purpose›) kann Führung beanspruchen, ‹Wert› zu schaffen. Wert wird damit in einer pluralistischen Gesellschaft auch zur Verhandlungssache. Gute Führung bemisst sich demnach daran, wie effektiv, verantwortungsvoll und unternehmerisch ein entsprechender Beitrag erreicht und damit in den Augen relevanter Dritter ein ‹Purpose› realisiert wird.

Inwieweit ein bestimmter Wertbeitrag erreicht wurde, liegt daher nur bedingt in der Hand der Führung. Diese Erfahrung begrenzter Wirkung entlastet auch die Führungskraft von überhöhter Verantwortungszuschreibung. Mit der Beitragslogik möchten wir ein realistisches Bild zeichnen, wonach Führungskräfte – im Sinne des postheroischen Managements – selbst Teil von komplexen Prozessen sind, die sie zwar beeinflussen, aber nicht mechanistisch steuern können.» (KIRCHGEORG, MEYNHARDT, PINKWART, SUCHANEK, ZÜLCH, 2018, 57 f.). Ein Wertbeitrag wird dabei gemäß dem Leipziger Führungsmodell auf mindestens drei Ebenen erbracht:

«Individuelle Ebene:
Auf der individuellen Ebene reicht dies von fundamentalen Sicherheits- und Schutzbedürfnissen, der Arbeitszufriedenheit und psychischen Gesundheit, der Stärkung des Leistungswillens und der Kreativität bis hin zur Möglichkeit der Kompetenzentwicklung und Persönlichkeitsförderlichkeit.

Organisationale Ebene:
Ein Wertbeitrag auf der organisationalen Ebene zielt zunächst ganz allgemein auf die Lebensfähigkeit als produktives soziales System, auf die Entwicklungs- und Wachstumsfähigkeit und schließt dabei ganz unterschiedliche Aspekte ein, z. B. Steigerung der Wettbewerbsfähigkeit, der Arbeitgeber- und Kapitalmarktattraktivität und der gesellschaftlichen Akzeptanz. Innerhalb einer Organisation können die Einzelbeiträge auf einzelne Einheiten und Teams heruntergebrochen werden.

Gesellschaftliche Ebene:
Wertbeiträge für die Gesellschaft umfassen die Wohlstandssicherung, die Sicherung von Arbeitsplätzen und einen schonenden Ressourcenverbrauch, aber auch die Stärkung der gesellschaftlichen Ordnung durch das Vorleben von verantwortungsvollem Unternehmertum. Neben dieser Stabilisierungsfunktion sind Organisationen aber auch Treiber der Veränderung und des gesellschaftlichen Fortschritts durch Innovation und neue Problemlösungen für drängende gesellschaftliche Herausforderungen sowie die Wohlstandsmehrung. Auf den Punkt gebracht: Der gesellschaftliche Wertbeitrag einer Organisation bemisst sich am Public Value, d. h. am Beitrag zum Gemeinwohl, dessen Erhalt und innovativer Weiterentwicklung.» (KIRCHGEORG, MEYNHARDT, PINKWART, SUCHANEK, ZÜLCH, 2018, 58).

Damit verbindet sich für uns der bereits bei Peter DRUCKER angelegte Gedanke, wonach die Leistungsfähigkeit des Unternehmens nur so gut sein kann, wie dabei gleichzeitig die individuelle Entwicklung und das Gemeinwohl gefördert werden (MEYNHARDT, 2010). Mitarbeiterzufriedenheit und gesellschaftliche Akzeptanz sind nicht «Nebenprodukte» oder «Überlebensbedingung», sondern integraler Bestandteil der Unternehmensleistung. Man könnte auch zuspitzen:

Die Lebensfähigkeit eines Unternehmens wird maßgeblich durch eine Gemeinwohlorientierung bestimmt, die den Einzelnen stärkt und wachsen lässt.

Selbstverständlich gibt es dabei Konflikte und Spannungsfelder, die bewältigt werden müssen. Nur: Uns interessieren vor allem auch die Potenziale, die es zu realisieren gilt und an denen sich gute Führung orientieren sollte. Die Formel «Gemeinsam sinnvoll wachsen» (MEYNHARDT, 2017) fasst diesen Grundgedanken zusammen. Die Idee eines verbindenden Purpose ist dabei eine Art «Königsweg» in der heutigen Wirtschaftswelt. Neuere Organisationsansätze gehen genau diesen Weg. Unsere Forschung dazu zeigt auch klar auf, dass in der heutigen Zeit die Orientierung am Gemeinwohl (also der gesellschaftliche Wertbeitrag) eine entscheidende und vor allem Stimmigkeit erzeugende Kraft entwickeln kann (MEYNHARDT et al., 2018).

Wir können an dieser Stelle festhalten: Im System 5 wird darüber entschieden, welche Wertprämissen handlungsleitend sein sollen, um sowohl nach innen Stimmigkeit und Kohärenz als auch nach außen Legitimation und Attraktivität zu erreichen. Plakativ formuliert:

Aus dem System 5 kommt die Botschaft: Wer beiträgt, führt.

Natürlich kann ein intendierter Wertbeitrag nicht mechanistisch gesteuert werden, aber ohne einen eigenen Anspruch wird es auch nicht gehen. Mit der Idee des Wertbeitrages auf den drei verschiedenen Ebenen des Individuums, der Organisation und der Gesellschaft richten wir im System 5 die Aufmerksamkeit auf das synergetische Zusammenspiel, auf die Überwindung von Widersprüchen bzw. Bearbeitung von Spannungsfeldern durch mehrdimensionale Betrachtungen. Die Qualität des System 5 wird in einer digitalen Welt zum Prüfstein der (Über-)Lebensfähigkeit der Organisation. Der reflektierende Praktiker ist hier mit seinen Werthaltungen und Einstellungen gefordert, den eigenen Beitrag zu überdenken und unternehmerische Lösungen zu finden, die anderen Teilsysteme beitragsorientiert miteinander zu verknüpfen.

Public Value – der gesellschaftliche Wertbeitrag

Auf der Suche nach einer Logik des Wertbeitrages, die integriert und verantwortungsvoll auf eine komplexe Umwelt reagiert, bieten sich heute verschiedenste Konzepte an. Sei es die ISO 26000, die Global Reporting Initiative (GRI) oder auch die Aktivitäten zur Umsetzung der Sustainable Development Goals (SDG) – alle zielen auf eine breitere Sicht der Dinge.

Für uns ist die Idee handlungsleitend, wonach Unternehmen immer eine «gesellschaftliche Funktion» (DRUCKER, 1973, 41) haben und man daher diese zum Ausgangspunkt für eine ganzheitliche Betrachtung von Wertschöpfung machen sollte. Unternehmen tragen – ob sie es so sehen oder nicht – positiv oder negativ zum Erhalt, der Fortentwicklung oder auch der Zerstörung des Gemeinwesens bei.

Diese Sichtweise «von der Gesellschaft her» wurzelt tief in der europäischen Geschichte und bildet auch den Kern eines Gemeinwohldenkens, das im Zusammenwirken aller gesellschaftlichen Kräfte eine Qualität erkennt, die das menschliche Zusammenleben ausmacht und die Freiheit des Einzelnen erst ermöglicht. In dieser Flughöhe kann das System 5 eines Unternehmens natürlich kaum arbeiten. Allerdings bildet dieses Denken die Hintergrundfolie:

Bei der Frage nach dem Gemeinwohlbeitrag eines Unternehmens geht es nicht um Wollen, Sollen, Dürfen oder Können, sondern um die Einsicht: Es geschieht sowieso.

Für unser Anliegen in diesem Buch ist daher der gesellschaftliche Wertbeitrag – konzeptionell erfasst als Public Value – sowohl für die Strategieentwicklung als auch für die Organisationsgestaltung besonders relevant. Der Public Value-Ansatz als Outside-In-Perspektive verknüpft die individuelle mit der kollektiven Ebene und übersetzt das Gemeinwohldenken in eine für System 5 handhabbare Form. Wir möchten dies kurz illustrieren (auf der Basis einer Passage von MEYNHADT, 2013, 5).

Public Value ist «Wert für die Öffentlichkeit». Gemeint sind dabei vor allem die Bilder, die wir alle im Kopf haben, wenn wir von der Öffentlichkeit oder den verschiedenen Öffentlichkeiten sprechen. Die Erkenntnis, wonach wir in einer komplexen Welt gar nicht anders können, als unsere Erfahrungen zu verdichten und zu verallgemeinern («der Staat», «der Markt»), ist das eine. Wir müssen vereinfachen, und unsere Wahrnehmung – so differenziert sie im Einzelnen ist – führt zu Beobachtungsgesichtspunkten, die letztlich Bildcharakter haben. Aber erst diese ermöglichen uns überhaupt das Handeln.

Entscheidend ist aber auch, dass der Einzelne in seiner Selbstentwicklung auf das soziale Umfeld angewiesen ist, sich das «Selbst im Spiegel der anderen» entwickelt – woran uns der Psychologe Wolfgang PRINZ (2013) eindrucksvoll erinnert hat. «Öffentlichkeit» steht also vor allem für die Erfahrung von Gemeinschaft und Gesellschaft (TÖNNIES, 1887/2005), die wir als Kunden oder Mitarbeiter machen und der wir als Bürger gar nicht ausweichen können. Ohne Zweifel haben Organisationen hier eine ganz besondere vermittelnde Rolle für das Individuum.

Eine Gesellschaft, die sich über ihre unterschiedlichen Organisationen definiert, ist besonders anfällig, wenn einzelne ihrer Institutionen versagen, die ganz wesentlich für den gesellschaftlichen Zusammenhalt stehen. Public Value ist demnach eine Leistung einer Organisation, welche für die einzelnen Mitarbeitenden, Kunden oder Anspruchsgruppen eine Ressource darstellt, also etwas, woraus man Sinn, Orientierung und im besten Fall Identität und Energie ableiten kann. Public Value kann folglich auch zerstört werden, wenn Organisationen Schaden anrichten und ihren gesellschaftlichen Rückhalt riskieren.

Der Public Value unterscheidet sich grundsätzlich von den Ansätzen der Corporate Social Responsibility und der Nachhaltigkeitsbewegung.

Public Value ist ausgerichtet auf das Management der gesellschaftlichen Rolle und Anerkennung einer Organisation. Mit der Idee verbindet sich eine komplexe Denkbewegung, die keineswegs abgeschlossen ist. Eines ist aber schon jetzt deutlich: Der Versuch, Organisationen und ihr Handeln wieder stärker auf die Konsequenzen für die Wahrnehmung von Gesellschaft zu hinterfragen, führt nicht unbedingt in dieselbe Richtung wie Ansätze der Corporate Social Responsibility oder der Nachhaltigkeitsbewegung. Warum? Ganz einfach, weil Public Value sich an den gesellschaftlichen Erwartungen orientiert, die je nach politischem oder kulturellem Kontext ganz andere als die eigenen sein können. Ein solcher Relativismus ist nicht einfach zu verkraften. Im Gegensatz dazu gibt etwa auch der Ansatz der Gemeinwohlökonomie die «richtigen» Werte vor (siehe dazu MEYNHARDT, FRÖHLICH, 2017). In anderer Weise macht auch der Ansatz des Shared Value von Michael PORTER und Mark KRAMER (2006) Vorgaben und richtet den Blick allein auf gemeinsame Produktivitäts- und Einkommenssteigerungen. Entsprechend kritisch ist auch er zu betrachten.

Abbildung 3.3 zeigt, dass vorhandene wertorientierte Paradigmen für sich allein stets Gefahr laufen, bestimmte Positionen zu überhöhen:

	Ausrichtung von Unternehmen auf			
Beurteilungs-raster	Customer Value	Shareholder Value	Stakeholder Value	Corporate Social Responsability
Berechtigter Fokus	Ausrichtung auf Kunden-zufriedenheit	Wertsteigerung für Eigner	Interessen der Anspruchsgruppen	Beobachtung von Nebenwirkungen
Gefahr	Überhöhung der Kunden-perspektive	Dominanz von Finanzgrößen	Zu starke Integra-tion heterogener Erwartungen	Ohne Relevanz für das Kerngeschäft
Konsequenzen	Vernachlässigung gesellschaftlicher Wirkung	Eindimensional quantitative Sicht	Unerfüllbarkeit der Erwartungen	Glaubwürdigkeits-verlust: Alibi
Primärer Bewertungs-maßstab	**Hedonistisch-ästhetisch**	**Instrumental-sachlich**	**Politisch-sozial**	**Ethisch-moralisch**

Abbildung 3.3
Vier Sichtweisen auf Unternehmen (MEYNHARDT, 2013, 5)

Hinter jedem der Paradigmen steht eine umfassende Debatte um Vor- und Nachteile. Dies sei in aller Kürze illustriert, weitere Einzelheiten dazu finden sich in Kapitel 4.

Die Ausrichtung am **«Customer Value»** scheint auf den ersten Blick wie eine Selbstverständlichkeit. Allerdings ist das Denken vom Kunden her eben doch nicht so einfach. Oftmals ist es auch nicht so leicht, überhaupt zu bestimmen, wer der Kunde ist, geschweige denn, was dieser will oder auch wollen soll. Für unser Thema ist etwas anderes interessant: Selbst wenn der Kundennutzen im Mittelpunkt steht, führt eine übertriebene Ausrichtung auf dessen Interessen zu einer Vernachlässigung gesellschaftlicher Wirkung. Das Argument, «der Kunde will es aber so», führt zu einer Verantwortungsdiffusion, die sich heute kaum ein Unternehmen noch leisten kann. Eher gilt: «Mit dem Kunden sitzt immer auch die Gesellschaft am Tisch.» Bildhaft ist damit zweierlei gemeint: Zum einen kann der Kunde oftmals die Komplexität der hinter einem Produkt stehenden Wertschöpfungskette nicht durchschauen. Daher rührt auch das gewachsene Misstrauen gegenüber Unternehmen, welches eben nicht allein aus der unternehmerischen Profitorientierung resultiert. Es ist die schiere Komplexität der Wertschöpfungsprozesse selbst, die den Kunden zu gesteigerter Aufmerksamkeit und dem Wunsch nach mehr Transparenz treibt (nicht nur in der Lebensmittelproduktion oder der Textilindustrie).

Zum anderen wird durch die Engführung auf den Customer Value der einzelne Mensch nur als Kunde und eben nicht gleichzeitig auch als Bürger, der sich um sein Gemeinwesen Gedanken macht, angesprochen.

Das Konzept des **«Shareholder Value»** begründet einmal eine Wertentscheidung, sich am Aktionärsnutzen zu orientieren. Die damit einhergehende Steigerungslogik der Kapitalakkumulation ist systemimmanent und folgt aus den Eigentümerstrukturen. Andererseits ist es erst mit der fortschreitenden Finanzmathematik in den 1970er-Jahren möglich geworden, diese Denkweise auch auf die Firmenbewertung anzuwenden. Insofern ist beim Shareholder Value zwischen einer ideologischen und einer technischen Komponente zu unterscheiden. Es geht bei der Diskussion über Vor- und Nachteile des Shareholder Value weniger um die Binsenweisheit, dass ein Unternehmen die eigenen Kosten überverdienen können muss, um überlebensfähig zu sein. Heute steht eher die Frage im Vordergrund, wer davon profitiert und wer die Risiken und Lasten trägt. Die Diskussion um einen Corporate Purpose, bei dem der Aktionärsnutzen im Vordergrund steht, begleitet den Kapitalismus seit Langem (BERGLER, 2019).

Der **«Stakeholder-Value»** ist auch schon immer im Zentrum der Diskussion gewesen, bekam aber erst in den 1980er-Jahren wieder Schwung, nachdem die zunehmende Ausrichtung auf den Aktionärsnutzen sichtbar wurde. Aber auch hier wird rasch deutlich, dass eine einseitige Schwerpunktsetzung die Balance stören kann und zu unrealistischen Forderungen führt. Allerdings kommt es auch sehr auf die Rahmenbedingungen an, unter denen ein Unternehmen agiert. So ist etwa in Deutschland im Rahmen der Sozialpartnerschaften und Mitbestimmungskultur ein ganz anders System von gegenseitigen Abhängigkeiten gewachsen als etwa in den USA.

Die Frage nach den moralischen Verpflichtungen von Unternehmen wird im Ansatz der **«Corporate Social Responsibility (CSR)»** aufgeworfen. Man nimmt Nebenwirkungen unternehmerischer Tätigkeit in den Blick, artikuliert illegitime Arbeitspraktiken und sucht nach moralischen Standards. Interessanterweise wird das damit verbundene Denken in vielen Unternehmen heute eher kritisch gesehen, weil es oft um Zusatzaktivitäten mit Alibifunktion ging. Folglich können CSR-Aktivitäten schnell zu einem Glaubwürdigkeitsverlust führen.

Eines kann man zu unserer System-5-Diskussion festhalten: Die einzelnen Paradigmen der Zielausrichtung von Unternehmen stehen in einem steten Wettbewerbsverhältnis um Aufmerksamkeit und Gültigkeitsanspruch. Wir möchten uns auf keine Seite schlagen, sondern einen angemessenen Ausgleich anstreben durch die Orientierung am Public Value, also dem Beitrag zum Gemeinwohl. Was richtig oder falsch ist, bestimmt eben nicht die Wirtschaft! Sie kann Angebote machen, aber es ist die Gesellschaft mit ihren Verfahren und Meinungsbildungsprozessen, die bestimmt, was gelten soll.

Der Public Value-Ansatz strebt einen angemessenen Ausgleich verschiedener Wertschöpfungsdimensionen mit Bezug auf das Gemeinwohl an.

Der Public Value-Ansatz postuliert daher kein neues Paradigma, sondern setzt darauf, dass sich die tatsächliche Wertschöpfung einer Organisation aus einem Zusammenspiel unterschiedlicher Kriterien und Bewertungsdimensionen ergibt. Weder wird der Shareholder Value obsolet, noch kann man den Public Value allein aus dem Kundennutzen ableiten. Auch Stakeholder fragen zunehmend über ihre Partikularinteressen hinaus nach der Verankerung eines Geschäftsmodells in der Gesellschaft.

Was aber meint Public Value als Wertschöpfung zum Gemeinwohl? «Public Value wird erst dann geschaffen oder zerstört, wenn das individuelle Erleben und Verhalten von Personen und Gruppen so beeinflusst wird, dass dies stabilisierend oder destabilisierend auf Bewertungen des gesellschaftlichen Zusammenhalts, das Gemeinschaftserleben und die Selbstbestimmung des Einzelnen im gesellschaftlichen Umfeld wirkt» (MEYNHARDT 2008, S. 462).

Wie können nun Unternehmen feststellen, ob ihr Purpose und ihre Strategien eine solche Wirkung erzielen? Entscheidend ist, dass die Betroffenen einbezogen, konkret befragt werden. Dies gemäß dem Prinzip: «Public value is what the public values!»

Als Gemeinwohlbeitrag zählt, was von den Bürgerinnen und Bürgern als solcher wahrgenommen wird – und nicht, wie es die Unternehmen sehen!

Wie die Bevölkerung den Gemeinwohlbeitrag von Unternehmen und Organisationen in der Schweiz und in Deutschland einschätzt, wird vom Zentrum für Führung und Werte in der Gesellschaft an der Universität St. Gallen und der Handelshochschule Leipzig anhand des GemeinwohlAtlas erfasst (Meynhardt, 2018). Sowohl in der Schweiz **(www.gemeinwohl.ch)** als auch in Deutschland **(www.gemeinwohlatlas.de)** werden alle zwei bis vier Jahre bevölkerungsrepräsentative Erhebungen durchgeführt. Bei einem solchen Atlas bewerten gegen 15 000 Personen zwischen 18 und 90 Jahren je fünf bis zehn der größten und bekanntesten Organisationen oder Unternehmen eines Landes. Auf einer Skala von 1 (lehne ab) bis 6 (stimme zu) wird dabei erfasst, inwieweit eine Organisation zum Gemeinwohl in vier Dimensionen beiträgt:

- Aufgabenerfüllung («leistet im Kerngeschäft gute Arbeit»)
- Lebensqualität («trägt zur Lebensqualität im Land bei»)
- Zusammenhalt («trägt zum Zusammenhalt im Land bei»)
- Moral («verhält sich anständig»).

Die Befragten können Organisationen nur bewerten, wenn sie ihnen ausreichend bekannt sind. Daraus entsteht jeweils ein Ranking von rund 100 Institutionen (MEYNHARDT, 2018). Die Ergebnisse dienen den Unternehmen und Organisationen als Standortbestimmung für ihre gesellschaftliche Akzeptanz und strategische Ausrichtung. Nicht zu unterschätzen ist die Rolle des Atlas zudem für Fragen der Arbeitgeberattraktivität und Konsumentenverhalten.

Zum Abschluss dieses ersten Teils zum System 5 sei nochmals der Grundgedanke wiederholt. Der Gemeinwohlbeitrag entsteht im Auge des Betrachters. In dieser Hinsicht sind wir alle Gemeinwohlexperten, denn wir alle sind in unserer Rolle als Bürgerin und Bürger Mitglied eines demokratisch organisierten Gemeinwesens und haben daher ein Recht auf Respekt gegenüber unserer individuellen Würde und Anerkennung.

Grundbedürfnisse im Kern, aber keine Hierarchie

Diese Zuspitzung auf die individuelle Erfahrung und Bewertung bemisst das Handeln von Organisationen am Maßstab menschlicher Grundbedürfnisse. Die Theorie lehrt uns auch, dass es individuelle Schwerpunktsetzungen und kulturelle Besonderheiten gibt. Nicht möglich ist hingegen eine in der «Natur» des Menschen begründbare Hierarchie der Werte. Public Value wird immer dann bemerkt, wenn die Erfahrung mit Organisationen effektiv zu veränderten Wahrnehmungen dieser Bedürfnisse führt. Welche dies sind und ob sich dafür Mehrheiten finden (Kunden, Wähler, Anhänger), unterliegt der Veränderung. «Durchdrücken» kann man sie nicht. Wir werden bei der folgenden Erläuterung der Public Value Scorecard noch einmal auf die Grundbedürfnisse zurückkommen.

Wie können Unternehmen selber im Hinblick auf die Entwicklung des Purpose ihre Werte ordnen und eine innere Gemeinwohllogik bereitstellen? Die in Abbildung 3.4 gezeigte Variante wurde von einer Gruppe von Vertretern aus Wissenschaft, Politik und Wirtschaft für die Schweiz im Rahmen einer Dialoginitiative entwickelt (MEYNHARDT; GOMEZ, 2016).

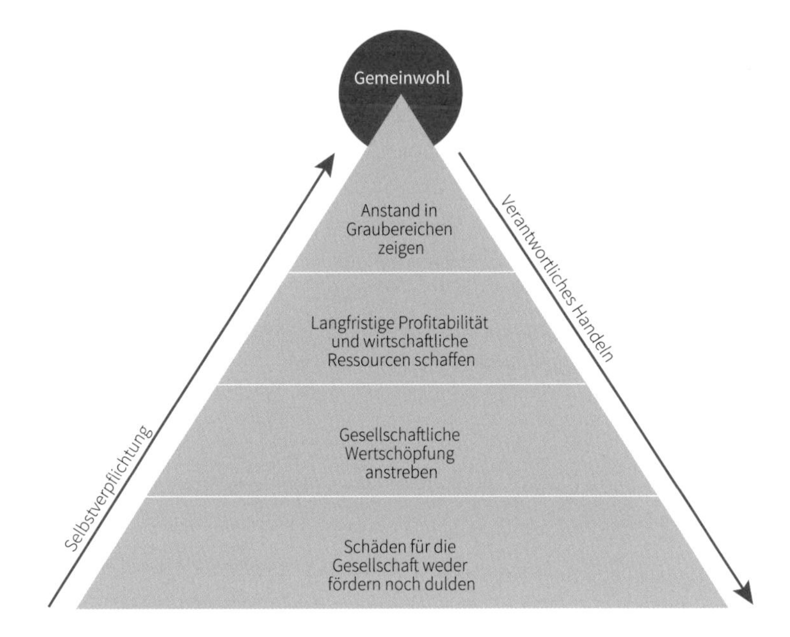

Abbildung 3.4
Die unternehmerische Gemeinwohlpyramide (MEYNHARDT, 2014, 6)

Der Praxistest: Von den Denkmustern zur Wahl der Wertbeiträge

Wir möchten hier wieder auf unsere fünf Denkmuster des 1. Kapitels zurückgreifen, um kurz die Praxistauglichkeit unseres gewählten Ansatzes zu reflektieren.

1. **Die optimale Vereinfachung von Komplexität**
   Es gibt kaum eine komplexere Angelegenheit, als menschliche Subjektivität in Formen von Wertungen nachvollziehbar zu machen. Die in verschiedenen Managementparadigmen und in der Bedürfnis- und Motivationspsychologie begründeten Wertdimensionen werden so zusammengeführt, dass dies nicht nur der wissenschaftlichen Diskussion, sondern auch der Logik des gesunden Menschenverstandes standhalten sollte. Dies ist für uns ein nach wie vor unterschätztes Kriterium der Managementlehre.
2. **Die Perspektive der russischen Puppen**
   Das Ineinandergreifen der Perspektiven und der aufeinander aufbauende Charakter der unterschiedlichen Wertbeiträge wird in unserem Ansatz in zweifacher Hinsicht beachtet: Erstens wird das Wertkonzept nicht nur auf der organisationalen, sondern auch der individuellen und vor allem auch auf der gesellschaftlichen Ebene angewendet. Damit ist das Ideal einer synergetischen Wechselwirkung zwischen den Ebenen skizziert bzw. erzwingt unser Ansatz im System 5 das Zusammendenken dieser rekursiven Beziehungen.

3. **Die Einheit von Freiheit und Verantwortung**
   Unsere vorgestellten Konzepte zur Bewirtschaftung des System 5 beinhalten keine Checklisten. Es bleibt in der Verantwortung der Führungskräfte, sich in der Wahl ihrer Wertbeiträge selbst zu orientieren und sich dem Risiko der Freiheit unternehmerisch zu stellen. Gerade System 5 erfordert, systemisches Denken und Menschlichkeit immer wieder neu auszubalancieren. Insbesondere gehört dazu, bei der Gewichtung der einzelnen Wertbeiträge die Potenziale und Risiken klug abzuwägen und mit Augenmaß zu handeln. Man muss diese keineswegs einfache Aufgabe heute mehr denn je an Führungskräfte stellen, wenn diese berechtigterweise auch unternehmerische Freiheit einfordern. Man kann nicht Freiheit fordern, ohne selbst Verantwortung zu übernehmen, für seine Taten einzustehen und Antworten auf entsprechende Fragen zu entwickeln.
4. **Im Zentrum der Mensch**
   Die Ausrichtung auf Purpose rückt automatisch die Frage nach dem Menschenbild, den Möglichkeiten und Grenzen der Sinnfindung im Arbeitsleben in den Mittelpunkt. Nicht abstrakte Systeme, sondern Menschen mit ihren Einstellungen und Werten sind Ausgangs- und Endpunkt der Betrachtung. Mit der Rückbesinnung auf den Zusammenhang von Produktivität und Menschlichkeit werden auch die Spannungsfelder sichtbar, in denen sich Führungskräfte bewegen.
5. **Die ganzheitliche Erfolgsmessung**
   Vor allem die psychologische Fundierung des hier vertretenen Wertbegriffes macht deutlich, dass und wie jede Art von Erfolgsmessung neben finanziell-ökonomischen auch auf nicht- und extrafinanzielle Kriterien zurückgreift. In der Public Value Scorecard werden diese explizit gemeinsam erfasst und einer ganzheitlich-abwägenden Betrachtung unterzogen. Ganzheitlich bedeutet hier aber auch, neben der organisationalen Erfolgsmessung auch die individuelle und die gesellschaftliche Ebene einzubeziehen.

Das Werkzeug: Die Public Value Scorecard

Die PVSC ergänzt als Führungsinstrument den herkömmlichen Inside-Out-Ansatz der Balanced Scorecard (KAPLAN, NORTON, 1996) um die Outside-In-Sicht: Wie kann eine Organisation ihren Public Value ganzheitlich analysieren, verstehen und letztlich lenken. Damit wird der Versuch unternommen, die Umwelt stärker als nährende, legitimierende und nicht zuletzt sanktionierende Kraft wahrzunehmen, die dem System 5 wichtige Impulse für das normative Management liefert.

Die hier vorzustellende handwerkliche Seite der Public Value Scorecard (PVSC) folgt in weiten Teilen der Darstellung in MEYNHARDT (2013, 79). Eine solche Outside-In-Perspektive auf der Ebene einer Scorecard ist neu. Heute existieren dazu zwei Entwürfe. Während die von MOORE (2013) entwickelte PVSC allein für den öffentlichen Sektor entwickelt wurde und den Prozess des Einsatzes für das Gemeinwohl und die Schaffung einer Öffentlichkeit thematisiert, geht die hier vorzustellende einen anderen Weg. Sie stellt insbesondere unterschiedliche Wertschöpfungsdimensionen und Spannungsfelder zwischen ihnen in den Mittelpunkt. Zudem werden keine normativen Vorgaben über «richtige» oder «ungenügende» Public Values gemacht.

Das ist ein ganz entscheidendes Merkmal: Die PVSC beschreibt, gibt aber keine Zielzustände vor. Damit einher geht ein ganzheitliches Menschenbild, aber keine aus der Theorie abgeleitete Schwerpunktsetzung. Die PVSC erfasst subjektive Einschätzungen zu den Auswirkungen von Aktivitäten, Initiativen, Produkten oder Dienstleistungen auf den Public Value einer Organisation. Sie wird mittlerweile auf alle Arten von Organisationen angewendet, – privatwirtschaftliche Unternehmen, öffentlich-rechtliche Institutionen und soziale Initiativen. Die PVSC baut auf folgenden Prämissen auf:

Public Value ...

- ... «existiert» in den Beziehungsgefügen und ist nur dort zu bestimmen (Kunden, Mitarbeiter, Geschäftspartner, Politik)
- ... basiert auf der individuellen Konstruktion von Öffentlichkeit/Gesellschaft
- ... wird am Maßstab menschlicher Grundbedürfnisse gemessen
- ... wird wahrgenommen, nicht geliefert – «Perception is reality»
- ... verändert sich dynamisch im sozialen Kontext

Innerhalb dieses theoretischen Bezugsrahmens werden die Dimensionen aus vier menschlichen Grundbedürfnissen (EPSTEIN, 2003) abgeleitet. Dabei wird die instrumentell-utilitaristische Dimension («Nutzen») noch einmal in einen sachlichen und einen finanziell-ökonomischen Nutzen unterteilt.

1. Bedürfnis nach Orientierung und Kontrolle (instrumentell-utilitaristisch, Fokus auf den sachlich-inhaltlichen Nutzen) – Grundfrage: Ist es sachlich gerechtfertigt?
2. Bedürfnis nach Orientierung und Kontrolle (instrumentell-utilitaristisch, Fokus auf den finanziell-ökonomischen Nutzen) – Grundfrage: Ist es profitabel (bzw. wirtschaftlich sinnvoll)?
3. Bedürfnis nach Selbstwerterhalt und -steigerung (moralisch-ethisch, Fokus auf das Individuum) – Grundfrage: Ist es anständig?
4. Bedürfnis nach positiven Beziehungen (politisch-sozial, Fokus auf die Gruppe) – Grundfrage: Ist es politisch akzeptabel?
5. Bedürfnis nach Unlustvermeidung und Lustgewinn (hedonistisch-ästhetisch, Fokus auf positive Erfahrung) – Grundfrage: Ermöglicht es positive Erfahrungen?

Die Ausprägung wird in allen fünf Dimension erfasst und visualisiert (Abb. 3.5).

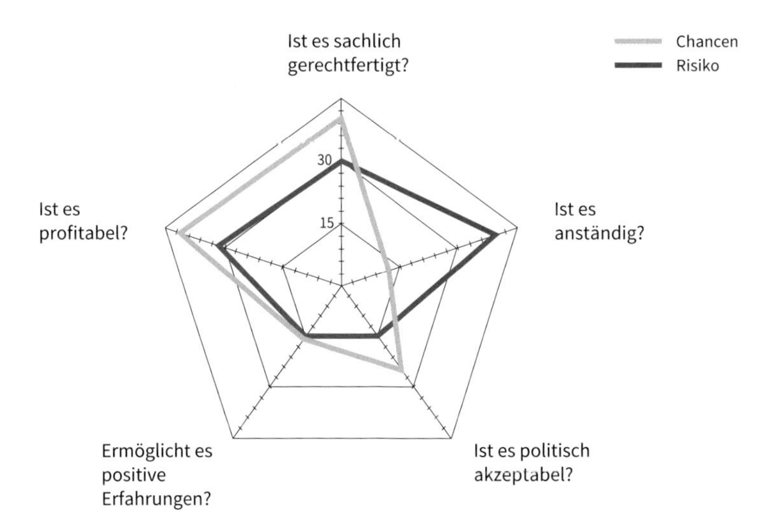

Abbildung 3.5
Illustrative Darstellung einer Public Value Scorecard (MEYNHARDT, 2013, 80)

Die PVSC stellt sowohl Chancen als auch Risiken für den Public Value eines Projektes, einer Initiative bzw. eines Vorhabens dar. Mittlerweile existieren fünf methodische Optionen, eine PVSC zu erstellen:

1. In einer **Standardvariante** werden die Befragten mit Hilfe eines auf das Vorhaben angepassten Fragebogens aufgefordert, die Bewertungsdimensionen gemäß ihrer Bedeutung in eine Rangfolge zu bringen. Dabei wird mit der Satzergänzungstechnik gearbeitet. Zu Statements, wie z. B. «Ich glaube, binnen kurzer Zeit wird das Vorhaben ein Erfolg, weil ...» oder «Die größten Gefahren für das Vorhaben sehe ich darin, dass ...», sind Antworten zu wählen, die jeweils eine der fünf Public-Value-Dimensionen beschreiben (z. B. «... das Anliegen fair und gerecht ist», «... die politischen Auswirkungen nicht genügend bedacht werden»). Auf diese Weise werden Prioritätensetzungen erkennbar, und es können die Trade-offs herausgearbeitet werden. Diese Vorgehensweise eignet sich sowohl für kleinere Managementrunden wie auch für den Einsatz bei externen Partnern und Stakeholdern. So hat eine große Schweizer Versicherung im Auftrag des Verwaltungsrates diese Variante genutzt, um 30 ausgewählte Meinungsbildner zu befragen, welche Konsequenzen eine mögliche Akquisition auf den Public Value der Organisation haben könnte. Der Haniel Konzern in Deutschland nutzt diesen Ansatz zur Konkretisierung der Corporate Responsibility Strategie (MÜLLER, MENZ, MEYNHARDT, 2013) als Filter für Managemententscheidungen (z. B. in einem Geschäftsbereich zur Analyse von neuen Lieferantenbeziehungen).

Mit dieser Variante ist aufgrund der Fragetechnik und vor allem der Unterteilung der Fragen entlang der Zeitachse (allgemein, kurz- und langfristig) auch eine Abschätzung der Veränderung des Public Value über die Zeit möglich. Abb. 3.6 zeigt exemplarisch den Erkenntnisgewinn dieser Vorgehensweise anhand der in Abbildung 3.5 vorgestellten Projektdaten auf.

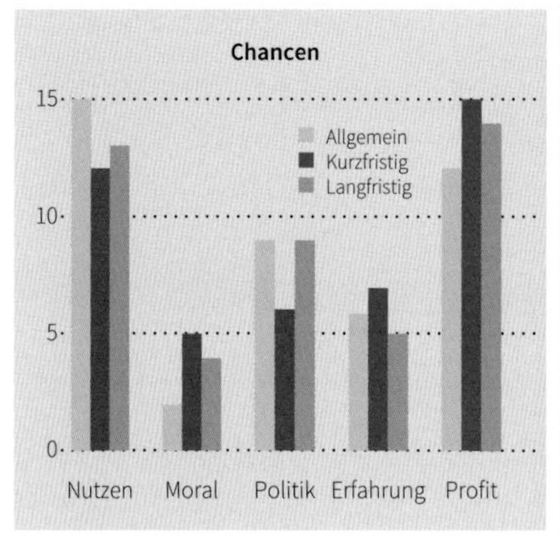

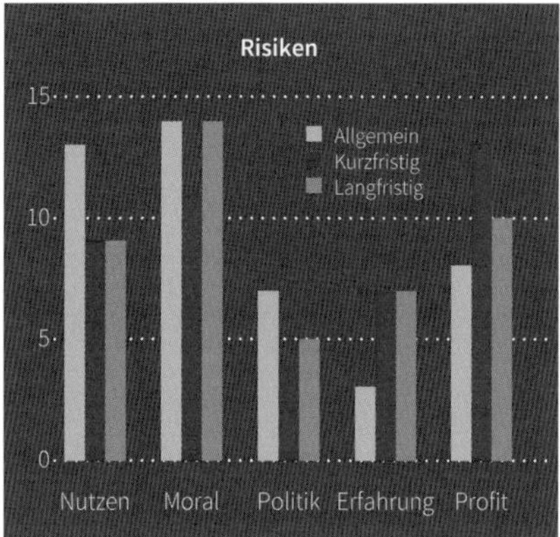

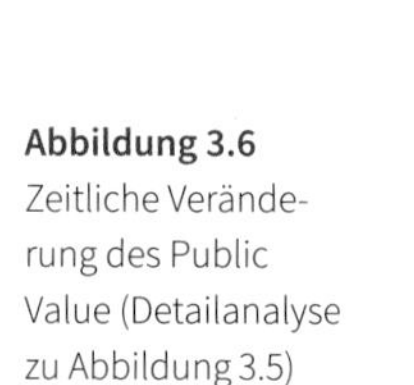

Abbildung 3.6
Zeitliche Veränderung des Public Value (Detailanalyse zu Abbildung 3.5)

Z. B. wird sichtbar, dass für ein konkretes Vorhaben die moralischen Chancen über die Zeit etwas sinken, die moralischen Risiken langfristig steigen. Eine solche Antizipation erscheint durchaus realistisch und war in diesem Fall auf eine hohe wahrgenommene Unsicherheit über den Entwicklungsverlauf zurückzuführen. Im Bereich der Profitabilitätserwartungen stehen langfristig die Chancen etwas ungünstiger als in der kurzen Frist, während die Risiken in diesem Bereich vor allem im Kurzfristbereich liegen und sich über die Zeit deutlich verringern. Die Befragten sehen den Geschäftserfolg vor Augen, aber auch die damit verbundenen Anstrengungen. Welche Zeithorizonte im konkreten Fall Anwendung finden, wird projektspezifisch festgelegt. Die so differenzierten Einschätzungen machen Auswirkungen einer Entscheidung greifbarer und fördern eine Prozessperspektive.

2. In einer **«Lightversion»** wird die Ausprägung der fünf Public-Value-Dimensionen in einer moderierten Gruppendiskussion ermittelt. Je nach Anlass werden dabei die Dimensionen vorab mit Experten auf den Kontext angepasst und spezifiziert. Diese Erhebungsmethode bietet sich an, wenn etwa Projekte auf ihre Public-Value-Potenziale in einer kleinen Runde bewertet werden sollen.

3. In einer **Fragebogenversion** werden die fünf Dimensionen unter Anleitung von Experten gemeinsam mit der Organisation in einzelne Fragen (Likert-Skala) übersetzt und der jeweilige Erfüllungsgrad erhoben. Die Auswertung erfolgt auf der Scoreebene (Faktoren) und auf Ebene der Einzelfragen. Diese Vorgehensweise bietet sich an, wenn verschiedenste Stakeholder in großer Anzahl befragt werden sollen, z. B. in Ergänzung zur Kundenbefragung.
4. Eine **explorative Variante** wird durch eine Adaptation des WertwissensGuide (MEYNHARDT 2004) ermöglicht. Mit diesem Grid-Ansatz werden die Befragten zunächst gebeten, ihnen wichtige Public-Value-Beiträge einer Organisation zu nennen und jeweils zusätzlich durch einen Gegensatz zu illustrieren. In einem zweiten Schritt werden diese Konstrukte den fünf Public-Value-Dimensionen zugeordnet. Im Ergebnis können sowohl qualitative wie quantitative Analysen durchgeführt werden. Diese Vorgehensweise bietet sich an, wenn zunächst die wichtigsten Public-Value-Bereiche identifiziert werden sollen.
5. In einer **erweiterten Variante** können mittlerweile auch über Social Media (z. B. Twitter, Facebook oder auch Blogs) veröffentlichte Meinungen auf Public-Value-Gesichtspunkte analysiert werden. Auf der Basis einer Software können Bedeutungsstrukturen (Intentionen, Mehrdeutigkeit, Verstärkung usw.) analysiert und den verschiedenen Public Value-Dimensionen automatisiert zugeordnet werden. Auf diese Weise entstehen Public Value Scorecards zu einzelnen Themen und Fragestellungen auf Basis von Sentimentanalysen.

Die Umsetzung: Drei Anwendungen in der Praxis

Die PVSC kommt daher in ganz unterschiedlichen Anwendungsbereichen zum Einsatz. Beispielhaft seien zehn genannt, bevor wir dann drei Anwendungen etwas genauer schildern:

Einsatzfelder der Public Value Scorecard

1. Aufbau eines erweiterten Risikomanagements (Erfassung von Reputationsrisiken)
2. Ergänzung der Balanced Scorecard um eine Outside-In-Perspektive
3. Entwicklung einer Ansprachestrategie für Nachwuchstalente
4. Evaluierung der Einkaufsprozesse (bzw. des Geschäftsmodells)
5. Bewertung innovativer Projekte und Produktideen

6. Strategische Bewertung von Corporate-Social-Responsibility-Maßnahmen und Nachhaltigkeitsmanagementsystemen
7. Ergänzung der Kundenbefragung als Instrument der Frühwarnung
8. Evaluierung des Markenimages
9. Filter in der Unternehmensbewertung bei Akquisitionen
10. Überarbeitung von Leitbild und Strategie

Im Folgenden werden drei Anwendungen in der Praxis eingehender dargestellt.

Praxisbeispiel 1: Fußballklub RB Leipzig

Es gibt kaum einen Bereich des gesellschaftlichen Lebens, in dem plastischer und greifbarer der Public-Value-Gedanke sichtbar wird als der Fußball. Auch wenn Analogien aus dem Sport oft weniger den Führungsalltag erhellen, als viele glauben, lässt sich doch die Grundidee dadurch sehr gut illustrieren. Zudem gibt es ganz offenbar ein Interesse bei Fußballvereinen, sich mit ihrer gesellschaftlichen Wirkung zu beschäftigen. So hat beispielsweise auch der FC Bayern München mit der Methodik der Public Value Scorecard seinen Wert für die Gesellschaft bestimmt (BERINGER, BERNARD, 2013). Wir beschränken uns hier auf eine Darstellung einer Untersuchung beim RB Leipzig (FRANTZ, 2016; MEYNHARDT; FRANTZ, 2016).

Ausgangspunkt war die Frage nach der mit dem zunehmenden sportlichen Erfolg und den Aufstieg in die 1. Fußballbundesliga wachsenden gesellschaftlichen Bedeutung des Vereins – vor allem in der Region. Fußballvereine haben enormes Potenzial, eine Gesellschaft zu prägen, die Einstellungen und Werte Einzelner im Hinblick auf das gesellschaftliche Miteinander zu formen und so Gesellschaft mitzugestalten. Insofern mag das Kerngeschäft des RB Leipzig «Sieg und Niederlage» sein, gekoppelt an unternehmerischen Erfolg – seine Bedeutung für die Gesellschaft und sein Beitrag für das Gemeinwohl gehen aber gerade im aktuellen historisch-gesellschaftlichen Kontext der Region weit darüber hinaus. Gleichzeitig wird der Verein mit dem Investor Red Bull im Hintergrund in der Öffentlichkeit kontrovers wahrgenommen. Die wirtschaftlichen Interessen und Gewinnabsichten scheinen dem Gemeinwohlgedanken, also dem Nutzen für die Gesellschaft, unvereinbar entgegenzustehen.

Gestützt auf den Ansatz des Public Value, der grundsätzlich einen gesellschaftlichen Nutzen jeder Organisation annimmt, geht diese Untersuchung der Frage nach: Was macht den RB Leipzig wertvoll für die Gesellschaft? Als Vertreter der Gesellschaft wurden 24 Experten aus den Bereichen Wirtschaft, Politik-Kultur-Bildung, Medien, Sportverbände und Fans sowie aus dem Verein selber befragt. Dabei kam die Variante 4 der PVSC («explorativ») zum Einsatz, bei der ohne weitere Vorgaben nach aktuellen und künftigen Wertbeiträgen in positiver und negativer Ausprägung gefragt wird. Auf dieser Basis wurde ein Public Value-Profil für den Klub erstellt, welches nun für strategische Positionierungsfragen herangezogen wird (Abb. 3.7).

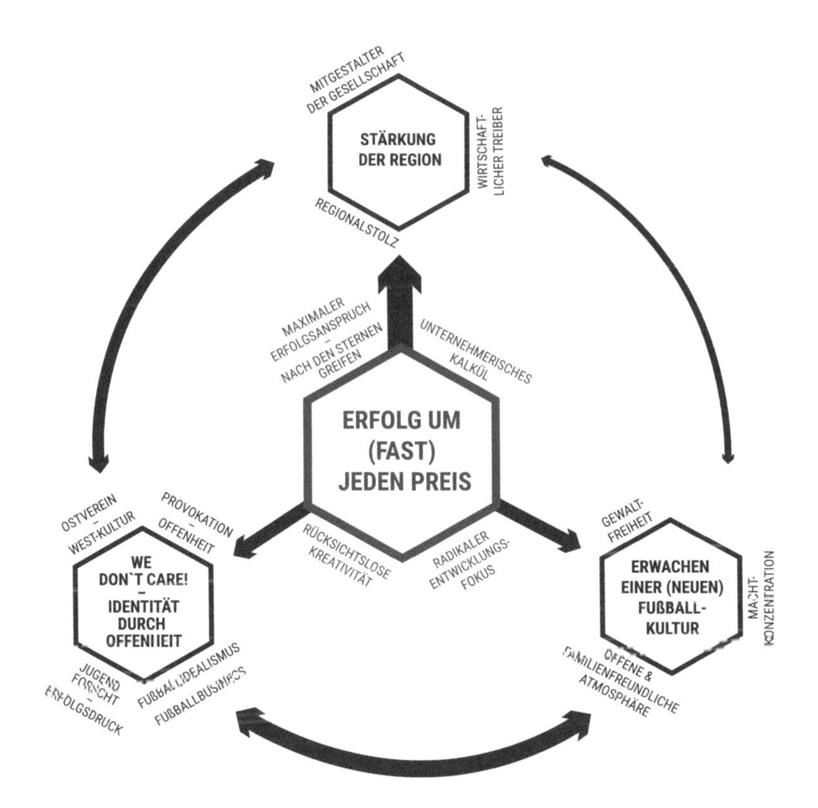

Abbildung 3.7
Das Public Value-Profil des RB Leipzig

In dem Profil sind vier zentrale Public Values dargestellt, d. h. Beiträge zum Gemeinwohl, die der Klub durch sein Auftreten und Wirken für die Region leistet. Aus gesellschaftlicher Perspektive besteht ein zentraler Wertbeitrag im starken Fokus des Vereins auf den Erfolg und die Zielstrebigkeit, diesen zu erreichen. Das gelingt nicht durch Geld allein, sondern bedarf auch eines fähigen Managements. Darin ist der Verein ein positives Beispiel: Leistung lohnt sich und führt zu Erfolg. Gleichzeitig führt der sportliche und unternehmerische Erfolg zu einer neuen Siegermentalität im kollektiven Selbstbewusstsein: Der Osten Deutschlands ist wieder konkurrenzfähig, es gibt wieder Perspektiven in der Region. Aus diesem Kernwert ergeben sich drei weitere Beiträge zum Gemeinwohl, die dann den Nährboden für jede normative und strategische Ausrichtung bieten:

- Die Stärkung der Region, sowohl als wirtschaftlicher Treiber als auch hinsichtlich intangibler Imageeffekte: Die Region erfährt eine verstärkte und positive öffentliche Aufmerksamkeit und wird neu bewertet. Der Erfolg weckt den Regionalstolz und stärkt das regionale Selbstbewusstsein. Trotz schlechter Vorerfahrungen begegnet die regionale Gesellschaft dem Verein überwiegend offen und wohlwollend.

- Das Erwachen einer (neuen) Fußballkultur: Aus der vermeintlichen Schwäche der «Traditionslosigkeit» entstehen Möglichkeiten, eine neue oder zumindest andere Fußballkultur zu prägen. Durch das Aufeinandertreffen eines gewissen unternehmerischen Kalküls auf den besonderen sozial-historischen Kontext in der Region entsteht unversehens ein gewaltfreies, buntes Volksfestklima. Kontrolle ermöglicht Offenheit, Traditionslosigkeit gibt der Vielfalt Freiraum. Dadurch bietet sich dem Verein eine einzigartige Gelegenheit, den Umgang mit Gewalt in Stadien vorbildhaft zu prägen. Durch ein friedfertiges Klima in den Rängen, nicht rivalisierendes Verhalten der Fans und das gewaltpräventive Symbol der Familie kann es gelingen, Aggressionen und Gewalt draußen zu lassen, ohne massive Sicherheitsmaßnahmen ergreifen zu müssen.
- Einheit in Vielfalt oder Stärke durch Vielfalt: Im RB Leipzig finden auch scheinbar widersprüchliche Konzepte ihre Berechtigung und können nebeneinander bestehen. Er ist nicht auf eine Aussage, eine Zielgruppe oder eine Strategie begrenzt, sondern erlaubt eine Pluralität mit allen kontroversen Spannungen. «We don´t care» bedeutet nicht nur: «Es ist uns egal, was andere von uns denken, wir gehen unseren Weg.» Es bedeutet auch: «Egal wo du herkommst, egal wie dick dein Geldbeutel ist, egal, welche sonstige Haltungen du hast, du bist bei uns willkommen, solange du keine Gewalt mitbringst.» Der Verein hat das Potenzial, diese Spannungen auszuhalten und Offenheit zu ermöglichen. Er ist nicht auf eine Identität festgelegt, er erzählt nicht die eine große Geschichte, sondern kennt viele Wahrheiten. In diesem Sinn ist der RB Leipzig der erste postmoderne Fußballverein. Die vielleicht größte Herausforderung für den Verein ist es, den Zugang zum Verein konsequent offen zu gestalten und sich in der Identitätsfrage nicht zu schnell festzulegen bzw. festlegen zu lassen.

Was können wir aus der Studie für die Bestimmung eines Wertbeitrages einer Organisation lernen? Erstens, der Einsatz der Public Value Scorecard kann dem Management helfen, sich in einer Umwelt zu orientieren und wahrzunehmen, wofür sie in der Bevölkerung steht. Das System 5 erhält eine Rückmeldung zum «Beziehungsangebot» der Region. Einmal mehr bestätigt sich hier das POSIWID-Prinzip, wonach sich der Sinn und Zweck einer Organisation über die Wirkung eigenen Handelns konstituiert. In den Workshops mit dem Management wurde unmittelbar deutlich, wie relevant eine derart regional eingebettete Wirkungsanalyse für das Selbstverständnis und damit die Identität des Klubs ist. So hatte die Studie u. a. unmittelbare Auswirkungen bei den Diskussionen im Stadtrat zum Erwerb des Stadions durch den Klub.

Abschließend bleibt festzuhalten, dass in der noch jungen Beziehung zwischen dem Klub und der Region das System 5 erstmals mit dem Public Value-Profil einen empirisch gesättigten Input zum Möglichkeitsraum eigener Wertbeiträge erhalten hat. Dem Management wurde unmittelbar klar, dass aus den verschiedensten Beiträgen auch eine Verantwortung erwächst, die es bis in den «Maschinenraum» hinein (hier: auf dem Spielfeld) zu beachten gilt.

Praxisbeispiel 2: Nestlé

Seit 2014 der GemeinwohlAtlas in der Schweiz (www.gemeinwohl.ch) eingeführt wurde, belegt Nestlé hintere Ränge. Dies dürfte dem führenden Nahrungsmittelkonzern der Welt und gleichzeitig größten Industrieunternehmen der Schweiz zunächst nicht so wichtig sein, wenn man bedenkt, dass der Hauptteil der unternehmerischen Aktivitäten außerhalb der Schweiz liegt. Allerdings hat der damalige CEO Paul BULCKE immer wieder betont, dass ein Unternehmen neben dem Aktionärsnutzen auch Wert für die Gesellschaft schaffen müsse. Dies gilt für Nestlé ganz sicher auch im Hinblick auf die Schweiz. BULCKE war zu jener Zeit ein Vorreiter mit seiner Idee, Führungskräfte durch Beteiligung am öffentlichen Diskurs dazu anzuleiten, Einfluss auf das System 5 des Unternehmens auszuüben. So formulierte er: «Heute müssen Unternehmer wieder … Abschied nehmen von der Fokussierung auf den kurzfristigen Gewinn. Unternehmen, die dies nicht schaffen, werden sich immer mehr von der Gesellschaft entfremden, und dieses Risiko sollten wir nicht eingehen.» (BULCKE, 2014)

Neben vielen anderen Aktivitäten zur Umsetzung dieser Absicht bei Nestlé wurde in einem Projekt der Gemeinwohlbeitrag in Form des Public Value analysiert. Zuerst wurde von Studierenden jeweils eine Public Value Scorecard für die Gesamtorganisation und für zwei Produkte/Marken (Nespresso, Nestlé Waters) erstellt. Hierfür nutzte Nestlé die Lightversion der PVSC (Variante 2). Im Anschluss wurde der Public Value untersucht, wie er sich in den sozialen Medien darstellte (erweiterte Variante 5). In Zusammenarbeit mit der Beratungsgesellschaft Ernst & Young und dem Spezialanbieter Attensity wurden sodann auf Basis von automatisierten Sentimentanalysen jeweils die positiven und negativen Public-Value-Bewertungen für die einzelnen Dimensionen des Public Value herausgearbeitet. Die Basis dafür lieferten 4305 Aussagen von Microblogs and Blogposts (Twitter, Facebook, Omgili etc.).

Überträgt man diese Daten für alle fünf Dimensionen in eine PVSC, ergibt sich folgendes Bild zur Frage des Public Value von Nestlé zum Erhebungszeitpunkt in den sozialen Medien:

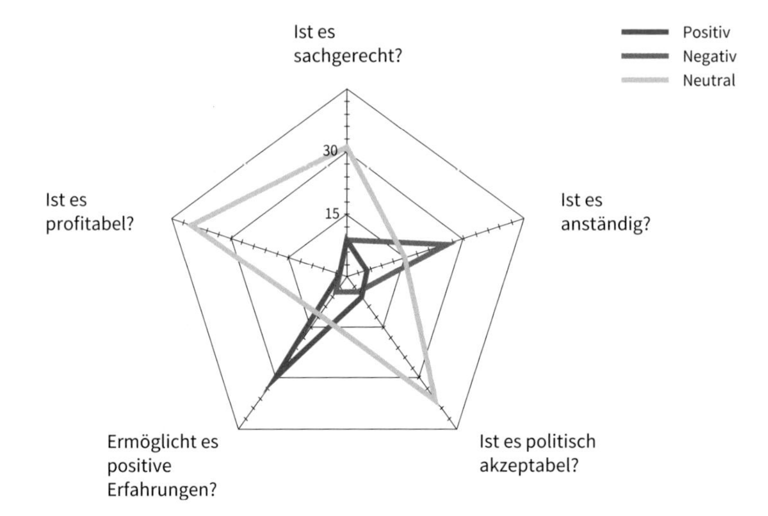

Abbildung 3.8
PVSC von Nestlé auf Basis einer Sentimentanalyse von Social-Media-Daten

Mit dieser Anwendung der PVSC konnten neue Einsichten zu den Einstellungen gegenüber Nestlé in den einzelnen Ländern gewonnen werden. Auch wenn Social-Media-Daten nur ein Spiegel der Werthaltungen einzelner gesellschaftlicher Gruppierungen sind, geben sie doch Einblick in die immer wichtiger gewordene Meinungsbildungsdynamik im Internet, die wiederum ein Teil des öffentlichen Diskurses geworden ist. Was können wir aus dieser Anwendung lernen? Für das Management des System 5 des VSM besteht die Chance und sogar die Notwendigkeit, mehr denn je die neuen technologischen Möglichkeiten der digitalen Welt zu nutzen.

Praxisbeispiel 3: Mitteldeutscher Rundfunk (MDR)

Diese Studie von MEYNHARDT und FRANTZ (2019) befasst sich mit einem öffentlich-rechtlichen Medienanbieter, der vor dem Hintergrund seines gesetzlichen und gesellschaftlichen Auftrags vor der Herausforderung steht, seinen Nutzen und Wert für die Gesellschaft nachzuweisen und sich so zu legitimieren. Insbesondere digitale Entwicklungen und das damit einhergehende veränderte Nutzungsverhalten, sowie neue Partizipationsmöglichkeiten und die daraus resultierende Angebotsvielfalt stellen die Vormachtstellung von Medienorganisationen als gesellschaftliche Kontroll- und Meinungsbildungsorgane zumindest in Frage. Besonders die öffentlich finanzierten Medienanbieter sind dadurch gefordert, dennoch ihre gesellschaftliche Bedeutung herauszustellen und allenfalls auch über den Funktionsauftrag hinaus neu zu definieren.

Die Ermittlung des Public-Value-Profils erfolgte mithilfe der explorativen Variante 4 der Public Value Scorecard. Damit war es möglich, individuelle Wertkonstrukte offen zu erfassen und sie als akzeptierte, kritisierte, nicht wünschenswerte und anzustrebende Beiträge durch den MDR zu differenzieren. Insgesamt haben sich 34 Experten – u. a. aus den Bereichen Politik, Wirtschaft, Wohltätigkeit, Soziales und Bildung, Kultur oder Medien – zu einem Interview bereit erklärt. Die Mehrheit der Befragten (24) ist männlich, der Altersdurchschnitt beträgt über alle Befragten hinweg knapp 51,5 Jahre, was vor allem durch die Auswahlkriterien begründet ist. Zum einen ist es erforderlich, dass die Interviewpartner Belange und Werthaltungen des Gesellschaftsbereichs, den sie repräsentieren, überblicken und dort auch über eine Meinungsführerschaft verfügen. Das geht oft einher mit einer Führungs- bzw. Verantwortungsposition. Zudem ist eine gewisse Erfahrung notwendig, um die erforderliche Expertise zu erlangen. Zum anderen muss auch eine gewisse Auskunftsfähigkeit zur Rolle des MDR in der Gesellschaft gegeben sein. Die Auswahl der Interviewpartner erfolgte in mehreren Annäherungsschritten, mit dem Ziel, alle vom Handeln des MDR betroffenen Gesellschaftsbereiche sowie jene, die über Entwicklung und Fortbestehen des MDR mitbestimmen, ausgewogen zu repräsentieren.

Aus den Aussagen lassen sich sieben Wertbeiträge (Public Values) ableiten, in denen der MDR Werte für die Gesellschaft stiftet oder stiften kann. Versinnbildlicht kann man von sieben Getrieberädchen sprechen, die jedes für sich zum Antrieb beitragen, mit dem der MDR die Qualität des Öffentlichen mitgestaltet (Abb. 3.9). In allen Bereichen sind Beiträge enthalten, die aus Sicht der Interviewpartner – mit unterschiedlichen Anteilen – akzeptiert, kritisiert, nicht wünschenswert oder aber erstrebenswert sind. Bereiche mit hohen Akzeptanz-Anteilen in den Aussagen sind als stabile Zahnräder mit einem festen Kern dargestellt. Bereiche, in denen der MDR überwiegend kritisch oder besorgt wahrgenommen wird, sind als fragile Kränze mit ausgebrochenen, nicht mehr ineinandergreifenden Zähnen abgebildet. Die Größe der Zahnräder variiert entsprechend der Anzahl hierzu geäußerter Aussagen.

Abbildung 3.9
Public-Value-Profil des Mitteldeutschen Rundfunks (MEYNHARDT, FRANTZ, 2019)

Die im Modell dargestellten Values basieren auf den Expertenaussagen. Diese lassen sich jeweils folgendermaßen thematisch zusammenfassen:

— Regionales Selbstbewusstsein verstehen und mitgestalten
  Der MDR fungiert in der Wahrnehmung der befragten Experten gleich wie das regionale Bewusstsein. Durch seine weit verzweigte Präsenz verfügt er über eine hohe regionale Kompetenz in Form von regional relevantem Wissen, aktuellen regionalen Informationen, Kenntnissen kultureller Besonderheiten oder ein Feingefühl für regionale und lokale Identitäten. Damit hat der MDR nicht nur das grundsätzliche Potenzial, den Menschen in der Region zuzuhören und das regionale Selbstverständnis zu verstehen, er prägt es auch und hat darüber hinaus

Möglichkeiten, auch ein zukunftsgerichtetes Identitätsbild zu gestalten. Er kann das regionale Selbstverständnis nach außen repräsentieren und nach innen in die regionale Gesellschaft hinein prägen.

- Vielfalt balancieren
  In der Art und Weise, wie der MDR Vielfalt abbildet, gelingt es ihm nach Ansicht der befragten Experten, positiv zum Gemeinwohl beizutragen. Positiv bewertet werden z. B. die insgesamt recht ausgewogene Themen-, Programm- und Formatvielfalt, die der MDR anbietet.

- Demokratie stärken und Mündigkeit fördern
  Der MDR trägt nach der Auffassung der Experten zur freien Meinungsbildung bei, indem er bestrebt ist, ein vielfältiges Meinungsbild abzubilden, die Teilhabe am Diskurs zu ermöglichen und Orientierung zu bieten. Damit stärkt er die demokratische Gesellschaft.

- Qualitätsanspruch erfüllen
  Die Nachrichten- und Informationsangebote des MDR zeichnen sich im Meinungsbild der Befragten durch eine hohe Güte und journalistische Kompetenz aus. Wie er dem selbst erhobenen Qualitätsanspruch gerecht wird, wird aber durchaus widersprüchlich wahrgenommen. Der Kostendruck beispielsweise macht sich – so die Wahrnehmung – mehr und mehr in der Qualität durch vermeidbare Fehler, oberflächliche Themenbehandlung oder den Fokus auf Quote und Aufmerksamkeit bemerkbar.

- Bedürfnisse erkennen und ernst nehmen
  In der Wahrnehmung der Befragten ist der MDR in seiner extern vorgegebenen Gremienstruktur und Organisation nicht so aufgestellt, dass er alle Teile der Gesamtgesellschaft repräsentiert und integriert. Das Gespür für die vielfältigen Bedürfnisse und Interessen der Gesellschaftsgruppen und Milieus, vor allem aber der jungen Gesellschaft, ist nach Ansicht der Experten für die gesellschaftliche Relevanz essenziell und bietet Potenzial für weitere Wertbeiträge.

- Zeitgemäße Zugänge ermöglichen
  Dem MDR und Teilen seines Angebotes haftet in den Augen der Befragten teilweise ein nostalgisch-betuliches Image an. Für einen größeren gesellschaftlichen Nutzen fehlt es aus Sicht der Experten an innovativen Entwicklungen sowohl im inhaltlichen Programmangebot, als auch in der technischen (digitalen) und individuellen

Zugänglichkeit und Nutzbarkeit. Besonders für die junge Gesellschaft bietet der MDR im Meinungsbild der Gruppe wenig attraktive Zugänge und wird z. T. als verstaubt angesehen, sodass gar die gesellschaftliche Relevanz des MDR in Frage gestellt wird.

— Unabhängigkeit verantwortungsvoll gestalten
Ein Kernmerkmal des MDR ist nach den Aussagen der Experten seine politische wie wirtschaftliche Unabhängigkeit. Das ist wichtig für seine gesellschaftliche Leistungsfähigkeit. Dieser Value nimmt eine besondere Stellung ein. Er enthält die meisten Aussagen und ist damit in der gesellschaftlichen Wahrnehmung sehr präsent und eng mit dem MDR verknüpft, wird aber überwiegend negativ bewertet. Zwar werden die politische und wirtschaftliche Unabhängigkeit sowie auch die Beitragsfinanzierung grundsätzlich begrüßt, wie jedoch im organisationalen Verhalten mit dieser Handlungsfreiheit umgegangen wird, wird teilweise deutlich kritisiert. Im Widerspruch stehen da z. B. immer wieder gezeigte eher kommerziell konnotierte Verhaltensweisen (z. B. Gewinnspiele, übermäßiger Aufmerksamkeitsfokus), aber auch die inhaltliche Nähe zu konkurrierenden Medienorganisationen (oder -unternehmen) und der Wettbewerb mit ihnen. Zudem wirkt sich der Eindruck, der MDR bzw. einige seiner Mitarbeiter verhielten sich gesellschaftsfern und bewegten sich in einer elitären Blase, negativ auf das Gemeinwohl aus.

Wir haben hier wiederum das Public-Value-Profil einer Organisation vorgestellt, um zu verdeutlichen, wie durch solche Analysen differenzierte Erkenntnisse zur Arbeit in System 5 gewonnen werden können. Auch in dieser Anwendung des Public-Value-Ansatzes wurde klar, wie bedeutsam ein Feedback zum gesellschaftlichen Wertbeitrag sein kann und von der Strategiearbeit (System 4) bis hin zum Ort der Wertschöpfung (System 1), der Programmgestaltung eine identitäts- und orientierungsstiftende Wirkung entfalten kann.

Bevor wir uns im nächsten Schritt anschauen, wie Mary mit den Herausforderungen der Machine Ltd. zum System 5 umgeht, soll kurz aufgezeigt werden, wie die in Kapitel 2 benannten typischen Fehler im Umgang mit System 5 vermieden oder behoben werden können.

Fehler 1: Die identitätsstiftende Kraft des normativen Managements wird unterschätzt.
Mit dem Purpose- und Gemeinwohlfokus wird der Kern eines Selbstverständnisses gestaltet, und die Public Value Scorecard sowie der daraus abgeleitete GemeinwohlAtlas zeigen in ihrer Anwendung auf, wo Chancen und Risiken für die Identität des Unternehmens bestehen.

Fehler 2: Die Akteure im System 5 sind ein elitärer Zirkel
Die Dialogorientierung im Public-Value-Ansatz erzwingt geradezu eine Öffnung nach außen, hin zum gesellschaftlichen Umfeld.

Fehler 3: Die Entwicklung des Purpose einer Organisation findet einseitig statt.
Innerhalb der hier verwendeten Purpose-Definition (P = M × PV) wird über den Gemeinwohlbezug sichergestellt, dass alle Betroffenen einbezogen werden.

Fehler 4: Kein «Walking the talk» – vereinbarte Prinzipien, Richtlinien und Regeln werden von den Führungskräften nicht vorgelebt.
Durch die rekursive Organisation wird sichergestellt, dass der Purpose auf allen Ebenen auch gelebt wird.

Die Umsetzung dieser Einsicht erfordert einen langen Atem. Langfristig geht es nur über eine andere Einstellungs- und Beförderungspolitik. Kurzfristig bietet es sich an, entsprechende Anreizstrukturen zu setzen und darauf zu setzen, dass der Druck von außen wächst.

Der Case: Machine Ltd.

Wie bei vielen Familienunternehmen prägt das Wertekorsett des Gründers das Unternehmen. Marys Vater hat als Kind das Wirtschaftswunder in der Bundesrepublik hautnah miterlebt und diesen Optimismus auf sein Unternehmen übertragen. Er hat als Ingenieur früh auf die Robotertechnik gesetzt und, motiviert durch erste eigene Patente, sich damals selbständig gemacht und die Firma gegründet. Die Kultur ist technikorientiert, die Kommunikation sachbezogen und von gesundem Pragmatismus geprägt. All die Managementmoden der letzten 40 Jahre hat Marys Vater meistens als unnötig abgetan und Konflikte immer mit seiner natürlichen und umgänglichen Art gelöst. Man hatte zwar einmal einen Workshop zur Entwicklung eines Leitbildes abgehalten und dieses dann auch durch ein Rundschreiben kommuniziert. Bekannt war Marys Vater für seine herzlichen Weihnachtsansprachen und Neujahrsbotschaften, mit denen er immer wieder die Mannschaft motivieren konnte.

Mary hatte es dagegen schwerer. Ihr nahm man weder die natürliche Autorität ab noch war sie als Betriebswirtin in der Lage, die Techniker durch Fachwissen zu überzeugen. Zudem wurde immer deutlicher, dass Machine Ltd. es immer schwerer hatte, geeigneten Nachwuchs zu finden, der sich neben dem Gehalt und einem sicheren Arbeitsplatz zu Höchstleistungen anspornen ließ. Es fehlte ein attraktiver Purpose. Überhaupt wurde immer deutlicher, dass für die strategische Ausrichtung, für die Attraktivität als Arbeitgeber, das Markenmanagement und nicht zuletzt für die Motivation der Mitarbeitenden etwas fehlte. Mary entschied sich deshalb für eine Public-Value-Analyse. Dafür wurden mehr als 30 Stakeholder, Geschäftspartner, Kunden und nicht zuletzt das lokale Umfeld aufwendig befragt. Das Ergebnis verblüffte Mary: Die Machine Ltd. wurde als solider und verantwortungsvoller Mittelständler mit regionaler Verwurzelung wahrgenommen. Sie hatte insgeheim auf eine besondere Idee gehofft, die ihr helfen würde, die Einzigartigkeit von Machine Ltd. herauszustellen. Auf den zweiten Blick wurde ihr aber schnell klar, dass diese «Normalität» eine gute Ausgangsbasis ist, um nächste Schritte zu gehen. Man darf sich nicht an den Schlagzeilen der Wirtschaftspresse orientieren, sondern muss einen eigenen Weg finden. Und der konnte nur heißen, der Wertschätzung des Umfeldes und damit – wie Peter DRUCKER es nannte – der gesellschaftlichen Funktion gerecht zu werden.

Mary und ihr Team nutzten die Studienergebnisse für die Entwicklung eines neuen Purpose: «Verantwortungsvolle Robotertechnik für ein besseres Leben». Sie war froh, nach ausgiebigen Analysen einen Unternehmenszweck definiert zu haben, der die Existenzberechtigung mit einem Wertbeitrag für die Gesellschaft verknüpft («für ein besseres Leben»). Nach der Ergebnispräsentation vor den Führungskräften wurde ihr aber rasch bewusst, dass eine gute Präsentation in klarer Sprache zwar viel bewirken kann, um die Neugierde und Motivation zu wecken, aber für sich allein nicht ausreicht, um alle und jeden zu erreichen. Vor allem aber bereitete ihr Kopfzerbrechen, wie ein guter Purpose im Alltag so gelebt wird, dass eines Tages auch ein Public Value entsteht, d. h., der angestrebte Wertbeitrag auch in der Umwelt akzeptiert und als gemeinwohlförderlich wahrgenommen wird.

Das Wissen: Weiterführende Literatur

Zum Abschluss dieses Kapitels seien in Abb. 3.10 Publikationen aufgeführt, die den Hintergrund unserer Ausführungen weiter ausleuchten können.

Kategorien	Themen: Wertbeitrag	Public Value/ Gemeinwohl	Purpose
Zeitdiagnostische Betrachtungen	«Sozialer Kapitalismus! Mein Manifest gegen den Zerfall unserer Gesellschaft» (COLLIER, 2019)	«Freiheit und Gemeinwohl» (PAPIER, MEYNHARDT, 2016)	«The Purpose Economy» (HURST, 2016)
		«Laudato Si» (PAPST FRANZISKUS, 2015)	«Homo Deus: Eine Geschichte von Morgen» (HARARI, 2017)
Theorieorientierte Publikationen	«Toward a Theory of Business» (DONALDSON, WALSH, 2015)	«Recognizing Public Value» (MOORE, 2013)	«The Functions of the Executive» (BARNARD, 1938)
		«Public Value: Turning a Conceptual Framework into a Scorecard» (MEYNHARDT, 2015)	«On Purposeful Systems» (ACKOFF, EMERY, 2005)
Praxisorientierte Publikationen	«The Embankment Project for Inclusive Capitalism Report» (COALITION FOR INCLUSIVE CAPITALISM & EY, 2018)	«Public Value: Deepening, Enriching, and Broadening the Theory and Practice of Creating Public Value» (LINDGREEN et al., EDS., 2019)	«Purpose Driven Organizations. Sinn – Selbstorganisation – Agilität» (FINK, MÖLLER, 2018)
	«Capitalism for the Long Term» (BARTON, 2011)	«Theorie U – von der Zukunft her führen: Presencing als soziale Technik» (SCHARMER, 2015)	«Frag immer erst: warum: Wie Top-Firmen und Führungskräfte zum Erfolg inspirieren» (SINEK, 2014)

Abbildung 3.10
Ergänzende Literatur zum sinnstiftenden Wertbeitrag

4.

Die strategische Sicht: Der Weg in die Zukunft

Die strategische Ausrichtung des Unternehmens wird im Viable System Model von System 4 wahrgenommen. Zum einen ist dieses für die Früherkennung von wichtigen Umweltentwicklungen und die Beurteilung von sich daraus ergebenden Chancen und Risiken verantwortlich. Dabei hat es längere Zeithorizonte im Blick. Es nimmt aber auch Aufgaben innerhalb des Systems wahr. Mit erster Priorität sind dies die Entwicklung von Szenarien, die Simulation möglicher Zukünfte, sowie alle Bereiche, die mit Forschung und Entwicklung – und damit mit der Innovation – zu tun haben. Dabei muss der Aspekt der Entwicklung besonders betont werden, weil hier die Prototypen und die «minimal lebensfähigen Produkte» hergestellt werden, die dann im Markt zu erproben sind. Es gilt herauszufinden, ob ein Produkt zur Serienreife entwickelt werden soll.

Dieses Kapitel ist wie folgt strukturiert:

- Die Struktur: Das System 4 des Viable System Model
- Der Praxistest: Von den Denkmustern zur Wahl der Strategie
- Das Werkzeug: Die Methodik des Vernetzten Denkens
- Die Umsetzung: Drei Anwendungen in der Praxis
- Der Case: Machine Ltd.
- Das Wissen: Weiterführende Literatur

Die Struktur: Das System 4 des Viable System Model

Die Themenkomplexe der Innovation und Entwicklung sind tief im System verzweigt. Dabei ist die letzte Rekursionsebene der Mensch. Es ist die Aufgabe aller Mitarbeitenden, innovativ zu sein. Es geht im Kontext der Organisation des System 4 darum, die richtigen strukturellen Rahmenbedingungen zur Verfügung zu stellen, damit neue Produkte die Kundenanforderungen von Morgen erfüllen.

Die Themenkomplexe der Innovation und Entwicklung sind tief im System verzweigt.

Im Sinne unseres Denkmusters der menschengerechten Gestaltung von Arbeitsumgebungen muss in diesem System auch die Entwicklung des Humanpotenzials berücksichtigt werden. Dies erscheint zunächst nur eine Aufgabe für eine Personalabteilung zu sein, doch diese Funktion kann nur dann gut wirken, wenn sie als eine Querschnittsaufgabe verstanden wird. Auch weitere Bereiche des Unternehmens wie Finanzen,

Controlling, Marketing, Verkauf oder IT sind mit strategischen Fragestellungen beschäftigt.

Schließlich kann die strategische Funktion des System 4 nur im Zusammenspiel mit den operativen Funktionen des System 3 verstanden werden.

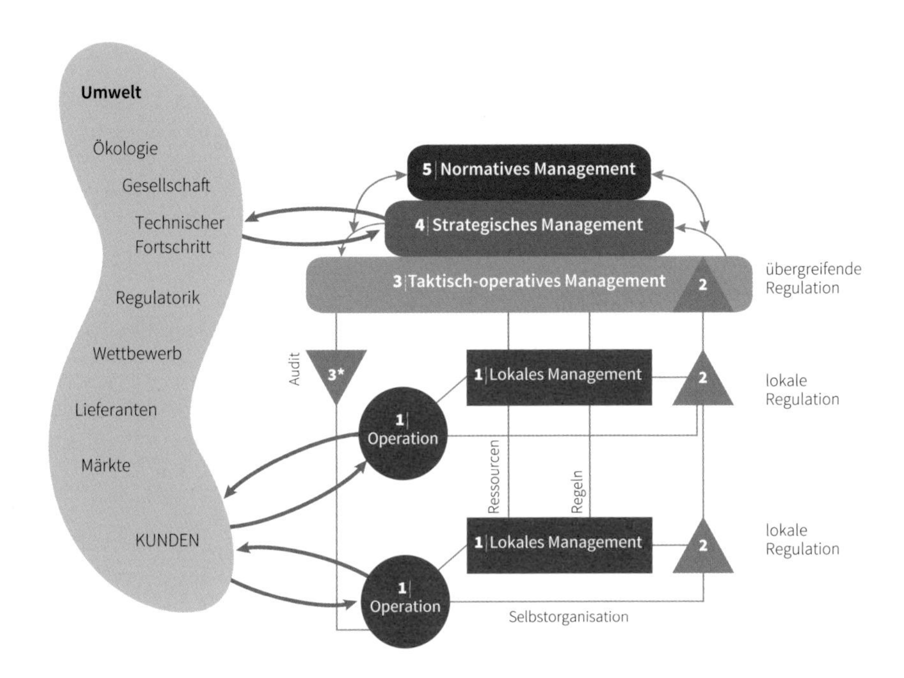

Abbildung 4.1
Das System 4 mit seiner Verbindung zu den Systemen 5 und 3

Es geht bei dieser Verbindung darum, die im System 5 entwickelten Wertvorstellungen und den Purpose in langfristige Zielvorgaben für die zukünftige Entwicklung des Unternehmens umzusetzen. Weiter ist zu gewährleisten, dass die strategischen Vorhaben in der operativen Praxis verankert sind. Dies ist deswegen so delikat, weil es vielen Unternehmen nicht gelingt, eine gute Strategie auf die Straße zu bringen – die lenkende Kraft ist meist zu gering, die Rückkopplung aus dem «Maschinenraum» fehlt. Genau diese Lücke schließt das VSM, weil es dem Anwender bewusst macht, dass eine langfristige Entwicklung nur unter Berücksichtigung der aktuellen Fähigkeiten der Operation möglich ist. Zu oft wird das taktische Management aber nur als Datenlieferant und nicht als Dialogpartner für den strategischen Entwicklungsprozess betrachtet. Reflektierenden Praktikern unterläuft dieser Fehler jedoch nicht, weil ihnen intuitiv bewusst ist, dass nur durch eine Zusammenarbeit von Strategen und taktisch Umsetzenden eine nachhaltige Richtungsänderung möglich ist.

Vielen Strategien fehlt die Rückkoppelung aus dem «Maschinenraum».

In seinem Buch «Making Work Systems Better» bringt Luc HOEBEKE (2000, 16) dies auf den Punkt:

«Idealerweise führt der Strategieprozess zu einem geteilten Verständnis der zu führenden Prozesse zwischen den (strategisch und operativ) verantwortlichen Menschen. Eine Debatte zwischen den Führungskräften unter Berücksichtigung ihrer Perspektiven ist das einzige sinnvolle Vorgehen. Wenn es keine Meinungsverschiedenheiten mehr gibt, dann ist das System dem Untergang geweiht und verursacht viele Opfer.»

Die Schleife zwischen den Systemen 3 und 4 verdeutlicht noch ein weiteres klassisches Dilemma der Führung eines komplexen Systems. Während das System 3 primär die Wertschöpfung verantwortet und zum Geld verdienen bestimmt ist, hat das System 4 das Problem, die Kosten zu argumentieren, die es verursacht, da jede in die Zukunft gerichtete Aktivität eine Investition darstellt – und der Return on Investment alles andere als sicher ist. Stets gilt es abzuwägen, wie die vorhandenen Mittel zwischen den direkt wertschöpfenden und den forschend-experimentellen Einheiten verteilt werden sollen. Klar ist: Ein binäres Denken genügt nicht, um die Brücke zwischen Profit und Opportunitäten zu bauen. Ein Ansatz zur optimalen Abstimmung dieser beiden Systeme ist unter dem Begriff der «Ambidexterity» (RAISCH, BIRKINSHAW, 2008) vorgestellt worden. Die operative Umsetzung wird auch Gegenstand des 5. Kapitels sein.

Das Wissen zur strategischen Führung ist in den letzten Jahrzehnten exponentiell gewachsen. Wissenschaftliche Untersuchungen, Beratungskonzepte und Erfahrungsberichte aus der Praxis decken ein kaum mehr überschaubares Feld von Sicht- und Vorgehensweisen ab. Damit stellt sich naturgemäß die Frage, welchen Zugang reflektierende Praktiker zum Thema der strategischen Führung wählen sollen.

Als erste Möglichkeit bietet sich die Orientierung an Themenfeldern der Strategieforschung und -praxis an:

- «Exzellente Unternehmen»: Erfahrungsberichte über Firmen, die sich durch ihre Strategien im Wettbewerb erfolgreich durchgesetzt haben.
  Prinzip: **«Lerne von den Besten!»**
- «Strategiemethoden»: In sich konsistente Konzepte – meist Resultat akademischer Forschung oder konzeptioneller Arbeiten von Beratungsunternehmen, die einen schrittweisen Prozess bei der Entwicklung und Umsetzung von Strategien in der Praxis vorgeben.
  Prinzip: **«Ein systematisches Vorgehen führt zum Erfolg!»**
- «Gute Strategie – Schlechte Strategie»: Untersuchung von Strategien auf ihre innere Stimmigkeit in der praktischen Anwendung.
  Prinzip: **«Was funktioniert, und was nicht?»**

— «Power Laws»: Aufgrund von Vergangenheitsdaten empirisch ermittelte Gesetzmäßigkeiten, die auch für zukünftige Strategien wegweisend sein sollen.
Prinzip: **«Folge den Daten!»**

Am Schluss dieses Kapitels werden lesenswerte weitere Beiträge zu diesen Themenfeldern aufgeführt. Der im Folgenden vorgestellte Ansatz der ganzheitlichen Strategieentwicklung stellt eine Kombination verschiedener obiger Ansätze unter Berücksichtigung der Anforderungen der fünf Denkmuster dar.

Die ganzheitliche Strategieentwicklung

Die ganzheitliche Strategieentwicklung basiert auf drei Logiken, die bereits in Kapitel 3 eingeführt wurden, dem Public Value (Nutzen für das Gemeinwohl), dem Shareholder Value (Nutzen für die Kapitalgeber) und dem Customer Value (Nutzen für die Kunden).

Peter DRUCKER (1973, 41; 1995, 84)hat schon vor über 40 Jahren den Public Value und den Shareholder Value kombiniert, ohne allerdings diese inzwischen geläufigen Begriffe zu verwenden:

«Freies Unternehmertum legitimiert sich erst durch seinen gesellschaftlichen Nutzen … Erzielt das Unternehmen jedoch nicht mindestens einen Gewinn zur Deckung der Kapitalkosten, so verschleudert es gesellschaftliche Ressourcen.»

Die durch die Gesellschaft erteilte «Lizenz zum Geschäften» entbindet das Unternehmen nicht davon, wirtschaftlich erfolgreich zu sein. Und erfolgreich ist es erst dann, wenn es seine Kapitalkosten überverdient. Dies ist die zentrale Erkenntnis des Shareholder-Value-Konzeptes. Dieses musste in den vergangenen Jahrzehnten einiges an Kritik über sich ergehen lassen, es repräsentierte für breite Kreise die Auswüchse des Kapitalismus. Bei genauerem Hinsehen zeigt sich aber seine wahre Logik: Es repräsentiert eine dynamische Investitionsrechnung für ein ganzes Unternehmen. Und ohne ein grundlegendes Verständnis dieser Zusammenhänge lässt sich ein Unternehmen nicht wirtschaftlich erfolgreich führen.

Public Value – Shareholder Value – Customer Value, die drei tragenden Logiken der strategischen Ausrichtung

In der digitalen Welt kommt eine dritte Dimension dazu. Für die auf Konsumprodukte und Dienstleistungen ausgerichteten Unternehmen wird das Konzept der Kapitalkosten nahezu irrelevant. Denn die neuen Plattformen, Netzwerke und Prozesse führen zu Wertsteigerungen, die größtenteils beim Kunden – und nicht mehr bei den Unternehmen – anfallen. Kunden kaufen nur noch das unbedingt Notwendige, der Zwischenhandel entfällt, die marginalen Kosten tendieren gegen null. Die Unternehmen müssen versuchen, wenigstens ein Stück des Kuchens zu behalten. Dazu kommt, dass der Gewinner alles bekommt, dass nur der Schnellste und der am schnellsten Folgende erfolgreich sind.

Der Ansatz des Shareholder Value wird wohl auch noch in Zukunft die Strategie industrieller Unternehmen prägen. Für Handels- und Dienstleistungsunternehmen hingegen wird der Customer Value immer mehr an Bedeutung gewinnen. Der Public Value ist für die beiden anderen Säulen gleichermaßen bestimmend. Deshalb stehen diese drei Säulen in der folgenden Abb. 4.2 gleichberechtigt nebeneinander. Sie haben aber je andere Logiken, Vorgehensweisen und Instrumente. Ziel des weiteren Vorgehens wird sein, diese drei Säulen zu einem Gebilde zusammenzuführen, das die reflektierenden Praktiker bei der Strategiefindung anleiten kann.

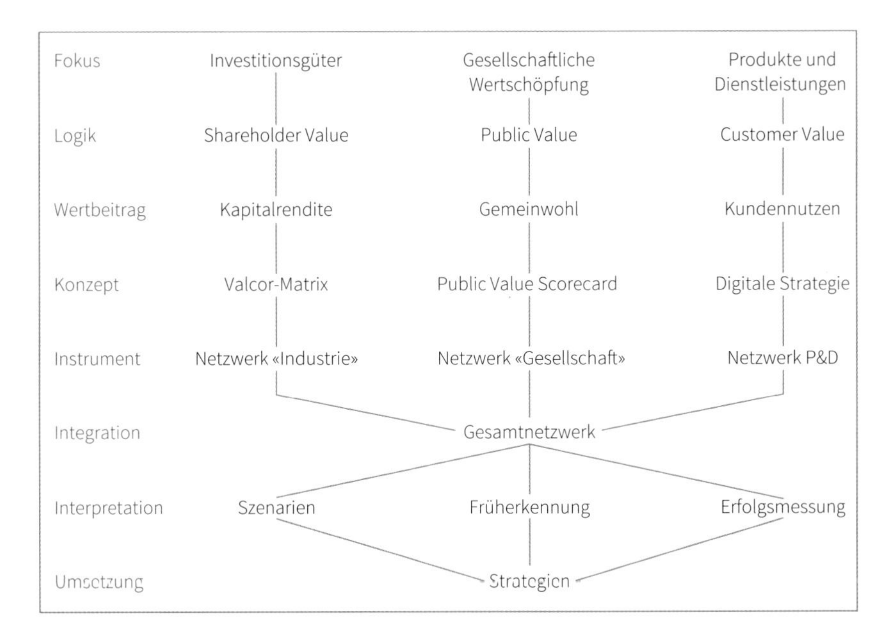

Abbildung 4.2 Gesamtzusammenhänge der ganzheitlichen Strategieentwicklung

Der Praxistest: Von den Denkmustern zur Wahl der Strategie

Inwiefern erfüllt dieses Vorgehen die Anforderungen der fünf Denkmuster der reflektierenden Praktiker?

1. **Die optimale Vereinfachung von Komplexität**
   Der Strategieprozess wird in seiner Komplexität akzeptiert. Es wird kein Versuch unternommen, einfache Lösungen zu finden oder für komplizierte Probleme entworfene Techniken anzuwenden. Die optimale Vereinfachung wird durch das Vernetzte Denken erreicht, bei dem die Mustererkennung durch Kreisläufe im Mittelpunkt steht. Im Netzwerk werden jene «Hebel» identifiziert, bei denen Strategien wirkungsvoll ansetzen können.
2. **Die Perspektive der russischen Puppen**
   Das Zusammenspiel von Gesellschaft, Wirtschaft und Unternehmen wird im Sinne der «Helikoptersicht» (Kapitel 1) und durch die drei tragenden Säulen des Vorgehens optimal abgebildet. Das Gesamtnetzwerk funktioniert nach dem Prinzip des Auflösungskegels, es kann in jedem Teilbereich beliebig in die Tiefe gegangen werden.
3. **Die Einheit von Freiheit und Verantwortung**
   Den unternehmerischen Freiräumen in einer zunehmend durch Monopole und Regulierungen geprägten Welt wird bei der Entwicklung der Netzwerke durch eine eigene Perspektive Rechnung getragen. Diese umfasst auch Handlungsanleitungen zur verantwortungsvollen Sicherung dieser Freiräume.
4. **Im Zentrum der Mensch**
   Die Mensch-Maschine-Symbiose und die Zukunft der Arbeit spielen bei den Netzwerken in allen drei Säulen eine bedeutende Rolle. Diese Themen werden in den größeren Kontext der gesellschaftlichen und wirtschaftlichen Entwicklungen gestellt.
5. **Die ganzheitliche Erfolgsmessung**
   Allein schon durch die drei Säulen mit ihrer Fokussierung auf das Gemeinwohl, die Kapitalrendite und den Kundennutzen wird der Ganzheitlichkeit der Erfolgsmessung Rechnung getragen. Das datenbasierte Vorgehen hat dabei gemäß dem folgenden Leitspruch Priorität: «Was gemessen wird, wird auch getan!»

Das Werkzeug: Die Methodik des Vernetzten Denkens

Das Rückgrat unserer Vorgehensweise der Strategieentwicklung bildet die Methodik des Vernetzten Denkens (GOMEZ, PROBST, 1987, 1999). Diese wurde – aufbauend auf den Erkenntnissen der Systemtheorie und der Kybernetik (FORRESTER, 1961; VESTER, HESSLER, 1980; ULRICH, PROBST, 1988) – in den 1970er- und 1980er-Jahren an der Universität St. Gallen entwickelt. Sie hat sich in einer Vielzahl von Anwendungen (PROBST, GOMEZ, 1989; HONEGGER, 2008) in der Praxis bewährt und gehört heute zum Standardrepertoire bei der Strategiefindung in Unternehmen.

Ausgangspunkt des Vernetzten Denkens ist die Bestimmung des **Systems**, das einem Problem oder einer gewünschten Entwicklung zugrunde liegt. Dieses System ist nicht einfach vorgegeben, sondern es muss – wie zu Beginn des zweiten Kapitels gezeigt – entdeckt und abgegrenzt werden.

Das unseren drei Säulen «Investitionsgüter», «Gesellschaft» und «Produkte und Dienstleistungen» zugrunde liegende System ist also nicht vorgegeben, sondern muss von den reflektierenden Praktikern bestimmt werden. Dabei sind unterschiedliche Standpunkte oder Perspektiven einzunehmen, um eine ganzheitliche Sicht zu erreichen. Wenn ein Dienstleistungsunternehmen aus der Sicht der herkömmlichen Prozesslogik als System abgebildet wird, so ergibt sich ein völlig anderes Bild, wenn neu die Logik der digitalen Ökonomie zum Zuge kommt. Die oben aufgeführten Logiken des Shareholder Value, des Public Value und des Customer Value sind Perspektiven oder «Brillen», durch die wir die Unternehmenswelt sehen – und die zu ganz unterschiedlichen Eindrücken und Beurteilungen führen.

Ausgangspunkt sind immer die Kreisläufe eines Systems, und nicht dessen Teile.

Die meisten Techniken der Visualisierung und der Steuerung von Teamprozessen, so auch das Design Thinking (WUJEC, 2017), beginnen (oft mittels Post-its) mit der Ermittlung der Teile des Systems. Diese werden im Verlauf des Vorgehens miteinander verknüpft. Beim Vernetzten Denken ist es genau umgekehrt, Beziehungen (oder präziser Kreisläufe) sind der Ausgangspunkt, einzelne Teile werden schrittweise in ihrer Vernetzung integriert. Damit wird dem linearen Ursache-Wirkungsdenken vorgebeugt.

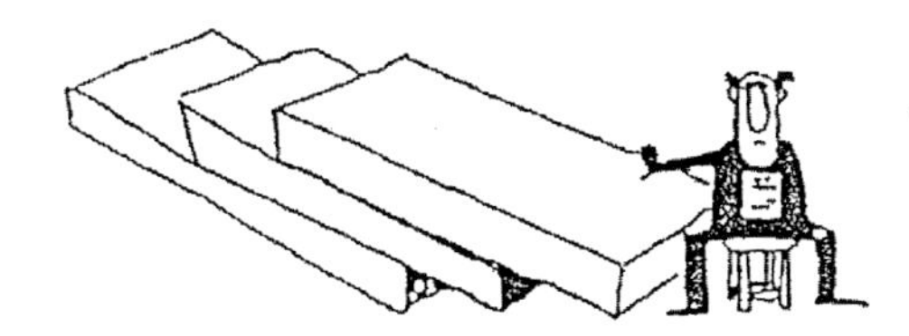

Abbildung 4.3
Vom Ursache-Wirkung-Denken zum Denken in Kreisläufen (WEICK, 1979, 77)

Wie in der folgenden Abb. 4.4 illustriert, bezeichnen Pfeile mit einem Plus (+) eine verstärkende Wirkung der Beziehung, Pfeile mit einem Minus (-) eine stabilisierende Wirkung. Verstärkende Pfeile lesen sich wie folgt: je mehr … desto mehr, aber auch: je weniger … desto weniger. Stabilisierende Pfeile lesen sich so: je mehr … desto weniger, aber auch: je weniger … desto mehr. Dies wirkt etwas detailverliebt, aber es ist der Schlüssel zum Verständnis von Netzwerken.

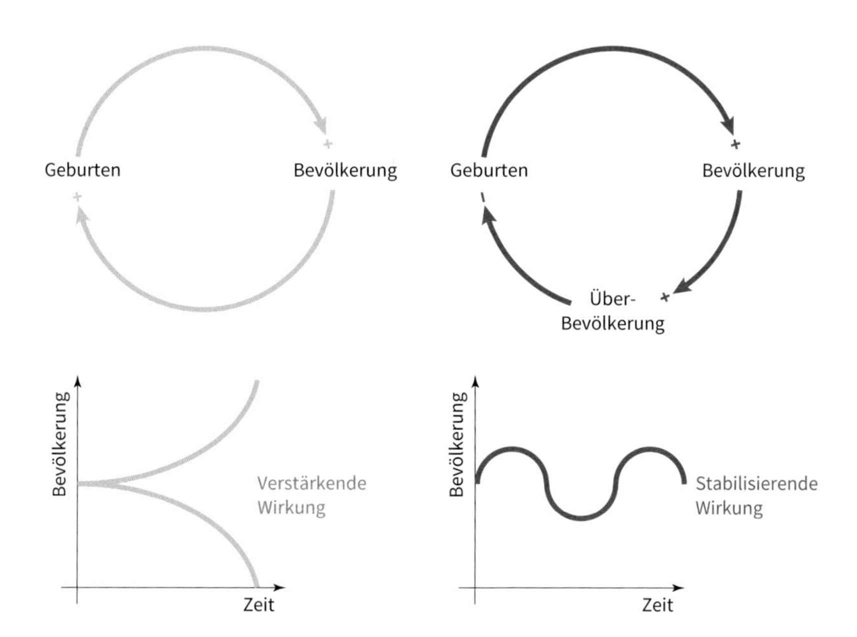

Abbildung 4.4
Verstärkende und stabilisierende Beziehungen

Die Entwicklung eines Netzwerkes beginnt mit dem **Erfolgskreislauf** oder dem **«Motor»** des Unternehmens (GOMEZ, PROBST, 1999). In Abb. 4.5 ist dies für ein Unternehmen der Pharmaindustrie beispielhaft dargestellt. Dieser Kreislauf ist selbstverstärkend, eine Aufwärtsspirale (ein **«Engelskreis»:** je mehr … desto mehr) setzt sich in Gang. Durch eine negative Einwirkung von außen (z. B. geringere Verkäufe infolge eines Konjunktureinbruchs) kann dieser jedoch zum **«Teufelskreis»** (je weniger … desto weniger) werden.

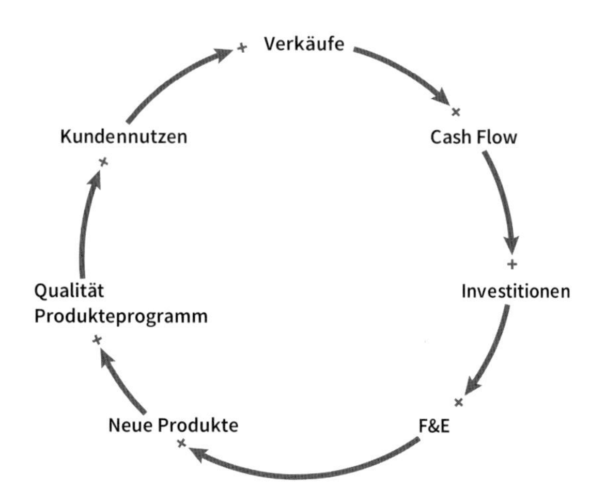

Abbildung 4.5
Erfolgskreislauf oder «Motor» des Pharmaunternehmens

An den Erfolgskreislauf werden nun schrittweise weitere Kreisläufe angedockt, bis das in Abb. 4.6 dargestellte Netzwerk vorliegt.

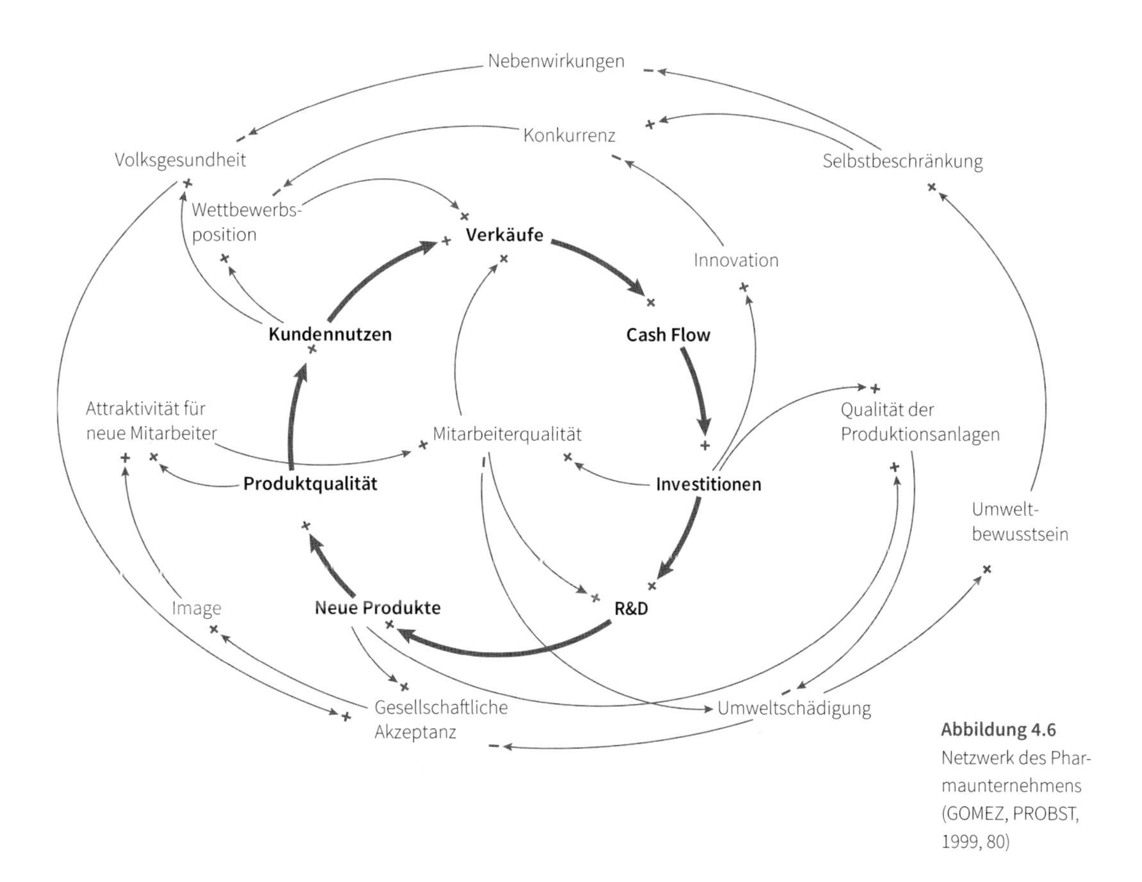

Abbildung 4.6
Netzwerk des Pharmaunternehmens (GOMEZ, PROBST, 1999, 80)

Die Verknüpfungen werden in einem weiteren Schritt auf ihre zeitlichen Abhängigkeiten hin untersucht. Eine Schwächung der Wettbewerbsposition schlägt sich rasch in geringeren Verkäufen nieder, was unmittelbar zu einem tieferen Cash Flow führt. Eine Investition in die Forschung hingegen wird erst nach Jahren zu einem attraktiveren Produkteprogramm und zu Mehrverkäufen führen. Die Kenntnis dieser Zusammenhänge ist für die Entwicklung von Strategien von entscheidender Bedeutung.

Vom vernetzten Denken zum unternehmerischen Handeln: Strategien, Szenarien, Früherkennung, Erfolgsmessung

Liegt das finale Netzwerk vor, können nun die vier Ansatzpunkte des unternehmerischen Handelns gemäß Abb. 4.7 identifiziert werden.

Abbildung 4.7
Ansatzpunkte des unternehmerischen Handelns am Pharma-Beispiel

Ansatzpunkt	Handlungsfeld	Obiges Beispiel
Lenkbare Größen (Hebel)	Strategien	Investitionen, Selbstbeschränkung
Nicht lenkbare Größen	Szenarien	Umweltbewusstsein, Konkurrenz
Indikatoren	Früherkennung	Image, Volksgesundheit
Zielgrößen	Erfolgsmessung	Cash Flow, Mitarbeiterqualität

Mit dieser «optimal vereinfachten» Darstellung der Methodik des Vernetzten Denkens liegt nun das Instrumentarium vor, um das schrittweise Vorgehen bei der Strategieentwicklung gemäß der obigen Abb. 4.2 illustrieren zu können.

Die Umsetzung: Drei Anwendungen in der Praxis

Für jede der drei Säulen in Abb. 4.2 wird das Vorgehen schrittweise aufgezeigt und an Praxisbeispielen illustriert.

1. Praxisbeispiel: Strategieentwicklung mit Fokus «Investitionsgüter»
In Abb. 4.2 wurde das Vorgehen der Säule «Investitionsgüter» mit folgenden Stichworten umschrieben:

Logik: Shareholder Value
Wertbeitrag: Kapitalrendite
Konzept: Valcor-Matrix
Instrument: Netzwerk «Industrie»

Ausgangspunkt ist ein grundlegendes Verständnis der **Shareholder-Value-Logik.** Es handelt sich hierbei um eine dynamische Investitionsrechnung, angewandt auf ein ganzes Unternehmen (RAPPAPORT, 1998). In vereinfachter Form lässt sich diese wie folgt abbilden:

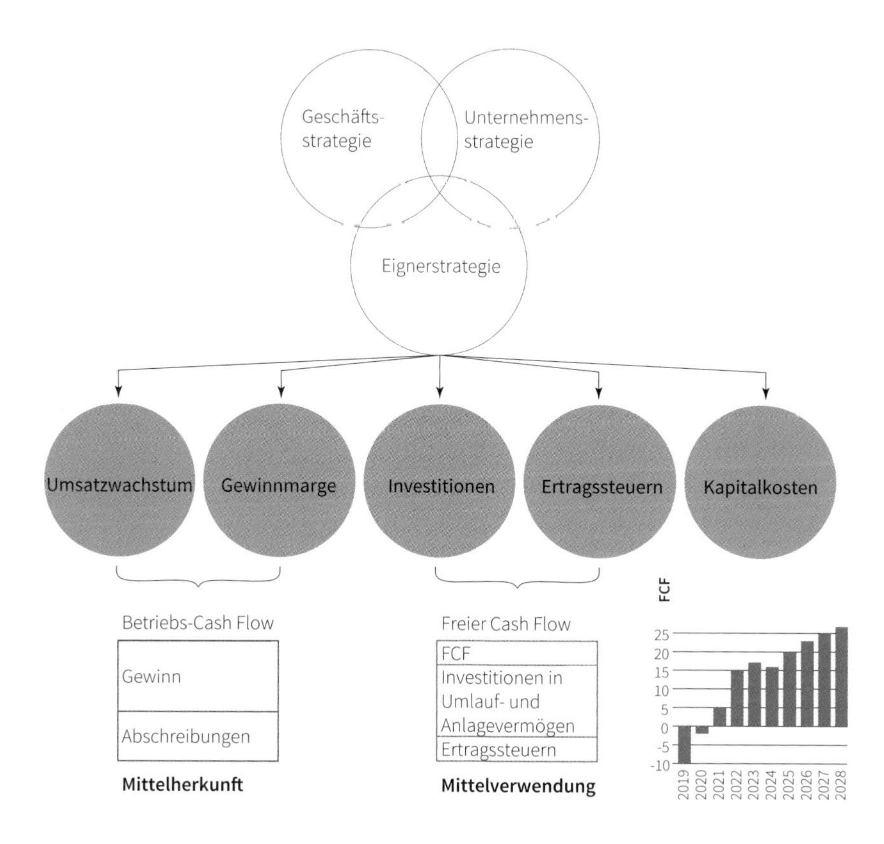

Abbildung 4.8
Logik des Shareholder Value

Die Logik des Shareholder Value gibt Anhaltspunkte zur Bestimmung jener Größen, bei denen Strategien ansetzen müssen, um eine möglichst große Wertsteigerung für die Kapitalgeber zu erzielen. Fünf solche **Wertgeneratoren** stehen im Mittelpunkt: das Umsatzwachstum, die Gewinnmarge, die Investitionen, die Ertragssteuern und die

Kapitalkosten. Auf der Seite der Mittelherkunft generieren das Umsatzwachstum und die Gewinnmarge den Betriebs-Cash Flow, während die Investitionen und die Ertragssteuern auf der Seite der Mittelverwendung den freien Cash Flow bestimmen. Die künftigen freien Cash Flows werden mit den Kapitalkosten abdiskontiert, und ergibt sich so ein positiver Beitrag, wird eine Wertsteigerung für die Kapitalgeber erzielt.

Werden die Kapitalkosten überverdient, so resultiert eine Wertsteigerung für die Kapitalgeber.

Natürlich gibt es keinen Königsweg zur optimalen Wertsteigerung eines Unternehmens. Vor Kurzem wurde aber von BRADLEY, HIRT, SMIT (2018) eine empirische Studie vorgestellt, die aufgrund der Daten von 2500 weltweit tätigen Großunternehmen über die letzten 15 Jahre eine gewisse Gesetzmäßigkeit, ein sogenanntes **Power Law,** der Wertsteigerung identifiziert.

Dieses Power Law positioniert die Unternehmen in fünf gleich großen Zonen des unternehmerischen Erfolgs (Quantile in der Sprache der Statistik). Während die Unternehmen des ersten Quantils mit Verlust arbeiten, sind im fünften Quantil die finanziell erfolgreichen Unternehmen angesiedelt. In den drei dazwischen liegenden Zonen wird kein nachhaltiger Profit erzeugt, aber die Chance des Aufstiegs in das fünfte Quantil nimmt stetig zu. Welche Aspekte bestimmen nun maßgeblich, in welcher Kategorie ein Unternehmen sich befindet und wie seine Chancen stehen, in nächste Quantile aufzusteigen?

1. Unternehmensgröße: Je größer, desto besser!
2. Schuldenstand: Schulden/Eigenkapital = In Top 40 der eigenen Industrie!
3. Forschungsinvestitionen: R&D/Verkäufe = In Top 50 der Industrie!
4. Industrietrend: Wachstum über 10 Jahre = Mindestens ein Quantil!
5. Geografischer Trend: BIP-Wachstum = In Top 40 aller Länder!
6. Akquisitionen: Wachstum Marktkapitalisierung = >30 % in 10 Jahren!
7. Ressourcen: Re-Allokation = Über 50 % in 10 Jahren!
8. Kapitalausgaben: Kapitaleinsatz/Verkäufe = In Top 20 der Industrie!
9. Produktivität: Produktivitätssteigerung = In Top 30 der Industrie!
10. Differenzierung: Bruttomarge = In Top 30 % der Industrie!

Abbildung 4.9 Empirisch erhobene Hebel des Unternehmenserfolgs (BRADLEY, HIRT, SMIT, 2018, 99)

Dieser Ansatz suggeriert eine Mechanik, die bei richtiger Anwendung unweigerlich zum Erfolg führt. Dies ist mit der notwendigen Vorsicht zu genießen, aber Anhaltspunkte für die strategische Ausrichtung von Großfirmen lassen sich zweifellos ableiten.

Das «Power Law» der strategischen Positionierung gibt wertvolle Hinweise vor allem für Großfirmen, garantiert aber nicht den Erfolg!

Aufbauend auf der Logik des Shareholder Value und unter Berücksichtigung des Power Laws kann nun die Identifikation der inhaltlichen Zusammenhänge vorgenommen werden. In der Unternehmenspraxis hat sich die Valcor-Matrix (siehe Abb. 4.10) als Instrument bewährt, das die Wertgeneratoren mit den Unternehmensbereichen in einem Koordinatensystem zusammenführt.

	Absatzmarkt	Beschaffung	Mitarbeiter/ Management	Akquisition	Logostik/ Informatik
Umsatzwachstum	Spezialprodukte/ Systemlösungen	Rückwärtsintegration (Papierherstellung)	Incentives-Programm	Europäische Allianz	Verbesserung Absatzorganisation
Gewinnmarge	Sortimentsoptimierung	Zentraler Einkauf	Quality Circles	Reduktion Fertigungstiefe	Einführung PPS, MIS, DB-Rechnung
Investitionen: Umlaufvermögen Anlagevermögen	Schließung Außenlager	Just in Time Bewirtschaftung	Strategische Personalreserven	Verkauf nicht betriebsnotwendigen Vermögens	Einsatz gebrauchter Maschinen
Kapitalkosten	Optimierung Kundenbonität	Cash Management	Pflege Bankbeziehungen	Leveragekapital	Einsatz Sensitivitätsmodelle
Ertragssteuern	Zentrale Handelsgesellschaft	Zentrale Einkaufsgesellschaft	Steuerspezialisten	Internationale Gruppenstruktur	Computergestützte Steuerplanung

Abbildung 4.10 Illustration der Valcor-Matrix (WEBER, SIEGERT, GOMEZ, 2007, 85)

Darauf aufbauend kann nun die Entwicklung des Netzwerks in Angriff genommen werden. In Abb. 4.11 ist ein weltweit führender Baukonzern mit seinen Kreisläufen – natürlich stark vereinfacht – dargestellt. Im Zentrum findet sich wiederum der Erfolgskreislauf, an den die wesentlichen strategischen Wirkungsverläufe angedockt sind. Diese decken Aspekte der Marktausrichtung, der Führung und Mitarbeitermotivation, der Nachhaltigkeit und des Images genauso ab wie die der Finanzen und des Kostenmanagements.

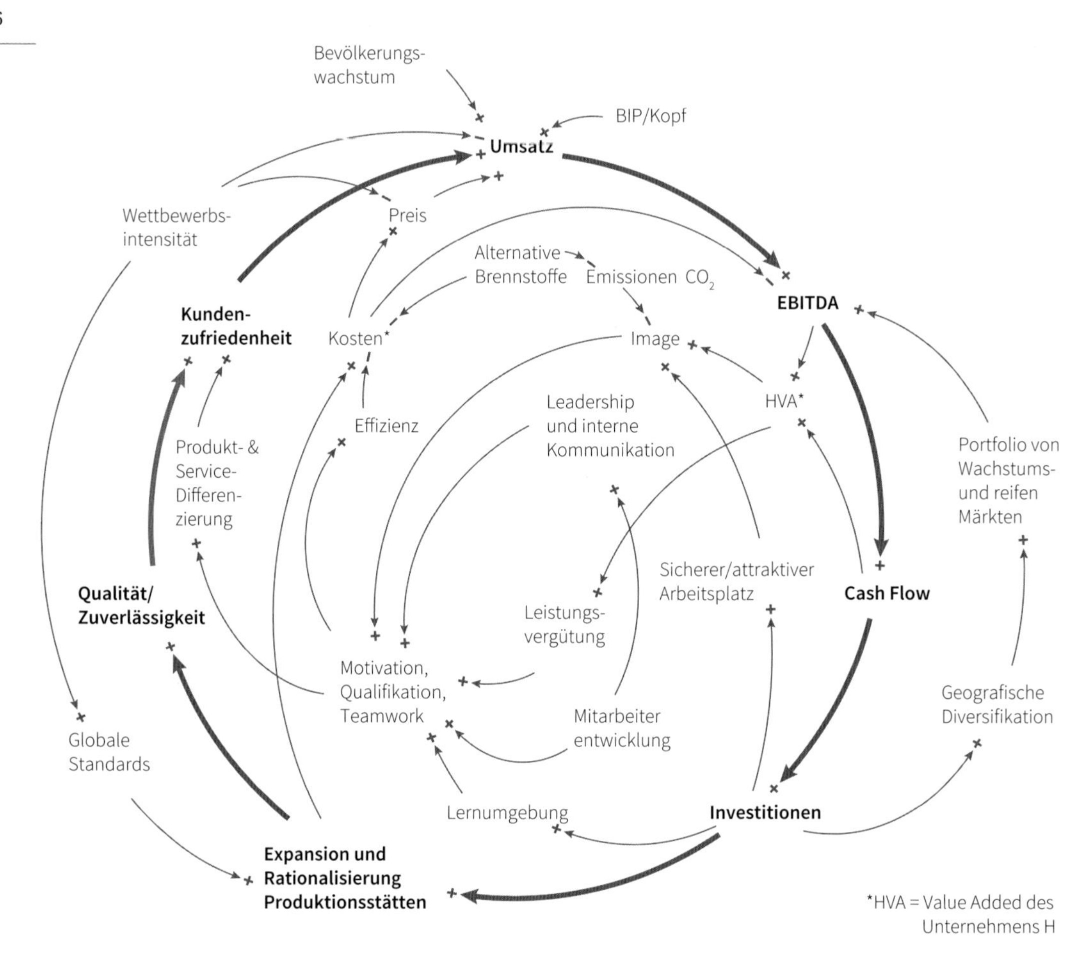

Abbildung 4.11 Vereinfachtes Netzwerk eines weltweit führenden Baukonzerns

Diese Darstellung illustriert anschaulich das Denken in Kreisläufen. Hier ein Beispiel, wie diese **gelesen** werden: je größer der Cash Flow, desto mehr Möglichkeiten der Investition, desto stärkere Expansion und Rationalisierung der Produktion. Je dominanter die Expansion, desto höhere Kosten, desto tieferer EBITDA, desto tieferer Cash Flow, desto weniger Möglichkeiten der Investition, desto geringere Expansion, desto tiefere Kosten usw. Dieser sich stabilisierende Kreislauf kann durch eine gesteigerte Effizienz und damit tiefere Kosten durchbrochen beziehungsweise auf ein höheres Niveau gehoben werden.

Will man die **zeitlichen Verzögerungen** beim Durchlaufen erfassen, so lässt sich dies leicht mithilfe eines Farbcodes der Pfeile erreichen. Was als kurz-, mittel- und langfristig bezeichnet wird, hängt natürlich von der Natur des Geschäftes ab. Während bei Konsumgütern schon ab einem Jahr von langfristig gesprochen wird, liegt dies für die Pharmaindustrie im Bereich des Kurzfristigen. Dies wird in Abb. 4.12 am Beispiel des Baukonzerns illustriert.

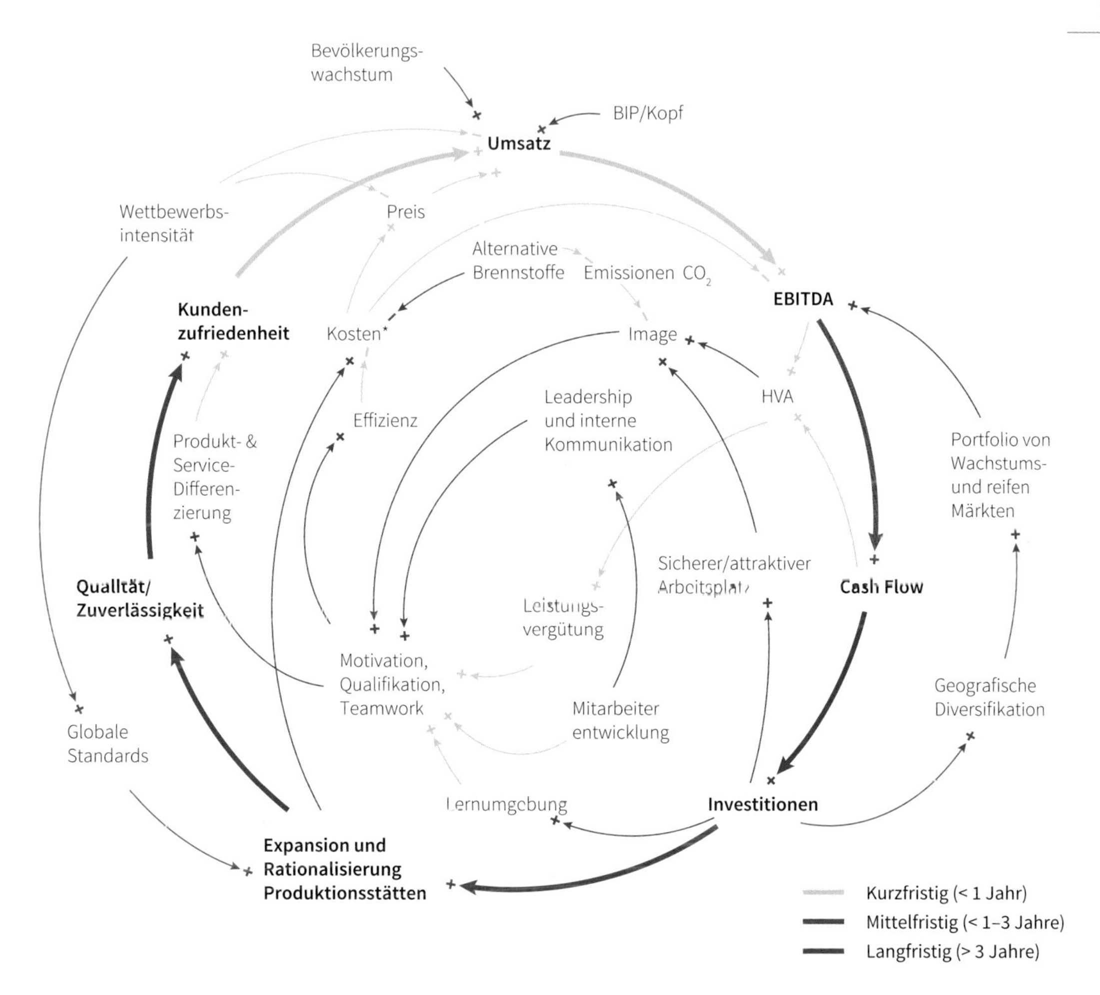

Abbildung 4.12
Zeitliche Abhängigkeiten im Netzwerk des Baukonzerns

Die zeitlichen Verzögerungen bestimmen die Dynamik der strategischen Situation.

Für die Strategiefindung entscheidend ist aber der nächste Schritt der Identifikation der Strategie-, der Szenario-, der Früherkennungs- und der Zielgrößen. Dies wird in der folgenden Abbildung illustriert. **Szenarien** sind zur künftigen Entwicklung des BIP/Kopf, des Bevölkerungswachstums, der Wettbewerbsintensität und den alternativen Brennstoffen zu entwickeln. Als **Früherkennungsgrößen** eignen sich die Kundenzufriedenheit, die Entwicklung der Mitarbeitenden (Motivation, Qualität, Teamwork) und das Image des Unternehmens nach innen und außen. **Zielgrößen** sind die Effizienz, die Qualität und Zuverlässigkeit, der Cash Flow, der HVA und die CO_2-Emissionen.

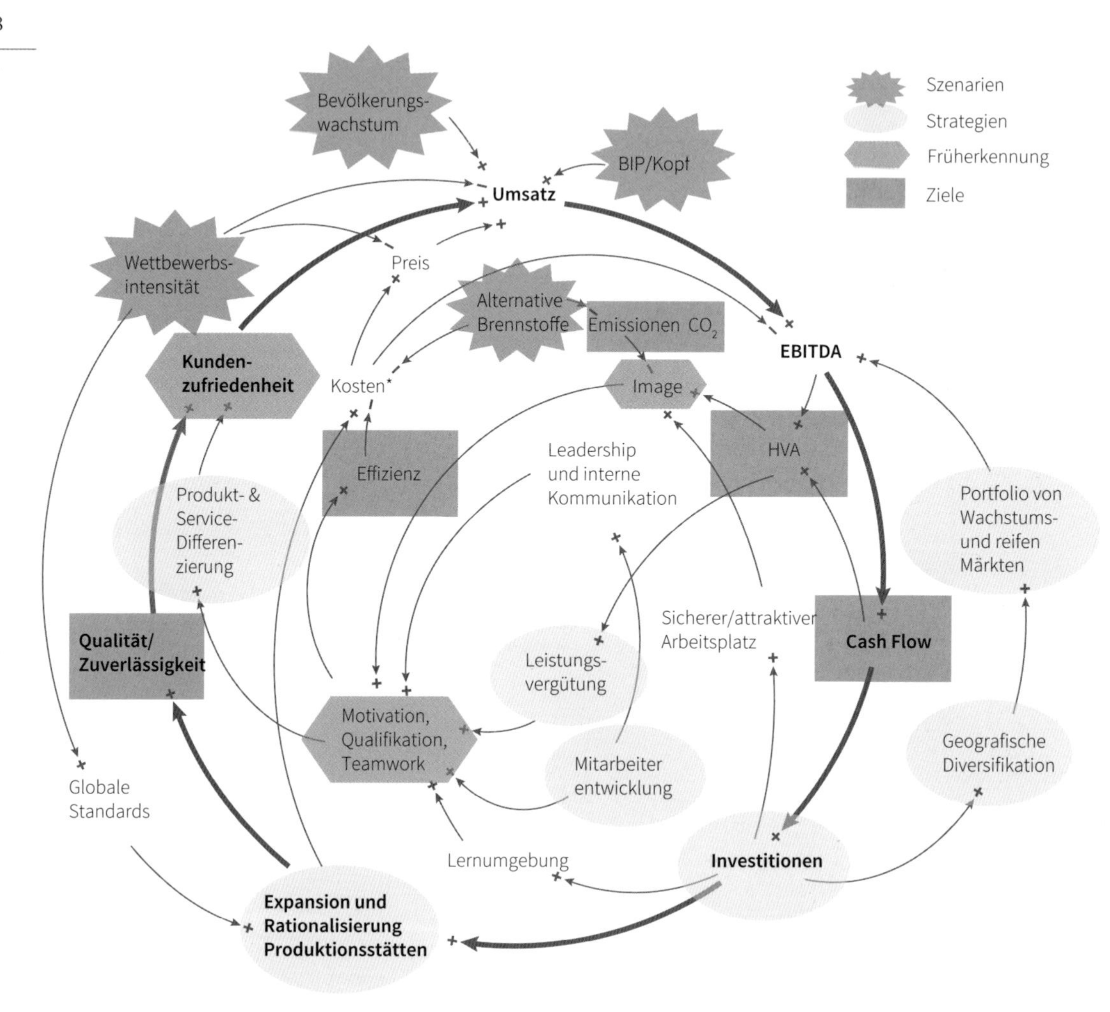

Abbildung 4.13
Lenkbarkeiten im Netzwerk des Baukonzerns

Vernetztes Denken ist Voraussetzung für die Entwicklung von Szenarien und für die Früherkennung.

Im obigen Netzwerk sind jene Bereiche in Kristallform festgehalten, die sich der eigenen Lenkbarkeit entziehen und für die **Szenarien** erstellt werden müssen. Auch hier bietet sich wieder die Entwicklung eines Netzwerks an, in der folgenden Abb. 4.14 zum Thema der Arbeit im Kontext der Bevölkerungsentwicklung.

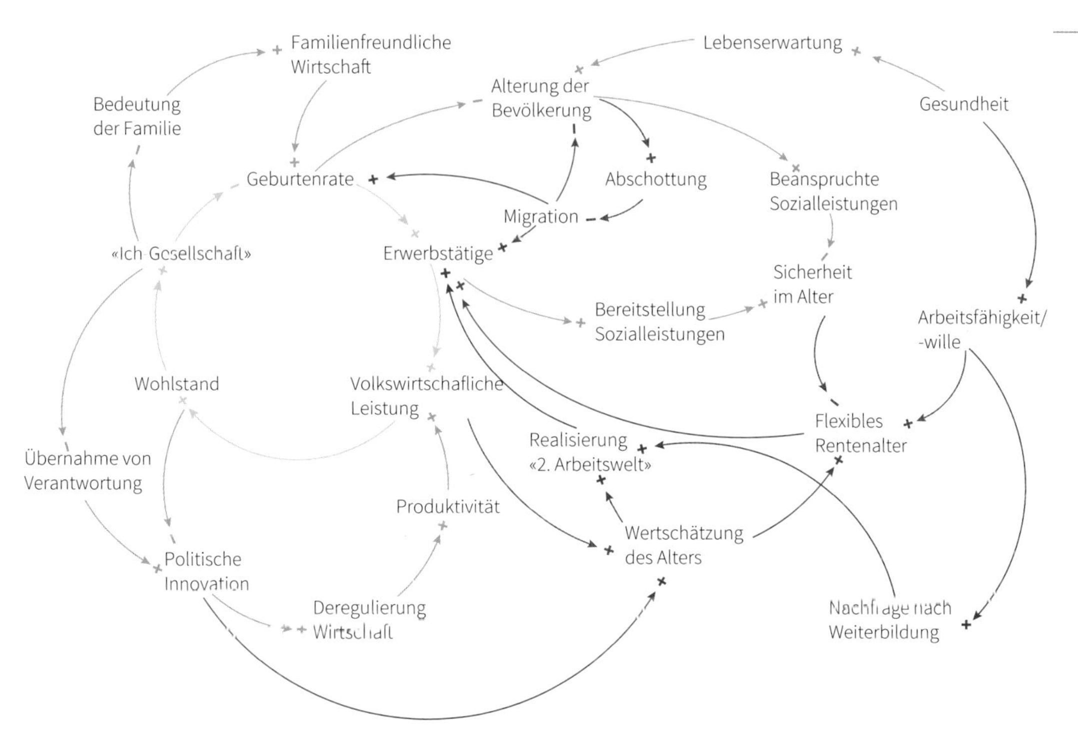

Abbildung 4.14
Netzwerk «Bevölkerungsentwicklung und Arbeit im Alter»

Der Vorteil dieser Darstellung besteht darin, dass das Szenario nicht nur einzelne Themenfelder zu möglichen künftigen Entwicklungen abdeckt, sondern diese miteinander (in themenspezifischen Farben) verknüpft. Dies erfordert eine stringentere Argumentation und eröffnet so neue Perspektiven. Auf die inhaltliche Ausgestaltung der Szenarien soll hier nicht näher eingegangen werden, es gibt dazu eine reichhaltige Literatur (GÖTZE, 2013).

Eine weitere wichtige Aufgabe des Netzwerks ist die **Früherkennung**. Diese setzt voraus, dass die zeitlichen Verzögerungen der einzelnen Pfeile bekannt sind. Ausgehend von der Zielgröße wird das Netzwerk rückwärts gelesen. Wird nun eine Größe entdeckt, die mit beispielsweise einem Jahr Vorlauf eine wichtige Änderung anzeigt, so muss innerhalb weniger als eines Jahres gehandelt werden, um unerwünschte Folgen zu vermeiden. Das Netzwerk in Abb. 4.15 illustriert diese Zusammenhänge.

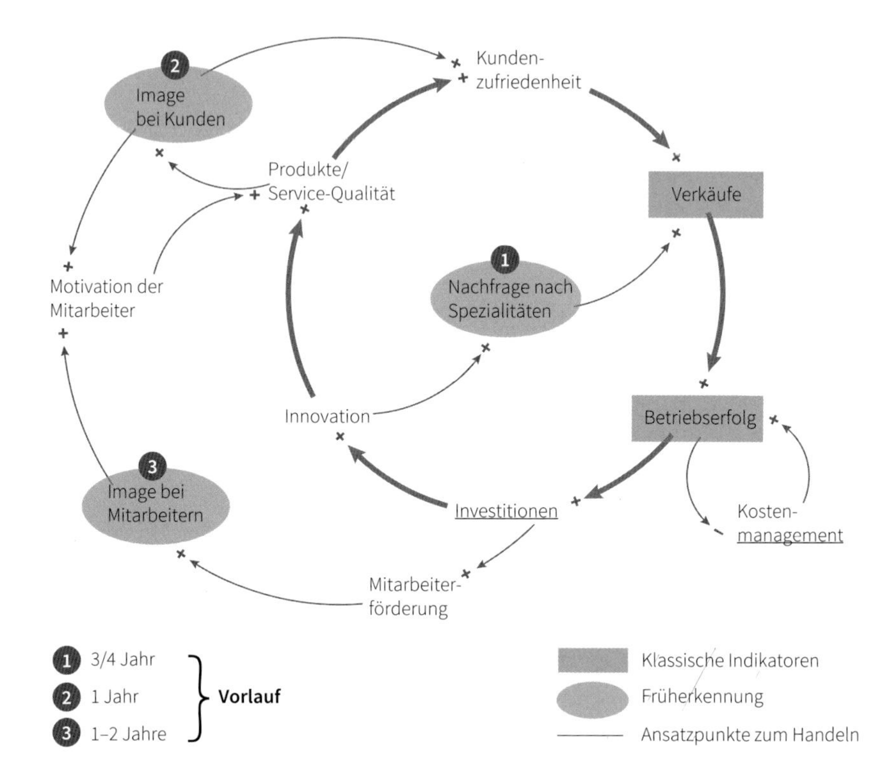

Abbildung 4.15
Netzwerk der Früherkennung eines Informatikunternehmens (GOMEZ, 1993, 27)

Auf der Basis dieses Netzwerks hat ein weltweit tätiges Unternehmen der Informatikbranche ein Früherkennungssystem aufgebaut. Zielgröße sind die Verkäufe. Durch Rückwärtslesen kommt man auf drei Größen, die sich für die Früherkennung eignen: Nachfrage nach Spezialitäten, Image bei Kunden und Image bei Mitarbeitenden. Während die zeitlichen Verzögerungen bei den beiden Größen des Images bis zu 2 Jahren betragen, zeigen sinkende Verkäufe von Spezialitäten (wie Halbfabrikate und Teile) gemäß unternehmensinternen Daten mit 9 Monaten Vorlauf an, dass die Verkäufe der Fertigprodukte zurückgehen werden. Das Unternehmen hat aufgrund dieser Frühwarnung einen (für die Konkurrenz überraschenden) Einstellungsstopp für Mitarbeitende erlassen und damit die sinkenden Verkäufe kompensieren können.

Zur inhaltlichen Ausgestaltung der Früherkennung sei auf das Buch «Peripheral Vision» von George DAY und Paul SCHOENMAKER (2006) verwiesen.

Die **Zielgrößen** schließlich dienen der ganzheitlichen Messung des Erfolgs der strategischen Ausrichtung. Im Netzwerk der Abb. 4.13 sind dies vor allem finanzielle Größen, aber auch die Nachhaltigkeit wird mittels der $C0_2$-Emissionen gemessen. Mit der Einführung der gesellschaftlichen Dimension rücken, wie in Abb. 4.16 gezeigt, aber weitere Zielgrößen in den Fokus.

Auf die inhaltliche Ausgestaltung der Ziele wird in Kapitel 5 eingegangen, in dem das Konzept der OKRs («Objectives and Key Results», siehe auch im Anhang)) vorgestellt und illustriert wird.

Mit den Erkenntnissen der Szenarien, der Früherkennung und der Erfolgsmessung sind die Grundlagen geschaffen, um **Strategien** ganzheitlich entwickeln zu können. Ansatzpunkte sind die in Abb. 4.13 oval eingekreisten Hebel des Baukonzerns: Die globalen Standards, die geographische Diversifikation, die Mitarbeiterentwicklung, die Leistungsvergütung sowie die Produkt- und Service-Differenzierung. Für die Entwicklung der strategischen Optionen stehen eine Vielzahl von Ansätzen zur Verfügung, die in Abb. 4.16 zusammengefasst sind.

Strategie-bereich	Strategie-ansätze	Optionen	Ziele	Wert-generatoren	Performance
Geschäfts-strategie	Produkt-Markt-Strategie	• Marktdurch-dringung • Produkt-entwicklung • Markt-entwicklung	• Maximale Reichweite • Optimale Größe • Minimale Kapazität • Optimales Risiko • Optimaler Freiheitsgrad	• Umsatz-wachstum • Gewinn-marge • Investitionen • Kapitalkosten • Ertrags-steuern	Wertsteigerung
	Wettbewerbs-strategie	• Kosten-führerschaft • Differenzie-rung • Nische			
Unternehmens-strategie	Portfolio-strategie	• Ausbauen • Sichern • Abbauen			
	Restruktu-rierungs-strategie	• Multiplizieren • Wertketten-konfiguration • Desinvesti-tionen			
	Wachstums-strategie	• Synergien • Strategische Gemeinsam-keiten • Diver-sifikation			
	Kooperations-strategie	• Allianzen • Akquisitionen			
Eigner-strategie	Wertorientierte Strategie	• Restrukturie-rung • Finanzierung • Transaktio-nen			
	Risiko-optimierung	• Rechtliche und finanzielle Konstrukte			

Abbildung 4.16
Der strategische «Werkzeugkasten» (WEBER, SIEGERT, GOMEZ, 2007, 80)

Ausgangspunkt ist die Unterscheidung zwischen Geschäfts-, Unternehmens- und Eignerstrategien. (GOMEZ, 1993, 56). Bei den Geschäftsstrategien geht es um die Erzielung von Wettbewerbsvorteilen der einzelnen strategischen Geschäftseinheiten im Markt. Die Unternehmensstrategie strebt ein ausgewogenes Portfolio von Aktivitäten an, das weit mehr beinhaltet als die Summe der Geschäfte. Und die Eignerstrategie zielt auf die Wert- und Risikooptimierung für den Investor ab. Abb. 4.16 listet die seit Jahrzehnten weit verbreiteten – und immer noch zielführenden – Ansätze nach Strategiebereichen auf, für Einzelheiten sei auf GOMEZ (1993) und die dort zitierte Literatur verwiesen. Sie führt diese Ansätze zusammen und benennt die gemeinsamen Ziele: Maximale Reichweite, optimale Größe, minimale Kapazität, optimales Risiko und optimaler Freiheitsgrad. In Kombination mit den Wertgeneratoren von Abb. 4.8 resultiert schließlich die Wertsteigerung des Unternehmens.

Bei der Anwendung dieser Ansätze ist allerdings zu beachten, dass im digitalen Zeitalter Strategien wie die «Marktdurchdringung» etwas ganz anderes bedeuten können als noch vor 20 Jahren. Die Skalierung ist in der digitalen Welt ein enormer Vorteil. Wenn das Geschäftsmodell funktioniert (50.000 bis 100.000 Kunden in sechs Monaten für einen neuen Dienst gewonnen), dann wird «Blitz-skaliert» (HOFFMANN, YEH, 2018). Einfach einige tausend Server in der Amazon-Wolke installieren und hochfahren. Es geht um mehr als Faktor 10. Die «Fortgeschrittenen» denken sofort in Faktoren von 100 bis 1000. Und wenn's nicht läuft, wird sofort das Ganze herunter gefahren.

BRADLEY, HIRT, SMIT (2018) zeigen einen Weg auf, der unserer heutigen Zeit angemessener erscheint als die inkrementale Vorgehensweise der klassischen Strategieansätze. Sie plädieren für fünf große Spielzüge, angelehnt an ihre oben in Abb. 4.9 vorgestellten Hebel 6–10 des Unternehmenserfolgs. Welches wären gemäß dem Netzwerk in Abb. 4.13 diese fünf Spielzüge für den Baukonzern?

	Hebel des Power Laws	**Hebel im Netzwerk**
6.	Programm von Aquisitionen	Geographische Diversifikation
7.	Aktive Ressourcen-Allokation	Portfolio Wachstums- und reife Märkte
8.	Gezielter Kapitaleinsatz	Expansion der Produktionsstätten
9.	Starke Erhöhung der Produktivität	Rationalisierung der Produktionsstätten
10.	Bedeutende Differenzierung	Produkt- und Service Differenzierung

Der Baukonzern hatte in der Retrospektive die notwendige Größe, um sich an die im Jahre 2018 empirisch ermittelten Vorgaben von Abb. 4.9 zu halten:

6. Akquisitionen: Wachstum Marktkapitalisierung >30 % in 10 Jahren
7. Ressourcen Re-Allokation: Über 50 % in 10 Jahren
8. Kapitalausgaben: Kapitaleinsatz/Verkäufe in Top 20 der Industrie
9. Produktivitätssteigerung in Top 30 der Industrie
10. Differenzierung: Bruttomarge in Top 30 der Industrie

Mit der Ausarbeitung der Strategien schließt das schrittweise Vorgehen der ganzheitlichen Strategieentwicklung für den Investitionsgüterbereich ab. Mit dem «Werkzeugkasten» des Vernetzten Denkens verfügen reflektierende Praktiker über eine Orientierungshilfe bei der Strategiefindung. Dieses Instrumentarium ist anspruchsvoll in der Anwendung, und es verspricht keinen Königsweg zu erfolgreichen Strategien. Aber es ermöglicht die Entdeckung von Zusammenhängen, wozu die herkömmlichen Checklisten und strategischen Baukastensysteme meist nicht in der Lage sind.

Das Vorgehen der Strategieentwicklung für Investitionsgüter hatte die **Kapitalkosten** im Fokus. Nun erfolgt ein Perspektivenwechsel. Strategien dürfen nicht nur dem Unternehmen dienen. Letztlich geht es darum, deren Nutzen für die Gesellschaft und das **Gemeinwohl** zu ermitteln.

2. Praxisbeispiel: Strategieentwicklung mit Fokus «Gesellschaft»

In Abb. 4.2 wurde das Vorgehen der Säule «Gesellschaft» mit folgenden Stichworten umschrieben:

Logik:	Public Value
Wertbeitrag:	Gemeinwohl
Konzept:	Public Value Scorecard
Instrument:	Netzwerk «Gesellschaft»

Die Bedeutung des Gemeinwohls für die Unternehmensführung und die Public-Value-Logik wurden im 3. Kapitel ausführlich dargelegt. Ausgangspunkt der Entwicklung eines Netzwerkes ist die dort vorgestellte und in der folgenden Abb. 4.17 nochmals dargestellte Public Value Scorecard.

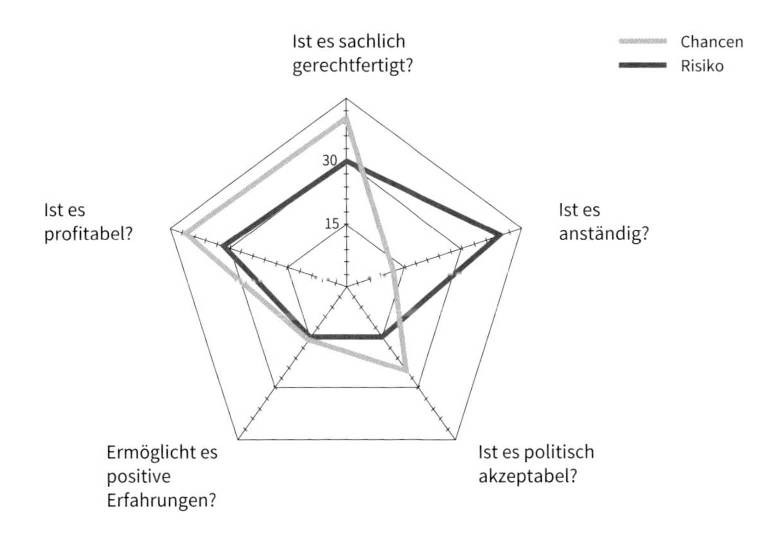

Abbildung 4.17
Illustrative Darstellung einer Public Value Scorecard (MEYNHARDT, 2013, 80)

Das in Abb. 4.11 dargestellte Netzwerk des Baukonzerns ist Ausgangspunkt der folgenden Weiterentwicklung. Jenes Netzwerk wurde aus der Sicht des Managements erstellt und repräsentiert somit dessen eigene strategische «Landkarte». Mit der Public Value Scorecard kommt nun zusätzlich eine Außensicht zum Tragen.

Die strategische Kombination von Innen- und Außensicht

Ausgangspunkt der Entwicklung eines Netzwerks ist nach wie vor der «Motor» oder Erfolgskreislauf (schwarz) des Unternehmens. Sodann werden die folgenden Standpunkte integriert:

Ist es profitabel?	blau
Ist es sachlich gerechtfertigt?	grün
Ist es politisch akzeptabel?	orange
Ermöglicht es positive Erfahrungen?	grau
Ist es anständig?	rot

Das Netzwerk in Abb. 4.18 ist natürlich stark vereinfacht, um das Vorgehen zu illustrieren. In der Unternehmenspraxis geht es nun darum, dieses zu verfeinern und schließlich mit dem Netzwerk des industriellen Unternehmens abzugleichen. So ergeben sich in diesem nicht nur neue Kreisläufe, sondern werden auch die Lenkbarkeiten, die Ansätze für Szenarien und Früherkennung und die Erfolgsmessung ergänzt oder verändert.

Damit liegt das Instrumentarium einer ganzheitlichen Strategieentwicklung für die Unternehmenswelt vor, wie wir sie bisher kannten und wie sie auch in manchen Bereichen noch weiter bestehen wird. Für die Bereiche, die durch den digitalen Wandel eine fundamentale Veränderung erfahren werden, muss aber die strategische Vorgehensweise neu ausgerichtet werden.

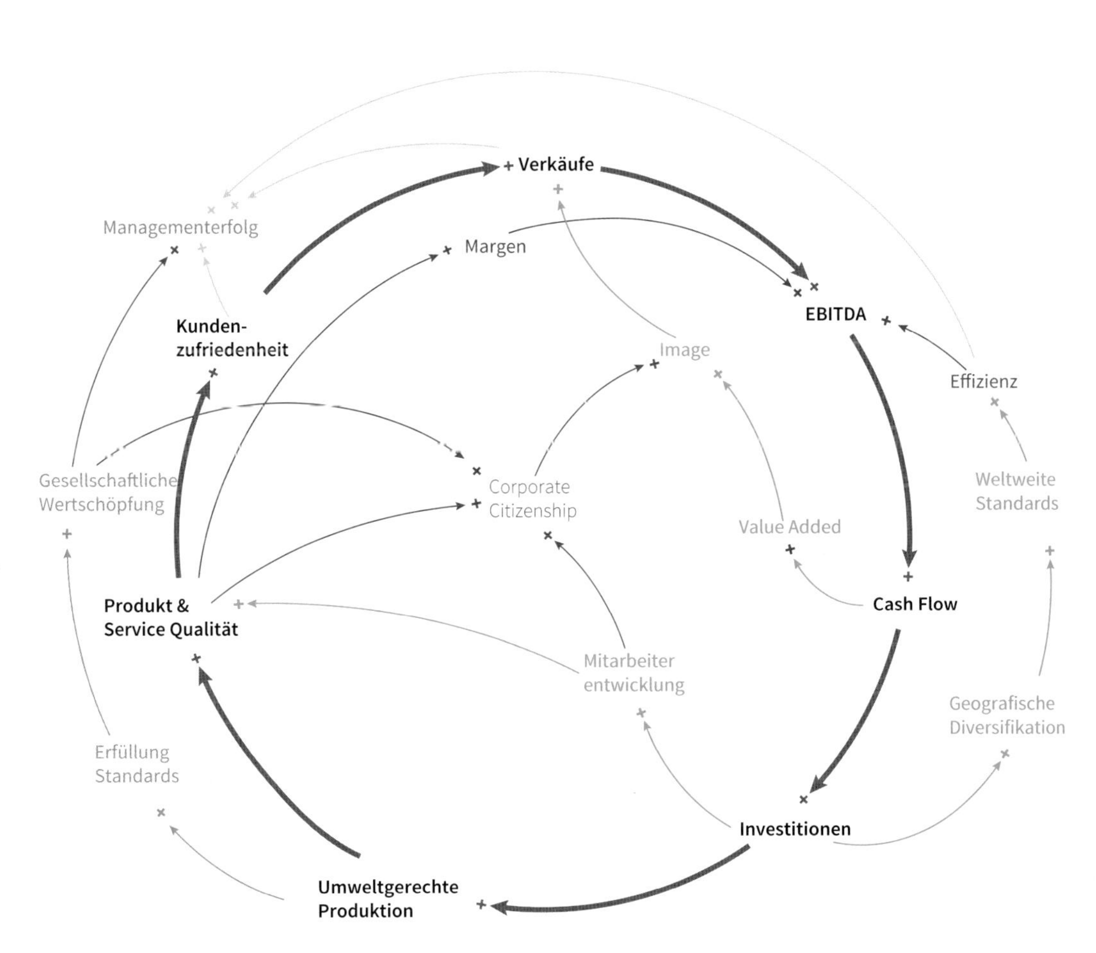

Abbildung 4.18
Vereinfachtes Netzwerk des Baukonzerns aus der Sicht der Public Value Scorecard

3. Praxisbeispiel: Strategieentwicklung mit Fokus «Produkte und Dienstleistungen»
Während im industriellen Bereich – auch bei zunehmender Digitalisierung von Prozessen und Strukturen – die Kapitalkosten und damit der Shareholder-Value-Ansatz weiterhin dominieren werden, zeichnet sich bei den Produkten und Dienstleistungen eine völlig neue Situation ab: Die Kapitalkosten werden in den Hintergrund treten und vom Kundennutzen als zentraler Größe abgelöst. In Abb. 4.2 wurde dies in der Säule «Produkte und Dienstleistungen» mit folgenden Stichworten umschrieben:

Logik:	Customer Value
Wertbeitrag:	Kundennutzen
Konzept:	Digitale Ökonomie
Instrument:	Netzwerk «Produkte und Dienstleistungen»

Warum scheitern digitale Strategien so oft?

Anstatt Handlungsanleitungen für erfolgreiche digitale Strategien zu entwickeln, haben BUGHIN, CATLIN, HIRT, WILLMOTT (2018) die Frage zu beantworten versucht, weshalb diese so oft scheitern. Sie sehen fünf prinzipielle «Fallen» und leiten daraus ihre Leitsätze ab. Diese liegen auf einer Linie mit unseren Denkmustern für reflektierende Praktiker und lassen sich wie folgt zusammenfassen:

- Mangelnde ganzheitliche Sicht
- Fehlendes Verständnis für die Ökonomie des Digitalen
- Vernachlässigung des wirtschaftlichen Ökosystems
- Überschätzung der heutigen digitalen Stars
- Verpassen der digitalen Dualität

Die künftige digitale Welt muss **ganzheitlich** gesehen werden als sofortige, unentgeltliche und fehlerfreie Fähigkeit, Menschen, Geräte und physikalische Objekte an einem beliebigen Ort zu verbinden. Diese Welt zu erzeugen, bedarf es natürlich einer großen industriellen Leistung – mit entsprechend hohem Kapitalbedarf. Steht das Ganze aber einmal, so spielen die Kapitalkosten für die Unternehmen im Produkte- und Dienstleistungsbereich – kaum mehr eine Rolle. Die Wertschöpfung entsteht beim Kunden, und die Unternehmen müssen schauen, dass sie überhaupt etwas davon für sich beanspruchen können. Die Gewinner bei den Unternehmen nehmen alles, allenfalls die schnellsten Verfolger haben noch gewisse Chancen. Drei Viertel aller Unternehmen aber werden leer ausgehen. Diese Erkenntnis deckt sich weitgehend mit dem «Power Law» der strategischen Positionierung, wie wir es oben beschrieben haben.

Weitere «Fallen» bei der Entwicklung digitaler Strategien sind die Unterschätzung des wirtschaftlichen Ökosystems und die Überschätzung der digitalen «Stars» wie Amazon, Google oder Facebook. Wenn Unternehmen nur ihre eigene Branche als Wettbewerbsumfeld verstehen, verpassen sie die Umschichtung ganzer Wertschöpfungsketten. Anstelle von Branchen treten wirtschaftliche Ökosysteme mit völlig neuen Logiken, Plattformen und Netzwerken. Wenn über Strategie im digitalen Zeitalter gesprochen und geschrieben wird, so kommen fast ausschließlich Amazon, Google & Co. zum Zuge – so wie damals auf dem Höhepunkt der Nachhaltigkeitswelle der Body Shop von Anita Roddick. Bisherige Marktführer mit digitaler Strategie aber haben (von wenigen Ausnahmen abgesehen) größere Chancen als «digitale Angreifer», allein schon wegen ihrer Größe (siehe wiederum das «Power Law»). Und besondere Chancen bieten sich für diese Unternehmen im Business-to-Business-Bereich. Schließlich darf die digitale Dualität nicht vernachlässigt werden. Schnelligkeit und Intensität müssen sich ergänzen, ebenso wie Strategie und Ausführung. Und Firmen, die sich digital neu erfinden, müssen nicht nur stark investieren, sondern sich auch eine Kultur der Fehlerfreundlichkeit aneignen.

Das sich daraus ergebende Leitbild lautet wie folgt:

- Werde die Nummer 1.
- Schaffe rasch Nutzen für die Kunden.
- Definiere deine Rolle im wirtschaftlichen Ökosystem.
- Schaffe neue Wertbeiträge.
- Verbessere dein existierendes Geschäft.

Und beantworte folgende Fragen:

- Wer: Das ganze Team
- Wann: Kurze Zeitintervalle
- Was: Szenarien und Rollenspiele
- Wie: Testen, lernen, adaptieren

BUGHIN, CATLIN UND LABERGE (2019) haben unter dem Titel «A Winning Operational Model for Digital Strategy» ihre breit angelegte Umfrage bei 1500 Unternehmen zum Fortschritt bei der Umsetzung digitaler Strategien vorgestellt. Ihre Resultate sind ernüchternd, es haben sich gegenüber den Vorjahren kaum Fortschritte ergeben. Sie kommen aber zum Schluss, dass die erfolgreichen Unternehmen in 4 Bereichen gepunktet haben, indem sie eine «agile digitale Strategie» (siehe dazu unser 5. Kapitel) umsetzten:

- Erhöhung der Agilität ihrer Strategiepraxis, um Vorreiter zu werden.
- Gezielter Einsatz digitaler Plattformen, um größere wirtschaftliche Ökosysteme für die eigene Innovation anzapfen zu können.
- Fokussierter Aufbau des digitalen Geschäfts durch Akquisitionen und Allianzen.
- Frühzeitige und starke Investitionen in digitales Talent.

Aufbauend auf diesen Gedankengängen, repräsentiert sich das Netzwerk eines Unternehmens der Konsumgüterbranche wie in Abb. 4.19.

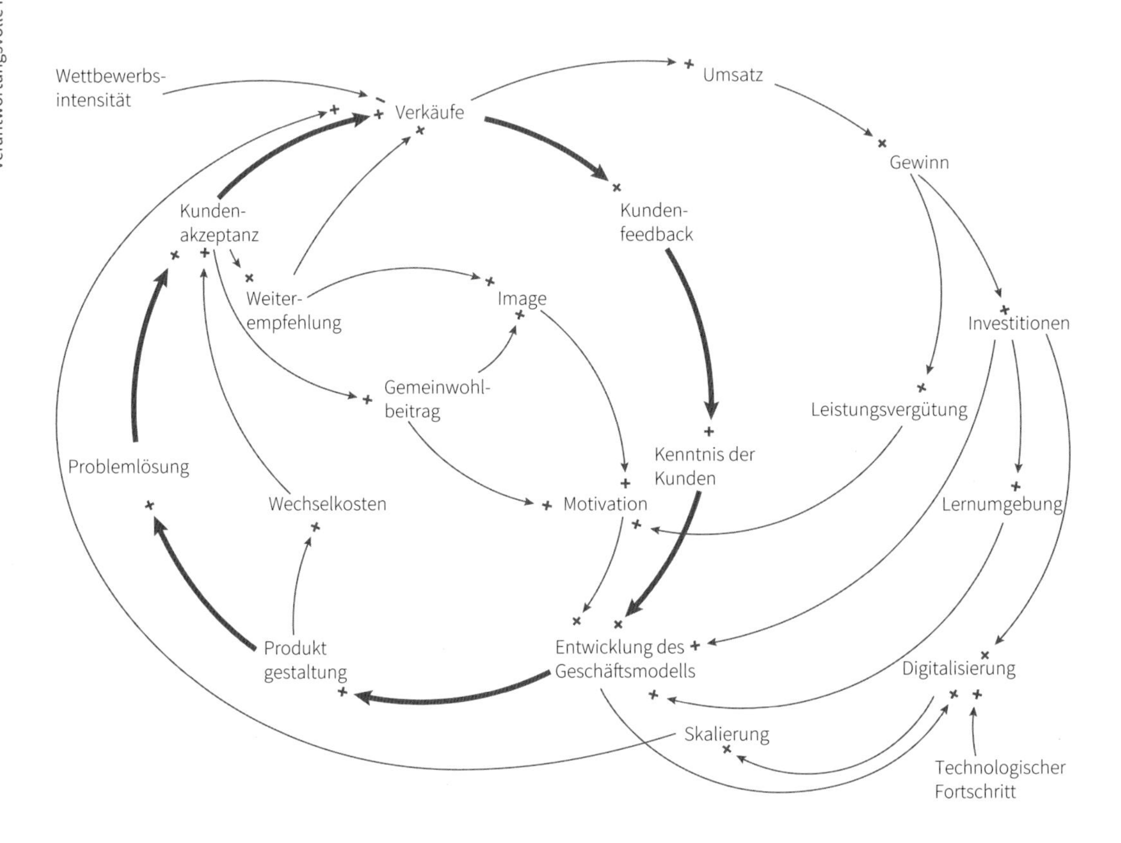

Abbildung 4.19
Netzwerk eines Unternehmens der Konsumgüterbranche

Der Erfolgskreislauf (schwarz) unterscheidet sich deutlich vom dem der Investitionsgüterindustrie. Dominieren dort Forschung und Finanzen, stehen hier Kunden und Geschäftsmodelle im Zentrum. Ganz wesentlich sind die gezielte Skalierung sowie die Schaffung einer Lernumgebung, die agiles Verhalten fördert. Aber genauso wie bei den Investitionsgütern spielen der Gemeinwohlbeitrag, die Motivation der Mitarbeitenden und das unternehmerische Image eine wichtige Rolle.

In diesem Netzwerk werden als Nächstes die Lenkbarkeiten identifiziert. **Szenarien** sind zum künftigen technologischen Fortschritt und zur erwarteten Wettbewerbsintensität zu entwickeln. Als **Früherkennung**sgrößen bieten sich die Kundenakzeptanz, das Kundenfeedback, die Weiterempfehlung und die Motivation der Mitarbeitenden an. Als **Zielgrößen** dienen neben Umsatz, Kosten und Gewinn die Kenntnis des Kunden, das Image des Unternehmens, der Gemeinwohlbeitrag und die Problemlösung. Als **Hebel** und damit Ansatzpunkte für **Strategien** erweisen sich die Entwicklung des Geschäftsmodells, die Produktgestaltung, der Grad der Digitalisierung, die Skalierung, die Lernumgebung und die Leistungsvergütung. Diese Zusammenhänge sind in der folgenden Abb. 4.20 festgehalten.

Abbildung 4.20
Lenkbarkeiten im Netzwerk des Konsumgüter-Unternehmens

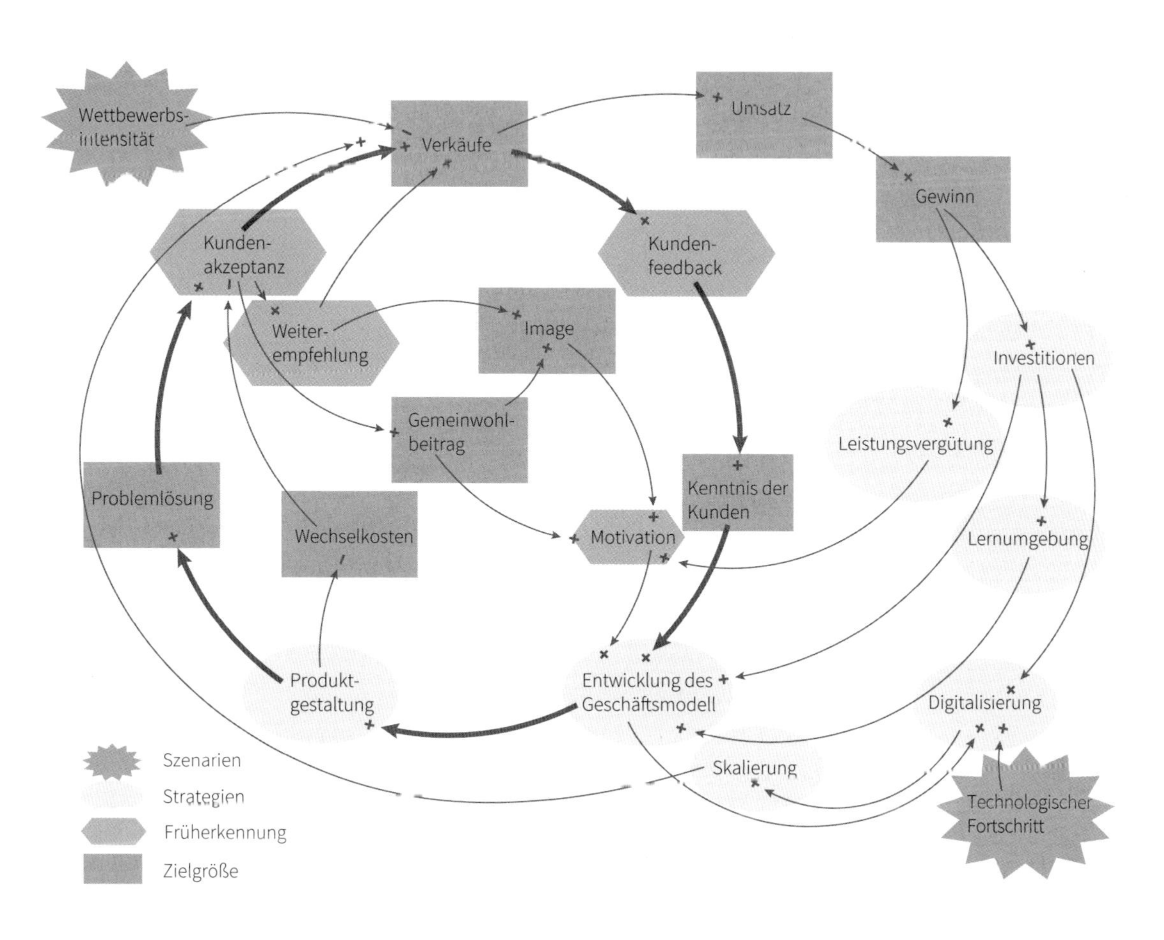

Da es sich hier aus Sicht der Strategiefindung um eine neue Welt handelt, liegen noch keine in sich geschlossenen Ansätze wie bei den Investitionsgütern vor. In Kapitel 5 wird aber auf aktuelle Vorgehensweisen und Instrumente zu diesem Thema einzugehen sein, so zu dem von Reid HOFFMANN UND Chris YEH (2018) entwickelten Blitzscaling.

Damit schließt sich der Kreis der konstituierenden Elemente der ganzheitlichen Strategieentwicklung. Bevor die Anwendung der bisherigen Erkenntnisse bei der strategischen Ausrichtung der Machine Ltd. aufgezeigt wird, bleibt die Frage zu beantworten, ob das vorgestellte Vorgehen die typischen Fehler bei der Umsetzung des System 4 vermeidet, wie sie im 2. Kapitel vorgestellt wurden.

Fehler 1: Die strategischen Aktivitäten sind nicht koordiniert und finden entkoppelt statt.
Mit dem Einsatz von Netzwerken sind die Aktivitäten zwangsläufig miteinander verbunden. Alle Aktivitäten sind Knoten im Netzwerk, sie beeinflussen und sie werden beeinflusst. Sind sind Teile von Kreisläufen, die nur als Ganzes funktionieren. Und auch die Megatrends sind integraler Bestandteil dieser Gesamtsicht.

Fehler 2: Die strategischen Aktivitäten finden losgelöst vom «Maschinenraum» statt.
Netzwerke müssen zwangsläufig auch Größen des «Maschinenraums» beinhalten, ansonsten die Kreisläufe nicht geschlossen sind. Wie die obigen Netzwerke illustrieren, sind die Motivation der Mitarbeitenden, die Leistungsvergütung, die Umsätze und Margen, das Image und Produktgestaltung ein integraler Bestandteil.

Fehler 3: Die Innovation wird nur auf der obersten Systemebene angesiedelt.
Durch die rekursive Ausgestaltung des Viable System Model VSM werden Netzwerke der strategischen Ausrichtung auf allen Ebenen erstellt, also nicht nur auf der Ebene der Konzernleitung, sondern auf den Ebenen der einzelnen Divisionen, der strategischen Projektgruppen und bis hinunter zu den einzelnen Mitarbeitenden.

Fehler 4: Die Beobachtung der Umwelt erfolgt nur unzureichend.
Mit den Indikatoren zur Früherkennung wird nicht nur beobachtet, sondern kritische Entwicklungen werden rechtzeitig erkannt, dass gehandelt werden kann, bevor ein Schaden eintritt … oder eine Chance vertan wird.

Der Case: Machine Ltd.

Bei der strategischen Ausrichtung der Machine Ltd. stellt sich als Erstes die Frage, nach welcher Logik (gemäß Abb. 4.2) diese erfolgen soll. Heute ist die Machine Ltd. ein Unternehmen der Investitionsgüterindustrie mit einem gewissen Anteil an Wartungsarbeiten. Damit käme die Logik des Shareholder Value zum Zuge. Diese wird durch die Public-Value-Logik ergänzt, da Mary Machine ihre gesellschaftliche Verantwortung als wichtig erachtet.

Mary Machine weiß aber, dass sie mit dem reinen Verkauf von Robotern nicht mehr Marge erzielen kann, da der Druck aus China zu hoch ist. Deshalb will sie ihre Roboter «schlauer» machen und die vor- und nachgelagerten Prozesse besser durch ihre Maschinen verstehen lassen.

Damit tritt die Machine Ltd. in die Logik der digitalen Produkte und Dienstleistungen ein. Wodurch diese sich auszeichnet, hat Elgar FLEISCH (2018, 1) in einem Beitrag zum Thema «Connected Business» festgehalten: «Zahlreiche produzierende Unternehmen investieren heute viel Geld und Energie in die Digitalisierung ihrer Produkte, ohne die gewünschten Umsatz- und Margensteigerungen zu generieren. Sie bauen primär ihre technischen Fähigkeiten aus, d. h., sie investieren in die Interkonnektivität ihrer Produkte, entwickeln eine cloudbasierte Plattform zur Anbindung der Produkte und erhoffen sich neue margenstarke Einnahmequellen aus datengetriebenen, digitalen Services, wie es die Plattformunternehmen Google, Facebook & Co. vorzeigen. Dabei verfügen die produzierenden Unternehmen weder über die hohen finanziellen Mittel noch die langen Investitionshorizonte ihrer digitalen Vorbilder. Die direkte Entwicklung von Produzenten physischer Produkte zum digitalen Plattformanbieter entspricht nicht der DNA von Produzenten, erfordert den Aufbau zahlreicher neuer Fähigkeiten und ist sehr risikoreich.» Fleisch (2018, 2) schlägt eine andere Entwicklungslogik vor. Wichtig ist es, wiederkehrende Einkünfte zu erzielen. Dies erfolgt durch eine gleichzeitige Produkt- und Dienstleistungsorientierung des Unternehmens, und zwar mit Hilfe des Internets der Dinge und durch eine hybride Struktur. Um Umsatz und Margen kontinuierlich zu verbessern, müssen alle vier Quadranten von Abb. 4.21 genutzt werden.

Für die Machine Ltd. bedeutet dies, dass einerseits ihre Roboter auf den neuesten digitalen Stand gebracht werden und gleichzeitig die erfolgreiche physische Konstruktion weiter entwickelt wird. Anderseits kann sie über eine erweiterte Sensorik und ein verbessertes Steuerungsprotokoll einen Optimierungsservice anbieten, der weit über den eigentlichen Roboter hinausgeht. Dieser Service kann digital und von virtuellen Teams bedient werden, es ist keine physische Präsenz mehr notwendig. Damit wird die oben genannte hybride Struktur konsequent umgesetzt, wie in Abb. 4.21 schematisch dargestellt.

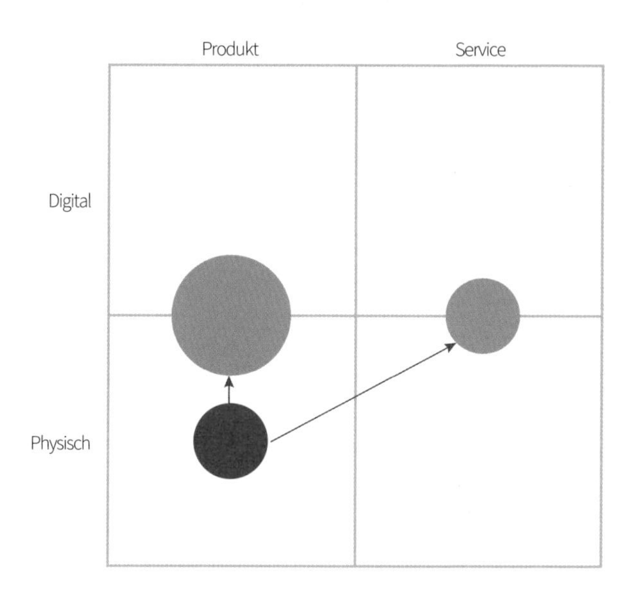

Abbildung 4.21 Optimierung der Machine Ltd. auf Wachstum und Marge über alle Quadranten (in Anlehnung an Fleisch, 2018, 1)

Dies alles erfordert einen integrierten Entwicklungsprozess und den Aufbau eines datengetriebenen Risikomanagements. Gleichzeitig müssen die personellen Ressourcen bereitgestellt und die Verkaufsorganisationen aufgebaut werden. Voraussetzung dafür ist eine Lernumgebung, die die Mitarbeitenden fördert und motiviert. Damit sind wir aber beim oben vorgestellten zentralen Grundsatz, dass die strategische Ebene sich mit der operativen im Gleichschritt entwickeln muss.Diese Zusammenhänge sind in Abb. 4.22 in Form eines Netzwerks dargestellt. Die hybride Weiterentwicklung der Roboter läuft parallel zum Aufbau des Serviceangebots und der dafür vorgesehenen virtuellen Teams. Diese integrierte Problemlösung führt einerseits zu mehr Umsatz und anderseits zu einer höheren Marge. Dadurch wird die Grundlage geschaffen für Investitionen in die Weiterentwicklung des Geschäftsmodells und die Stärkung der Lernumgebung. All dies führt zu einem besseren Image bei den Kunden, und die Öffentlichkeit profitiert davon durch einen höheren Beitrag an das Gemeinwohl.

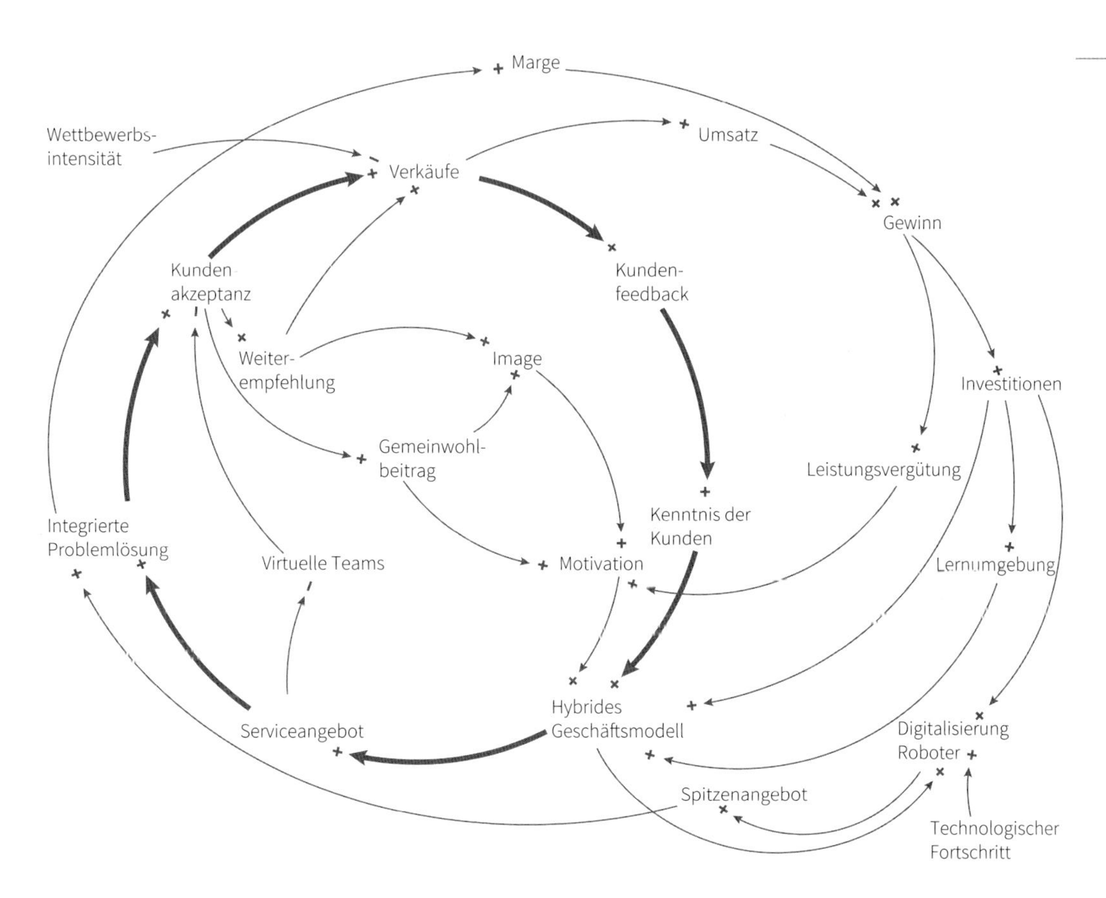

Abbildung 4.22 Das Netzwerk der Machine Ltd. als hybrider Anbieter

Um die strategische Ausrichtung der Machine Ltd. gezielt entwickeln zu können, müssen im nächsten Schritt die Lenkbarkeiten bestimmt werden, wie dies in Abb. 4.23 gezeigt wird.

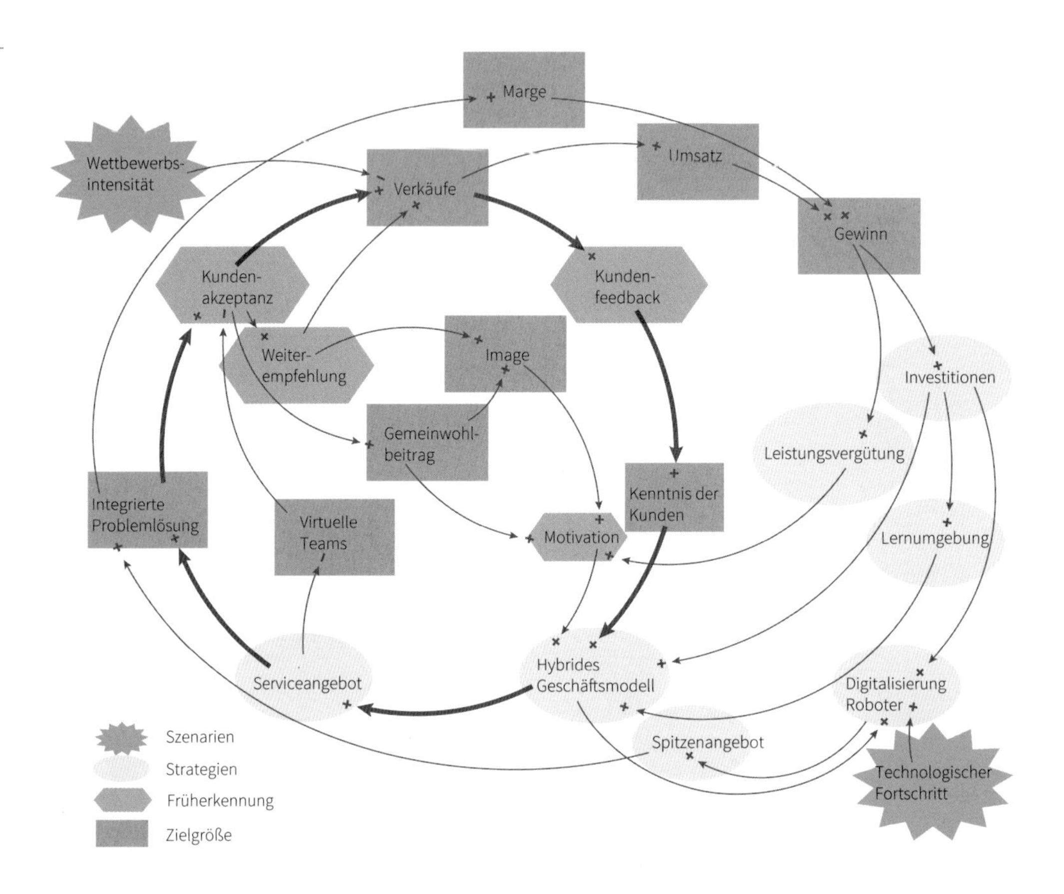

Abbildung 4.23
Lenkbarkeiten im Netzwerk der Machine Ltd.

Bei der Entwicklung der Machine Ltd. zum hybriden Anbieter müssen auch die zeitlichen Abläufe aufeinander abgestimmt werden. Parallel zur Weiterentwicklung der Roboter läuft der Aufbau der Serviceorganisation. Gemeinsam münden sie in eine integrierte Problemlösung. Diese beiden Pfade haben unterschiedliche Geschwindigkeiten. Ziel des Vorgehens ist aber immer eine nachhaltige Steigerung von Umsatz und Marge. Dies führt zu einem höheren Gewinn und der Möglichkeit von Investitionen, womit sich der Kreis schließt.

Über welche Lenkbarkeiten verfügt nun die Machine Ltd.?

- Szenarien: Diese müssen zum technologischen Fortschritt und zur Wettbewerbsintensität entwickelt werden.
- Strategien: Als Ansatzpunkte («Hebel») bieten sich hier die Weiterentwicklung des hybriden Geschäftsmodells und daraus folgend die Digitalisierung der Roboter, das Serviceangebot, die Ausgestaltung der virtuellen Teams, die Investitionsstrategie, die Art der Leistungsvergütung und die Gestaltung der Lernumgebung an.

- Früherkennung: Hier stehen einerseits die Kunden (Kundenakzeptanz und -feedback, Weiterempfehlung) und anderseits die Motivation der Mitarbeitenden im Vordergrund. Aber auch aus den Szenarien ergeben sich wertvolle Hinweise.
- Zielgrößen: Im Vordergrund stehen der Umsatz und die Marge als Bestimmungsgrößen des Gewinns. Aber genauso wichtig sind externe Größen wie das Image des Unternehmens und der Beitrag zum Gemeinwohl.

Bei der Entwicklung der Strategien an diesen Schlüsselstellen der Machine Ltd. ist darauf zu achten, dass – in der Sprache des Viable System Model VSM ausgedrückt – die Abstimmung der Systeme 4 und 3 umfassend erfolgt. Dies setzt aber das Verständnis der Logik des operativ-taktischen Managements voraus, das Gegenstand des nächsten Kapitels sein wird.

Das Wissen: Weiterführende Literatur

Wie einleitend angekündigt, werden zum Schluss dieses Kapitels in Abb. 4.24 Hinweise auf weiterführende Literatur gegeben. Dies in der Form einer Matrix, strukturiert nach den Themen und den Kategorien von Strategieansätzen. In der obersten Zeile finden sich jene «Standard»-Ansätze, die die Entwicklung des Strategiewissens in den letzten 30 Jahren nachhaltig geprägt haben. In der zweiten Zeile sind vier neuere Ansätze zur Strategiefindung im Allgemeinen aufgeführt. Den Abschluss bilden in den Zeilen 3 und 4 erfolgsversprechende Ansätze zu den digitalen Strategien.

Kategorien	Themen			
	Exzellente Unternehmen	Strategie-Ansätze	Gute/Schlechte Strategien	Empirische Befunde
Standardwerke	«In Search of Excellence» (PETERS, WATERMAN, 1982)	«Competitive Strategy» (PORTER, 1980)	«Good Strategy – Bad Strategy» (RUMELT, 2011)	«The PIMS-Principles» (BUZZELL, BRADLEY, 1987)
Neuere Strategieansätze	«Playing to Win» (LAFLEY, MARTIN, 2013)	«Patterns of Strategy» (HOVERSTADT, LOH, 2017)	«Die neuen Strategen» (MÜLLER-STEWENS, 2019)	«Beyond the Hockeystick» (BRADLEY, HIRT, SMITH, 2018)
Digitale Strategien	«The Four» (GALLOW, 2017)	«Driving Digital Strategy» (GUPTA, 2018)	«Why Digital Strategies Fail» (BUGHIN et al, 2018)	«A Winning Operating Model for Digital Strategy» (BUGHIN et al, 2019)
	«Hit Refresh» (NADELLA, 2018)	«Human + Machine» (DAUGHERTY, WILSON, 2018)	«Blitzscaling» (HOFFMANN, YEH, 2018)	«Machine, Platform, Crowd» (MCAFFEE, BRYNJOLFSSON, 2017)

Abbildung 4.24
Überblick zu lesenswerten Beiträgen zum Thema der strategischen Führung

5.

Die operative Sicht: Das funktionierende Geschäft

Die hier behandelten Lenkungsstrukturen sind für das laufende Geschäft verantwortlich und haben den Markt im Fokus. Dies trifft in besonderem Maße für die autonomen Teileinheiten (Systeme 1) zu, welche direkt mit diesem verbunden sind und den Wertstrom in besonderem Maße führen müssen. Hier wird ein zentrales Dilemma des Managements komplexer Systeme deutlich: Auf der einen Seite sollen die 1er-Systeme möglichst autonom in der Lage sein, Kundenbedürfnisse zu befriedigen – die am Kunden orientierte Flexibilität soll stets so hoch wie möglich sein. Dafür braucht es die entsprechenden Ressourcen in Form der klassischen vier M's: Men, Money, Machine, Material. Auf der anderen Seite sind die Ressourcen limitiert, und nicht jedes einzelne 1er-System kann die Mittel erhalten, die es gerne hätte. Es braucht eine übergeordnete Instanz, welche durch eine erhöhte Perspektive und die entsprechende Übersicht das Privileg erhält, die Ressourcenverhandlungen im System zu leiten – und im Zweifel darüber zu entscheiden.

Dieses Kapitel ist wie folgt strukturiert:

- Die Struktur: Die Systeme 1, 2, 3 und 3* des Viable System Model
- Der Praxistest: Von den Denkmustern zur Wahl der Organisation
- Das Werkzeug: Die Agile Operation
- Die Umsetzung: Drei Anwendungen in der Praxis
- Der Case: Machine Ltd.
- Das Wissen: Weiterführende Literatur

Die Struktur: Die Systeme 1, 2, 3 und 3* des Viable System Model

In Abb. 5.1 sind die großen Zusammenhänge des Viable System Model nochmals aufgezeigt, um das taktisch-operative Management richtig einordnen zu können.

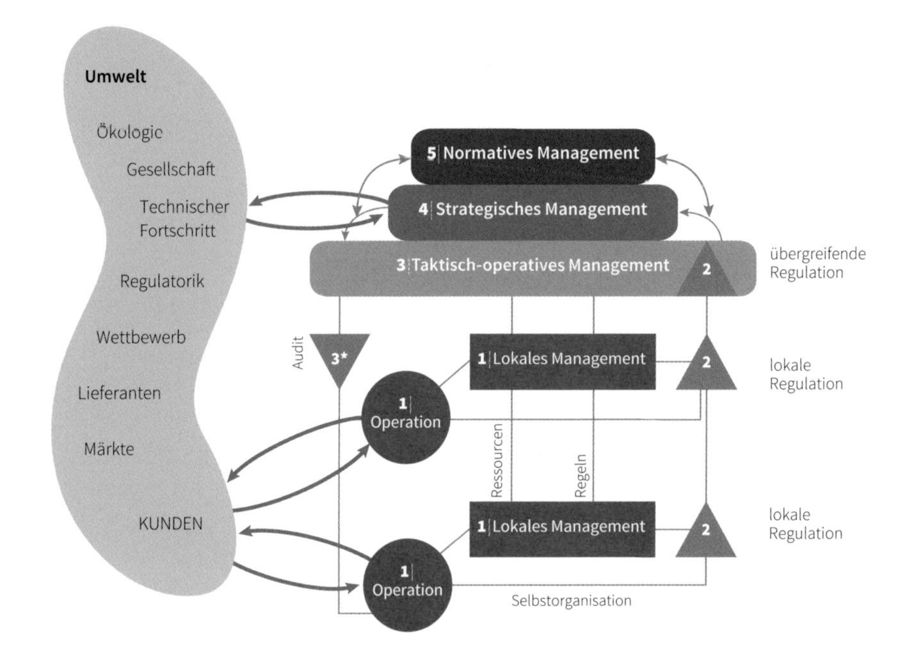

Abbildung 5.1
Das VSM in der bekannten, vereinfachten Darstellung

Das System 3 trägt die Verantwortung für die operativen Ergebnisse, wenn die Mittelzuteilung im Sinne des Gesamtsystems unpassend ausfallen sollte. Dafür gibt es den **Ressourcen-Kanal,** der das System 3 mit dem lokalen Management der Systeme 1 verbindet. Ebenso geht aus der Darstellung hervor, dass dieser Kanal keine Einbahnstraße darstellt, sondern ein Kreislauf ist und damit eine Interaktion mit dem lokalen Management bedeutet. Dies impliziert, dass das lokale Management den Bedarf der operativen Anliegen darlegen muss, damit über die Zuteilung von Mitteln entschieden werden kann – idealerweise im Konsens oder im Konsent.

Ganzheitliche Mittelverteilung statt Ressourcen-Kriege

Es braucht also einen Austausch darüber, warum (je nach Kontext) mal ein System 1 mehr als ein anderes bekommt, um die Leistung des Gesamtsystems zu erhöhen. Dieser Gedanke ist für Systemdenker und «Lean Thinker» nichts Neues. Statt für die Ausnahme zu optimieren, wird der Wertstrom als Ganzes betrachtet. Dafür braucht es jedoch eine Führungskultur, die konstruktiven Widerspruch nicht nur duldet, sondern fördert, weil den Beteiligten (implizit oder explizit) klar ist, dass das zu Beginn eingeführte Gesetz von Ashby nicht ignoriert werden darf.

Regeln sind zum Regeln da – und nicht zum Steuern!

Während das System 5 für die Normen zuständig ist und das System 4 daraus Prinzipien ableitet, so wird es in diesem Systemkomplex plötzlich sehr konkret: Es geht nun um Regeln, die übergreifend für alle subsidiären Systeme gelten sollen. Hierbei geht aus der Logik des VSM hervor, dass die Regeln sich stets auf das Regelbare beschränken – alles andere stellt Schaden dar und würde das 1. Prinzip der Organisation verletzen. Regeln sind also nicht dazu da, die Realität bis ins kleinste Detail zu analysieren und in unendlich anmutenden Wenn-Dann-Logikbäumchen zu beschreiben. Vielmehr sollte in einem vernünftigen Maße ein gutes Regel-Ausnahme-Verhältnis gefunden werden. Zumal Regeln grundsätzlich eher der Deeskalation als der Eskalation dienen sollten. Daher ist auch der Regel-Kanal zwischen den Systemen 3 und 1 wieder als Kreislauf (unter Einbezug der Systeme 2 und 3*) zu verstehen, in dem es um Interaktion geht. Erst die Akzeptanz von Regeln führt zur Umsetzung von Regeln. Vorsicht ist ebenso geboten, wenn es um Belohnungs- oder Bestrafungseffekte geht, die aus Regeln resultieren. Diese entwickeln in komplexen Systemen ein Eigenleben, deren Wirkung erst mit Verzögerung festgestellt werden kann – und meistens in ihren Resultaten der Intuition widersprechen und das Gegenteil dessen erzeugen, was einst erreicht werden sollte.

Die zeitlichen Planungshorizonte der direkten Wertschöpfung als Kadenzen der Koordination verstehen

Der Komplex aus den Systemen 1, 2, 3, 3* ist auch deswegen interessant, als er verschiedene zeitliche Ebenen miteinander verbindet. Während das System 5 auf sehr lange Zeiträume ausgerichtet ist (z. B. Dekaden), ist das System 4 im Bereich von Quartalen oder Jahren unterwegs. Innerhalb des Komplexes sind folgende Zeitebenen anzutreffen:

System 1: Echtzeit, jetzt

System 2: Kurzfrist, z. B. ein Tag oder eine Schicht

System 3: Mittelfrist, z. B. eine Woche, ein Monat oder ein Sprint (Arbeitsperiode im Scrum)

Daraus abgeleitet heißt das für das funktionierende Geschäft, dass die zeitlichen Ebenen in eine Kadenz gebracht werden, welche den Informationsaustausch und die notwendigen Entscheidungspunkte aufeinander abstimmt, um einen bestmöglichen Fluss von Werten hin zum Kunden zu gewährleisten.

Der Schiedsrichter im System

In klassisch-hierarchischen Organisationen (oder notorisch schlecht organisierten Start-ups) wird häufig eine Funktion unterschlagen bzw. schlecht ausgeführt, die für ein lebensfähiges System essenziell ist: die Regulation zwischen den Systemen 1 und 3. Die Rede ist vom System 2, dem heimlichen Star dieses Komplexes, denn es gewährleistet im besten Fall den **reibungslosen Betrieb der Wertschöpfung**. Eine bewusste Gestaltung des System 2 ist das A und O, um aus dem Denkrahmen «Führungskraft vs. Mitarbeitende» auszutreten und die Wertschöpfung integriert zu betrachten. Es braucht jemanden, der die Anliegen des übergeordneten Managements mit denen der wertschöpfenden Einheiten aus neutraler Sicht betrachtet und Auskunft über die «wahrscheinliche» Lieferfähigkeit des Systems Auskunft geben kann. Erst dann ist eine relativ zuverlässige Planung bzgl. der Liefertreue möglich (die Qualität obliegt dann in dieser Logik dem System 1).

Der Praxistest: Von den Denkmustern zur Wahl der Organisation

In diesem Test soll nicht das VSM selbst zur Disposition stehen, denn es wäre nicht zielführend, aus der modellhaften Darstellung des VSM direkt auf die konkrete Wahl der Organisationsstruktur zu schließen. Etwas salopp gesagt, wäre es eine Verwechslung der Flughöhen, denn das VSM dient als Referenzmodell (Ordnungsrahmen) und ist keine Schablone, die man wie ein Organigramm nur mit Namen und Funktionen befüllen könnte. Das VSM hat somit eher den Charakter eines Validierungstools und hilft dabei, die Frage zu beantworten: Ist mein System lebensfähig? Mithin schweben die Ideen des Modells über allem, wenn es um die Wahl der Organisation geht. Es stellt sich nun die Frage, wie ein Unternehmen unter den zuvor genannten Bedingungen der Megatrends und der inhärenten Komplexität gestaltet, gelenkt und entwickelt werden kann. Zu diesem Zweck wird auf einen organisatorischen Denkrahmen zurückgegriffen, der heutzutage unter dem Buzzword «Agile» bekannt ist. Die ursprünglich aus der Software-Entwicklung entstammenden Verfahren und Praktiken sind bestens dazu geeignet, um mit hoher Dynamik konstruktiv umzugehen. Salopp gesagt bedeutet Agilität nichts anderes, als den Input der Realität zu akzeptieren und gleichzeitig Werte für einen Kunden zu schaffen.

Mit den folgenden Fragen zu den fünf Denkmustern soll daher geprüft werden, ob Elemente aus dem Repertoire der sogenannten **Agilen Operation** den in den Leitfragen enthaltenen Ansprüchen gerecht werden. Damit sind bekannte Methoden und Praktiken wie z. B. Scrum, Kanban, Design Thinking oder Open Spaces gemeint. Eine sinnvolle Zusammenstellung solcher Werkzeuge wird im Anhang dieses Buches anhand von *12 Strukturaspekten der agilen Operation* entwickelt.

1. **Die optimale Vereinfachung von Komplexität**
   Agilisten (wie wir uns gestatten, reflektierende Praktiker auf diesem Gebiet zu bezeichnen) akzeptieren nicht nur die Komplexität, sie begrüßen sie sogar, weil dies zu kreativen Höchstleistungen anspornen kann. Gleichzeitig gilt bei der Anwendung eines Werkzeugs: «A fool with a tool is still a fool.» Somit besteht immer die Gefahr, das agile Praktiken entweder unterkomplex gehandhabt (blindes Befolgen von Anweisungen) oder überinterpretiert werden und zum «agil-bürokratischen Komplex» verkommen. Grundsätzlich sind in (fast) allen agilen Praktiken die Aspekte des Experiments und des Feedbacks, also des schnellen Lernens enthalten, um komplexe Zusammenhänge zu erfassen und diese optimal zu vereinfachen.
2. **Die Perspektive der russischen Puppen**
   Da diese Frage im Kontext der Wertschöpfung gestellt wird, gelten die Abhängigkeiten und Wechselwirkungen nur in indirekter Weise. In der Welt der Agilität und der Kundenorientierung wird Kundenwert häufig als ein Beitrag interpretiert, um das Problem eines Kunden zu lösen. Dass dies in einem größeren Zusammenhang steht, wird in der agilen Welt häufig durch eine Vision zum Ausdruck gebracht. Des Weiteren wird jeder erfahrene Agilist die Umwelt eines Systems erkunden und Methoden wie ein Stakeholder Mapping anwenden, um den Überblick über das Terrain zu gewinnen – stets mit dem Ziel, die Lieferfähigkeit der Organisation zu bewahren und weiterzuentwickeln, um dem Kunden gegenüber das Versprechen bezüglich Liefertreue und Qualität einhalten zu können. Erwartungsmanagement ist ein typisches Stichwort in diesem Kontext.
   Das zweite Denkmuster birgt vor dem Hintergrund der Agilen Organisation eine zweite Erkenntnis in sich: Selbstorganisierte Teams können nur aus selbstorganisierten Individuen bestehen. Erst der mündige Mensch ist in der Lage, sich in eine Gemeinschaft einzubringen, die etwas Größeres vollbringt, als es der einzelne tun könnte. Menschen, die dies gewohnt sind, entwickeln automatisch die Fähigkeit sich, sich auch in anderen gesellschaftlichen Themen zu involvieren. Sie kennen ihre Rechte und Pflichten und sind bereit, sich gegen «Unsinn» zu wehren. Diese Arbeitsformen erhöhen die Wahrscheinlichkeit, dass demokratisches

Engagement und die Übernahme von gesellschaftlicher Verantwortung steigt. Dies führt nahtlos zum dritten Denkmuster.

3. **Die Einheit von Freiheit und Verantwortung**
   Agile Praktiken setzen stark auf das Prinzip der freiwilligen Selbstverpflichtung. Dies gilt sowohl für das Individuum wie auch das Team. Die Ausübung von Zwang wird sehr kritisch betrachtet, da man sich bewusst ist, dass Qualität nicht befohlen werden kann. Daher haben agile Teams häufig einen sehr großen Spielraum bei der Gestaltung ihrer direkten Arbeitsumgebung und ihrer verwendeten Werkzeuge – wenn es denn der Lieferfähigkeit dient. Ein verantwortungsvoller Umgang mit den zur Verfügung gestellten Mitteln gilt als Voraussetzung, um diese Freiheit zu gewähren.
4. **Im Zentrum der Mensch**
   Da die Ideen der Agilität vornehmlich aus dem IT-Umfeld entstammen, ist eine technische Offenheit grundsätzlich gegeben. Daraus resultiert auch ein grundlegendes Paradigma von Agilisten: Es wird alles automatisiert, was automatisiert werden kann. Besonders im IT-Bereich gibt es viele Prozesse, die dafür Potenzial bieten (Tests, Integration von Code, Auslieferung auf die Systeme). Im Non-IT-Bereich, also der klassischen Wissensarbeit, lässt sich das Zusammenspiel von Mensch und Maschine verantwortungsvoll aufgreifen. So gibt es z. B. für die Sachbearbeitung zahlreiche Möglichkeiten, Prozesse zu automatisieren. All dies geschieht mit der Intention, die Menschen von lästigen administrativen Aufgaben zu entlasten, damit diese interessante Probleme lösen können.
5. **Die ganzheitliche Erfolgsmessung**
   In der agilen Welt werden Daten auf zweierlei Art erhoben. Zunächst ist da die quantitative Ebene, welche objektive Kennzahlen liefert – diese sind auf der Sachebene angesiedelt und helfen dabei, kontinuierlich auf ein Ziel hin zu lenken. Ein häufig genutztes Verfahren sind die sogenannten Story Points (siehe Anhang), welche das «Zeit-Risiko-Komplexitätsgewicht» einer Aufgabe widerspiegeln. Dadurch ist es möglich, ein Gesamtgewicht einer Aufgabensammlung zu ermitteln und die Abarbeitung dieser Sammlung über eine sogenannte Burn-Down-Chart abzubilden. Damit wird sichtbar, wie es gelingt, die Summe der Story Points innerhalb einer Zeitperiode (Sprint) auf null zu bringen (bezüglich eXtreme Programming siehe den Anhang dieses Buches). Dies ist nur eines von vielen weiteren Beispielen, wie die Erfolgsmessung per Daten betrieben werden kann.
   Zur Ermittlung der «weichen» Wertbeiträge gibt es ein reichhaltiges Repertoire an Interaktionsmustern und Workshop-Konzepten. Typisch ist hier die Retrospektive im Scrum, bei der das Team die Zusammenarbeit in jeglicher Hinsicht reflektiert. Es geht also um das «wie». Dies umfasst insbesondere die soziale Sphäre und die Qualität der menschlichen Beziehungen im Team.

Das Werkzeug: Die Agile Operation

Um es gleich vorwegzunehmen – der Begriff der Agilität ist mittlerweile beinahe zu einem Modewort verkommen. Dabei ist die geäußerte Kritik durchaus nachzuvollziehen, weil er in verschiedener Hinsicht nichts Neues darstellt. Zurecht weist der Soziologe Stefan KÜHL (2018) darauf hin, dass bereits in den 70er-Jahren Alvin TOFFLER (1970) von der flexiblen Organisation sprach, wie auch in den 80ern von der innovativen Organisation die Rede war, während es in den 90ern um die lernende Organisation ging (SENGE, 1990). Ein wichtiges Merkmal der Agilität ist die Idee selbstorganisierter Teams, doch dies ist ebenso eine altbekannte Vorstellung. Die Sehnsucht nach der selbstorganisierten Fabrik reicht weit in die 70er-Jahre. So gab es bereits im sozialistischen Jugoslawien Ansätze einer selbstgelenkten Fabrik, die in Zellen vernetzt arbeitet.

Eine weitere Facette der Agilität wird ebenso häufig unterschlagen: Es gäbe kein «Agile», wenn es nicht zuvor die Entwicklung des Wissens rund um das Thema Geschäftsprozessorganisation gegeben hätte, welches später und bis heute als Lean bezeichnet wird. Vieles von dem, was heutzutage in der Agilität als neu gefeiert wird, ist längst vor einigen Dekaden erdacht worden. Diese Doppelung von Erkenntnissen ist vermutlich darauf zurückzuführen, dass Geschäftsprozessorganisation oder eben Lean vorrangig der industriellen Produktion entstammt, während die Ideen der Agilität im Umfeld der Softwareproduktion entstanden sind. Dies könnte auch einer der Gründe sein, warum Agile zurzeit so populär ist: Viele Praktiken der Agilität sind leicht für Tätigkeiten im Bereich der Wissensarbeit anwendbar, weil die Transferleistung der dahinter stehenden Prinzipien und Verfahren gut zum Ursprung passt. Ebenso wie Programmierer nur an virtuellen Objekten arbeiten (Source Code), arbeiten Wissensarbeiter heutzutage überwiegend mit Informations- und Kommunikationswerkzeugen an Artefakten, die nicht haptisch erfahrbar sind. Der einfachere Transfer darf jedoch nicht darüber hinwegtäuschen, dass sehr viele Prinzipien der Agilität auf den Ideen von OHNO (1988), ISHIKAWA (1985) und DEMING (1988) basieren, die in den 50er-Jahren entwickelt wurden (fast zeitgleich mit dem VSM!). Des Weiteren ist ROTHER (2013) hervorzuheben, der z. B. mit der Verbesserungs- und Coaching-Kata bekannt geworden ist. Abschließend sei noch auf LIKER (2003) verwiesen, der aus westlicher Sicht das Toyota-Produktionssystem und die entsprechenden Prinzipien beschrieben hat. Die in der agilen Welt vorgefundenen Praktiken lassen sich auf das reduzieren, was von WOMACK, JONES und ROOS (1990) als Lean Production beschrieben haben. Aus dem Studium der oben genannten Quellen geht hervor, dass die Aussage «wir machen jetzt kein Lean mehr, sondern Agile», überhaupt keinen Sinn ergibt. Ein weiteres Beispiel für die universelle Gültigkeit der Erkenntnisse der «Lean-Vorfahren» ist die von SHINGO (1988) formulierte Reihenfolge der Prioritäten, wenn es um Verbesserungen geht. «Mach es zuerst einfacher, dann besser, dann schneller und erst zum Schluss günstiger.»

Geschäftsprozessverbesserung ist ein alter Hut!

Einige Beiträge aus dem Umfeld der Geschäftsprozessorganisation kommen aus Deutschland, auch wenn die entsprechende Organisation nicht immer den besten Ruf hatte. Es geht um die REFA, die 1924 gegründet wurde. Der Name ist ein Akronym und stand für Reichsausschuss für Arbeitszeitermittlung. Zu jener Zeit entwickelt sich der Bedarf, die Wirtschaftlichkeit der deutschen Industrie im Morgengrauen der Globalisierung zu erhöhen. Hierbei wurde bereits an Schonzeiten, sogenannte Erholungszeiten für die Arbeiter in den Fabriken gedacht, sodass nicht nur die Optimierung eines Prozesses im Vordergrund stand. Über die Jahre erwarb sich die REFA aber dennoch den Ruf, «diejenigen mit der Stoppuhr» zu sein, wie Ralf VOLKMER (2017) süffisant in seinen Unternehmenssimulationen formuliert. Initiiert durch die Gewerkschaften, in den 70er- und 80er-Jahren, gab es bereits die Zusammenarbeit mit Betriebsräten, um eine menschengerechte Systemgestaltung zu ermöglichen. Der Zusammenhang von Mensch, Ergonomie und Prozess wurde schon seinerzeit ganzheitlich betrachtet. Und so steht der Name REFA für «Steigerung der Wirtschaftlichkeit bei gleichzeitiger Humanisierung der Arbeit».

Agilität – mehr als ein Hype?

Trotz aller Unkenrufe muss an dieser Agilität etwas dran sein, denn die Ursprünge lassen sich bis in die späten 80er-Jahre zurückverfolgen. Scrum wurde erstmals von TAKEUCHI und NONAKA (1986) beschrieben. Viele Kennzeichen agiler Praktiken wurden dort bereits aufgeführt, auf die im Folgenden noch tiefer einzugehen sein wird. Die Adaption für die Softwareentwicklung wurde im Jahre 1995 durch Ken SCHWABER (1995) auf der Programmierer-Konferenz OOPSLA '95 veröffentlicht.

Der Erfolg von Scrum (SUTHERLAND, 2014), als eine der typischen agilen Praktiken, lässt sich mit dem nachgewiesen besseren Umgang mit Komplexität begründen. Dabei sind diese Praktiken selbstverständlich kein Selbstläufer, sondern es Bedarf des *Willens*, sich auf neue Begriffe, Rollen und Interaktionsmuster einzulassen. Doch der Wille zur Agilität alleine genügt selten, um nachhaltig neue Formen des Zusammenarbeitens in den operativen Modus zu überführen. Ebenso wichtig ist eine entsprechende «Haltung, die umfassende Veränderungen produktiv bewältigt» (HOFERT, 2018). Dies gilt für alle Mitwirkenden in einer Organisation, ganz gleich ob es um leitende Rollen oder Menschen in der Operation geht. Das Mindset ist entscheidend, um die Praktiken überhaupt sinnvoll anwenden zu können. Somit können agile Methoden sogar Schaden anrichten, wenn diese einfach den Menschen übergestülpt werden. Man kann ein Mindset weder befehlen noch herbeiwünschen, gleichwohl aber die Rahmenbedingungen bereitstellen, welche das Entstehen eines agilen Mindsets ermöglichen. Dies ist nur durch permanente Reflexion zu erreichen. Erst dadurch entsteht das «Skillset», also die Fähigkeiten des Individuums, um das «Toolset» erfolgreich anwenden zu können. Diese Zusammenhänge sind prägnant in der folgenden Abbildung zusammengefasst.

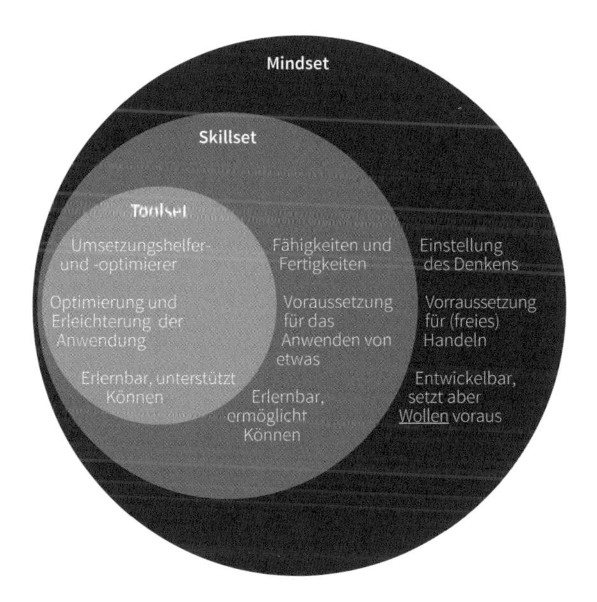

Abbildung 5.2
Von der Haltung über die Fähigkeiten zur Umsetzung (HOFERT, 2018)

Somit wird deutlich, dass Methoden und Werkzeuge immer dann wirken können, wenn die dazugehörige Haltung verinnerlicht wurde. Dies gilt natürlich auch für das Spektrum des Lean Thinking. Daher sind organisationale Transformationen oder Transitionen, die mit Agile oder Lean operieren, immer eine Arbeit mit den Menschen. Es widerspricht nicht nur den Merkmalen agiler Praktiken, wenn man die Menschen wie Variablen behandelt, es funktioniert einfach nicht, wenn man die Bedarfe und Bedürfnisse der Akteure ignoriert.

Effectuation – das Mindset erfolgreicher Mehrfachgründer

Ergänzend zum zuvor benannten agilen Mindset, welches umfassende Veränderungen produktiv bewältigt, soll der Blick auf die Haltung von «Serien-Entrepreneuren» gerichtet werden. Im Jahre 2005 wollte Saras SARASVATHY (2005) herausfinden, wie Mehrfachgründer unter hoher Ungewissheit Entscheidungen treffen und ob es universale Muster gibt, die ihrer Entscheidungslogik zugrunde liegen. Aus dieser Studie hat sich ein Themengebiet entwickelt, das unter dem Begriff Effectuation (wörtlich: Die Ausführung) bekannt ist. Hierbei stieß Sarasvathy auf fünf Prinzipien (BARTLOG, HINZ, 2018):

Mittelorientierung – Bird in Hand: Es wird mit den zur Verfügung stehenden Mitteln gearbeitet. Nutze, was bereits vorhanden ist, und kümmere dich später um weitere Ressourcen.

Leistbarer Verlust – Affordable Loss: Kenne den hinnehmbaren Verlust in jedem Schritt. Vergeude keine Energie mit irgendwelchen Investitionsrechnungen, die in unsicheren Gefilden nutzlos sind.

Partnerschaften – Patchwork Quilt: Finde Partner, die dich in deinem Vorhaben unterstützen, und mache nicht alles alleine. Fokussiere auf Beziehungen, die auf Freiwilligkeit basieren.

Unerwartetes nutzen – Lemonade: Unerwartete Ereignisse werden als Chance verstanden. In jedem Zufall steckt eine neue Möglichkeit. Beispiel: Eigentlich wolltest du Wasser verkaufen, aber als aus Versehen eine Zitrone reinfiel, wurde daraus eine Limonade.

Zukunft gestalten – Pilot-in-the-plan: Fokussiere dich auf das, was du unmittelbar beeinflussen kannst. Kenne deine Instrumente und bediene diese, wie ein Pilot ein Flugzeug fliegt. Diese Prinzipien lassen sich wie in Abb. 5.3 folgendermaßen darstellen:

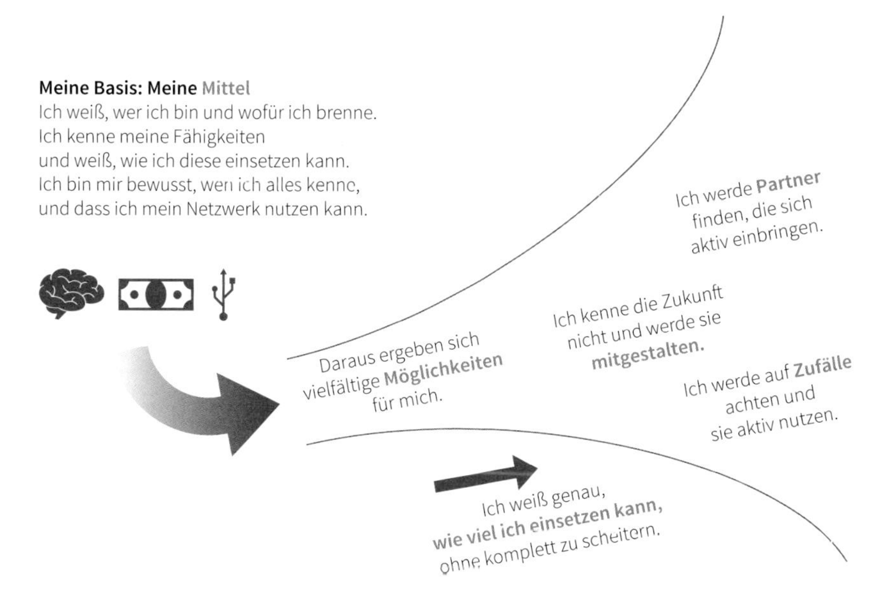

Meine Basis: Meine Mittel
Ich weiß, wer ich bin und wofür ich brenne.
Ich kenne meine Fähigkeiten
und weiß, wie ich diese einsetzen kann.
Ich bin mir bewusst, wen ich alles kenne,
und dass ich mein Netzwerk nutzen kann.
Daraus ergeben sich vielfältige Möglichkeiten für mich.
Ich kenne die Zukunft nicht und werde sie mitgestalten.
Ich werde Partner finden, die sich aktiv einbringen.
Ich werde auf Zufälle achten und sie aktiv nutzen.
Ich weiß genau, wie viel ich einsetzen kann, ohne komplett zu scheitern.

Abbildung 5.3
Wie entscheiden erfolgreiche Entrepeneure unter Ungewissheit? (BARTLOG, 2019)

Die obigen Prinzipien beschreiben im Kern das Mindset von Gründern und Geschäftsentwicklern, die sich nicht in der Kunst der Mängelverwaltung üben. Mängelverwalter wissen immer genau, was ihnen alles zur Umsetzung fehlt, und sie verwenden ihre Energie darauf, den Mangel im Detail nachzuhalten. Die Idee von Effectuation verfolgt hingegen eine andere Blickrichtung. Hier gilt der Grundsatz: Erst durch das Erkennen der eigenen Fähigkeiten und der gegebenen Ressourcen ist es möglich, einen Gestaltungsraum zu eröffnen, der auch umsetzbar sein könnte. Diese Haltung bedeutet nichts weniger als ein Verlassen der Opferrolle hin zur Erreichung eines «großen Ziels», selbst wenn die Ausgangsbedingungen komplex sind. Reflektierende Praktiker wie auch Agilisten vertrauen dem Effekt der Serendipität. Dieser Begriff beschreibt den Umstand, wenn der Zufall auf einen vorbereiteten Geist trifft.

Den Begriff der Agilität als Vehikel nutzen – jedem Buzzword liegt ein tiefergehendes Bedürfnis zugrunde.

Frank DÜSTERBECK (2018) empfiehlt in seinen Vorträgen, den Begriff der Agilität nur als Transporteur einer größeren Idee zu verstehen, die sich sowohl auf das anpassungsfähige Geschäft bezieht und gleichzeitig ein neues Denken für alle Beteiligten erfordert – dies schließt auch Fragen des Menschenbilds ein. Sehr vereinfacht kann man agile Praktiken als Chance verstehen, um erprobte «Good Practices» zu ritualisieren, damit der eigene «Best Practice» entwickelt werden kann. Denn selbstverständlich unterliegen agile Verfahren selber einer dauernden Veränderung, um sich kontinuierlich zu optimieren. Vielleicht wird der Begriff «Agil» in Zukunft durch andere Ausdrücke ersetzt; so ist auch manchmal von der responsiven Organisation die Rede. Des Weiteren wäre vielleicht auch das Adjektiv «Elastic» denkbar, um die Grundidee einer Organisation zu beschreiben, welche sich an eine volatile Umwelt mit limitierten Ressourcen erfolgreich anpassen kann. Sicherlich ist dies eine Aussage, die wahrscheinlich alle Unternehmer und Geschäftsführer blind unterschreiben würden. Somit sollten sich reflektierende Praktiker nicht von Adjektiven blenden lassen und diese, wie eingangs formuliert, einfach als Vehikel verstehen und sich den tieferliegenden Mustern zuwenden, die eine lebensfähige Organisation ermöglichen.

Daher abschließend noch ein Wort zum Viable System Model VSM und Agilität/Lean. Diese ergänzen sich in kongenialer Weise und helfen dabei, die jeweiligen Vorteile dieser Denkwerkzeuge miteinander zu verbinden. Während das VSM den Metarahmen bietet, kann mit den Agile- und Lean-Werkzeugen das operative Geschäft organisiert werden. Es stellt sich den reflektierenden Praktikern nun die Frage, wie «agil-leane» Praktiken erkannt werden können.

Die Kennzeichen agiler Praktiken

Wert für Kunden liefern

Jeder Agilist ist davon «besessen», die bestmögliche Qualität für den Kunden mit gegebenen Ressourcen und der zur Verfügung stehenden Zeit zu liefern. Hierbei wird der Wert eines Produktes oder einer Dienstleistung durch die Anwendung bestimmt. Erst der Nutzungsfall erzeugt Wert für den Kunden (VARGO, LUSCH, 2008). Wichtig ist die Betrachtung des gesamten Kontextes, in dem das Produkt verwendet wird. So ist es zwar richtig zu sagen, dass z. B. ein Kunde eigentlich keine Bohrmaschine braucht, sondern ein gut gebohrtes Loch in der Wand. Doch eigentlich möchte der Kunde ein Bild aufhängen, und vielleicht gibt es auch eine Lösung, ein Bild aufzuhängen, ohne dafür bohren zu müssen, da es dabei nicht nur laut, sondern auch etwas schmutzig zugeht. Eine genaue Kenntnis des Kunden und seiner Situation ist unabdingbar, um frei nach Peter Drucker ein Ding zu liefern, das zu einem Gut wird, wenn der Kunde dafür bereit ist Geld zu bezahlen. Dies leitet direkt zum nächsten Kennzeichen über.

Kritisches Feedback ist positiv
Die Praktiken sind dazu ausgelegt, schnell *innerhalb des Teams* und direkt *vom Kunden* Feedback zu erhalten. Erst durch den unmittelbaren Austausch innerhalb und außerhalb des Systems ist es möglich, sich permanent weiterzuentwickeln. Vermeintlich kritisches Feedback wird positiv betrachtet, da es Verbesserungspotenziale aufzeigt. Wieder hat Peter Drucker einen Rat parat: Nicht spekulieren, sondern den Kunden fragen! Somit sind agile Teams und die Kunden in einer Feedback-Schleife miteinander verbunden.

Inkrementelles Vorgehen und das «Minimal Viable Product»
Besonders komplexe Vorhaben werden in Teilaspekte zerlegt, um diese dann schrittweise zu entwickeln. Anstatt zu viel Zeit in eine Konzeption zu investieren, die ohnehin nutzlos sein wird, weil die Veränderlichkeit der Situation zu hoch ist, wird eher nach der kleinstmöglichen Lösung (einem «minimal viable product») gesucht, die ein wichtiges Problem des Kunden löst – allerdings nicht alle Probleme! Unsicherheit und Risiken werden damit besser beherrschbar, da man sich fokussiert und nicht in Featuritis verfällt und unnütze Merkmale einer Sache realisiert, die nur wenige Kunden brauchen. Agilisten sind sich bewusst, dass man in einer komplexen Welt besser mit Hypothesen arbeitet und diese stetig erprobt. Man kann auch von einem permanenten Experimentieren sprechen, in dem der Nutzen eines potenziellen Guts validiert wird. Hierzu gehört ebenso ein kritisch-bewusstes Segeln auf Sicht. Das bedeutet, das Planbare im Detail zu planen, aber eben auch nicht mehr. Daraus resultiert quasi eine Tiefenunschärfe auf der zeitlichen Achse. Je weiter eine Aufgabe entfernt ist, desto unschärfer ist diese formuliert – erst wenn diese näher rückt, wird sie ausgearbeitet und mit Akzeptanzkriterien versehen, damit eine Aufgabe als erledigt betrachtet werden kann.

Freiwillige Selbstverpflichtung zur Erledigung von Aufgaben
Insbesondere das populäre Scrum funktioniert nur, wenn klar ist, dass es einerseits Sinn macht, nur die Aufgaben zu erledigen, die Spaß machen, wo also Problemniveau und Kompetenzen in einem guten Verhältnis stehen. Dies ist auch deswegen logisch, weil der Spaßfaktor die Qualität einer Sache positiv beeinflusst. Gleichzeitig gibt es Aufgaben, die einfach erledigt werden müssen, auch wenn der intellektuelle Anspruch gering erscheint. Das Prinzip der Freiwilligkeit ist dennoch elementar, um ein «High Outcome Team» entstehen zu lassen, gekoppelt mit der Erkenntnis, dass Arbeit im Team «fair» verteilt werden muss, damit am Ende alles getan wurde, was zu tun war.

Crossfunktionale, selbstorganisierte Teams
Es braucht in einer komplexen Welt möglichst kleine Teams, die relativ lose gekoppelt dazu in der Lage sind, die Wünsche des Marktes zu befriedigen. DENNING (2018) spricht vom Gesetz des kleinen Teams. Dieses Kennzeichen von Agilität ist eigentlich auch nichts

Neues, wenn man die Metapher von den Spezialkräften des Militärs gebraucht. Hier leuchtet es schnell ein, dass verschiedene Fähigkeiten im Team nötig sind, damit eine Gruppe von Menschen eine Mission verhältnismäßig autonom erledigen kann. Leider ist diese Erkenntnis noch nicht in der Wissensarbeit derart verbreitet, wie sie es verdient hätte. Hier wird noch nach Funktionen getrennt, anstatt vom Kunden ausgehend in Lösungen zu denken, die verschiedene Fähigkeiten brauchen. Voraussetzung für produktiv-selbstorganisierte Teams ist natürlich der verantwortungsvolle Umgang mit der persönlichen Freiheit und der resultierenden organisationalen Verantwortung. Klar ist auch, dass selbstorganisierte Teams nur dann funktionieren, wenn sich die Mitglieder der Gruppe mit höchster Disziplin an die selbstaufgestellten Regeln halten. Es geht nur mit einer «freiwilligen Unterwerfung», die zur gleichen Zeit ihre kritische Haltung niemals aufgibt. Dafür braucht es Persönlichkeiten, die bereit sind, ihre Eitelkeit an der Garderobe aufzuhängen, wenn diese nicht zur, sondern an die Arbeit gehen.

Transparenz – Arbeit sichtbar machen

Im Scrum-Guide (2017) ist die Rede von der Transparenz. Dies ist wahrlich keine neue Forderung, wenn es um organisationale Themen geht. Gleichwohl ist es im agilen Kontext ein besonderer Aspekt, der nicht genug berücksichtigt werden kann. Denn erst eine gute Informationslage erlaubt eine angemessene Beurteilung einer Situation. Agilisten sind darauf aus, jedwede Information im Team zu teilen – solange es dazu beiträgt, produktiver zu werden. Denn die pauschale Forderung nach Transparenz ist heikel, da eine 100%ige Transparenz, bei der jeder immer alles wissen muss oder will, ein Unternehmen lahmlegen würde, weil Überforderung an der Tagesordnung wäre. Es braucht also eine entsprechende Sorgfalt bei der Auswahl von transparent gemachten Informationen. Handlungsleitend steht dabei die Frage im Raum: Führen die sichtbar gemachten Informationen zu mehr Fokus, oder lenken diese von den «wahren» Prioritäten ab?

Time Boxing – Fokussieren, Priorisieren, Limitieren

Agilisten sind dafür bekannt, dass diese das typische Projektmanagement-Dreieck auf den Kopf stellen. Wie bereits im Abschnitt über das inkrementelle Vorgehen dargelegt, wird lieber frühzeitig ein Wert für einen Kunden geliefert, statt sich mit dem Verschieben von Meilensteinen auf großen Plänen zu beschäftigen oder permanent das Budget zu überschreiten.

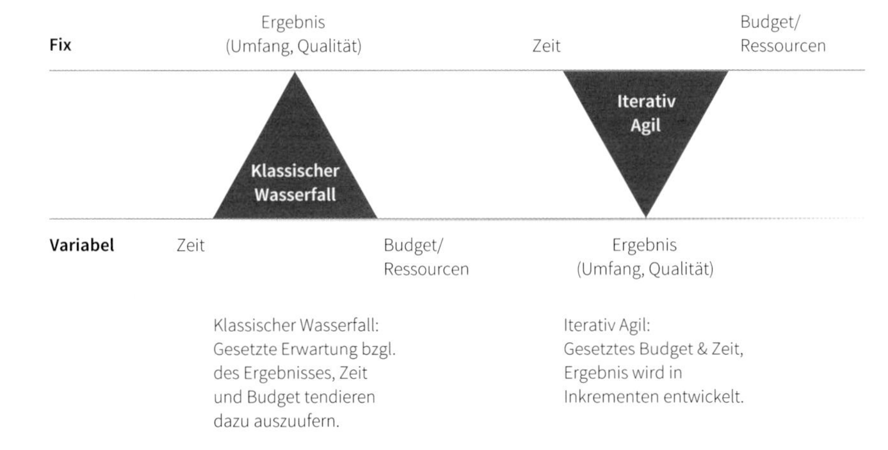
Fix
Ergebnis (Umfang, Qualität)
Zeit
Budget/ Ressourcen
Klassischer Wasserfall
Iterativ Agil
Variabel
Zeit
Budget/ Ressourcen
Ergebnis (Umfang, Qualität)
Klassischer Wasserfall: Gesetzte Erwartung bzgl. des Ergebnisses, Zeit und Budget tendieren dazu auszuufern.
Iterativ Agil: Gesetztes Budget & Zeit, Ergebnis wird in Inkrementen entwickelt.

Abbildung 5.4 Das typische Projektmanagement-Dreieck (klassischer Wasserfall) und seine Umkehrung im agilen Kontext

In der agilen Operation wird daher bewusst mit dem entscheidenden limitierenden Faktor gearbeitet, der sich der direkten Kontrolle entzieht: die Zeit. Sie vergeht, egal was wir tun oder auch nicht tun. Agilisten nutzen diesen Engpass bewusst aus, in dem intensiv das Prinzip des Time Boxings angewendet wird. Es gibt fast kein Zusammentreffen ohne eine zeitliche Struktur, die strikt eingehalten werden sollte – natürlich darf man daraus keine Religion machen und wenn nötig von der Norm abweichen. Jedoch sind Agilisten stets bestrebt, den vorgegebenen Zeitrahmen für einen Diskussionspunkt nicht zu überschreiten. Und wenn sie dies tun, dann im vollen Bewusstsein, dass der diskutierte Punkt eine hohe Priorität hat und es wert ist, über die geplante Zeit hinaus zu behandeln. Die Time Box ist somit ein Struktur- und Hilfsmittel, um die Schleife des kontinuierlichen Fokussierens, Priorisierens und Limitierens zu durchlaufen. Es werden nicht alle Probleme gleichzeitig gelöst, sondern die wichtigen und dringenden, und zwar in der Reihenfolge, wie die Abhängigkeiten zwischen Aufgaben oder Diskussionspunkten beschaffen sind. Es gilt die Prämisse: «Stop starting, start finishing».

Aktion & Reflexion

Ein extrem wichtiges Merkmal «wahrer» Agilität ist der Raum für Reflexion. Natürlich liegt der Fokus auf Aktion im Sinne der Entwicklung von Lösungen für Kundenprobleme. Doch im Umgang mit sich «im Moment entfaltenden Umständen» braucht es die immer wieder einen Zeitraum, das Geschehene bewusst zu verarbeiten und das Innehalten als Lernchance zu begreifen. Somit ist jede Form der Retrospektive ein zutiefst agiles Muster. Es braucht auch kein offizielles Vorgehensmodell, um diese einfache Praktik sofort im Arbeitsalltag zu integrieren. Es reicht, sich einen zweiwöchentlichen Termin in den Kalender einzustellen, in dem mit dem Team die vergangenen Wochen betrachtet werden.

Diese einfache Struktur genügt, um die Entwicklung einer Art von kollektivem «Hyperbewusstsein» zu begünstigen, welche in der Lage ist, schwache Signale in der Umwelt zu erkennen und sich prä-adaptiv zu verhalten. Damit sei die in Abb. 5.5 vorgestellte, sogenannte OODA-Schleife eingegangen, die vom amerikanischen Militärstrategen John BOYD (1995) entwickelt wurde. Diese Schleife ist das Mindset von Scrum. Die vier Buchstaben stehen für: Observe – Orient – Decide – Act. Über das Beobachten/Wahrnehmen gelangt man in die Phase der Orientierung, welche zur Entscheidungsfindung führt, um dann die ausgewählte Handlungsoption zu vollziehen. Jedoch ist dieser Prozess nicht linear. Störungen von «Außen» können zu Rücksprüngen führen, sodass es z. B. nicht zu einer Entscheidung kommt. Im schlimmsten Fall kommt man nicht zum Handeln, da man immer wieder neu beobachten und sich orientieren muss. Agilisten wollen aber der Realität ein Schnippchen schlagen, indem sie relevante Veränderungen antizipieren.

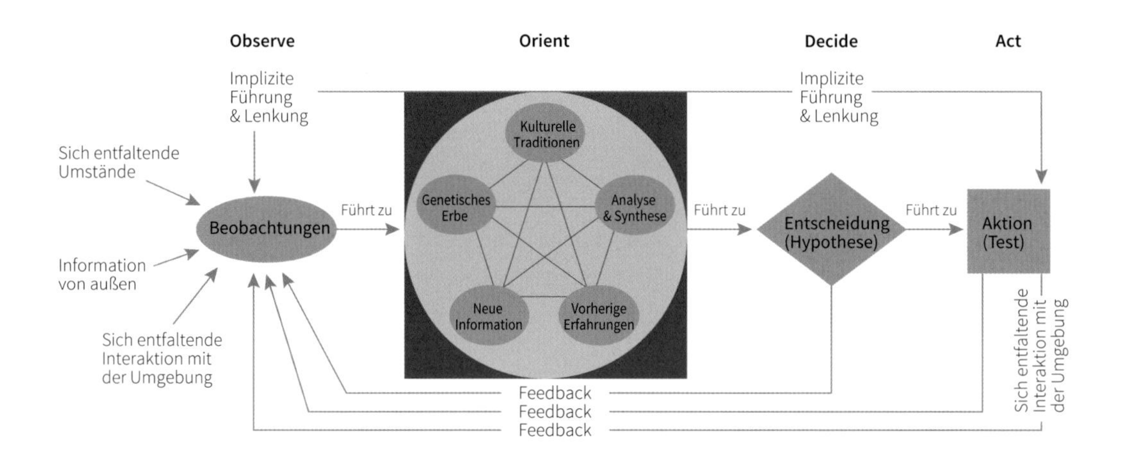

Abbildung 5.5
OODA-Loop nach John Boyd (1995)

Im Kontext der OODA-Schleife ist hervorzuheben, dass die Strecke O -> O -> D -> A einer impliziten Führung gleicht, während die Verbindung zurück von der Handlung (A = Act) zur Beobachtung der Auswirkungen (O = Observe) ein klassisches Feedback darstellt. Regelmäßige Reflexion führt zu einem eigentümlichen Effekt: Agile Teams benötigen immer weniger Kommunikation, um zu wissen, was zu tun ist. Die organisationalen Reflexe verbessern sich, mit Dynamiken umzugehen.

Das Ende der «Todesmärsche» und der Respekt für die Menschen

Dieses Merkmal hat zugegebenermaßen einen normativen Charakter. Es geht dabei um die Frage, wie Leistung definiert wird und ob man immer die berühmte Extrameile gehen muss. Menschengerechte Agilität definiert sich aber nicht nach abgeleisteten Stunden, sondern nach Resultaten. Parallel zur Kundenorientierung ist es notwendig, die Kapazität eines Teams zu kennen. Dies umfasst ebenso die Einsicht, dass jedes System seine natürlichen Grenzen hat und nicht ewig verbessert werden kann. Der bekannte Grenznutzen mag hier als Sinnbild dienen. Es stellt sich die Frage, ab wann eine Leistung «gut» war und wann Konsens darüber herrscht, dass die Aufwände im Verhältnis zum Ergebnis passend sind. Letztendlich ist dies eine Frage der eigenen Glaubenssätze, welche das Arbeitsethos eines Individuums bilden. Am allerletzten Ende landet man wieder bei der Frage nach dem Menschenbild und ob es «wehgetan» haben muss, damit eine Leistung als angemessen bezeichnet werden kann. Dieser Punkt ist natürlich ambivalent, da agile Teams immer nach Verbesserung streben und das Ambitionsniveau hoch sein sollte. Nichtsdestotrotz gilt das Motto: «Keine Überstunden machen und trotzdem Exzellenz liefern». Dieses Merkmal ist stark mit der Führungsphilosophie von Toyota verbunden. Dort ist vom «Respekt für die Menschen» die Rede, der gemäß Lesart dazu führen soll, dass die Fähigkeit des menschlichen Denkens gefördert werden soll. Mit anderen Worten: Es wäre inhuman, einen Menschen darin zu begrenzen, sich weiterzuentwickeln. Dies setzt natürlich Persönlichkeiten voraus, die sich weiterentwickeln können und wollen.

Weitere Online-Quellen
Agile Manifesto – https://agilemanifesto.org/
Scrum Guide – https://scrumguides.org/
Lean – https://leanbase.de
Agnostic Agile – https://agnosticagile.org/
Kanban for Agile – https://www.atlassian.com/agile/kanban

Strukturaspekte der Agilität und das Viable System Model VSM – die Kombination macht den Unterschied

Nachdem das Wesen der Agilität erkundet wurde, geht es jetzt darum, die organisationalen Strukturaspekte aufzuführen und konkrete Werkzeuge zu benennen, um wirksame Einheiten aufzubauen. Hierbei besteht hinsichtlich der vorgestellten Instrumente kein Anspruch auf Vollständigkeit, gleichwohl haben sich diese in der Praxis bewährt. Die verwendeten Begriffe der «Strukturaspekte» und «Werkzeuge» lehnen an das Agile-Governance-Konzept an, welches von Ralf-Eckhardt TÜRKE (2008) auf Basis des VSM entwickelt wurde.

Agilität und Lebensfähigkeit als Ganzes sehen

Zunächst soll als erste Näherungsstufe ein Überblick über die 12 Strukturaspekte der Agilität gegeben werden, um aufzuzeigen, wie diese über das VSM verteilt sind. Aus der Darstellung in Abb. 5.6 ist ersichtlich, dass die Aspekte nicht immer eindeutig einem System zugeordnet werden können. Dies wird nicht nur billigend in Kauf genommen werden, sondern soll dabei helfen, die entsprechenden Verbindungen zwischen den Teilsystemen herzustellen. Ebenso soll die Gliederung der Werkzeuge dazu dienen, die entsprechenden Systeme des VSM erfolgreich zu «bewirtschaften».

Übergreifende Aspekte

Zu Beginn soll der Blick auf die vier Aspekte gerichtet werden, die übergreifend für alle Systeme des VSM in Frage kommen. Diese Aspekte haben einen universalen Charakter und sind in jedem Kontext zu berücksichtigen. Im Anhang werden verschiedene Werkzeuge vorgestellt, um den jeweiligen Strukturaspekt zu bespielen.

- *Pull Prinzip und Fokus auf Flow* im System für die Prozessgestaltung
- *Meetingkadenzen und Kommunikation* zur Synchronisation der Planungsebenen
- *Rollenverständnis* zur Entwicklung von kontextgerechten Entscheidungsstrukturen und der Legitimation von Macht
- *Digitale Werkzeuge für die Verbreitung, Nutzung und Speicherung von Informationen*

Aufgrund der grundsätzlichen Natur dieser Strukturaspekte werden diese als Schichten rund um die Organisation wie in Abb. 5.6 dargestellt.

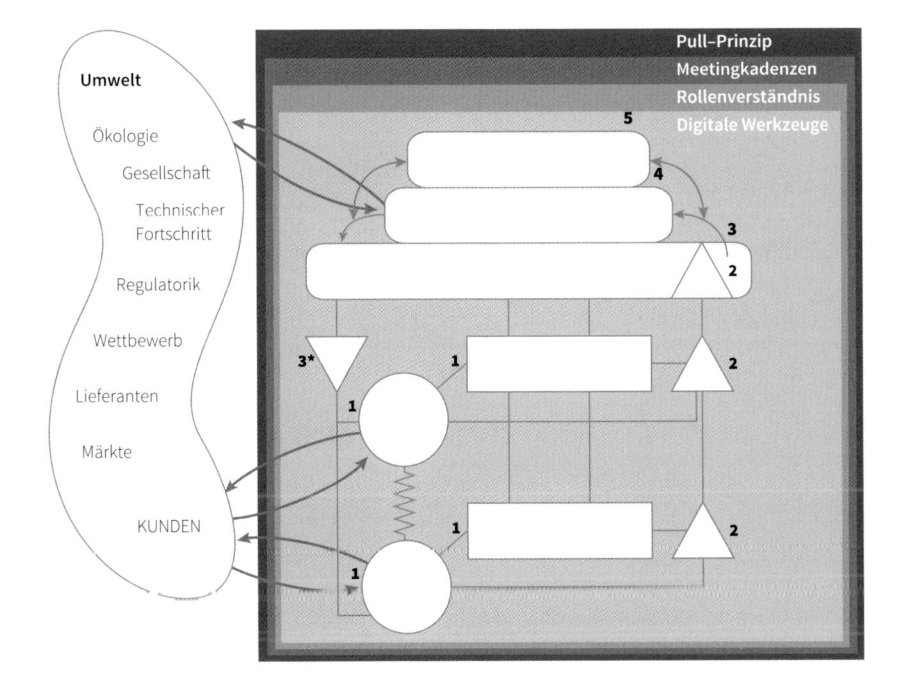

Abbildung 5.6
Die vier übergreifenden Strukturaspekte der Agilität im Kontext des VSM

Teilsystem-spezifische Strukturaspekte

Kommen wir nun zu den spezifischen Aspekten, die zum Betrieb der jeweiligen Systeme notwendig sind. Wie bereits erwähnt, lassen sich diese Aspekte nicht immer 1:1 einem Teilsystem des VSM zuordnen. Es erlaubt die verschiedenen Systeme und die Strukturaspekte ganzheitlich zu betrachten und die entsprechenden Werkzeuge je nach Kontext und Bedarf zu nutzen, weil Überlappungen erst ein «großes Ganzes» erzeugen.

Diese acht Aspekte gestalten sich wie folgt:

- Purpose, Vision, Werte
- Kultur des Initiative Ergreifen
- Kundenverständnis
- Portfoliomanagement
- Zielfindung und Monitoring
- Dynamische Ressourcenallokation
- Aufgabenmanagement
- Retros

Diese Aspekte werden im VSM in Abb. 5.7 folgendermaßen visuell zugeordnet.

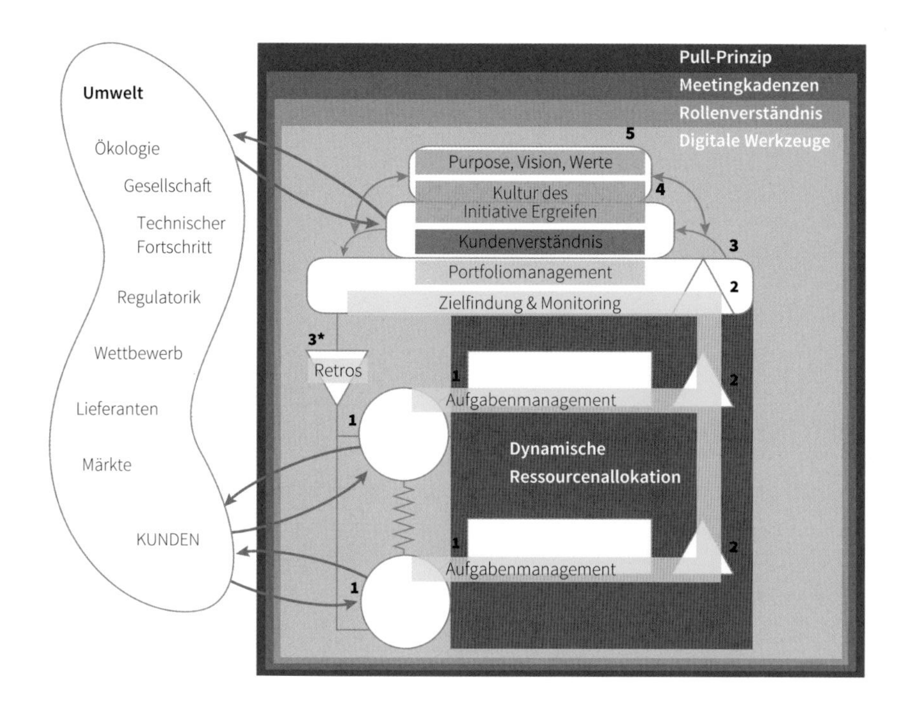

Abbildung 5.7
Die 12 Strukturaspekte der Agilität im Kontext des Viable System Model

Die auf Basis des VSM aufgeführten Strukturaspekte werden jetzt näher beleuchtet, um eine Agile Operation in Gang zu setzen. Im Anhang finden sich zu allen Aspekten die detaillierten Ausführungen zu den einzelnen Techniken und Werkzeugen.

Die vier übergreifenden Aspekte im Detail

Pull-Prinzip, Fokus auf «Flow» im System

Da die heutzutage praktizierte Agilität auf Lean Thinking basiert, steht bei jedem Team die kontinuierliche Lieferung von Werten im Vordergrund. Es geht darum, Blockaden in Prozessen aus dem Weg zu räumen, um mit dem geringstmöglichen Aufwand (also ohne Verschwendung) und im Takt des Kunden die beste Qualität zur Verfügung zu stellen. Auch wenn oftmals noch der Glauben vorherrscht, dass agile Praktiken nur «To Do, Doing & Done» kennen würden, so ist man doch bestrebt, sinnvolle Prozessstandards zu etablieren. Nicht um eine agile Bürokratie zu errichten, sondern um eine stabile Lieferkette sicherzustellen. Dies erreicht man durch Transparenz, eine Reduzierung der administrativen Aufwände und eine Verkürzung der Durchlaufzeit eines Geschäftsobjektes (ganz gleich, ob es um ein Jahresbudget in Excel geht oder ein Bauteil in der Produktion). Darum wird beim Pullprinzip nicht «in ein Lager» hinein produziert, sondern durch einen Kundenauftrag ein Prozess ausgelöst, der das Produkt zum Kunden «hin zieht».

Meetingkadenzen, die ineinandergreifen und die richtige Flughöhe/ Planungsebene benutzen

Regelmäßiger Austausch ist natürlich kein Merkmal, das nur agilen Organisationen vorbehalten wäre, jedoch sind diese in der agilen Welt sehr strikt organisiert – und stringenter durchgeführt als so manches Meeting in traditionellen Organisationen. Die Meetings und ihre Kadenzen sind eng mit dem Aufgabenmanagement verbunden und behandeln je nach Rekursionsebene unterschiedliche Planungsebenen. Damit soll ein Mikromanagement vermieden werden und sich die jeweilige Managementebene auf die Aufgaben konzentriert, für die sie «wirklich» zuständig ist. Alle im hinteren Werkzeugteil dieses Kapitels genannten Meetings finden auf jeder Rekursionsebene statt – ein wesentlicher Punkt, um eine umfassende Business Agilität zu ermöglichen!

Rollen im System statt klassischer Stellenbeschreibung

In komplexen Umfeldern ist es für die Organisation und die Menschen förderlicher, wenn man statt der klassischen Stellenbeschreibung, die statisch für eine Funktion definiert wird, vielmehr in Rollen denkt, von denen ein Mensch manchmal auch mehrere gleichzeitig ausübt. Das bietet zumindest in der Theorie den Vorteil, dass sich Rollen je nach Kontext aushandeln lassen und nicht wie eine «typische» Stelle verteilt werden. Rollen sind eher temporärer Natur – dies bietet eine höhere Flexibilität, wenn aus Gründen der Organisation neue Verantwortlichkeiten, aufgrund neuer Aufgaben, übertragen werden müssen. Dieser Ansatz offeriert damit die Chance, komplexitätsgerechter zu organisieren und Ashby's Gesetz zu entsprechen. Gleichwohl ist darauf zu achten, nicht zu viele (informelle und formale) Rollen einem Individuum aufzubürden, denn auch der einzelne Mensch weist eine begrenzte Varietät auf. Dieser Umstand wurde bereits im 2. Kapitel im Kontext der Holakratie beleuchtet. Rollen sollen dabei helfen, Grenzen innerhalb der Organisation zu ziehen, welche die Komplexität für die Akteure reduziert und nicht erhöht.

Rollen können folgendermaßen strukturiert werden (ANGERMAIER, 2013):

- *Aufgaben* innerhalb eines Prozesses, z. B. der Projektleiter hat die Aufgabe, das Projekt zu leiten.
- *Verantwortlichkeiten für die zu erzielenden Ergebnisse, die sich aus den Aufgaben ergeben.*

- *Befugnisse einer Rolle*, gemäß dem Kongruenzprinzip der Organisation muss eine Rolle mit den Befugnissen ausgestattet sein, die notwendig sind, um ihre Aufgaben durchzuführen und ihre Verantwortlichkeiten zu erfüllen.
- *Teilbarkeit einer Rolle,* denn eine Rolle muss nicht zwingend nur von einer Person wahrgenommen werden. Je nach Kontext kann es sinnvoll sein, dass eine Rolle von zwei oder mehr Personen ausgefüllt wird.
- *Kombinierbarkeit von Rollen,* dies verweist auf den Umstand, dass eine Person je nach Kontext in unterschiedlichen Rollen tätig sein kann. Hier gilt es darauf zu achten, dass Kombinationen ausgewählt werden, die sich nicht widersprechen (z. B. gleichzeitig Auftraggeber und operatives Teammitglied sein).

Ergänzend sei auf die Ausführungen im zweiten Kapitel hingewiesen, in denen von den Rollen in einem Netzwerk die Rede war (Gatekeeper, Koordinator, Repräsentant etc.). Diese Sichtweise soll dabei helfen, die Struktur in einem Netzwerk bewusst zu gestalten und sich stets zu fragen, welche Konflikte inner- oder außerhalb einer Rolle absehbar sind. Auf die delikate Kombination von Repräsentant und Gatekeeper wurde schon hingewiesen.

Im hinteren Teil werden Beispiele und Inspirationen für die konkrete Nutzung des Rollenverständnisses nachgereicht, um eine agile Operation zu ermöglichen.

Digitale Werkzeuge zur Kommunikation und Zusammenarbeit

Es mangelt heutzutage nicht an Lösungen, um die Kommunikation und Zusammenarbeit in Unternehmen zu verbessern. Leider werden diese Werkzeuge jedoch zum Teil in Konkurrenz zueinander implementiert, sodass die Nutzer der Anwendungen ihre «Trampelpfade» durch eine Systemlandschaft alleine gehen müssen. Roll-Outs neuer digitaler Werkzeuge per E-Mail-Kaskade tragen ebenfalls dazu bei, dass die Nutzer die Vorteile neuer Lösungen nicht verstehen und damit nicht akzeptieren können. So verwundert es nicht, wenn teure IT-Investments versickern, weil die Software nicht sinngemäß angewendet wird. Ein weiterer Punkt: Man gewinnt in der Praxis den Eindruck, dass Unternehmen von fünf Computerprogrammen beziehungsweise Plattformen abhängig sind: E-Mail, Excel, PowerPoint, SharePoint und SAP. Diese Werkzeuge sind an sich nicht problematisch, doch leider werden diese oft zu einer unheiligen Allianz zusammengefügt, die Nutzerfrust garantiert. Zum einen fehlen sinnvolle Standards für die Verwendung der Tools, und zum anderen werden technische Möglichkeiten der Verschlankung von Aufwänden nicht genutzt. Der Klassiker: Aus SAP heraus wird eine Liste extrahiert, die dann in Excel weiterbearbeitet wird, anstatt eine Funktion in SAP vorzusehen, welche die gewünschte Liste automatisch exportiert. Gleiches gilt auch für die missbräuchliche Benutzung von Excel. Als Tabellenkalkulationsprogramm angetreten, muss es heutzutage eine Menge anderer Programme ersetzen, indem z. B. Aufgabenlisten oder

Projektfortschritte von Hand gepflegt werden. Excel ist jedoch nicht dazu geschaffen worden, um komplexes Kapazitätsmanagement vorzunehmen. Daher werden im Anhang über die «digitalen Werkzeuge» die Wichtigsten kurz aufgeführt, welche agile Organisationen weltweit täglich gebrauchen.

Die spezifischen Aspekte

Purpose, Vision und Werte

Jedes agile Team sollte in der Lage sein, den eigenen Sinn und Zweck benennen zu können. Die nachfolgend aufgeführten Werkzeuge sind dabei nur Hilfsmittel, um den Purpose eines Teams oder einer Organisation zu erarbeiten. Das tatsächliche Erleben und Anwenden der Ergebnisse von Visionsprozessen ist wichtiger als der Prozess selbst. Es sei an dieser Stelle noch einmal auf die Einsichten des 3. Kapitels verwiesen – denn ein gemeinsamer Purpose und eine gemeinsame Vision befähigen ein Team erst dazu, sich eigenverantwortlich zu organisieren und der Komplexität der Umwelt zu entsprechen.

Kultur des Initiative Ergreifens und Experimentierens

Dieser Aspekt ist durchaus heikel, da eine Kultur nur das Resultat der Zusammenarbeit ist und niemals direkt beeinflusst werden kann. Diese emergiert erst durch die Interaktionen der Akteure. Entsprechend eingesetzte Werkzeuge sind damit als «Ermöglichungsmaßnahmen» zu verstehen. In diesem Strukturaspekt verbirgt sich jedoch noch eine weitere Dimension, nämlich die der Führung. In diesem Aspekt steckt die Innovationskraft der Agilität, und ob der Tatsache, dass es hierzu durchaus Führungsinstrumente gibt, die methodisch sehr einfach anwendbar sind, so bedeutsam ist die innere Haltung. Denn im Kern geht es darum, die Opferrolle zu verlassen und Menschen dazu ermutigen, Neues auszuprobieren: Sei es, um das bestehende Geschäft zu verbessern oder um neue Opportunitäten auszuloten. Somit sei an dieser Stelle auch schon auf das 6. Kapitel hingewiesen, welches vom Thema der Führung in einer komplexen Welt handelt und die individuellen und die organisationalen Muster des «Gestalten, Lenken und Entwickeln» aufgreift (ULRICH, 1983).

Kundenverständnis und Kundenorientierung

Ein ausgeprägtes Verständnis des Kunden ist der Ausgangspunkt für alle Aktivitäten der Organisation. Dies umfasst nicht nur die nach außen zum Markt hin gerichteten Handlungen, sondern betrifft genauso die internen Kunden-Lieferanten-Beziehungen im Unternehmen. Hierbei darf man keinem Fetisch verfallen und das Wort des Kunden jedes Mal für bare Münze halten. Es ist wichtig, sich jedes Feedback anzuhören, aber man darf nicht in die Falle tappen und ein Produkt auf den Ausnahmefall hin ausprägen. Peter Drucker empfiehlt zurecht, sich auf den Hauptkunden und dessen Hauptproblem zu fokussieren.

Portfoliomanagement

Besonders in großen Organisationen ist es unabdingbar, mit dem Thema des Portfoliomanagements umzugehen. Dieses entspricht im Kern dem altbekannten Multiprojektmanagement (MPM) und handelt von der übergreifenden Koordination paralleler Aktivitäten. Ganz gleich ob die hier ausgehandelten Programme/Initiativen lose gekoppelt oder stark voneinander abhängig organisiert sind (siehe Engpasstheorie), hier müssen langfristige Chancen bewertet sowie Risikoabschätzungen durchgeführt werden, um verantwortungsvolle Investments vorzunehmen. Dies beinhaltet in besonderem Maße eine entsprechende Kenntnis hinsichtlich der Kapazitäten der wertschöpfenden Einheiten und verweist damit auf den Kreislauf zwischen dem System 3 (Operatives Management) und System 4 (Strategisches Management). Dieser Aspekt ich auch vor dem Hintergrund der «skalierten Agilität» von enormer Wichtigkeit, denn es nützt nichts, wenn ein «Team von Teams» nicht die gleichen Praktiken und Prinzipien der Agilität anwendet. Dann entsteht ein «Meta-Wasserfall», den es unter allen Umständen zu vermeiden beziehungsweise zu begrenzen gilt.

Zielfindungsprozesse, Kennzahlen und Monitoring

Alle Maßnahmen der Welt sind nutzlos, wenn diese nicht auf ein gemeinsames Ziel einzahlen. Damit dies gelingt, setzt sich ein Scrum Team vor Beginn eines Sprints ein prägnant formuliertes Ziel. Stets steht dabei die Frage im Raum: Wie können wir feststellen, dass wir in diesem Zeitabschnitt die gewünschten Ergebnisse produziert haben? Zu diesem Zweck wird bewusst im Anhang nur das Werkzeug OKR vorgestellt, da sich dieses in dynamischen Umfeldern durchaus bewährt hat. Es hilft enorm, die Komponenten in einer lose gekoppelten Struktur aufeinander auszurichten. Gleichzeitig muss darauf hingewiesen werden, dass eine alleinige Fokussierung auf diesen Strukturaspekt niemals genügen wird, um eine agile Organisation aufzubauen. Obwohl es ohne relevante Kennzahlen nicht möglich ist, die Situation eines Unternehmens oder eines Prozesses zu erfassen, so sollte in jedem lebensfähigen System auch ein «Nicht-Ziel»-Raum existieren, der offen für den glücklichen Zufall ist, die Serendipität lässt grüßen – denn manche Ziele ergeben sich erst auf dem Weg. Somit leben Agilisten mit der Ambiguität von Zielen und Kennzahlen und wissen diese produktiv zur Verbesserung zu nutzen. Kurz gesagt: Sie wissen, wann sie Kennzahlen nicht vertrauen dürfen.

Aufgabenmanagement (Planungsebenen & Kapazität)

Ein weiteres Merkmal agiler Praktiken ist eine Zerlegung von Vorhaben in verschiedene Planungsebenen. Man darf jedoch nicht dem Irrglauben erliegen, man solle nun ein

«Elefanten-Carpaccio» anrichten, indem man eine Mammutaufgabe vorab bis ins letzte Detail zerlegt und entsprechend in verschiedenen Auflösungsstufen aufplant. Vielmehr macht man sich die Haltung der Tiefenunschärfe der Komplexität zu eigen, wie diese als Merkmal von agilen Praktiken eingangs beschrieben wurde. Es gibt also weiterhin wie beim klassischen Projektmanagement den «Schnitt von Projekten» in Teilprojekte, Aufgabenpakete und die eigentlichen Aufgaben selbst. Doch werde diese im Detail nur für den nächsten Produktionszyklus in der Planung tiefergelegt, wenn es um die operativ-taktische Ebene geht. Um auch längere Zeiträume zu bedienen, wird weiterhin in Initiativen oder Programmen gedacht, jedoch eine Eigenheit des agilen Mindsets hinzugefügt. Anstatt mit der Meinung hausieren zu gehen, dass sich die Zukunft vorhersehen ließe, wird auf der langfristigen Ebene nicht geplant, sondern eine Wette auf die Erfolgswahrscheinlichkeit abgegeben. Hierbei soll keine Zocker-Mentalität gefördert, sondern verantwortungsvoll mit Komplexität umgegangen werden. Die Idee des «Wetten statt Planen» ist unter anderem beim Musikstreaminganbieter Spotify wiederzufinden (KNIBERG, 2012). Dieser Aspekt ist selbstverständlich eng mit dem Portfoliomanagement verknüpft, denn erst die Verbindung von langfristiger und kurzfristiger Planung ermöglicht die Umsetzung großer Vorhaben, ist also das Bindeglied zwischen Strategie und der Operation. Zu guter Letzt sei als Werkzeug darauf hingewiesen, dass das bekannte Gantt-Diagramm (Meilenstein-Plan) durchaus auch in der agilen Welt genutzt werden kann, solange das goldene Dreieck des Projektmanagements auf den Kopf gedreht bleibt (vgl. Abb. 5.4). Natürlich gibt es auch in der agilen Praxis Zeitpunkte, an denen ein Gewerk geliefert werden muss. Nur begeht man eben nicht den Fehler, sowohl die Zeit, die Ressourcen und gleichzeitig auch noch die Qualität vorgeben zu wollen. Meilensteine sind also weiterhin in Ordnung, wenn man sich stets vergegenwärtigt, dass der «Outcome» nicht von Anfang an perfekt beschreibbar ist und erst in Iterationen entwickelt werden kann.

Dynamische Ressourcenallokation – Ergebnisse statt Jahresbudgets

Dieser vornehmlich in den Systemen 1,2 und 3 enthaltene Strukturaspekt dient dazu, sowohl im pro- wie auch im reaktiven Sinne in der Lage zu sein, die vorhandenen Ressourcen im Unternehmen schnell verlagern zu können. Die Gründe hierfür sind mannigfaltig und im Kern wieder auf die Komplexität zurückzuführen. Voraussetzung für eine erfolgreiche Allokation von Mitteln und Fähigkeiten ist ein organisationales Klima, welches ehrlich mit dem Thema der aktuellen Lieferfähigkeit beziehungsweise Kapazität der Organisation umgeht. Denn eine sinnvolle Konversation über zu verteilende Ressourcen ist zum Scheitern verurteilt, wenn nicht klar ist, welche Aufgabenmenge (inklusiver der inhärenten Komplexität) in welcher Zeit von einem Team bewältigt werden kann. Damit kommen wir zur Frage, wie das Thema des Schätzens von zukünftigen Aufgaben in den **Ressourcenverhandlungsprozess** (System 3–1 – Kanal im VSM) eingebracht wird. Während es in der fertigenden Industrie zum Teil noch möglich ist, wirklich numerisch erfasste Daten zu verarbeiten, so ist es im Umfeld der Wissensarbeit weitaus schwieriger, da nicht in Kategorien wie Losgröße, Stückstahl oder Maschinenzuverlässigkeit gedacht werden kann. Wissensarbeit braucht andere Einheiten, um Aufwände schätzen zu können. In traditionellen Umfeldern wird in der Wissensarbeit meistens in Zeiteinheiten geschätzt, z. B. in Stunden oder Tagen. Leider erweist sich dieser Ansatz des Schätzens in komplexen Situationen häufig als nutzlos, da unser Gehirn nur bedingt dazu in der Lage ist, *absolute* Schätzungen mit hinreichender Verlässlichkeit abzugeben. Dies ist in der Geschäftswelt insbesondere dann heikel, wenn ein neu zusammengestelltes Team zum ersten Mal Aufwände von Aufgaben bewerten soll, die sie zum ersten Mal zusammen erledigen. Mithin macht man sich in komplexen Umfeldern die Haltung zu eigen, dass Kapazitätsschätzungen eines Teams nur dann belastbar sind, wenn dieses Team diverse Lernschleifen durchlaufen hat und die abgegebenen Schätzungen auf gereiften Heuristiken basieren. Aus dieser Haltung resultiert des Weiteren, dass Schätzungen nur auf Verhältnismäßigkeiten basieren sollten – dies kommt dem kognitiven Apparat entgegen und kann durchaus die Freude am Schätzen fördern (siehe Werkzeug Story Points und Planning Poker). Denn das relative Schätzen der Menge von Bonbons in zwei Gläsern ist relativ leicht, wenn man nur sagen soll, in welchem Glas sich mehr Bonbons befinden. Schwer hingegen ist es, wenn man die exakte Anzahl an Bonbons je Glas angeben müsste. Diese Erkenntnis deckt sich auch mit einer Metapher, die Stafford Beer (1985) sehr schön zum Ausdruck gebracht hat: Es kommt nicht darauf an zu wissen, wie viele Steine für die Errichtung einer Mauer gebraucht wurden – es genügt zu wissen, dass ausreichend Steine vorhanden sind, um eine Mauer zu bauen.

Somit zurück zur dynamischen Allokation von Ressourcen, die auf einer realistischen Kapazitätsschätzung basieren sollte. Denn die Fähigkeit zur kurzfristigen Verlagerung von Ressourcen wird leider oftmals am Ende des Jahres pervertiert – die Rede ist vom sogenannten *Dezemberfieber*, welches sinnbildlich dafür steht, dass Budgetverantwortliche darauf bedacht sind, ihr Budget bis zum geplanten Zeitraum auszuschöpfen, da sie anderenfalls dafür bestraft werden, wenn sie gut gewirtschaftet zu haben. Denn dann wird das Budget für die nächste Planungsperiode um den Betrag reduziert, der zuvor eingespart wurde. Hier zeigt sich in destruktiver Form, wie die Vergangenheit linear in die Zukunft projiziert wird und der Glaube vorherrscht, dass die Rahmenbedingungen der vergangenen Periode der kommenden gleichen würden, sodass mit geringeren Mitteln der gleiche Outcome erzielt werden muss. Diesem Denkmuster gilt es aktiv zu begegnen und andere Werkzeuge zu nutzen, um letztendlich der Varietät des Marktes gerecht zu werden. Ergänzend sei wie bereits im Strukturaspekt des Aufgabenmanagements darauf hingewiesen, dass sowohl die strategische Ebene (System 4) und die taktisch-operative Ebene (System 1 bis System 3) aufeinander ausgerichtet werden müssen (Kreislauf der Systeme 3 und 4). Somit bildet der Austausch zwischen dem Portfoliomanagement und der dynamischen Ressourcenallokation das Scharnier für die Anliegen des «Außen und Dann» und dem «Innen und Jetzt».

Retrospektiven (und Reflektionsräume)
Wie bereits in den Merkmalen der Agilität aufgeführt, sind Reflexionsphasen unabdingbar. Auch wenn dieser Strukturaspekt den «Meetingkadenzen» zugewiesen werden könnte, so enthält die Retrospektive doch eine besondere Qualität, weshalb diese als eigenständiger Punkt aufgeführt wird – und damit eine Lücke schließt, die im VSM häufig zu erkennen ist: Es existiert kein selbstgelenktes Audit-System (3*). Leider ist es selten gängige Praxis, sich Reflexionsräume zu schaffen, in denen man im Team die vergangenen Ereignisse als Lernchancen nutzt. Immer noch ist die Einstellung vorherrschend, dass Denken keine Handlung sei und daher Zeitverschwendung darstelle. Aus dieser Haltung heraus resultiert jedoch eine erschreckend einfache Einsicht: «Wenn wir uns keine Zeit nehmen, darüber nachzudenken, wie wir besser werden, dann werden wir halt nicht besser!» Die Retrospektive ist dabei keine Erfindung, die auf Agilisten zurückgeht. Auch in der Welt des Lean Thinkings gibt es ein entsprechendes Ritual namens «Hansei» und welches eng mit der japanischen Kultur und ihrer Werte zusammenhängt. Der Begriff bedeutet wörtlich «Selbstreflexion» und ist Teil einer Erwartungshaltung, dass Fehler vom Fehlermachenden zugegeben werden und nicht eine Führungskraft dies aussprechen muss. Dieser Aspekt ist natürlich ambivalent, denn eine Kultur der Selbstbezichtigung, in der immer zuerst eine Schuldfrage geklärt werden muss, kann frei nach Gareth MORGAN (1997) in einem psychischen Gefängnis münden. Dies wiederspricht jedoch der Idee der Retrospektive – sie soll einen geschützten Raum darstellen, in dem ein Team miteinander reflektiert, Konflikte löst, um sich kontinuierlich zu verbessern. Daher gilt eine universale Regel für alle Retrospektiven: «What happens in Vegas, stays in Vegas!»

Zur Gestaltung eines solchen Formats gibt es unzählige Ideen (www.retromat.org), eine typische Fragestruktur wird im Anhang zu den Werkzeugen dieses Aspektes vorgestellt.

Wie startet man eine agile Operation? Wo soll man beginnen?
Auch in der agilen Welt geht nichts über eine angemessene Vorbereitung, und das A&O besteht darin, zu Beginn die Rahmenbedingungen vor dem Start eines agilen Teams zu klaren. Folgende Leitfragen sind einem Ansatz entnommen, der für hochadaptive Projekte entwickelt wurde (BORGERT, 2013). In dieser Methodik sind Erkenntnisse rund um die Resilienz von Individuen in Hochverfügbarkeitsorganisationen eingeflossen, die eine sehr hohe Robustheit gegenüber Störungen aufweisen müssen – auch HROs genannt, ein Akronym für High Resilience Organizations. Damit sind z. B. Feuerwehren, Notaufnahmestationen, Pilotencrews oder die Techniker in einem Atomkraftwerk gemeint. All

diesen Professionen ist gemein, dass diese mit sechs Dimensionen sehr reflektiert umgehen, um die notwendige Robustheit vorhalten zu können. Diese Einsichten lassen sich leicht für das Setup eines agilen Teams anwenden.

Ausrichtung

In einer HRO wird genug Zeit darauf verwendet, die Zukunft gemeinsam zu erkunden, Szenarien zu entwickeln und Alternativen vorzusehen.

- Warum soll agil gearbeitet werden? Welcher Mehrwert wird erwartet? Was soll sich verbessern?
- Liegt eine qualitativ hochwertige Vision vor, die emotional tragfähig ist und auf einem reflektierten Purpose basiert? Sind Purpose und Vision von allen Beteiligten akzeptiert?
- Sind die Rollen für das Vorhaben geklärt? Ist klar, wer der Kunde beziehungsweise Leistungsempfänger ist? Wissen die Stakeholder, dass diese zwar berechtigte Anliegen einbringen können, aber nicht im Mittelpunkt stehen?
- Wurde die wirtschaftliche Seite betrachtet? Es muss nicht immer einen «Business Case» geben, aber es sollte klar sein, welche finanziellen Rahmenbedingungen und Erwartungen bestehen.

Umfeld

Mit wieviel Kooperation ist seitens des Umfelds zu rechnen? Dies ist die zentrale Fragestellung, wenn ein agiles Team im Umfeld einer Linienorganisation tätig sein muss.

- Existiert ein Klima, das Kooperation bevorzugt, oder ist mit einer Konkurrenzsituation zu rechnen? In beiden Fällen stellt sich die Frage, wie bessere Beziehungen entwickelt werden können.
- Sind die Anliegen der unterschiedlichen Anspruchsgruppen systematisch erfasst worden?
- Sind weitere Einflussfaktoren bekannt, die den Handlungsrahmen eines Teams begrenzen oder erweitern können?
- Ist eine vertrauensvolle Kommunikation möglich, oder sind politische Formulierungen zu erwarten? Gibt es «versteckte Agenden»?

Sensitivität

Keine Krise entsteht ohne Ankündigung – erst im Rückblick erkennt man sie: die schwachen Signale, die einer größeren Katastrophe vorauslaufen. Erst eine auf Vertrauen basierende Kommunikation erlaubt die Erkennung und Behandlung solchen Inputs.

- Wie sieht die Fehlerkultur der Organisation aus, in welcher das Team startet?
- Werden Fehler als Lernchancen begriffen? Wie ist es um die Fähigkeit bestellt, Fehler zu akzeptieren?
- Kann man Fehler «wiedergutmachen»?

Gestaltung

In der Rückschau sieht man, dass viele kleine «Fast-Fehler», die man im Alltag noch gut bewältigen konnte, die Vorboten eines größeren Unheils waren. Daher braucht es besonders für den Start eines agilen Teams Menschen, welche die entsprechende Sensitivität mitbringen und bereit sind, «Fast-Fehler» anzusprechen und ihnen auf den Grund zu gehen. Ohne selbstgestaltende Eingriffe kann ein agiles Team nicht langfristig bestehen – es wird dann von der Linienorganisation absorbiert.

- Wie wird mit dem Gegensatz «Prozess» vs. «Situation» umgegangen? Welches Ausnahme-/Regelverhältnis wird angestrebt?
- Wie soll mit Hürden umgegangen werden? Dieses «Hindernis-Management» sollte vorab angedacht werden, um in Krisen nicht bei null anfangen zu müssen.
- Welche Pufferbereiche werden im Team vorgehalten, um flexibel auf Veränderungen reagieren zu können?

Teaming

Positivität ist ein Erfolgsfaktor, wenn es um Höchstleistung geht. Dieser ermöglicht eine bessere Kommunikation oder Entscheidungsfindung – und fördert die kollektive Kreativität, um mit unvorsehbaren Ereignissen umzugehen. Sie ist damit ein Indikator für die psychologische Sicherheit des Individuums und bildet die Basis für weitere Aspekte, um ein High-Outcome-Team zu bilden, wenn man der langjährigen Forschung von Google zu diesem Thema vertrauen darf, welches als Projekt Aristoteles bekannt ist. Diese Aspekte sind Verlässlichkeit, Struktur und Klarheit, Bedeutung der Aufgabe, Wirkung des eigenen Handelns.

Positivität wird durch gemeinsame Werte und einen achtsamen Umgang miteinander befeuert. Ebenso sind Fragen zur crossfunktionalen und cross-sozialen Aufstellung zu beleuchten, bevor ein agiles Team gestartet wird.

- Welche Bedeutung haben die im Scrum oder die im Agile Manifesto definierten Werte für das Team?
- Inwiefern korrelieren die agilen Werte mit den Werten der übergeordneten Organisationseinheiten? Sind Konflikte absehbar?
- Sind alle Fähigkeiten und Kompetenzen vorhanden, damit das Team autonom Werte für Kunden liefern kann?
- Ist die richtige Mischung von Menschen an Bord (z. B. Risiko-affine und -averse Typen)?

Wissen

Da komplexe Systeme von Intransparenz gekennzeichnet sind, braucht es den kontinuierlichen Aufbau und Austausch von Wissen, den bewussten Umgang mit Nicht-Wissen und Ungewissheit, damit ein Team stets up-to-date ist. Hierbei geht es darum, nicht nur das explizite Wissen, sondern auch das implizite Wissen, das nur durch Intuition zugänglich ist, zu erschließen.

- Stehen dem agilen Team die passenden digitalen Werkzeuge zur Verfügung, um Informationen zu erstellen, zu speichern und zu verbreiten?
- Wie viel Lernzeit steht dem Team zur Verfügung? In welchen Formaten und in welcher Frequenz wird der regelmäßige Austausch gepflegt?
- Sind Experimentierzonen vorgesehen, in denen neu erworbenes Wissen erprobt werden kann, um eine Handlungskompetenz zu erlangen?
- Gibt es Übungen für Krisensituationen?

Problemfelder agiler Praktiken

Nach diesen Ausführungen sollen nun offen die Problemfelder benannt werden, die im Umgang mit agilen Praktiken beachtet werden sollten. Im Umkehrschluss sind dies Indikatoren für den Reifegrad einer Organisation, wenn erfolgreich mit diesen Aspekten umgegangen wird.

Business-Theater, auch bekannt als Stabilisierung des Status quo
Ein großes Risiko besteht darin, die neuen Rollen und Interaktionsmuster auf die alte Organisationsform zu übertragen. Damit findet ein Hijacking der neuen Muster mit dem alten Mindset statt. Ebenso kann eine pseudo-agile Haltung den Konservatismus einer Organisation fördern. Man missbraucht das Prinzip der schrittweisen Verbesserung, um schmerzhaft erscheinende Veränderungsprozesse zu umgehen. Damit werden Innovationen im Klein-Klein der organisationalen Politik gebremst, während man sich furchtbar modern vorkommt.

Agieologen vs. Agilisten
Diese prägnante Formulierung entstammt einem Blogpost von Thomas MICHL (2015) und beschreibt den Umstand, dass man aus der Idee der Agilität keine Religion machen darf. Er schreibt, dass auch «andere Wege, Ideen und Methoden zu befriedigenden Lösungen führen können.» Daher sucht der Agilist «den Austausch, den Dialog mit sich scheinbar widersprechenden Ansätzen, auf der Suche nach der möglichst besten Lösung. Genau das ist es, was einen Agilisten in meinen Augen ausmacht.» Damit ist das Gegenteil eines Agieologen beschrieben, der agile Praktiken für das Allheilmittel für alle organisationalen Probleme hält.

Überbewertung der Taktik zu Lasten der Strategie
Ein weiteres Problemfeld ist der alleinige Fokus auf den nächsten Produktionsabschnitt (Sprint). Ein reines Segeln auf Sicht, in dem gar keine langfristige Vorausplanung mehr stattfindet, birgt jedoch die Gefahr, nur noch in einem reaktiven Modus zu arbeiten. Damit ist man zwar in der Lage, sehr gut auf kurzfristige Veränderungen zu reagieren, jedoch mindert dies die Fähigkeit, proaktiv und die Zukunft gestaltend einen Wertstrom auszurichten. Ein agiles Strategieverständnis ist notwendig, um nicht im «Hamsterrad des Tagesgeschäfts» hängenzubleiben.

Suboptimierte Agilität
Es ist zwar relativ einfach, ein agiles Team zu starten und z. B. in den Scrum-Modus zu überführen – doch die lokale Agilität wird unterminiert, wenn auf übergeordneter Ebene die agilen Teams mit der alten Denkweise koordiniert werden. Dann entsteht wieder ein langatmiger Wasserfallprozess, der die Lieferfähigkeit des Gesamtsystems behindert. Abstimmungsprozesse werden durch klassische Berichtslinien derart verlangsamt, dass die «agile Energie» absorbiert wird. Eine agile Organisation ist jedoch als Ganzes zu denken, was natürlich in Transformationsvorhaben ein Vabanque-Spiel darstellt. In Übergangsphasen muss man die Paradoxie aushalten, dass lokale Teams bereits in agilen Strukturen arbeiten, während die übergeordneten Ebenen noch im alten Modus operieren. Umso wichtiger ist es, gleich zu Beginn einen Rahmen zu schaffen, von dem aus agile Strukturen von «unten nach oben» und von «oben nach unten» wachsen und gedeihen können.

Der Schwarm und das Gesetz der Straße
Selbstorganisierte, crossfunktional aufgestellte Teams sollen Probleme besser als ein Individuum lösen können. Dieser grundsätzlich zu befürwortende Ansatz darf jedoch nicht ideologisch ausgelegt werden. Denn ein Schwarm ist nicht per se klüger als ein einzelner Mensch. Das Potenzial für Group-Think-Effekte, die zu einer Gleichschaltung des Denkens führen, können sogar zu einer Schwarmdummheit führen. Individualleistungen sollten aber nicht behindert werden und zu Kritik an der Gruppe stets ermutigt werden. Nur aus dem Kontext heraus lässt sich bewerten, ob eine Aufgabe von einem Team oder einem einzelnen Talent erledigt werden sollte. Am Ende stellt sich die Frage, wie die erforderliche Varietät einer Situation am besten bewältigt werden kann.

Der funktionale Schnitt der Organisation
Häufig wird die Einführung von agilen Arbeitsweisen mit einer Änderung der Organisationsstrukturen begleitet. Man erhofft sich dadurch, frühzeitiger lieferfähig zu sein – es stellt sich allerdings die Frage, für wen man überhaupt liefern soll. Denn genauso häufig ist leider weiterhin eine nach innen gerichtete Logik zu erkennen, die den Silotyp A gegen

den Silotyp B austauscht, aber die Organisation nicht in Kundenlösungen strukturiert. Daraus resultiert eine für die Kunden unproduktive Nabelschau, die nicht nur Customer Value vernichtet, sondern auch dem Shareholder Value schadet.

Zu viel in zu kurzer Zeit wollen
Der Weg zu einer agilen Organisation braucht Zeit. Dies lässt sich weder ausrollen, noch im Detail durchplanen. Es ist ein zutiefst heuristischer Prozess, für den es keine Abkürzung gibt. Auch hier begegnet einem ein typisches Phänomen der Komplexität: Wenn man «insgesamt» frühzeitiger liefern will, muss man zwischendurch mal langsamer sein. Aus diesem Grund macht es Sinn, lieber mit einem kleinen Team zu starten, Erfahrungen zu sammeln und dann Stück für Stück den Wirkradius auszuweiten. Leider glauben viele Manager immer noch, dass man auf Knopfdruck skalieren kann. Tatsächlich braucht es einen langen Atem, wenn eine agile Transition gestartet wird. Im Sinne der Total-Cost-of-Ownership ist dies aber der erfolgreichere Weg – und menschengerechter ist es allemal.

Damit schließt sich der Kreis der Ausführungen zu den grundlegenden Zusammenhängen der Agilen Operationen. Zur weiteren Vertiefung wird im Anhang dieses Buches eine Vielzahl von Werkzeugen vorgestellt, die in der heutigen Unternehmenspraxis Anwendung finden.

Die Umsetzung: Drei Anwendungen in der Praxis

1. Praxisbeispiel: HEC GmbH

Das Beispiel der HEC GmbH – verfasst aus der Sicht des Geschäftsführers Frank DÜSTERBECK von Kurswechsel – ist deswegen besonders interessant, da zum einen das Dienstleistungsportfolio äußerst komplex ist und zum anderen, weil die HEC sich in einer kontinuierlichen Transformation befindet. Die HEC wurde 1988 gegründet, sie existiert also schon recht lange am Markt. HEC GmbH steht für Hanseatische Softwareentwicklungs- und Consulting GmbH. Das beschreibt sehr treffend den Sinn und den Zweck des Unternehmens. Heute bietet die HEC eine Vielzahl von Dienstleistungen im Bereich der Softwareentwicklung an mit dem folgenden Customer Value:

- Digitalisierungsberatung – von der Ideation über das Protoyping und Validation bis zur Umsetzung
- Erstellung ganzheitlicher Softwareindividuallösungen
- Application Lifecycle Management (Betreuung einer Anwendung über die gesamte Lebenszeit hinweg)
- Stellung von Experten und Expertenteams On-site, beim Kunden

- Beratung und Qualifizierung in den Bereichen Architektur, Technologie, agile Prozesse und Methoden
- Software-Akademie und IT-Bildungshaus für IT-Umschüler und Weiterbildung

Ergänzend hat die HEC 2017 die Unternehmensberatung «Kurswechsel Unternehmensberatung GmbH» ausgegründet, deren Zweck die Organisations- und Transformationsberatung sowie die Geschäftsmodell-, Strategie- und Portfolioberatung ist. Die HEC arbeitet branchen- sowie technologieübergreifend und beschäftigt ca. 170 Mitarbeiter (Stand 2019).

Zweck, Aufgaben und Fähigkeiten des System-im-Fokus

Für die HEC gilt, dass alle Dienstleistungen höchst individuell sind. Weiterhin unterliegen sie einer starken Dynamik. Kurzfristige Kundenanfragen z. B. für Workshops oder die Stellung von Projektteams müssen schnellstmöglich beantwortet und umgesetzt werden. Für Projektanfragen müssen Projektteams neu zusammengesetzt (sogenannte fluide Projektteams) oder Projekte an stabile (Multi-)Projektteams vergeben werden. Die Lösungen, die HEC anbietet, sind fast immer hoch innovativ. Insbesondere für die Softwarelösungen gibt es kaum Wiederverwendbarkeit aus bisher erstellten Lösungen. Lediglich das Wissen und die Erfahrung der Mitarbeiter sind «wiederverwendbar». Weiterhin erwarten die Kunden der HEC unabhängig von der Dienstleistung größtmögliche Qualität. Die Konkurrenz am Markt ist groß, allerdings ist der Bedarf auch entsprechend hoch. Aus diesen Gründen muss die HEC sicherstellen, dass alle Mitarbeiter in einem kontinuierlichen Austausch stehen, um Wissen und Können möglichst breit zu teilen. Weiterhin achtet die HEC sehr darauf, Mitarbeitern ein weit gefächertes Angebot an Weiterbildungsmaßnahmen anzubieten. Sichergestellt wird dies unter anderem durch die eigene HEC Software Akademie.

Die HEC hat hierbei ein gewisses Alleinstellungsmerkmal, da sie auf der einen Seite auf agile Art und Weise Software produziert und auf der anderen Seite genau in diesen Themen berät und qualifiziert. Alle Seiten befruchten sich gegenseitig und führen zu einer entsprechend hohen Güte, sowohl in der Entwicklungs- als auch in der Beratungs- und Qualifizierungsleistung. Damit dieses ganzheitliche Portfolio abgedeckt werden kann, ist ein Höchstmaß an Flexibilität der Organisation und der Prozesse notwendig.

Die HEC ist Teil der mehr als 1000 Mitarbeiter starken team neusta Gruppe und kann hieraus Kapazitätsengpässe und Know-how-Defizite kompensieren. Weiterhin ist die HEC in der IT-Branche sehr stark mit anderen Unternehmen und Experten vernetzt.

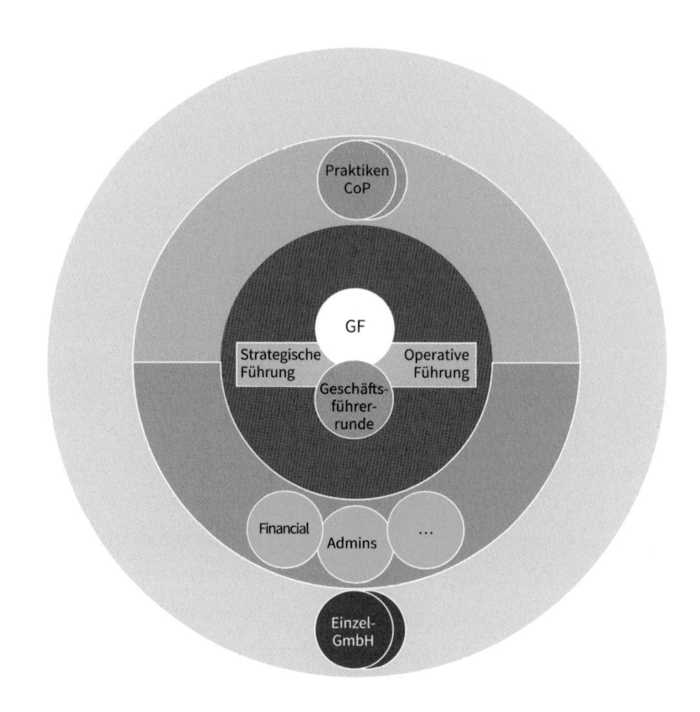

Abbildung 5.8
team neusta-Gruppe

team neusta
team neusta ist ein inhabergeführter Unternehmensverbund spezialisiert auf die Entwicklung und das Verbinden analoger und digitaler Kommunikationsplattformen. team neusta setzt dabei auf flexible Strukturen, Verantwortung und gegenseitiges Vertrauen sowie ein organisch gewachsenes Gefüge. Die Gruppe besteht aus 26 Einzelgesellschaften, die als Netzwerk miteinander äußerst durchlässig kollaborieren. Das macht die Zusammenarbeit mit team neusta für die Kunden unkompliziert, offen, transparent und schnell.

Ausgangssituation vor 2018/19 – «Wo kamen wir her?»

Die HEC ist kontinuierlich damit beschäftigt, ihre Organisation den Marktbedürfnissen anzupassen. Ausgangspunkt war das Jahr 2008; bis dahin war das Unternehmen noch eine stark formal hierarchische Organisation (die typische Pyramide diente zur Darstellung von Berichtslinien). 2008 hat die HEC eine größere Umstrukturierung durchgeführt und mehrere formale Hierarchieebenen abgeschafft und besaß danach kein Organisationsdiagramm im herkömmlichen Sinne mehr. Die formale Struktur beschränkte sich bis 2019 auf die in Abb. 5.9 dargestellten Organisationseinheiten:

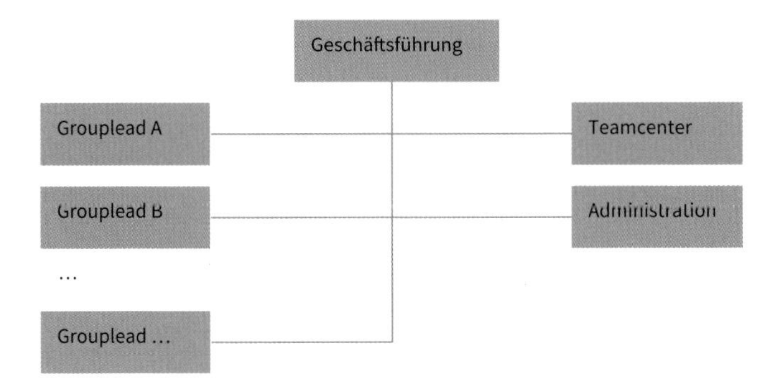

Abbildung 5.9
Formales Organigramm der HEC

Jedem «Grouplead» waren vor 2019 direkt Mitarbeiter zugeordnet. Hierbei konnte eine Group einen oder mehrere Mitarbeiter oder ganze Projektteams umfassen – die Größe war sehr unterschiedlich beschaffen. Die Projektteams stellen die am Markt operativ arbeitenden Einheiten dar und können Entwicklungs- oder Beratungsteams sein. Eine weitere Klammer für eine Group konnte aber auch die gemeinsame Expertise der ihr zugeordneten Mitarbeiter sein. So gab es eine Group «Qualitätssicherung», in der ein Großteil der HEC-Entwickler mit Testexpertise gekapselt war. Diese Group entsprach aber eher einer Austauschgruppe für Kompetenzen (Community of Competence). Fast jeder Entwickler mit Testexpertise war wiederum Teil eines oder sogar mehrerer Projektteams.

Welchem «Grouplead» ein Mitarbeiter letztendlich zugeordnet war, hing zum einen von seiner eigenen Rolle ab. Zum anderen, ob er in einem langfristig stabilen Projektteam arbeitete, oder manchmal einfach von persönlichen Präferenzen. Ein «Grouplead» bei der HEC hatte dabei folgende mitarbeiterbezogene Aufgaben:

- Auslastung des Mitarbeiters (Klärung, in welchem Projekt der Kollege eingesetzt ist bzw. wird)
- Unterstützung der Weiterentwicklung (Klärung und Begleitung, wie und wohin sich ein Kollege entwickeln möchte)
- Ansprechpartner bei Problemen und Fragen (Sparring und Rückhalt des Kollegen)
- Abstimmung des Gehalts

Es gab also keine eindeutige Zuordnung zwischen den Mitarbeitern einer «Group» und den operativen Projektteams. So konnte ein Mitarbeiter dem «Grouplead» A zugeordnet sein und in einem Projektteam des «Groupleads» B die operative Arbeit z. B. als Scrum Master verrichten. Weiterhin konnte es sein, dass eine Group keine gemeinsame Vision teilt, sondern einfach nur aus Mitarbeitern bestand, die in Projekten anderer «Groupleads» verortet waren. Eine Betrachtung der Groups macht deswegen als Rekursionsebene des VSM wenig Sinn.

Eine andere Darstellung der Organisation der HEC bietet eine (projekt-)teamzentrierte Sicht. Diese ist in der folgenden Abbildung (modellhaft) aufgezeigt:

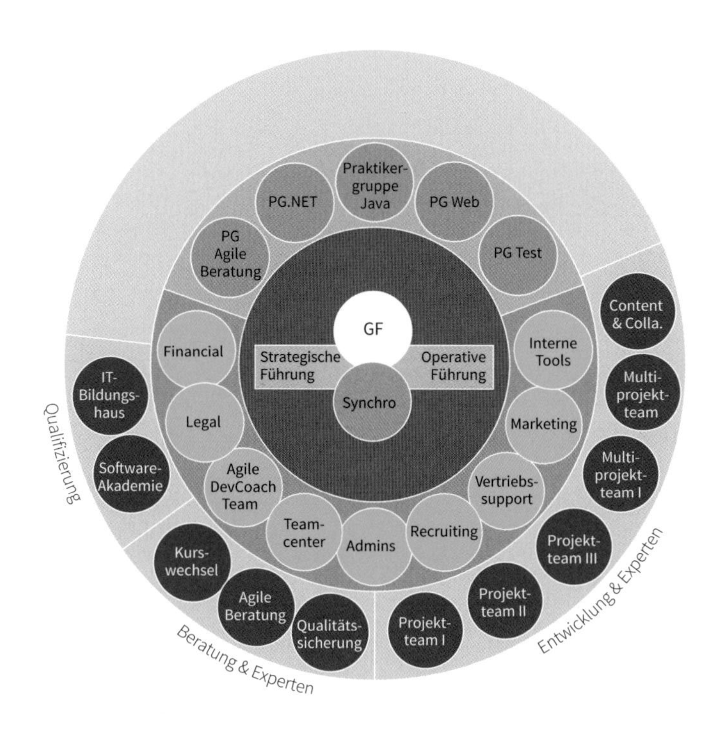

Abbildung 5.10
Alternative Darstellung der HEC im Jahre 2018, vor dem nächsten Entwicklungsschritt

In dieser Abbildung sind die zum Markt sichtbaren Einheiten außen dargestellt und die Dienstleistungen für die Projektteams sowie Austauschmöglichkeit in Form von Praktikergruppen im Inneren (angelehnt an das Modell der Kollegialen Führung von Bernd ÖSTERREICH und Claudia SCHRÖDER (2016).

Dieses bietet sich an, um die Rekursionsebenen zu definieren:
- Rekursion 0: Unternehmen inklusive Unterstützungsfunktionen/Zentrale Bereiche
- Rekursion 1: Projektteams

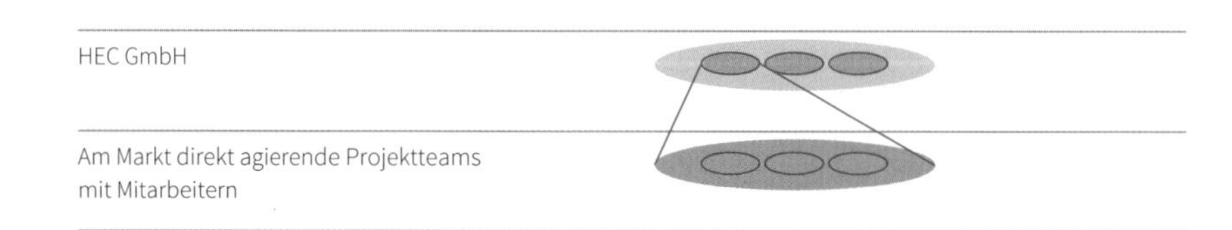

Abbildung 5.11
Die Rekursionsebenen mit dem in Kapitel 2 vorgestellten Rekursionstrichter.

Zu beachten ist, dass die HEC als Teil des team neusta (quasi die Rekursions -1) wiederum ein Teilsystem ist.

Die Struktur der HEC als lebensfähiges System

Nach dieser Einleitung in die Ausgangssituation und die Herausforderungen der HEC GmbH soll nun mittels des VSM untersucht werden, wie die Organisation neu ausgerichtet werden kann. Hierbei liegt der Schwerpunkt auf der Identifikation von Schwachstellen der bisherigen Struktur, obgleich natürlich auch die funktionierenden Aspekte der bisherigen Struktur benannt werden. Die Untersuchung folgt dabei dem klassischen Aufbau des VSM, von der Wertschöpfung ausgehend hin zu den Management-Systemen.

System 1 – Die Lenkung der Wertschöpfung

Die Kunden der HEC haben folgende typische Problemstellungen, unabhängig von der anstehenden Neuorganisation:

- «Ich möchte meine Mitarbeiter befähigen, eine bestimmte Technologie anwenden zu können.»
- «Ich brauche einen oder mehrere externe (HEC-)Mitarbeiter, die meine Kapazitätsengpässe kompensieren.»
- «Ich benötige externe Expertise (z. B. agile Beratung), die es mir ermöglicht, meine Wertschöpfung zu verbessern.»
- «Ich brauche eine individuelle Software, die meine Geschäftsprozesse digital abbildet bzw. optimiert.»
- «Ich brauche strategische und operative Unterstützung bei der Transformation meiner Organisation.»

Damit eine Problemlösung gefunden und umgesetzt werden kann, wird es weiterhin sowohl langfristig zusammenarbeitende, stabile als auch kurzfristig zusammengestellte, fluide Projektteams geben. Des Weiteren werden auch in Zukunft Mitarbeitende gebraucht, die Einzelleistungen erbringen (z. B. eine Schulung durchführen).

Diese Einheiten sind als System 1 zu betrachten. Sie stellen die eigentliche Wertschöpfung der HEC dar. Es gibt hierbei Projektteams, die für einen Kunden mehrere Lösungen parallel erarbeiten, sowie Projektteams, die für einen Kunden nur eine Lösung erstellen, oder Projektteams, die für mehrere Kunden gleichzeitig tätig sind (Multiprojektteam). Weiter wird deshalb der Einfachheit halber ausschließlich der Terminus Projektteam verwendet. Die Projektteams wurden durch die «Groupleads» zusammengesetzt.

Die vielen unterschiedlichen Varianten der HEC-Projektteams, deren starke Dynamik und die später aufgeführten diversen Arten der Zusammenarbeit scheinen im ersten Moment zu komplex, sind aber unmittelbare Folge des breiten Dienstleistungsangebotes und der damit verbundenen hohen Varietät des Marktes. Denn nur durch die hohe

Varietät der HEC-Projektteams kann der Marktvarietät entsprechend begegnet werden.

Auch in Bezug auf den Markt respektive den Kunden spielten die «Groupleads» eine zentrale Rolle. Zusätzlich zu den mitarbeiterbezogenen Tätigkeiten übernahmen diese weitere Aufgaben wie:

- Akquisition neuer Projekte
- Initialisierung von Projekten
- Kundenpflege und Eskalation
- Repräsentant der Group für die Geschäftsleitung der HEC
- Monitoring der finanziellen «Gesundheit» der zugeordneten Projektteams (System 3*)

Wodurch ist nun die Lebensfähigkeit der Systeme 1 sichergestellt?

Jedes Projektteam arbeitet operativ **selbstorganisiert**. Es koordiniert sich und seine Aufgaben und kann bei Bedarf oder Fragen auch auf andere Projektteams oder Menschen in der HEC oder im team neusta direkt zugehen. Das längerfristige Hinzuziehen anderer Mitarbeiter oder das Freisetzen eines Teammitglieds war mit dem «Grouplead» abzustimmen. Der Zweck des Projektteams wird durch seine übergreifende Aufgabe, z. B. die Produktvision, bestimmt. Im Sinne des VSM ist ein solches Projektteam nur für die Projektlaufzeit lebensfähig. Es ist vorgegeben, dass jedes längerfristig zusammenarbeitende Projektteam einen Scrum Master hat. Die exakte Definition dieser Rolle mit der noch folgenden Herausforderung des «Dienstleister-Scrum» war aber seinerzeit nicht definiert und ließ teilweise großen Raum für Unsicherheiten.

Eine weitere Ausgestaltung der Selbstorganisation eines Projektteams ist die Selbstgestaltung: Das Team kann neben der operativen Selbstkoordination bei Bedarf Mitarbeiter hinzuziehen oder freisetzen. Hierzu werden die «Groupleads» informiert und eine Entscheidung gemeinsam im Konsens getroffen. Damit ein Projektteam eine solche Entscheidung herbeiführen kann, muss es seine eigene «Verrechnung» im Auge behalten. Ebenso wie bei einem rein selbstkoordinierenden Projektteam ist ein selbstgestaltendes Projektteam auf Dauer nicht lebensfähig. Es «lebt» nur zur Laufzeit des Projektes.

Damit ein Projektteam lebensfähig ist, muss es operativ **selbstgestaltend** und strategisch selbstorganisiert sein. Das heißt, es kann seine Ausrichtung und seine Vision selbst im Rahmen des Purpose der HEC ausrichten. Bei einer Neuausrichtung geschieht dies in Abstimmung mit der Geschäftsführung. Ein selbstausrichtendes Projektteam besitzt strategisch und vertrieblich alle Fähigkeiten und Ressourcen, um langfristig eigenständig in seinem Markt bestehen zu können, und stellt somit ein lebensfähiges Projektteam dar. Theoretisch könnte dieses in eine eigene rechtliche Form (z. B. eine GmbH) ausgelagert werden.

Erkanntes Verbesserungspotenzial

Wie sich leicht erkennen lässt, übernahmen die «Groupleads» eine zentrale Rolle mit einer starken Aufgabenvermengung über alle VSM-Systeme hinweg. Weiterhin war durch die Uneinheitlichkeit der Groups die jeweilige Rolle sehr unterschiedlich ausgeprägt und wurde auch unterschiedlich gelebt. Bei der Untersuchung des System 1 wurde erkannt, dass dieser Rolle nicht alle «Groupleads» gerecht werden konnten. Dies lag nicht an deren Können, sondern an der Vielzahl der mit dieser Rolle verbundenen Verantwortlichkeiten. Insbesondere wenn noch hinzukommt, dass fast alle Groupleads zusätzlich im System 1 wertschöpfend tätig waren. Letztendlich führte das zu einer Überlastung ihrer Rolle. Systemtheoretisch gesprochen reichte die Varietät der «Groupleads» nicht aus, um der Varietät der verbundenen Aufgaben zu begegnen. Typische Probleme waren:

- Die hohe Diversität, uneinheitliche Rahmenbedingungen und Aufstellungen der Groups, welche ungleich höhere Anforderungen an die Mitglieder und deren gemeinsame Integration stellte.
- Die Vermischung zwischen Projektinitialisierung und Zuordnung der Mitarbeitenden, vor allem bei dem für die Führung Verantwortlichen. War dieser gleichzeitig der «Vorgesetzte» eines Teams oder des Mitarbeiters, bestimmte er oder sie also unter Umständen sogar das Gehalt, sodass in der Folge offene Kritik im Zweifel nicht ausgesprochen wurde. Es ist allerdings essenziell, dass Mitarbeiter der Projektteams frühzeitig und offen Hindernisse und Probleme ansprechen, um diese schnell und ohne allzu großen Folgeschaden beheben zu können.
- Ein zu hohes Maß an individueller Entscheidungsmacht (je nach Auslebung). Diese Macht hat in Teilen dafür gesorgt, dass der «normale» Projektmitarbeiter in einigen Teams nicht gegen die Meinung des «Groupleads» angekommen ist und gute Ideen oder Lösungsvorschläge in der Entscheidungsstruktur versickerten.
- Mangelnde Erbringung der gekoppelten vertrieblichen Aufgaben, sowohl fachlich wie auch quantitativ.
- Ungleich verteilte Führungsspannen, so dass den «Groupleads» zwischen 10 und 30 Mitarbeitern zugeordnet waren. Eine Erfüllung der mitarbeiterbezogenen Aufgaben war somit in größeren Teams kaum bis gar nicht möglich.

Neben diesen Problemen zeigte sich, dass eine weitere Skalierung mit den dargestellten Rollen und circa zehn «Groupleads» nur schwer möglich wäre. Hier zeigt sich die Macht von Dunbars Zahl (DUNBAR, 1993), nach der ein Mensch höchstens 150 soziale Beziehungen aufrechterhalten kann. Auch wenn der Wert nur eine Daumenregel darstellt, so wurde im Kontext des Unternehmens klar, dass eine neue Grenze erreicht wurde.

HEC macht «Dienstleister-Scrum».

Für das weitere Verständnis ist es wichtig zu betonen, dass die HEC insofern kein «normales» Scrum vollzieht, als das gesamte Team nicht zur gleichen Organisation gehört. Das bedeutet, dass der Produkteigner (Product Owner) immer beim Kunden angesiedelt ist. Die restlichen Mitglieder des Scrum-Teams (Entwickler und Scrum Master) werden durch die HEC gestellt. Hierdurch ergibt sich die Herausforderung, dass nicht nur das zu erstellende Produkt im Sinne des Kunden wertschöpfend sein muss, sondern auch die HEC-Mitarbeiter im Sinne der HEC wertschöpfend wirken müssen. Das «HEC-Team» muss also eine wirtschaftliche Sicht zu eigen machen, während ein Scrum Master in erster Linie sowohl im Sinne des Kunden, aber auch im Sinne der HEC handeln muss. Nicht alle Scrum Master in der HEC hatten gelernt, in dieser Gemengelage gut zu arbeiten. Ein strukturierter Aufbau von entsprechender Könnerschaft ist also essenziell für den zukünftigen Erfolg der Projektteams.

Im Weiteren ist kurz dargestellt, welche Prozesse, Werkzeuge und Rollen bis Mitte 2019 im System 1 Einsatz fanden. Im später aufzuzeigenden Zielbild wird eine Weiterentwicklung des Rollenmodells vorgestellt.

Prozesse:

- Tägliches Arbeiten nach Scrum/Kanban oder anderen agilen Vorgehensweisen
- Einsatz agiler Praktiken zur Unterstützung der Entwicklung wie z. B. eXtreme Programming, Clean Code Development, Story Mapping, agile Planung (siehe Anhang)

Werkzeuge:

- Jedes Projektteam nutzt diverse physikalische und digitale Boards zur Koordination der Projekte und Aufgaben
- Diverse Kommunikationstools von der E-Mail über Chat bis hin zu Videochats
- Wikis und weitere Kollaborationstools

Funktionen/Rollen:

- Scrum Master
- Entwickler mit folgenden Expertisen
  - Softwarearchitektur
  - Qualitätssicherung
  - User Experience
  - Programmierung
  - Anforderungsmanagement

- Financial Master:
  sorgt für Transparenz über die Wertschöpfung eines (Multi-)Projektteams
- Projektteam-Repräsentant:
  ist Ansprechpartner für den Kunden, den Grouplead und die Geschäftsführung in Bezug auf projektbezogene Informationen
- Grouplead

System 2: Die Koordination und Harmonisierung

Die einzelnen direkt mit dem Markt agierenden Projektteams operieren unabhängig voneinander beim Kunden und decken jeweils die gesamte Wertschöpfungskette für den Kunden ab. Für allgemeine Aufgaben wie Rechnungsstellung, Fakturierung, Beschaffung o.Ä. sind die innen wirkenden Teams wie z.B. das **TeamCenter** zuständig. Eine formale Struktur zur übergreifenden Koordination im Sinne des System 2 war nicht institutionalisiert. Die «Groupleads» sprachen sich ad hoc ab, um tagesaktuelle Probleme schnell zu lösen. Dies funktionierte je nach Kapazität mal mehr und mal weniger gut.

Die HEC hat kein zentrales Controlling. Je nach Ausprägung der Selbstorganisation verwenden die «Groupleads» und Projektteams unterschiedliche Kennzahlen, die im laufenden Betrieb erfasst werden. Dies können sein:

- Teamumsatz
- Verrechenbarkeit (auf Teamebene)
- Auslastung
- Brutto- vs. Nettostundensatz
- Velocity (Maß für die Geschwindigkeit eines Projektteams in der Abarbeitung einzelner Artefakte pro Zeiteinheit)
- Durchlaufzeiten (Durchlaufzeit: Maß für Dauer der Abarbeitung, von der Anforderungsstellung bis zur Produktivsetzung einzelner Artefakte)

Die Geschäftsführung übernimmt hierbei die Aufgabe, die Ergebnisse zu hinterfragen. Das heißt, dass sie sich mit den «Groupleads» oder anderen Repräsentanten aus den Projektteams trifft, um Hindernisse und Probleme zu besprechen und zu helfen. Auf Unternehmensebene werden für das Controlling monatliche Kennzahlen wie z.B. Umsatz, Ergebnis etc. herangezogen.

Im Operativen, z.B. in der Softwareentwicklung selbst, gibt es Reviews und Retrospektiven, die für eine möglichst gute Entwicklungsqualität sorgen sollen. Weiterhin waren die Agile Master sowie die «Groupleads» dafür da, soziale Probleme in Projektteams oder bei einzelnen Mitarbeitern zu erkennen und zu lösen. Aufgrund des Dienstleistungsportfolios insbesondere der agilen Beratung hat die HEC alle Kompetenzen in der Organisation in sich, um solche Konflikte und Störungen zu behandeln.

Erkanntes Verbesserungspotenzial

Um den Markt zu befriedigen, war es notwendig, Projektteams möglichst schnell zusammenzusetzen (fluide Teams). Dies führte dazu, dass Mitarbeiter aus Projekten herausgerissen wurden. Einige Mitarbeiter schwirrten quasi wie freie Radikale zwischen den Teams umher. Weder war es diesen Mitarbeitern möglich, eine wirkliche Bindung zu einem Team und in letzter Instanz auch zur HEC zu entwickeln. Noch gelang es, dass fluide Teams wirklich schnell gute Standards entwickeln. Die Qualität litt unter diesen Umständen. Ein weiteres Problem war die Planbarkeit. Diese war mit fluiden Teams/Mitarbeitenden nur äußerst schwer möglich. Der Koordinierungsaufwand seitens des «Groupleads» war immens. Da die Rolle des Scrum Masters nicht abschließend geklärt war, führte dies zu unterschiedlichen Erwartungshaltungen und zu Konflikten zwischen «Grouplead» und Scrum Master.

System 3: Die Optimierung der übergreifenden Zusammenarbeit

Die Optimierung geschah zum einen durch die Synchro-Runde sowie durch Praktikergruppen als auch durch einzelne Mitarbeiter, die eine Idee hatten und damit entweder direkt zur Geschäftsführung oder zu einem «Grouplead» gegangen sind. Insbesondere in den Praktikergruppen entstanden und entstehen viele Verbesserungsvorschläge, die das operative Geschäft optimieren. Diese Ideen können sowohl einen prozessualen als auch einen organisatorischen oder technologischen Bezug haben. Ein Beispiel ist die HEC eigene «Definition of Project Initiation» (DoPI). Diese ist als Idee zweier Mitarbeiter entstanden, um die Initialisierung von Projekten zu professionalisieren, und wird jetzt von mehreren Personen weitergeführt und verfeinert.

Im Fall einer Eskalation konnten kontextbezogen verschiedene Verfahren greifen. Je nach Eskalation können Kollegen mit unterschiedlichen Expertisen zusammenkommen, um das für die Problemlösung notwendige Können hinzuzuziehen. Dies schließt die Geschäftsführung mit ein. Da jede Eskalation sehr individuell ist, gibt es kein allgemeingültiges Verfahren. Zeigt sich, dass ein Projektteam auf Dauer nicht mehr «gesund» bzw. lebensfähig ist, kann sich dieses in Absprache mit «Grouplead» und Geschäftsführung auflösen.

Im Allgemeinen koordinieren sich Projektteams in ihrer Aufgabenstellung selbst. Bei Bedarf können sie sich Hilfe von anderen Projektteams oder Menschen holen (Kanal der Ressourcenverhandlungen auf Rekursionsebene 0). Die Teams innerhalb des Dienstleistungskreises, wie z. B. das TeamCenter, stellen die indirekte Wertschöpfung dar. Sie sind Dienstleister der Projektteams und unterstützen sie bei ihrer operativen Arbeit.

Ist die Inanspruchnahme einer Leistung eines anderen Projektteams oder eines Mitarbeiters zu verrechnen beziehungsweise mit einem höheren Arbeitsaufwand verbunden, so ist es abhängig von der Ausprägung der Selbstorganisation, ob ein Projektteam dies selbst bestimmen kann oder aber den «Grouplead» informieren oder konsultieren muss. Allgemein sind die Prozesse zur Koordination untereinander weder vorgegeben noch dokumentiert, sondern möglichst direkt und schlank aufgestellt. Sie schränken den Handlungsspielraum nur minimal ein.

Synchro-Gruppe

Die «Groupleads» und die Geschäftsführung treffen sich in einer regelmäßigen Runde zum Austausch folgender Informationen:

- Koordination aktueller Vertriebsthemen
- Freie und frei werdende Mitarbeiter
- Bedarfe an Mitarbeitern

Die Zusammensetzung eines neuen Projektteams geschieht durch einen oder mehrere «Groupleads» ebenfalls durch direkte Ansprache oder über die Synchro-Runde. Hierbei wird auf die Belange der Mitarbeiter oder auch anderer Projektteams, aus denen Mitarbeiter rekrutiert werden, eingegangen.

Bis dato konnten alle kapazitären Konflikte (Beispiel: Ein «Grouplead» braucht einen Mitarbeiter von einem Projektteam, dessen «Grouplead» diesen nicht abstellen möchte – Ressourcenverhandlung) gemeinsam im Konsens gelöst werden. Letzte Eskalationsinstanz ist die Geschäftsführung.

Erkanntes Verbesserungspotenzial

Durch die immer größer werdende Anzahl an Kollegen, aber auch durch die immer offener auf Augenhöhe agierenden Mitarbeiter stieg das Bewusstsein für Probleme in den Projekten, so dass mehr Konflikte in kürzerer Zeit transparent wurden (trotz der benannten «Grouplead»-Problematik). Dies führte allerdings auch zu einer erhöhten Anzahl an Eskalationen in Richtung der Geschäftsführung und zu einer starken zeitlichen Belastung für diese.

Als weiteres Problem erwies sich, dass sich die «Groupleads» niemals als Team verstanden haben. Eine gute gemeinsame Optimierung des operativen Geschäfts war so nur eingeschränkt möglich.

System 3*: Anomalie-Erkennung

Zur Vermeidung von schwerwiegenden Störungen, die nicht mehr im Alltag zu bewältigen sind, wird in jedem Projektteam eine Retrospektive durchgeführt. Bei dieser reflektiert das Team hauptsächlich, wie die Zusammenarbeit funktioniert hat. Dieses Kommunikationsritual trug maßgeblich dazu bei, Probleme in Projekten zu identifizieren und die strukturelle Situation der HEC zu erkennen.

Erkanntes Verbesserungspotenzial
Die Retrospektive allein genügt nicht, um die System 3*-Funktion wahrnehmen zu können. Sie soll zwar beibehalten werden, aber es ist ein umfassendes Instrumentarium im Sinne dieser Funktion aufzubauen.

System 4: Zukunftsfragen bedienen
Bei der HEC gibt es keine dedizierte «Abteilung» oder ein F&E-Team, welches sich um die zukünftige strategische Ausrichtung kümmert. Diese kann und sollte sowohl von den selbstorganisierten Projektteams bestimmt werden – hier insbesondere von den Projektteams, die auch selbstausrichtend sind – als auch über einzelne Mitarbeiter, Praktikergruppen oder die «Groupleads». Letztere sind unter anderem dafür verantwortlich, dass ihre Gruppe (z. B. agile Beratung) aber auch einzelne Projektteams für die eigene Vision sorgen und damit auch eine strategische Ausrichtung haben. Die «Groupleads» sind nicht dafür verantwortlich, die Vision inhaltlich zu bestimmen. Ist ein Projektteam nicht selbstausrichtend, kann der «Grouplead» die strategische Sicht ergänzen.

Verbreitung von Wissen

Die HEC nutzt zur Verbreitung von Wissen und Können neben den bereits genannten Praktikergruppen verschiedene Formate. Diese können mitarbeiter-, team- oder organisationsbezogen sein. In der folgenden Abbildung ist eine grobe Übersicht über die verschiedenen Optionen dargestellt:

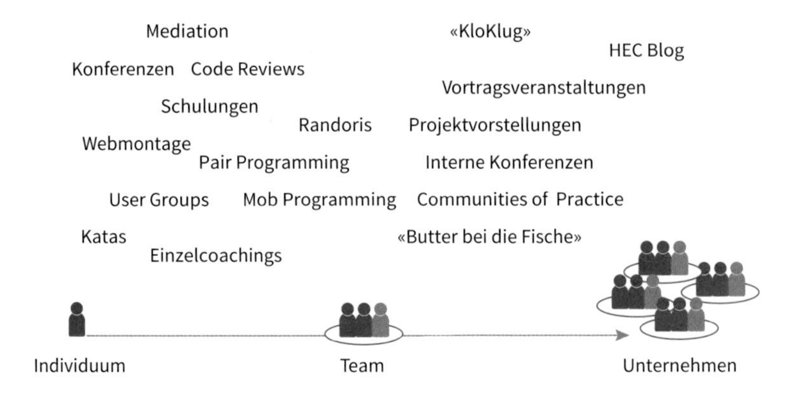

Abbildung 5.12
Formate zur ganzheitlichen Weiterentwicklung des Unternehmens

Da die Projektteams und damit auch sehr viele Mitarbeiter direkten Markt- und Kundenkontakt haben, ist der Kanal in den Markt abgedeckt. Jeder kann bei der HEC Verantwortung übernehmen und strategische Arbeit leisten. Innovative Ansätze, wie z. B. ein AR/VR-Team aufzubauen, werden mit der Geschäftsführung besprochen und in fast allen Fällen auch gestartet. Hierzu sind keine Budgets notwendig, wohl jedoch schnelle Adaptionszyklen, um frühzeitig zu erkennen, ob die Idee wirklich am Markt angenommen wird oder nicht. Zukunftsthemen werden also wie kleine Start-ups im Unternehmen selbst behandelt.

Zellteilung als logischer Schritt

Ein Beispiel für ein solches Thema ist die «Kurswechsel» Unternehmensberatung als hundertprozentige Tochter und Ausgründung der HEC. Ziel von «Kurswechsel» ist die agile Beratung von Unternehmen in den Bereichen Organisation, Führung und Zusammenarbeit. Die Idee, eine eigene Unternehmensberatung zu gründen, entstand dadurch, dass die HEC schon länger am Markt Unternehmen in der Transformation hin zu einer lernenden Netzwerkorganisation begleitet – aus der Expertise der eigenen Transformation heraus. Der Zugang zum Markt ist aber als Softwareentwicklungs- und Beratungshaus begrenzt. Um dem Markt besser gerecht zu werden und Komplexität aus der HEC auszulösen, war eine «Zellteilung» notwendig: Die Kurswechsel Unternehmensberatung GmbH entstand. Zurzeit bestätigt sich, dass diese einen stärkeren Kanal zum Markt bilden kann und ein eigenständiges Dienstleistungsportfolio abbildet.

Erkanntes Verbesserungspotenzial
Auch wenn strategische und vertriebliche Vorhaben in der HEC relativ einfach zu starten sind, so war es doch wünschenswert, mehr Ideen bezüglich dieser Vorhaben zu erhalten und ein gesteigertes Engagement aller Mitarbeiter in diesen Bereichen zu erzielen. Insbesondere der vertriebliche Einsatz, das Erkennen neuer Märkte, aber auch die Durchdringung etablierter Märkte und Kunden war verbesserungswürdig. Die beschriebene Rollenvermengung des «Groupleads» war hier eher hinderlich, weil Projektteams sich im Zweifel auf deren Vertriebsarbeit verlassen haben, die von den «Groupleads» jedoch nicht geleistet werden konnte.

System 5: Das Ethos
Die Kultur der HEC war und ist geprägt durch ein offenes, positives Miteinander. Dies wird auch immer wieder durch die Kollegen gespiegelt. Beispielhaft sei hier auf die Online-Bewertungen in entsprechenden Portalen (kununu.de) oder die Positionierung im Index von Great Place to Work verwiesen. Aber auch die Teilnahmequoten an der

Weihnachtsfeier bis hin zur Fluktuationsrate sind Indikatoren für einen guten Zusammenhalt und eine gesunde Identifikation mit dem Unternehmen. Die HEC hat sowohl in der Organisation als auch in den Prozessen und der Infrastruktur viel getan, um Raum zu geben, dass sich eine solide Basis an Werten entwickeln kann. Hierzu gehören auch häufig durch Mitarbeiter getriebene soziale Engagements. Für Probleme haben sowohl die Geschäftsführung als auch alle anderen Mitarbeiter ein offenes Ohr. Teilweise wurde dies aber nicht immer ausgenutzt, so dass Probleme im operativen Geschäft zu spät erkannt wurden und Projekte nicht in der Güte abgewickelt werden konnten, wie es notwendig gewesen wäre. Gleichwohl gibt es auch bei der HEC negative informelle Kommunikation und auch Unzufriedenheit – diese steht aber in einem guten Regel-/Ausnahmeverhältnis.

Erkanntes Verbesserungspotenzial
Dies mag an dieser Stelle überraschen – doch hinsichtlich des «Spirits» ist die HEC gut aufgestellt. Hier gilt es weniger auf Verbesserung zu achten, als den guten Zusammenhalt auch in Zeiten des Wachstums aufrechtzuerhalten. Oder wie es so schön bei der HEC heißt: «Einfach besser besser werden.»

Die Zukunft – «Wo wollen wir hin?»
Nach der Betrachtung der Ausgangssituation soll nun das Zielbild mithilfe des VSM entwickelt werden. Wie bereits in der Analyse erwähnt, war ein Problem der HEC-Organisation im Jahre 2018 die Rolle des «Groupleads» sowie die in Teilen mangelnde Zugehörigkeit der Mitarbeiter zu Teams, insbesondere hervorgerufen durch die Fluidität. Die erste Konsequenz ist das Aufbrechen der Rolle des «Groupleads» und die Schaffung neuer Organisationseinheiten mit folgenden Zielen:
- den Kunden besser gerecht zu werden,
- Projekte qualitativ besser und strukturierter abzuarbeiten,
- den Mitarbeitern ein stärkeres Zuhause und eine höhere Bindung zu geben,
- den Mitarbeitern in ihren Problemstellungen gerechter zu werden und
- das Unternehmen vertrieblich zu stärken.

Ausgehend von der Umwelt wurden Organisationseinheiten (Systeme 1) entwickelt, die die Marktfragestellungen ganzheitlich und autonom beantworten können und eine zielorientierte Kapsel für die Projektteams darstellen. Das Organigramm der HEC hat sich auf den ersten Blick dadurch nur rudimentär geändert. Die Veränderung ist aber fundamental und führt den Gedanken der oben genannten selbstausrichtenden Projektteams konsequent weiter, so dass ein lebensfähiges Subsystem, bestehend aus autonom am Markt handelnden und ausgerichteten Einheiten, entsteht. Die Transition hin zu diesem System ist zum Zeitpunkt der Drucklegung noch nicht abgeschlossen und befindet sich mitten im Prozess.

Die HEC 2019

Die neue Struktur des Unternehmens enthält eine weitere Rekursionsebene und die Business Unit wird eingeführt. Dies soll dazu beitragen, die Struktur optimal zu vereinfachen und gleichzeitig passfähig zum Markt aufgestellt zu sein.

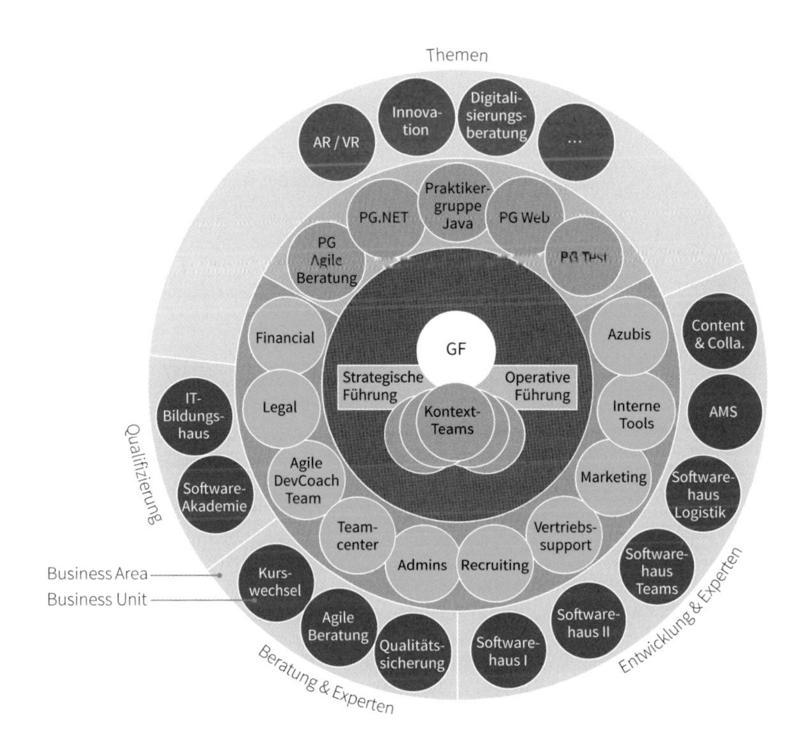

Abbildung 5.13
Die Struktur der HEC als Kreismodell

GF
Geschäftsführung
Gesetzliche Vertretung und formaler Repräsentant der HEC, Definition des Rahmens der Business Units
KT
Kontextthemen-Teams
Feste und Fluide Teams zur Bearbeitung konkreter operativer und strategischer Fragestellungen (wie z. B. BGM, Dienstleistungen 2030)
KT Operativ
Kontextthemen «Operativ»
Organisationsentwicklung, Beobachtung der Auslastung, Begleitung der Business Master, Eskalationsinstanz für alle Mitarbeiter
KT Strategie
Kontextteam «Strategie»
Strategie und Ausrichtung der HEC
Beobachtung und Synchronisation der Strategie der Business Units
Impulse für Business Units
Kommunikation «neuer Themen/möglicher Tätigkeitsfelder»
Definition strategischer Vertriebsthemen, Strategischer Vertrieb der HEC
Business Development
Zusammen mit GF
Gründung neuer Business Units
Zusammenlegen/Aufgeben von Business Units
Thema
Themen
Themen zur Adressierung von Kunden(-bedürfnissen), bei einer entsprechenden Nachfrage kann sich ein Thema zu einer Business Unit entwickeln
PG
Praktikergruppen (PGs)
Austausch innerhalb der Fachgruppen, Unterstützung der Mitarbeiter bei der Erreichung technischer und fachlicher Exzellenz, Jede PG verfolgt mindestens eine konkrete Zielsetzung
Business Unit
Business Unit/Operative Einheit
Unabhängig agierende Geschäftseinheit der HEC ggf. mit eigener strategischen Ausrichtung
BuM
Business Master
Repräsentant der Business Unit, Sicherstellung der Abdeckung der notwendigen Aufgaben zur Führung einer Business Unit
AgM
Agile Master
Wertstrommaximierung der Projektteams
Kunden-Ansprech-Partner
Kunden-(Projekt-)Ansprechpartner
Ansprechpartner eines Projektes für den jeweiligen Kunden, Erste Eskalationsinstanz für den Kunden

Abbildung 5.14
Die neue Aufstellung der HEC

System 1 – Neuer Schnitt der Rekursionsebenen und neue Rollen

Die operativen, direkt am Markt agierenden Einheiten waren im Modell vor 2019 die Projektteams. Diese werden in der neuen Struktur als sogenannte Business Units zusammengefasst (in der obigen Grafik als blaue Kreise dargestellt). Eine Business Unit hat hierbei die Mission, am Markt eine wertschöpfende Leistung anzubieten und so die Problemstellungen ihrer Kunden autonom zu lösen. Sie wird wie eine eigene lebensfähige Organisation im Sinne des VSM gesehen. Jede Unit hat eine eigene Vision und Mission und eine strategische Ausrichtung. Das unterscheidet sie auch von den meisten HEC-Multiprojektteams (außer den Teams, die auch vorher schon selbstausrichtend waren). Beispiele für Business Units sind die agile Beratung oder auch die verschiedenen Softwarehäuser. Ein Softwarehaus hat hierbei den Zweck, individuelle Softwarelösungen herzustellen – quasi eine HEC im Kleinen ohne den Beratungsanteil. Ob ein solches Softwarehaus wirklich lebensfähig ist hängt von der strategischen Ausrichtung ab. So wird es ein Softwarehaus Logistik geben, welches entsprechende Branchenlösungen anbietet und somit einen klaren strategischen Fokus besitzt. Die neuen Rekursionsebenen sind demnach:

- Rekursion 0: Unternehmen inklusive Unterstützungsfunktionen, zentrale Bereiche
- Rekursion 1: Business Units
- Rekursion 2: Projektteams

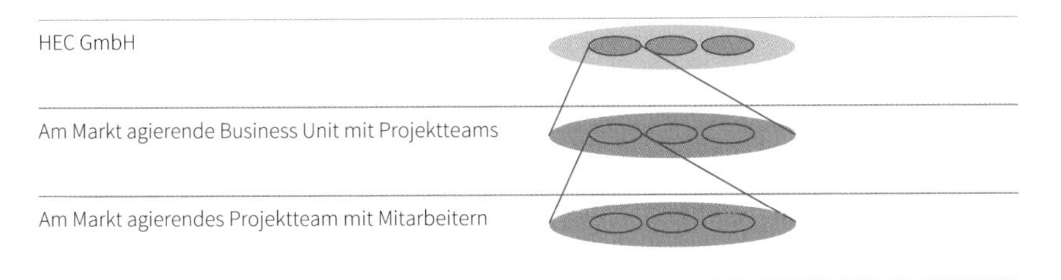

Abbildung 5.15
Die Komplexität des Marktes macht eine neue Rekursionsstruktur notwendig

Mehrere Business Units, die eine ähnliche geschäftliche Ausrichtung haben, ergeben eine Business Area. Diese stellt allerdings nur ein Ordnungskriterium zur Verdeutlichung der Ausrichtung der Units (z. B. Entwicklung, Beratung oder Qualifizierung) dar, hat ansonsten keine weitere strukturelle Bedeutung und wird im Folgenden nicht weiter betrachtet. Die Rekursionsebenen in einer etwas anderen Darstellung:

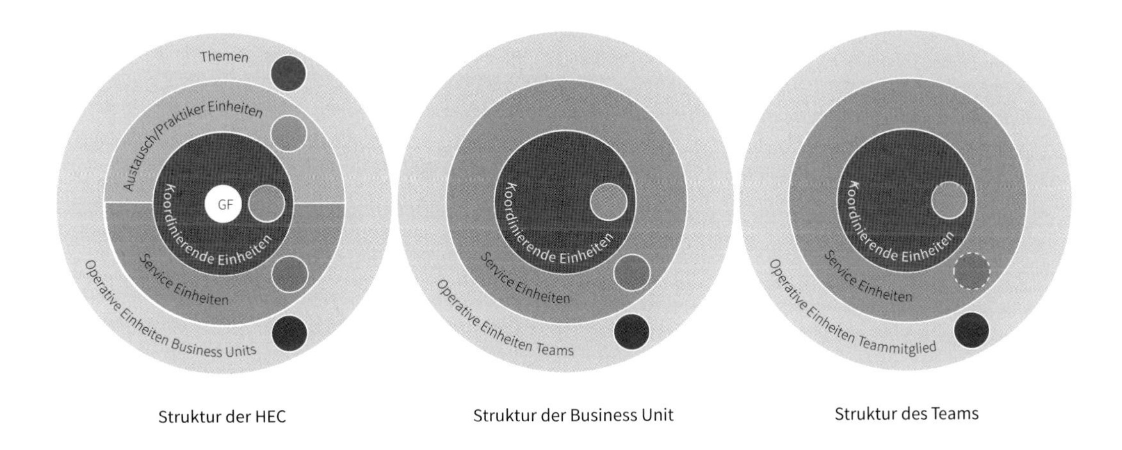

Abbildung 5.16
Die Struktur der Rekursionsebenen

Rekursionsebene 0 – die HEC

Die Rolle des «Groupleads» und die damit verbundene Synchro-Gruppe wird sukzessive gestrichen. Stattdessen werden das Kontextteam Operativ und das Kontextteam Strategie definiert. Diese übernehmen auf der Rekursionsebene 0 die operative und strategische Führung (System 3 und 4) und haben folgende Aufgaben:

Kontextteam «Operativ»

Organisationsentwicklung, Beobachtung d. Auslastung, Begleitung der Business Master, Eskalationsinstanz für alle Mitarbeiter sowie Erkennung von Synergien, Hindernissen und Verbesserungen über alle Business Units.

Kontextteam «Strategie»
Strategie und Ausrichtung der HEC, Beobachtung und Synchronisation der Strategie der Business Units, Impulse für Business Units, Gründung und Zusammenlegen / Aufgeben von Business Units sowie Gründung weiterer Themen-Teams. Die Geschäftsführung ist Teil des Kontextteams «Strategie».

Zentrales Element der HEC-Organisation ist die Business Unit. Sie hat folgenden grundlegenden inneren Aufbau:

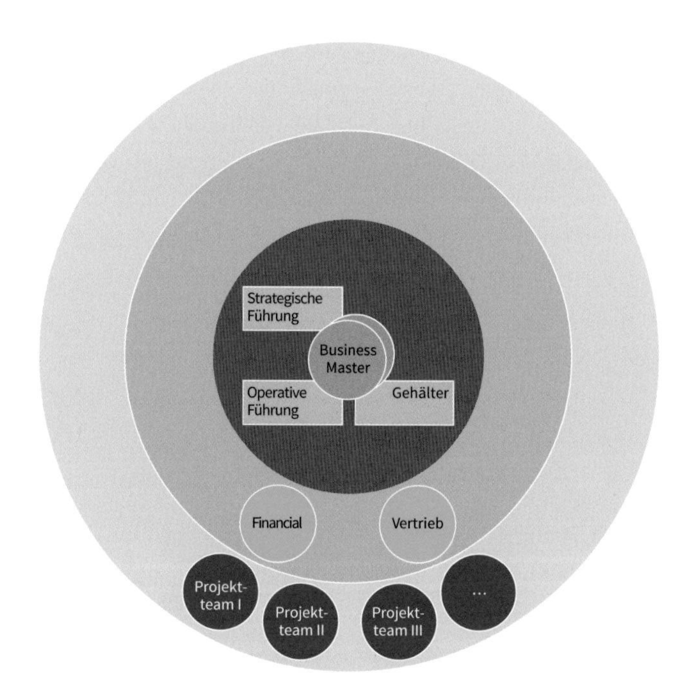

Abbildung 5.17
Der Aufbau einer Business Unit

Die ehemals mit dem «Grouplead» verbundenen Aufgaben werden verteilt. Eine genaue Rollenvorgabe ist Stand Drucklegung nicht geschaffen. Die Rahmenbedingung ist, dass alle Aufgaben, die für die erfolgreiche Führung einer Business Unit notwendig sind entsprechend wahrgenommen werden. So braucht es z. B. für eine lebensfähige Business Unit jemanden der als Entrepreneur strategisch handelt, jemanden der die finanzielle Sicht für die Unit herstellt, vertriebliches Handeln usw.
Zur Sicherstellung, dass alle Aufgaben innerhalb der Business Unit verantwortlich abgedeckt sind, gibt es die Idee, die neue Rolle des «Business Master» einzuführen (Stand 06.2019). Der Business Master ist in erster Instanz sowohl Repräsentant als auch (für

bestimmte Informationen) Gatekeeper der Business Unit (siehe Fernandez & Gould). Eine Business Unit kann auch mehrere Business Master haben. Die Aufgaben sind:

- Sicherstellung der Abdeckung der Aufgaben
- Qualitätssicherung der Aufgaben
- Erkennen und Ausräumen von Hindernissen
- Eskalation von nicht-lösbaren Hindernissen
- Gehälter

Für die oben angedeuteten Aufgaben gibt es zurzeit keine weitere Zusammenfassung in einer oder mehreren Rollen.

Rekursionsebene 1 – die Business Unit

Innerhalb einer Business Unit gibt es die bereits oben erwähnten Projektteams. Für diese gilt grundsätzlich dasselbe wie für das alte gelebte Modell der HEC. In einer Business Unit sind mehrere Projektteams, die eine ähnliche Ausrichtung haben. Diese kann sich durch eine ähnliche Technologie (z. B. Java), eine gemeinsame Fachlichkeit (z. B. Logistik) oder eine ähnliche Aufgabe (z. B. agile Beratung) ergeben. Die Gemeinsamkeit ermöglicht eine gewisse Fluidität innerhalb der Business Unit und vereinfacht so die Handhabung von Auslastungs- und auch Weiterbildungsthemen. Es soll die Balance zwischen Dynamik und Stabilität gewahrt und verbessert werden.

In seiner einfachsten Ausführung besteht eine Business Unit aus einem einzigen Projektteam. In diesem Fall muss trotzdem ein Business Master definiert sein. Dies kann aber die gleiche Personen sein, wie beispielsweise der Agile Master oder ein Kundenansprechpartner.

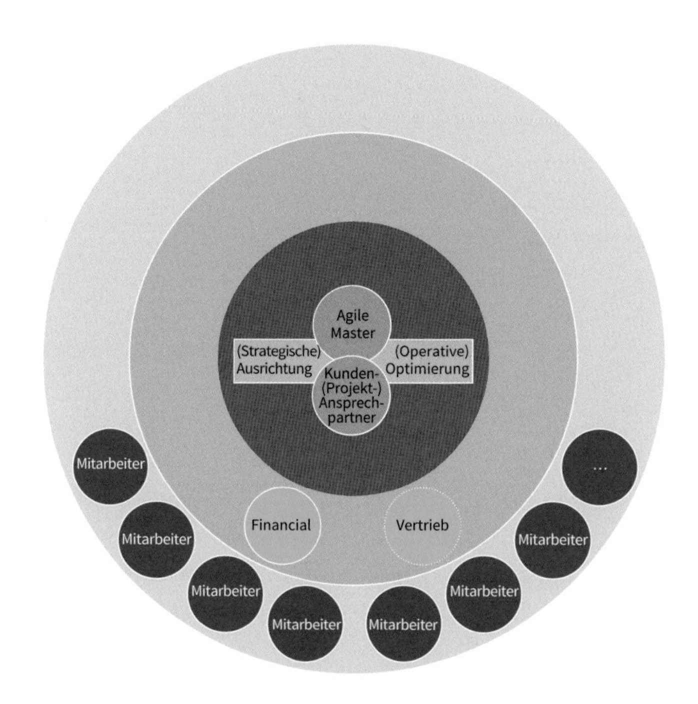

Abbildung 5.18
Der Aufbau eines Projektteams

Rekursionsebene 2 – das Projektteam

Im Gegensatz zur vorherigen Organisation der Projektteams zeichnet sich die neue Organisation u. a. durch eine geschärfte Rolle des Agile Masters (ex Scrum Master) aus. Ein Projektteam muss dabei einen definierten Agile Master sowie einen oder mehrere Kundenansprechpartner haben. Der Agile Master hat im Gegensatz zum reinen Scrum Master die zusätzliche Aufgabe, das Projektteam so zu führen, dass dieses bei Bedarf auch Multiprojektmanagement beherrscht. Weiterhin muss der Agile Master nicht nur für die Wertstrommaximierung des Kundenprojektes, sondern ebenso für das Projektteam als Ganzes sorgen.

Eine Besonderheit bezüglich der Agile Master ist hierbei hervorzuheben. Diese arbeiten in zwei oder sogar mehr Business Units (Agile Beratung, Softwarehaus 1-n). Damit ein Agile Master trotzdem ein Zuhause hat, sind diese immer der Business Unit «Agile Beratung» zugeordnet. Für das Projektteam gilt ansonsten alles Weitere, das bereits oben beschrieben wurde.

System 2: Die Koordination und Harmonisierung

Ziel der neuen Organisation ist es, den Mitarbeitern eine höhere Bindung zu einer Einheit zu ermöglichen. Ob dies durch die Einführung der Business Units möglich ist, muss sich noch zeigen. Der Koordinationsaufwand reduziert sich dadurch, dass eine Business Unit groß genug ist, Kapazitäten selbst auszugleichen und zu verwalten. Sollte dies einmal nicht möglich sein, ist wiederum die direkte Ansprache möglich. Hierzu wurde im Rahmen der Neuorganisation ein interner Auslastungs-Mailverteiler eingerichtet, an dem Kapazitätsbedarfe und Überkapazitäten gemeldet werden können. Empfänger sind dann die Business und Agile Master aller anderen Business Units. Gleiches gilt für Neueinstellungen. Potenzielle Kandidaten werden ebenfalls an einen entsprechenden Verteiler gesendet, und jede Business Unit, aber auch jedes Projektteam, kann entsprechend Bedarf anmelden. Koordiniert wird die Einstellung durch das TeamCenter. Hierbei gilt weiterhin, dass die HEC nicht nur nach Projektbedarf einstellt, sondern auch, wenn Kandidaten aussichtsreich sind.

Natürlich existiert die Gefahr, dass die Business Units zu kleinen «Königreichen» mutieren könnten. Dem wird vorgebeugt, dass keine Incentivierung einzelner Business Units eingeführt wird. Ziel ist immer, dass alles, was innerhalb der HEC passiert, sich auf das gesamte Unternehmen auswirkt, denn nur durch das Zusammenspiel aller «Komponenten» wird das einzigartige Leistungsversprechen konsequent erreicht.

System 3: Die Optimierung der Zusammenarbeit

Rekursionsebene 0 – die HEC

Auf Unternehmensebene hat das operative Kontextteam die Aufgabe, als letzte Eskalationsinstanz zu dienen und die Zusammenarbeit der Business Units zu optimieren. Das sinnhafte Übertragen von Optimierungen aus einer Business Unit in die andere kann direkt geschehen: durch das Zusammenspiel mit den Praktikergruppen, durch spezielle Teams des Dienstleistungskreises wie z. B. das Agile DevCoach Team, das Teamcenter oder auch durch das operative Kontextteam und kontextbezogene Teams. Die verschiedenen Business Master aller Units tauschen sich in einer regelmäßigen Runde aus, um Probleme, allgemeine Verbesserungspotenziale etc. zu erkennen.

Rekursionsebene 1 – die Business Unit

Auf Business-Unit-Ebene haben die Business Master die Aufgabe, als Eskalationsinstanz zu dienen und die Zusammenarbeit der Projektteams zu optimieren. Diese Optimierung ist aber nicht auf die Business Unit beschränkt. Die Business Master sind aufgefordert, Verbesserungen auch anderen Business Units sowie dem operativen Kontextteam transparent zu machen.

System 3*: Verteilte Verantwortung für Audits

Zur Entlastung der Geschäftsführung hat das Kontextteam Operativ die Aufgabe, auf Unternehmensebene punktuell Informationen über den Zustand der Business Units einzuholen. Unterstützt wird es bei der Bewertung z. B. durch die Kennzahl, wieviel Umsatz die Unit pro Mitarbeiter macht. Hierbei findet keine Einzelbetrachtung von Mitarbeitern statt. Die Herstellung der Transparenz über die Wirtschaftlichkeit wird durch die definierte «Financial»-Rolle verantwortet. Verantwortlich für die Wirtschaftlichkeit an sich sind alle Mitglieder derselben Business Unit.

Für die Rekursionsebene 1 gilt, dass die Business Master die Funktion des System 3* übernehmen. Für die Rekursionsebene der Projektteams gilt weiterhin das Gleiche wie oben beschrieben. Auch hier ist zu beachten, dass jedes Projektteam jemanden hat, der für die Herstellung der Transparenz bzgl. der Wirtschaftlichkeit sorgt.

Auf der Ebene der Projektteams, welche direkt die Wertschöpfung erbringen, werden weiterhin Retrospektiven und andere Reflexionsformate angewendet, um zumindest nach dem Auftreten einer Anomalie «kollektiv schlauer» zu werden.

System 4: Die Zukunft im Blick

Rekursionsebene 0 – die HEC

Die strategische Ausrichtung der Organisation wird übergreifend durch das das Kontextteam Strategie sowie Kontextbezogenen weiteren Strategie-Teams gestaltet. Hierbei kommen Informationen direkt aus dem Markt (z. B. über vertriebliche und Netzwerkaktivitäten) mit Informationen aus den einzelnen Business Units zusammen. Diese Informationen können dann zielgerichtet genutzt werden, um strategische Maßnahmen zu definieren. Beispielhaft sei der Einsatz moderner Technologien wie KI genannt. Zum einen erkennen die Business Units den Bedarf in ihrem Markt, zum anderen erkennen Kollegen, die vertrieblich unterwegs sind, die Bedarfe am Markt generell. Im ersten Schritt würden neue strategisch wichtige Themen als «Thema» (rote Kreise im Organisationsmodell) am Markt lanciert. Zeigt sich, dass ein solches Thema eine längerfristige Daseinsberechtigung hat, so würde, in Abstimmung mit dem Kontextteam Strategie (inkl. der Geschäftsführung), eine neue Business Unit entstehen.

Rekursionsebene 1 – die Business Unit

Jede Business Unit hat einen Zweck am Markt. Damit eine Unit langfristig lebensfähig ist, muss sie die Ausrichtung selbst gestalten und ausrichten können. Impulse hierzu können neben den Märkten, von allen Mitarbeitern der HEC, von Kurswechsel und aus dem ganzen team neusta kommen. Dies bedeutet auch, dass eine Business Unit vertrieblich aktiv sein muss. Hierbei ist es wünschenswert, dass die Projektteams (Rekursionsebene 2) ihre Kunden selbst entwickeln. Nicht jedes Projektteam wird dies können, so dass hier die Unterstützung weiterer Kollegen notwendig ist.

Wichtig ist, dass eine Business Unit auch erkennen kann, dass sie zukünftig keine Marktrelevanz mehr hat. In diesem Fall kann eine Unit sich in Abstimmung mit der Geschäftsführung auflösen.

System 5: Sinn und Zweck der Business Units

Mittels der Kapsel der Business Unit soll den Mitarbeitern die Möglichkeit gegeben werden, sich stärker auf ein gemeinsames Ziel fokussieren zu können, somit mehr Bindung zu entwickeln und sich an der Gestaltung ihrer Arbeit noch stärker selbst einbringen zu können (wenn gewollt). Stand Drucklegung ist noch keine Aussage dazu möglich, ob die erhofften Verbesserungen eingetreten sind.

Ausblick

Die ersten Schritte in Richtung des neuen Organisationsmodells wurden mit den Business Units «Agile Beratung» sowie einem Softwarehaus gegangen. Ziel war es, schnell zu überprüfen, ob das Modell tragfähig ist und welche Hindernisse und Probleme sich ergeben. Die Einführung des Modells orientierte sich dabei stark an der Vorgehensweise, die Kurswechsel bei Organisationen nutzt, die bereits tiefe Erfahrung mit «agilen» Netzwerkorganisationen haben.

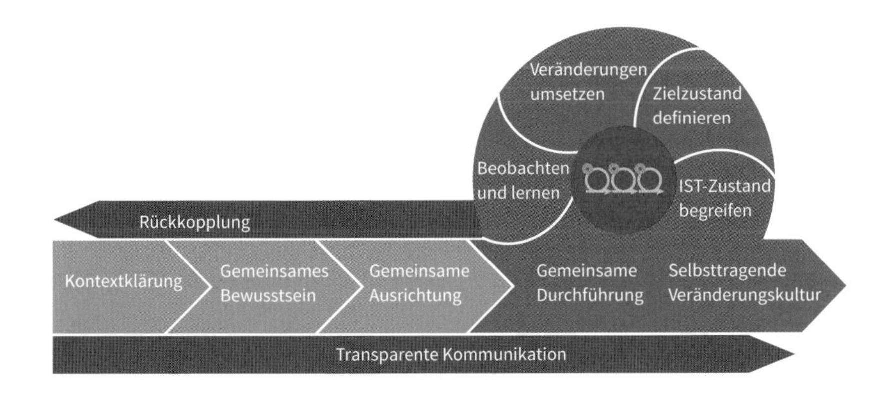

Abbildung 5.19
Das Vorgehensmodell zur Transition (mit freundlicher Genehmigung der Kurswechsel GmbH)

Hierbei wurde festgestellt, dass die Grundrichtung stimmt und es nun der Selbstdisziplin bedarf, konsequent das neue Modell in den Alltag zu überführen und gelebte Praxis zu sein. Gleichwohl bleiben wir selbstkritisch und sind bereit, unsere Vorannahmen zu hinterfragen, um die bestmögliche Struktur für die HEC zu entwickeln.

2. Praxisbeispiel: Konzeption eines Change-Programms

Das nächste Beispiel kommt aus einem Konzern. Es zeigt auf, wie das Viable System Model als Konzeptionshilfe für ein Change-Programm genutzt werden kann. Hierbei wird zwar die Regel verletzt, dass sich die Umwelt wirklich «draußen» befindet und die geschäftliche Innenwelt sich eigentlich auf der rechten Seite befinden müsste. Der Einfachheit zuliebe wurde auf die Abbildung der Rekursionsebenen verzichtet, damit im Rahmen eines kurzen Workshops die Grundideen zur Neukonzeption eine Change-Programms entwickelt werden konnten.

Im Konzern (ca. 44 000 Mitarbeitende) gab es bereits ein Change-Programm, das anfangs sehr erfolgreich war, aber mit der Zeit immer schleppender umgesetzt wurde. Inhaltlich basierte das Programm auf diversen Praktiken (z. B. Selbstmanagement, Team-Management, Strategisch handeln, Systemisch Wahrnehmen etc.), bei denen der Fokus auf der Vermittlung einer Haltung zu einer Praktik lag und nicht nur «stumpf» Werkzeuge und Methoden trainiert wurden. Viele der Tools entstammten seinerzeit aus dem Lean-Umfeld, und diese hatten sich in Umfeldern bewährt, die von einer relativen Planbarkeit gekennzeichnet waren (z. B. Sachbearbeitung in der Zentrale oder Prozesse in den Werken). Jedoch gab es Themenbereiche, die von einer hohen Veränderlichkeit und Subjektivität gekennzeichnet sind, so dass einige Werkzeuge aus dem Baukasten nicht mehr praktikabel waren. Des Weiteren war der planerische Ansatz darauf ausgerichtet, als lineare Folge von Arbeitsschritten durchlaufen zu werden, und dies in einem relativ langen Zeitraum (bis zu 36 Monate mit einer hohen Anzahl von Personen). Alleine die Analysephase dauerte drei bis sechs Monate. Zuweilen wurde das Change-Programm als dogmatisch wahrgenommen, da man erst dann eine Art «Basis Level» erhalten konnte, wenn man in allen Praktiken entsprechende Erfolge vorzuweisen hatte. Dabei lautete der «Purpose» des damaligen (wie auch zukünftigen) Programms immer noch, Menschen dazu zu befähigen, eigenständig nach kontinuierlicher Verbesserung zu streben.

Aus der Sicht des VSM lassen sich die notwendigen Veränderungen wie in Abb. 5.20 dargestellt einordnen.

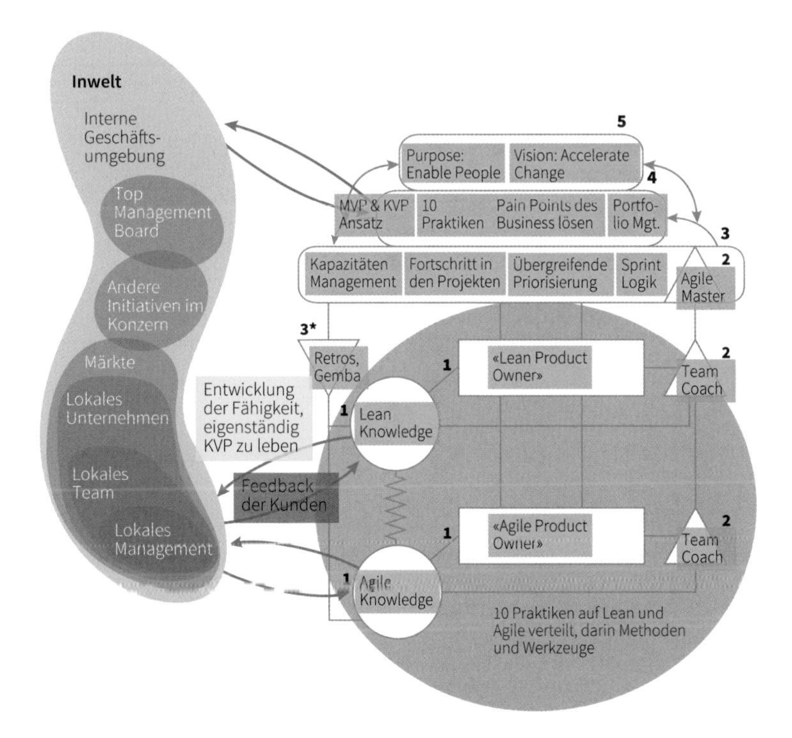

Abbildung 5.20
Das VSM als Konzeptionshilfe für die Weiterentwicklung eines Change-Programms

Der Lösungsansatz

Für die Weiterentwicklung war klar, dass der neue Ansatz sich (noch) stärker am Bedarf und den Bedürfnissen der Geschäftsbereiche orientieren muss. Der «Pain Point»-Ansatz, der konkrete Schmerzpunkte der Bereiche adressiert, war somit eine Top-Priorität, denn schnelle «Landgewinne» schufen die Basis für größere Vorhaben, die ein stärkeres Engagement der Bereiche erforderten. Wichtig ist es also, rasch einen Nutzen zu schaffen. Dieser Punkt führte direkt zur Ableitung, lieber mit einem kleinen Team innerhalb eines Bereiches zu starten und die «Change Agents» des Bereiches sehr früh zu involvieren und sie an konkreten Lösungen arbeiten zu lassen (MVP = Minimal Viable Product).

In Ergänzung zu den Werkzeugen aus der Lean-Welt wurden diverse agile Werkzeuge zum Programm hinzugefügt (die sich zum Teil sogar überlappen, was als Vorteil wahrgenommen wird). Somit wurde das Repertoire erweitert, sodass bedarfsgerecht genau die Werkzeuge ausgewählt werden können, die zur Verankerung der kontinuierlichen Verbesserung dienlich sind.

Aufgrund der Historie des Programms war auch klar: Die Praktiken blieben bestehen, weil diese als Denk- und Ordnungsrahmen bereits so weit schon im Konzern etabliert waren, dass eine Veränderung mehr Aufwand als Nutzen gestiftet hätte. Jedoch wurde den Wünschen der Geschäftsbereiche insofern entsprochen, als dass diese sich auf Fokus-Praktiken konzentrieren konnten, mit denen sie starten wollten. Mithin bediente man sich des agilen Mindsets und begann im überschaubaren Rahmen, der dafür frühzeitige Erfolgserlebnisse ermöglicht – und Erfolg ist immer noch der beste Motivator, wenn es darum geht, Vertrauen in die eigene Veränderungsfähigkeit zu gewinnen.

Entlang der Teilsysteme des VSM sollen weitere Aspekte aufgeführt werden, die im Rahmen der Weiterentwicklung berücksichtigt wurden.

Umwelt/Inwelt: Aus der Darstellung geht hervor, dass international in verschiedenen Märkten gearbeitet wird und es aus Sicht des Konzerns um die Befähigung der lokalen Teams und des lokalen Managements gehen muss. Gleichzeitig gibt es auch andere Initiativen, die eine inhaltliche Nähe zum Change-Programm aufweisen (z. B. das Thema der Digitalisierung und der entsprechende Subkontext «Digital Leadership»).

System 5: Der «Purpose» ist zwar der Gleiche geblieben («Befähige Menschen»), aber die Vision betont jetzt die Beschleunigung der Durchführung des Programms.

System 4: Der zuvor genannte Ansatz des «Minimal Viable Products» wird mit der Idee der kontinuierlichen Verbesserung (KVP) gekoppelt, um schnell in den Verbesserungszyklus einzusteigen. Wie bereits beschrieben, bleiben die bisherigen Praktiken bestehen, werden jedoch auf Fokus-Praktiken reduziert, um die Schmerzpunkte der Bereiche zu lösen. Natürlich bedarf das einer übergreifenden Planung und Entwicklung des Leistungsangebots, sodass das Portfoliomanagement nicht zu kurz kommen darf. Damit wird das Programm strategisch gelenkt.

System 3: Hier findet die Koordination im Takt eines zweiwöchigen Sprints statt sowie das Management der Kapazitäten und Fortschritte in den einzelnen Projektteams. Es schließt sich eine Priorisierung an, damit die Fähigkeiten der 1er-Systeme (Lean- und Agile-Wissen) sich kongenial ergänzen.

*System 3**: Natürlich unterliegt das Change-Programm auch einer regelmäßigen Veränderung, sodass regelmäßige Retrospektiven dazu beitragen sollen, stets noch besser zu werden und nicht-produktive Verhaltensweisen zu stoppen.

System 2: Zur Unterstützung des Programms sind Agile Master und Team Coaches vorgesehen, welche die Lieferfähigkeit des «Wissenspools» im Blick haben.

System 1: Frei nach Stafford BEER's «POSIWID» (Purpose Of a System Is What It Does) enthält das Programm Lean- und Agile-Wissen, welches durch Menschen in konkreten Problemstellungen vermittelt wird, damit diese die Fähigkeit entwickeln, eigenständige Verbesserungen durchzuführen – und stets in der Schleife der Optimierung zu bleiben (PDCA-Zyklus).

3. Praxisbeispiel: Kennzahlen im Viable System Model

Markus SCHWANINGER (2000, 49) hat in der folgenden Abb. 5.21 die Steuerungsgrößen und Ziele der Systemebenen 3, 4 und 5 des VSM im größeren Zusammenhang aufgezeigt.

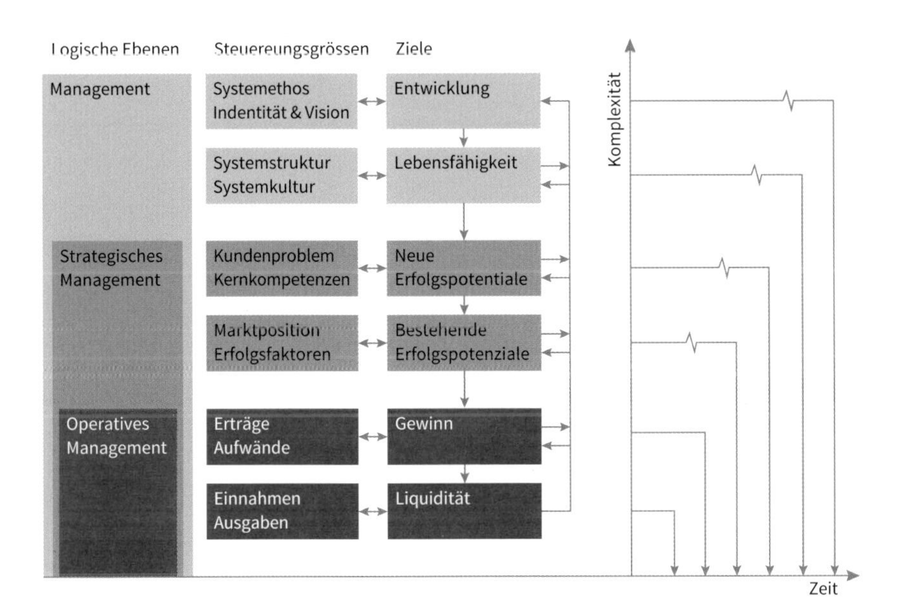

Abbildung 5.21
Steuerungsgrößen und Ziele der Managementebenen des Viable System Model (Schwaninger, 2000, 49)

Während die Steuerungsgrößen und Ziele des normativen und des strategischen Managements in den Kapiteln 3 und 4 besprochen und vorgestellt wurden, ist dieser Zusammenhang hier für das operative Management zu illustrieren. Welche Rolle spielen in Zeiten des agilen Managements die Begriffe Erträge/Aufwände/Gewinn sowie Einnahmen/Ausgaben/Liquidität? Und dies mit besonderer Berücksichtigung der immer kürzer werdenden Zeithorizonte bei weiter steigender Komplexität.

Es gilt hier zunächst an eine Tatsache zu erinnern, die weiterhin universale Gültigkeit hat: Kein Unternehmen ist lebensfähig, wenn es nicht in der Lage ist, die Liquidität aus eigenen Mitteln bereitzustellen. Angewandt auf die obige Darstellung heißt dies, dass das operative Management (System 3) zur Sicherung des «Überlebens» ganz entscheidend beiträgt, da hier die Ein- und Ausgaben und damit die Liquidität generiert werden. Bei den Erträgen und Aufwänden und damit beim Gewinn präsentiert sich die Situation etwas differenzierter. Wie allseits bekannt, scheint es den führenden digitalen Unternehmen keineswegs zu schaden, wenn sie über Jahre hinweg Verluste schreiben. Die Börse honoriert gute Zukunftserwartungen mit massiven Kursaufschlägen. Aber irgendwann kommt der Tag der Wahrheit, und es muss ein Gewinn erzielt werden. Oder aber die Unternehmen werden akquiriert und gehen in einem größeren profitablen Gebilde auf. Dies ist eine durchaus gängige Strategie vieler digitaler Start-ups.

In der heutigen Zeit gelten all die obigen Steuerungsgrößen und Ziele weiterhin, nur hat sich die zeitliche Logik vor allem auf der untersten Ebene erheblich verschoben. Zur Illustration sei die «Shenzhen Product Timeline» vorgestellt (MIT, 2019). Die Stadt Shenzhen wird zurecht als Silicon Valley Chinas bezeichnet, da hier Unternehmer beste Bedingungen vorfinden, um neue Geschäftsideen zu entwickeln und in sehr kurzer Zeit am Markt zu platzieren. So dauert die Entwicklung einer Geschäftsidee nicht mehr als eine Woche. Sobald also klar ist, wie das Produkt gestaltet sein soll, geht es sofort mit der Beschaffung von finanziellen Mitteln weiter, um eine erste Charge des Produktes herstellen zu können. Über sogenannte Crowdfunding-Plattformen ist es möglich, den entsprechenden Betrag innerhalb von einem Monat zu organisieren, sodass im folgenden Monat die Produktion hochgefahren werden kann. Dabei wird keine Fabrik gebaut, sondern der Unternehmer lässt im Auftrag in einer der unzähligen Produktionsstätten fertigen, die darauf spezialisiert sind, Kleinserien herzustellen. Während das Produkt hergestellt wird, startet die Vermarktung – in der Regel via Online-Plattformen. Nach circa zwei Monaten ist das Produkt bereit für den Vertrieb, sodass es vorkommt, dass bereits innerhalb von vier Wochen der aufgenommene Kredit wieder zurückbezahlt werden kann! Der Zeitraum von drei Monaten genügt, um ein komplettes Geschäftsmodell aufzuziehen; ein wahrlicher Quantensprung im Vergleich zu den gewohnten Entwicklungszyklen, wie diese im klassischen Maschinenbau vorzufinden sind.

Der Case: Machine Ltd.

Nachdem Mary Machine den «Purpose» als «Verantwortungsvolle Robotertechnik für ein besseres Leben» definiert und mit dem vernetzten Denken neue Potenziale im Bereich der Dienstleistungsangebote erkannt hatte, stellten sich nun drei grundlegende Fragen: Wie sollte sie das bestehende Geschäft optimieren, gleichzeitig die neuen Opportunitäten entwickeln und dann noch den Rückhalt der Mitwirkenden gewinnen?

Ihr war bewusst, dass sie als frisch eingesetzte «neue Chefin» vielleicht Kraft ihrer Geschäftsführungsfunktion eine Veränderung hätte anordnen können, doch dies wäre vergebens gewesen, da die Belegschaft noch nicht genug Vertrauen in sie hatte. Außerdem kam «der Alte» weiterhin jeden Tag ins Büro, obwohl er eigentlich schon formal ausgeschieden war. So drehte er weiterhin seine Runden durch das Unternehmen und entsprach voll und ganz dem wohlmeinenden Patriarchen. Viele Ad-hoc-Entscheidungen traf immer noch er – dazu brauchte er keine offiziellen Meetings, sondern ging einfach zum Ort des Geschehens, oder die Menschen kamen zu ihm, schlicht weil sie es so gewohnt waren.

Somit entschied sie sich im ersten Schritt, mit den Menschen im Unternehmen in Kontakt zu kommen, indem sie freiwillig ein sechsmonatiges Praktikum absolvierte. Sie entschied sich, je einen Monat lang in sechs großen Bereichen zu hospitieren, denn nur so konnte sie einen umfassenden Überblick über die aktuelle Situation erhalten und parallel Kontakt mit den Menschen aufnehmen. Der «alte Chef» war überrascht, aber nicht abgeneigt, als er von der Idee erfuhr. Er dachte sich: «Gut so, soll sie erstmal den Maschinenraum kennenlernen.» Womit der Alte nicht gerechnet hatte, war die Frage, ob sie an den morgendlichen Runden teilnehmen dürfe – sie würde gerne sehen und verstehen, wie er dieses Ritual durchführt. Sie versprach sich im Hintergrund zu halten und lediglich zu beobachten. Zwar behagte dies dem Alten nicht, aber Nein sagen konnte er auch nicht, schließlich war es seine Tochter, und natürlich fühlte er sich insgeheim auch geschmeichelt – sie wollte von ihm lernen!

Im Verlauf der nächsten Wochen lernte Mary sehr viele Menschen kennen, hörte ihren Nöten und Wünschen zu und erhielt auch durch die praktische Tätigkeit einen lebhaften Eindruck davon, was es z. B. bedeutet, im Schichtdienst zu arbeiten. Sie erwarb damit zwar nicht das Vertrauen aller Beteiligten, aber den *Respekt*, den gewann sie damit. Sie hatte gezeigt, dass sie sich nicht zu fein dafür ist, die Hände schmutzig zu machen. Ungefähr zur Mitte der Laufzeit des internen Praktikums begann Mary den nächsten Schritt vorzubereiten: die Verbesserung des bestehenden Geschäfts. Hierzu konnte sie auf Augenhöhe nun auf bestimme Kollegen zugehen und ihnen Hilfe zur Selbsthilfe anbieten. Damit sind Coachings gemeint, die vor Ort stattfinden und bei denen die Wissensvermittlung und Lösungserarbeitung in einem Schritt stattfinden. Um die Akzeptanz dieser Hilfsangebote zu erhöhen, wurde zunächst ein Schmerzpunkt definiert, der beseitigt werden sollte. Dies konnten klein anmutende Probleme bei der Sachbearbeitung sein wie auch komplexe Herausforderungen im Prozessmanagement. Das Prinzip der freiwilligen Selbstverpflichtung ist ihr sehr wichtig, sodass sie zunächst nur bei den Kollegen begann, die auch bereit waren, an der Verbesserung mitzuarbeiten. Das Prinzip war auch hier sehr simpel: Sie hat einfach nachgefragt. Denn ihr war klar: Wenn intrinsisch motivierte Menschen an ersten Maßnahmen arbeiten, die einen konkreten Nutzen erbringen, dann steigt die Reputation des Coachings in der Machine Ltd. Damit wird im besten Fall eine Sogwirkung ausgelöst, weil es mehr Vor- als Nachteile für die Mitwirkenden bietet, wenn man sich auf das Spiel mit der Veränderung einlässt.

In den nächsten Monaten begannen die ersten Maßnahmen zarte Früchte zu tragen, und die Vorteile des «In-house Change-Management» wurden für das Unternehmen ganzheitlich erfahr- und messbar. Der anfängliche Erfolg war auch darauf zurückzuführen, dass Mary als gutes Beispiel voranging und bereit war, sich auf neue Meetings, Rollen und Werkzeuge einzulassen. So begann sie, bestimmte Praktiken aus dem Lean- und

Agile-Umfeld mit den ihr zuarbeitenden Führungskräften umzusetzen, damit eben nicht nur der Maschinenraum, sondern auch das Führungsteam den Wandel mitgestaltet.

Nachdem sich das «Brot und Butter-Geschäft» langsam verbesserte, wendete sie sich der letzten Fragestellung zu: die Erkundung neuer Chancen als Serviceanbieter, weg vom reinen Geschäft mit der «Hardware». Um dies zu erreichen, setzte sie diesmal auf das VSM als Denkwerkzeug, denn sie wollte einen komplexitätsgerechten Ansatz verfolgen, der die Lücke zwischen Strategie und Operation schließt. Zu diesem Zweck führte sie einen hochgradig interaktiven Workshop mit einem «Fraktal der Organisation» durch, um Mitstreiter zu finden, die Teil des neu zu schaffenden Innovationsteams werden möchten. Statt Druck auszuüben, kümmerte sie sich darum, das Vorhaben mit all seinen Chancen und Risiken gut zu präsentieren, um danach eine offene Diskussion zu führen und eventuelle Vorbehalte sofort aufzugreifen. Dieses Vorgehen war für die Machine Ltd. neu, denn früher lief der Prozess von oben herab. Der Alte gab die Richtung vor, und der Rest der Mannschaft versuchte, den Anforderungen gerecht zu werden. Insofern behagte nicht jedem Mitwirkenden das neue Format, doch die Skepsis war doch relativ schnell überwunden, als den Einzelnen bewusst wurde, dass ein neues Wirgefühl im Begriff war, sich zu entfalten. Ebenso war der Gedanke verlockend, ein entsprechendes Vorhaben nicht per Generalstab zu planen, sondern lieber in einzelnen Schritten zu entwickeln und damit das Risiko zu begrenzen. Doch damit alleine war es nicht getan. Mary ging noch einen Schritt weiter und lud langjährige Kunden dazu ein, den Prozess mitzugestalten – im Gegenzug sollten diese von der Machine Ltd. besondere Konditionen erhalten, wenn der neue Servicebereich produktive Anwendungen bereitstellt. Es waren also auch die Endabnehmer des Unternehmens bereit, sich an der Weiterentwicklung mit Zeit und Personen zu engagieren. Dies taten diese natürlich nicht aus rein altruistischen Beweggründen, denn natürlich versprachen sich die Kunden einen Wettbewerbsvorteil, wenn innovative Services in ihre Produktion integriert werden.

Nachdem im Verlaufe von weiteren Monaten ein erstes «Minimal Viable Product» entwickelt wurde, fand dies bereits einen konkreten Anwendungsfall, der die Entwicklung eines Business Case rechtfertigte. Mary hatte ihr Ziel erreicht und eine erste kleine Innovation kurzfristig realisiert, so dass es an der Zeit war, die neue Strategie dem Unternehmen vorzustellen. Auch dafür setzte sie wieder auf bewährten Praktiken, die auf eine hohe Interaktionsdichte und einen regen Austausch setzten. Stück für Stück nahm der neue Geschäftszweig an Fahrt auf, während das laufende Geschäft weiter optimiert wurde. Der Alte ließ sich immer seltener blicken – nicht aus Groll, sondern weil er erkannt hatte, dass es Zeit war, nun loszulassen und die Verantwortung auch auf der informellen Ebene seiner Tochter zu übertragen. Eine Tradition erhielt sich dabei aufrecht – sie dreht ebenso wie ihr Vater weiterhin morgens eine Runde durch das Unternehmen. Ein entscheidender Unterschied kennzeichnete jedoch ihre Art, das Ritual durchzuführen. Anstatt Fragen zu beantworten, war sie es nun, die Fragen stellte. Sie hörte zu und reflektierte das Gesagte, um als produktive Rahmensetzerin zu wirken und sich vom Mikromanagement fernzuhalten. Sie hatte dabei stets zwei KPIs im Sinn, wenn sie über sich selbst nachdachte. Der erste Parameter bezog sich auf die Anzahl der Entscheidungen, die sie pro Tag fällen musste. Je geringer dieser war, desto höher war die Problemlösefähigkeit der Mitwirkenden. Der zweite Wert bezog sich auf einen kaum messbaren Faktor, der eher nur zu erspüren war: die Anzahl der herzlichen Lacher pro Tag im Unternehmen. Je höher diese Zahl, desto besser das Klima, um aus Fehlern zu lernen und auch in ungewissen Zeiten einen kühlen Kopf zu bewahren.

Das Wissen: Weiterführende Literatur

Abschließend zu diesem Kapitel sei in Abb. 5.22 noch ein Blick auf die verwandte und weitefuhrende Literatur geworfen.

Agile	Lean	Allgemein
«Der agile Kulturwandel», (HOFERT, THONET, 2019)	«Out of the crisis» (DEMING, 1988)	«#PM2025 Sieben Thesen zur Zukunft der Projektarbeit» (BARTLOG, HINZ, 2018)
«Das agile Mindset» (HOFERT, 2018)	«The Toyota Way» (LIKER, 2003)	«Resilienz im Projektmanagement» (BORGERT, 2013)
«Scrum – The art of doing twice the work in half the time» (SUTHERLAND, 2014)	«The Machine That Changed the World» (WOMACK, JONES, ROOS, 1990)	«Service-Dominant Logic: Premises, Perspectives, Possibilities» (LUSCH, VARGO, 2014)
«The Age of Agile» (DENNING, 2018)	«Toyota Kata Culture» (ROTHER, AULINGER, 2017)	«Certain to win» (RICHARDS, 2004)
«Measure what matters» (DOERR, 2018)	«Sehen lernen – mit dem Wertstromdesign die Wertschöpfung erhöhen» (ROTHER, SHOOK, 2015)	«Team of Teams» (MCCHRYSTAL, 2015)
«Agilität neu denken» (LEOPOLD, 2018)	«25 Jahre Lean – und alles ist gut?» (VOLKMER, 2017)	«Die fünfte Disziplin» (SENGE, 1990)

Abbildung 5.22
Weiterführende Literatur zur Agilen Organisation

6.

Verantwortungsvoll führen: Mit der Landkarte ins Gelände

Mit der detaillierten Vorstellung des Viable System Model und seiner Illustration durch Beispiele aus der Unternehmenspraxis verfügen reflektierende Praktiker nun über eine erste Landkarte als Orientierungshilfe in einer von Komplexität und Unsicherheit gekennzeichneten Unternehmenswelt. Die so gewonnenen Erkenntnisse sollen nun – mit einem besonderen Fokus auf die Führungsarbeit – noch weiter verdichtet werden. Dabei geht es nicht darum, die «Höhenkurven der Landkarte» weiter zu verfeinern. Der Blick wird auf die Vernetzung und das Denken in Zusammenhängen gerichtet. Wir konzentrieren uns dabei auf die **Selbstführung** und die **Führung in Organisationen** aus der Sicht der Entwicklung und Sicherstellung der Lebensfähigkeit gesellschaftlicher Institutionen. Dies ermöglicht eine theoriegestützte Einbindung von bisherigen Erkenntnissen zur Führung und stellt diese in einen neuen Zusammenhang.

Zuerst soll ein kurzer Blick auf bewährte Führungskonzepte geworfen werden, denn vieles findet sich bereits in der vielfältigen Literatur zu Theorie und Praxis der Führung. Wir stützen uns dabei auf je drei Autorinnen und Autoren aus den Bereichen der unternehmerischen Führungslehre und der Führungspraxis. Deren Erkenntnisse haben das Führungsverständnis über die letzten Jahrzehnte auf einzigartige Weise geprägt und sind auch in der heutigen Zeit noch wegweisend. Ein Blick auf das bereits in Kapitel 3 erwähnte Leipziger Führungsmodell soll an einem weiteren Beispiel aufzeigen, wie in der aktuellen Theoriebildung über Führung nachgedacht wird.

Sichtweisen der Führungslehre

Peter DRUCKER begründete mit seinem Buch «Management – Tasks, Responsibilities, Practices» (DRUCKER, 1973) wesentlich die moderne Managementlehre. Er rät reflektierenden Praktikern (die er als effektive Führungskräfte bezeichnet), zuerst folgende zwei Fragen zu beantworten (DRUCKER, 2004): «Was muss getan werden?» und «Ist es das Richtige für das Unternehmen?». Dies im Gegensatz zu Führungskräften, die sich mit ihren Fragen selber in Mittelpunkt stellen: «Was will ich tun?» und «Wie schätzen meine Kollegen und Mitarbeitenden, die Kunden und die Aktionäre meine Arbeit?». Dies macht den entscheidenden Unterschied. Es geht nicht darum, ob eine Führungskraft in ihrer Arbeit Erfüllung findet und allseits beliebt ist. Ziel der Führung ist es, das Unternehmen in seiner gesunden Entwicklung nach Kräften zu fördern. Als Nächstes fordert Peter Drucker von der effektiven Führungskraft, dass sie aktionsorientiert ist, die Verantwortung für ihre Entscheide übernimmt und umfassend kommuniziert. Solche Führungskräfte verlieren sich nicht in endlosen Analysen und Diskussionen. Sie stellen sich die Frage: «Welchen Beitrag erwartet die Institution von mir in den nächsten zwei Jahren, und dies unter welchen ethischen, rechtlichen und unternehmenskulturellen Bedingungen?» Um diesen hohen selbstgestellten Anforderungen genügen zu können, ist ein geeignetes Selbst-Controlling und Zeitmanagement unabdingbar. Dass Führungskräfte auf allen Ebenen die Verantwortung für ihre Entscheide vollumfanglich übernehmen, ist heutzutage nicht mehr selbstverständlich. Viele verstecken sich hinter Sachzwängen oder ungünstigen personellen Konstellationen. Effektive Führungskräfte scheuen sich auch nicht, sich von Mitarbeitenden mit ungenügender Leistung sofort zu trennen , wenn diese sich auf Dauer als nicht entwicklungsfähig erweisen. Dies als Zeichen der Wertschätzung gegenüber jenen, die Hervorragendes leisten. Auf operativer Ebene schließlich zeichnet sich eine effektive Führungskraft durch die Konzentration auf Chancen anstatt auf Probleme aus. Deshalb sollten bei der Kommunikation im Unternehmen und bei Sitzungen (welche bei etablierten Firmen die Hälfte der Geschäftszeit beanspruchen) zuerst immer die Chancen aufgezeigt, bevor die Probleme angegangen werden.

Hans ULRICH initiierte mit dem St. Galler Ansatz Ende der 1960er-Jahre in Europa den Übergang von der Betriebswirtschaftslehre zur Managementlehre (ULRICH, 1968). Steht bei der Betriebswirtschaftslehre die optimale Steuerung und Kombination einzelner Funktionsbereiche wie der Produktion, des Marketings oder des Personalwesens im Mittelpunkt, versteht die Managementlehre Unternehmensführung als Gestaltung, Lenkung und Entwicklung produktiver sozialer Systeme, dies im größeren Kontext von Natur, Technik und Gesellschaft. Diese systemische Betrachtungsweise galt damals als revolutionär, heute wird sie breit anerkannt. Sie hat auch den Grundstein gelegt für das St. Galler Management-Modell (ULRICH, KRIEG, 1972), das heute in der 4. Generation (RÜEGG-STÜRM, GRAND, 2018) vorliegt. Wie Peter DRUCKER kam Hans ULRICH zur Erkenntnis, dass Management eine gesellschaftliche Funktion sei, seine Arbeiten beziehen deshalb den größeren Kontext immer mit ein.

Management: Gestaltung, Lenkung und Entwicklung gesellschaftlicher Institutionen

Vier Begriffe stehen für ULRICHs Verständnis von Führung (ULRICH 1983, 148):

Gestalten: Die Welt des Managements zeichnet sich durch große Komplexität aus. Diese muss bewältigt werden, wollen Führungskräfte – und dies ist letztlich ihre Aufgabe – zielgerichtet handeln. Einfache Rezepte sind dabei kaum von Nutzen. Deshalb ist es eine erste wichtige Aufgabe des Managements, die richtige «Flughöhe» zu finden und jene gestalterischen Maßnahmen zu ergreifen, die ein Unternehmen überhaupt funktionstüchtig machen.

Lenken: Dieser Aspekt des Managements entspricht am ehesten dem, was wir heute landläufig als «Führung» verstehen. Hier geht es um die Effektivität und die Effizienz bei der Bewältigung heutiger und zukünftiger Herausforderungen in jeglicher Art von Unternehmen.

Entwickeln: Unternehmen sind, genauso wie ihr Umfeld, nie statisch. Deshalb müssen sie laufend weiter entwickelt werden, um künftigen Herausforderungen genügen zu können.

Gesellschaftliche Institutionen: Management wird heute vielfach als Domäne privatwirtschaftlicher Unternehmen gesehen. Aber auch in der öffentlichen Verwaltung und im größeren gesellschaftlichen Zusammenhang (von einfachen Bürgerinitiativen bis hin zu etablierten Non-Profit-Organisationen) ist Management unentbehrlich, auch wenn dies viel weniger Aufmerksamkeit erhält.

Hans ULRICH hat den Übergang von einem auf Konformität ausgerichteten Management zu einer verpflichteten Unternehmensführung aufgezeigt. In seiner Sprache ließe sich dies wie folgt abbilden (eigene Darstellung):

	Gestalten	**Lenken**	**Entwickeln**
Konformität Compliance	Halte Gesetze und Regeln ein!	Analysiere, kommandiere, kontrolliere!	Gestalte sichere Systeme!
Verpflichtung Commitment	Fördere das Wohlergehen des Ganzen!	Fordere, unterstütze, übernimm Veantwortung!	Orchestriere steten Wandel!

Abbildung 6.1
Von der Konformität zur Verpflichtung im Management (nach ULRICH, 1983)

Rosabeth MOSS KANTER ist Professorin an der Harvard Business School und durch ihre Tätigkeit als Autorin und Referentin weltweit angesehen. Sie gehört zu den Ersten, die sowohl die Führungsrolle von Frauen wie auch die gesellschaftliche Verantwortung von Unternehmen ganzheitlich thematisiert hat. Und dies nicht nur durch die theoretische Brille, sondern auf der Basis von empirischen Daten. Sie hat in ihrem Buch (MOSS KANTER, 2009) Führungsprinzipien für Unternehmen entwickelt, die Vorreiter («Vanguards») sein wollen. Das Vorreiter-Modell stellt sich dem Wandel, der durch Unsicherheit, Komplexität, Diversität und Intransparenz gekennzeichnet ist. Dies durch ein klares Verständnis des Wertbeitrags («Purpose»), der grundlegenden Werte und Führungsprinzipien.

Auf Werte und Prinzipien gründende Führung sichert geschäftlichen Erfolg und gesellschaftliche Legitimation

Rosabeth MOSS KANTER (2009) nennt fünf entscheidende Führungskompetenzen:

- Intellekt: Systemdenken
  Die großen Zusammenhänge sehen, Muster erkennen, neugierig und lernbegierig sein
- Aktion: Initiative
  Probleme entdecken und Lösungen suchen, anspruchsvolle Ziele setzen, die Treiber des Wandels erkennen, energiegeladen und resultatorientiert sein
- Beziehungen: Überzeugungskraft und Diplomatie
  Kommunizieren und inspirieren, vernetzten, Menschen einbinden, Mentor sein
- Emotion: Selbstbewusstsein und Empathie
  Die eigenen Stärken und Schwächen kennen, Verständnis für andere Ansichten zeigen, emotionale Bindungen aufbauen
- Spiritualität: von Werten geleitet
  Nachhaltig entwickeln, sich am höheren Wertbeitrag ausrichten, gesellschaftlichen Wert schaffen

Rosabeth MOSS KANTER illustriert diese Führungskompetenzen anhand von unterschiedlichsten Unternehmen, wobei immer wieder auf Werte und Prinzipien verwiesen wird. Und genau in dieser Hinsicht sieht sie eine tragende Rolle von Frauen in der künftigen Unternehmensführung.

Sichtweisen der Führungspraxis

Helmut MAUCHER hat als langjähriger Chef des Schweizer Nahrungsmittel-Multis Nestlé nicht nur sein Unternehmen zu einem Weltkonzern geformt, sondern auch seine Erkenntnisse zur Unternehmensführung in Wort und Schrift festgehalten. Führungskräfte müssen stets vier Güter gegeneinander abwägen: Freiheit, Gleichheit, Effizienz und gesellschaftliche Solidarität. Je nach Gewichtung ergeben sich unterschiedliche gesellschaftliche Lösungen und wertorientierte Führungssysteme. Darauf aufbauend kommt er zu folgendem Schluss: «Die wichtigste soziale und ethische Verantwortung der Unternehmer ist es, langfristig am Markt und im Wettbewerb erfolgreich zu sein und damit den Ertrag des Unternehmens nachhaltig zu sichern … Ein gutes Unternehmen zahlt damit auch die für die Gemeinschaftsaufgaben notwendigen Steuern, und schließlich werden über eine erfolgreiche Unternehmensführung auch die Arbeitsplätze gesichert, erhalten und vermehrt» (MAUCHER, 2007, 55).

Führungskräfte müssen vier Güter gegeneinander abwägen: Freiheit, Gleichheit, Effizienz und gesellschaftliche Solidarität

Er erwartet von seinen Führungskräften folgende Eigenschaften: (MAUCHER, 2007, 183):

- Mut, Nerven und Gelassenheit
- Lernfähigkeit und Einfühlungsvermögen
- Kommunikations- und Motivationsfähigkeit
- Innovationskraft
- Denken in Zusammenhängen
- Glaubwürdigkeit («walk the talk»)
- Bereitschaft, Änderungen zu akzeptieren
- Internationale Erfahrung.

Egon ZEHNDER hat vor über 50 Jahren sein gleichnamiges Unternehmen gegründet. Dieses ist auf dem Gebiete der weltweiten Suche nach Führungskräften tätig und gilt als eines der besten seiner Branche. Egon Zehnder selber hat sich verschiedentlich dazu geäußert, was reflektierende Praktiker in unserem Sinne auszeichnet (ZEHNDER, 1981–1987). Für ihn ist der Ausgangspunkt einer jeden persönlichen Entwicklung die kritische Selbsteinschätzung: Was ist mir in meinem eigenen Leben wichtig? Strebe ich nach Zufriedenheit und Freude in meinem Berufsleben? Ist mir öffentliche Anerkennung und Prestige wichtig? Suche ich Macht, wie wichtig ist für mich Geld? Was bedeutet mir meine Familie? Welche Rolle kommen Moral, Ethik und Religion zu?

«Was ist mir in meinem eigenen Leben wichtig?»

Bei der Einschätzung der eigenen Person stehen Charakter und Werthaltungen im Vordergrund. Eigenschaften wie Ehrlichkeit, Offenheit, Fairness, Integrität, gesunder Ehrgeiz und auch ein Quantum Demut kennzeichnen die gute Führungskraft aus. Gelebte Werte im Sinne eines ethisch verantwortungsvollen wirtschaftlichen, politischen und gesellschaftlichen Handelns runden die reife Führungspersönlichkeit ab. Der Grundstein für die Entwicklung einer solchen Persönlichkeit wird bereits lange vor der Ausbildung und dem beruflichen Einstieg gelegt. Was diese in den Augen von Egon Zehnder hinzufügen können, ist die Anleitung zum permanenten Lernen, das Hinführen zu erfolgreicher Kommunikation sowie die Entwicklung sozialer Kompetenz auf den Gebieten der Teamführung, des Konfliktmanagements und der Verhandlungsführung.

Sheryl SANDBERG ist seit 2008 Co-Geschäftsführerin von Facebook. Mit ihrem Buch «Lean in» (SANDBERG, 2013) wurde sie weltbekannt als eine Verfechterin von Frauen in Führungspositionen. Ihr Leitspruch lautet: «Suche und vertrete deine Wahrheit!» Ihren Anspruch nach «selbstbewusster Führung» untermauert sie mit folgenden Handlungsanweisungen (SANDBERG, 2013, 78):

- Lege deinen Standpunkt klar dar!
- Verwende eine einfache Sprache!
- Entwickle die Fähigkeit zuzuhören!
- Kommuniziere dein Problemverständnis!
- Akzeptiere und gib ehrliches Feedback!
- Übernehme Verantwortung für Fehler!
- Spreche offen über deine Schwächen!
- Nimm Schwierigkeiten mit Humor!
- Teile Empathie (sogar mit Tränen)!

Sheryl SANDBERG (2013, 90) kommt zum Schluss, dass echte Führerschaft weniger an klar definierten Qualitäten festgemacht werden kann, sondern vielmehr an individueller Ehrlichkeit. Entscheidend ist und bleibt Authentizität.

Die integrierte Sichtweise

Nach dem wir uns bisher auf die Sichtweise einzelner Wissenschaftler und Praktiker konzentriert haben, soll hier noch das **Leipziger Führungsmodell** (KIRCHGEORG, MEYHARDT, PINKWART, SUCHANEK, ZÜLCH, 2018) als integrierter Ansatz vorgestellt werden.

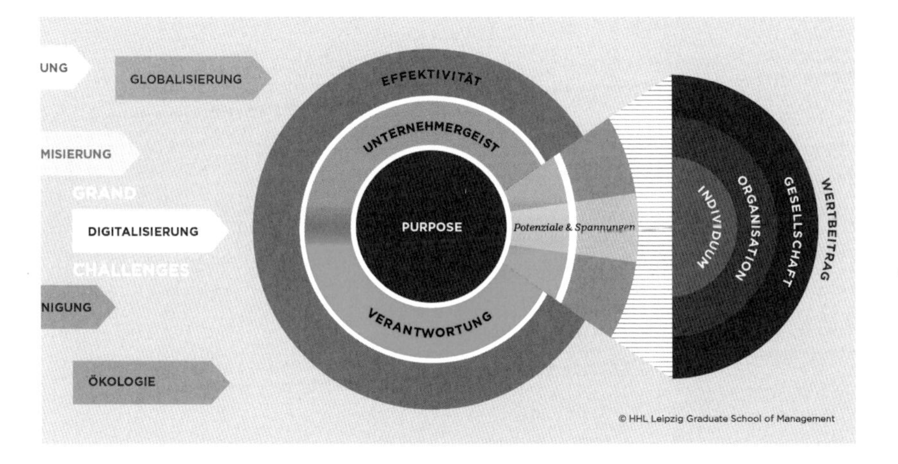

Abbildung 6.2
Das Leipziger Führungsmodell (KIRCHGEORG, MEYHARDT, PINKWART, SUCHANEK, ZÜLCH, 2018)

Das an der Handelshochschule Leipzig entwickelte Führungsmodell stellt einen integrierten Bezugsrahmen für reflektierende Praktiker bereit, der in Europa großen Anklang gefunden hat. Führungskräfte finden hier eine Orientierungshilfe, insbesondere wenn sie sich mit dem System 5 des Viable System Model beschäftigen und die Frage nach dem Purpose im unternehmerischen Kontext beantworten möchten. Insbesondere fällt auf, wie konsequent Führung vom Purpose hergedacht wird. Der entscheidende Gedanke ist, dass sich die Führungsleistung immer am Wertbeitrag auf unterschiedlichen Ebenen (Individuum, Organisation, Gesellschaft) messen lassen muss.

Im Modell wird die Vernetzung und das Denken in Zusammenhängen großgeschrieben, und unsere fünf Denkmuster finden darin ein Pendant:

1. Die optimale Vereinfachung von Komplexität:

Das Modell bietet Orientierungswissen und vermeidet Rezeptwissen. Die Aufmerksamkeit der Führungsarbeit nicht auf Führungstechniken und -stile, sondern wird auf vier Kerndimensionen gelenkt:

- Purpose (Warum?) – Verfolgen wir ein übergeordnetes Ziel?
- Unternehmergeist (Wie?) – Denken und handeln wir unternehmerisch?
- Verantwortung (Wie?) – Ist unser Handeln legitim?
- Effektivität (Was?) – Sind wir effektiv?

2. Die Perspektive der russischen Puppen

Auf den drei Führungsebenen (Individuum, Organisation, Gesellschaft) kommen jeweils alle vier Dimensionen vor und werden ebenenspezifisch angesprochen. Das Verständnis von Führung ergibt sich aus dem rekursiven Zusammenspiel der Dimensionen über die einzelnen Ebenen hinweg.

3. Die Einheit von Freiheit und Verantwortung
Das Spannungsfeld von Abhängigkeit und Freiheit, in welchem Führung stattfindet, ist ein zentrales Thema im Modell. Die Führungskraft als handelndes Subjekt ist gleichzeitig nicht nur selbst Produkt des Handlungskontextes, sondern erfährt durch diesen auch Beschränkungen, die es zu beachten gilt. Auf der einen Seite setzt Führung Freiheit voraus, auf der anderen Seite erwächst daraus auch die Verantwortung, die legitimen Erwartungen der Umwelt zu erfüllen.

4. Im Zentrum der Mensch
Im Modell wird ein Menschenbild vertreten, wonach Menschen frei sind und um dieser Freiheit willen Respekt verdienen. Ihre jeweiligen Werte, Interessen und Überzeugungen sind ernst zu nehmen. Der Mensch ist demnach das Maß der Dinge und jegliches Führungshandeln muss sich in letzter Instanz daran messen lassen. Eine ethische Legitimation ist unabdingbar mit guter Führung verbunden. Dazu gehört auch die Prämisse, wonach Menschen Fehler machen, sich irren können und stets situativen Einflüssen unterliegen. Gleichzeitig sind sie kreativ, lernfähig und grundsätzlich auf Kooperation hin orientiert (KIRCHGEORG, MEYNHARDT, PINKWART, SUCHANEK, ZÜLCH, 2018, 10).

5. Die ganzheitliche Erfolgsmessung
Mit der im Modell zentralen Ausrichtung auf einen mehrdimensionalen Wertbeitrag werden finanziell-ökonomische, nicht-finanzielle, kulturelle, politisch-soziale, aber hedonistisch-ästhetische Werte rekursiv aufeinander bezogen und in einen Gesamtzusammenhang gestellt.

Das Führungsprinzip ist im Grunde ein Koordinationsprinzip, nämlich das der Ausrichtung auf einen Beitrag zu dem größeren Ganzen des Purpose. Die unternehmensweite Aktivierung und Vermittlung des Purpose in Verbindung mit den anderen drei Kerndimensionen wird damit zu einer grundlegenden Führungsaufgabe. Das Leipziger Führungsmodell bettet den Purpose in einen normativen Gesamtzusammenhang ein und bringt dadurch die teilweise vom Führungsalltag entkoppelte Purpose-Diskussion wieder näher an den «Maschinenraum». Es wird erst dann von einem Purpose gesprochen, wenn der Gemeinwohlbezug und damit Ausrichtung auf eine am Public Value orientierte Wertschöpfung sichtbar ist. Dieser keineswegs schon breit akzeptierte Gedanke, den wir auch zentral in diesem Buch verfolgen, ist im Leipziger Führungsmodell angelegt und wurde von dort übernommen. Wir hatten die Grundidee im dritten Kapitel bereits mit der Formel $P = M \times PV$ bildhaft ausgedrückt.

Gemäß dem Modell soll der Purpose für die Führungskräfte Orientierung und die Motivation ermöglichen, die Spannungsfelder auf allen Systemebenen auszutarieren und die Potenziale zu erkennen. Eine gute Faustregel ist es, sich dabei vor allem auf die eingangs genannten Fragen zu konzentrieren. Mit der Idee des Führens über Fragen verbindet sich auch im ganzen engen Sinne der Gedanke, dass sich gute Führung auch über die Steuerung der Aufmerksamkeit bei sich selbst und anderen definiert. Das Wichtige und Wesentliche wahrzunehmen, bedeutet in komplexen Situationen zunächst, durch angemessene Interpretationen die «Fakten» gemeinsam zu ordnen und einzuordnen. Es beginnt also mit einer Wahrnehmungs- und Reflexionsleistung. Wie heißt es so schön: Man sieht nur, was man weiß! Das Leipziger Modell lenkt die Aufmerksamkeit aus guten Gründen auf genau vier Kerndimensionen.

Die aktuelle Situation am Ort der Wertschöpfung, im taktisch-operativen Management, aber auch in der Strategiearbeit daraufhin immer wieder zu hinterfragen und in den Führungskontext zu stellen, ist demnach eine kaum zu überschätzende Leistung der Führung. In den Worten des Viable System Model geht es in der Führungsarbeit darum, Rekursivität zwischen den Kerndimensionen und den Systemebenen herzustellen. Die Beantwortung der scheinbar einfachen Fragen erfordert ein hohes Maß an systemischen Denkens und Menschlichkeit zugleich – man könnte auch von praktischer Weisheit sprechen! Das Leipziger Führungsmodell geht aber noch einen Schritt weiter. Es fragt nicht allein nach der Reflexions- und Interpretationsleistung, sondern fordert ein Denken über die Wirkungen des Führungshandelns. Wie bereits oben gezeigt , ist gute Führung beitragende Führung. Oder anders ausgedrückt:

Wer beiträgt, führt.

Man kann den Satz auch so lesen: Wer nicht beiträgt, führt nicht. Oder: Wer führen will, muss beitragen. Das Leipziger Führungsmodell setzt mit auf ein Rollenbild bei Führungskräften, die sich an ihrem Beitrag und nicht an Status, Macht oder Wissen messen lassen muss. Damit werden diese einerseits entlastet, als jene gesehen zu werden, die «etwas im Griff» haben. Sie sind weder «Heros» noch «Zeros», weder Superhelden noch machtlos den Sachzwängen ausgeliefert. Mit der Beitragslogik wird ein spezifisches Rollenbild vorgeschlagen, was den netzwerkorientierten VSM-Gedanken sehr nahekommt und dieses auch in die Sprache von Führungskräften übersetzt. Daneben kommt auch der Gedanke zum Tragen, wonach Führung überall dort stattfindet, wo jemand einen Beitrag leistet. Führung ist also im besten Fall über alle Systeme verteilt. Führung ist kein Privileg der Führungskräfte! So wie sich ein Purpose genauso im «Maschinenraum» zeigen muss, um als solcher gelten zu dürfen, ist auch Führung nicht auf einzelne Funktionsträger begrenzt, Die damit einhergehende Idee der verteilten Führung ist auch ein Mechanismus zur Förderung agiler Zusammenarbeitsformen, Selbststeuerung und Selbstorganisation.

Nach der – zugegebenermaßen subjektiven – Auswahl von Führungsprinzipien, die sich über Jahrzehnte bewährt haben und der Vorstellung eines noch jungen Führungsmodells einer Wirtschaftshochschule, stellt sich nun die Frage, ob diese auch in Zeiten des digitalen Wandels tragen. Ausgangspunkt der Beurteilung sind die in unserem Buch gewonnenen Erkenntnisse zu den Denkmustern der reflektierenden Praktiker und zu den Anforderungen des Viable System Model.

Welche grundlegenden Fragen – zur Selbstführung und zur Führung in Organisationen – stellen sich verantwortungsvollen Führungskräften?

Die fünf Denkmuster als Handlungsmaximen der Führung

Im ersten Kapitel wurden die fünf Denkmuster der reflektierenden Praktiker vorgestellt und eben auch beim Leipziger Führungsmodell wieder zur Anwendung gebracht. Im Folgenden möchten wir sie noch einmal heranziehen, um Handlungsmaximen für verantwortungsvolle Führung abzuleiten.

1. Die optimale Vereinfachung von Komplexität
Bei der **Selbstführung** stellen sich folgende Fragen:

- Widerstehe ich der Versuchung, komplexe Probleme als «das ist ja nichts anderes als» zu charakterisieren, damit ich meine gewohnten Methoden anwenden kann?
- Bin ich mir bewusst, dass «Big Data» zwar große Datenmengen zu den Teilen eines Systems bereitstellt, aber deren Verknüpfungen weitgehend ausblendet?
- Vereinfache ich komplexe Probleme so, dass ihr Charakter und ihr Inhalt nicht verloren gehen?
- Verfüge ich über ein Instrumentarium (wie in Abb. 1.7), um mit Komplexität kreativ und zielführend umzugehen?

Bei der **Führung in Organisationen** stellen sich folgende Fragen:

- Verfügen wir – der Komplexität der Situation angemessen – über die notwendige Diversität und Kreativität bei den Mitarbeitenden?
- Verlassen wir uns bei «Big Data» nicht blind auf Maschinen, sondern übergeben Mitarbeitenden die Verantwortung für das Funktionieren des Ganzen?
- Ist unser Unternehmen so organisiert, dass über alle Ebenen die erforderliche Varietät der Führung sichergestellt ist – was bedeutet, dass die Anforderungen des

Viable System Model erfüllt werden?
- Folgen wir der grundlegenden Erkenntnis, dass bei steigender Komplexität des Ganzen die Teile loser gekoppelt sein müssen?

2. Die Perspektive der russischen Puppen

Bei der **Selbstführung** stellen sich folgende Fragen:
- Behalte ich bei meinen Entscheiden immer die Einbettung in das größere Ganze im Blick?
- Verfolge ich ein Vorgehen gemäß «Helikoptersicht», ein stetes Pendeln zwischen eigenen Zielen und Ansprüchen des Unternehmens, der Wirtschaft und der Gesellschaft?
- Bin ich mir bewusst, dass es keine exakten Prognosen zur wirtschaftlichen und gesellschaftlichen Entwicklung geben kann?
- Setze ich das Prinzip der Subsidiarität, der Autonomie der kleinsten Einheit, konsequent um?

Bei der **Führung in Organisationen** stellen sich folgende Fragen:
- Sind unsere Mitarbeitenden dazu ausgebildet und in der Lage, in größeren Zusammenhängen zu denken?
- Organisieren und führen wir nach dem Prinzip der verteilten Intelligenz, dass Entscheide dort vorbereitet und getroffen werden, wo die größte Kompetenz vorliegt?
- Sind die Sitzungsagenden so ausgestaltet, dass im weiteren Umfeld entdeckte Chancen Priorität haben vor internen Problemen?
- Gibt es bei Entscheiden eine Eventualplanung, wenn «das System» zurückschlägt?

3. Die Einheit von Freiheit und Verantwortung

Bei der **Selbstführung** stellen sich folgende Fragen:
- Wie nutze ich als Führungskraft meinen Freiheitsspielraum, und übernehme ich dabei die volle Verantwortung?
- Hat für mich Effektivität («die richtigen Dinge tun») Priorität vor Effizienz («die Dinge richtig tun»)?
- Respektiere ich die Autonomie der kleinsten Einheit?
- Wie gehe ich mit Risiken um, wie toleriere ich (auch eigene) Fehler?

Bei der **Führung in Organisationen** stellen sich folgende Fragen:
- Ermöglichen wir die Diversität von Meinungen, und schaffen wir eine Kultur des Vertrauens?
- Erheben wir Job Rotation und Job Enrichment zum Verstehen des größeren Ganzen im Unternehmen zum Prinzip?

- Gewährt unser Unternehmen den Mitarbeitenden Chancengleichheit im Sinne fairer Ausgangsbedingungen?
- Wie nutzen wir im Unternehmen den Freiheitsspielraum, und übernehmen wir dafür umfassend Verantwortung?

4. Im Zentrum der Mensch

Bei der **Selbstführung** stellen sich folgende Fragen:

- «Vermeide Schaden» – befolge ich auch bei neuen Themen wie z. B. der Künstlichen Intelligenz den hippokratischen Eid?
- Bin ich mir bewusst, dass Begriffe wie Freiheit, Macht und Politik im Zeitalter der Netzwerke neu definiert werden müssen?
- Wie trage ich der zunehmenden Abhängigkeit von Maschinen Rechnung, die das kreative Denken in den Hintergrund rückt?
- Behalte ich die kritische Distanz gegenüber Entwicklungen, die letztlich die Freiheit der Menschen unterminieren?

Bei der **Führung in Organisationen** stellen sich folgende Fragen:

- Bekommen menschliche Talente wie Kreativität, Empathie, Gefühl, Körperlichkeit und Einsicht Vorrang vor den eindrücklichen Rechenleistungen von Maschinen?
- Ermöglichen wir unseren Mitarbeitenden das permanente Lernen und Weiterentwickeln?
- Haben bei der Besetzung neuer Stellen die eigenen Mitarbeitenden Priorität vor externen Spezialisten?
- Sind Privatsphäre, Transparenz und Sicherheit beim Einsatz künstlicher Intelligenz sichergestellt?

5. Die ganzheitliche Erfolgsmessung

Bei der **Selbstführung** stellen sich folgende Fragen:

- Führe ich grundsätzlich mit Zahlen, oder bin ich auch bereit, weiche Faktoren bei der Erfolgsmessung zuzulassen?
- Bin ich vertraut mit den verschiedenen Ansätzen der Erfolgsmessung sowie deren Stärken und Schwächen?
- Stimmt die oberste Verpflichtung auf das Gemeinwohl mit meinem inneren Kompass überein?
- Wie nutze ich die Freiheit, mein Geschäftsmodell auf den Public Value auszurichten?

Bei der **Führung in Organisationen** stellen sich folgende Fragen:

- Ist unser Messsystem so ausgestaltet, dass sich die verschiedenen Anspruchsgruppen mit ihren je eigenen Interessen in diesem wiederfinden?

- Ist die Art der Zielbestimmung und der Erfolgsmessung Ansporn oder Hemmnis für die Mitarbeitenden?
- Wie kann der Gemeinwohlbeitrag als regulative Idee im Unternehmen verankert werden?
- Sollen sich neben dem Verwaltungs/Aufsichtsrat und der Geschäftsleitung auch die Aktionäre auf den gesellschaftlichen Beitrag des Unternehmens verpflichten?

Nachdem die sich aus den Denkmustern ergebenden Fragestellungen zur Führung vorliegen, sind nun in gleicher Weise die Anforderungen des Viable System Model herauszuarbeiten.

Mit dem Viable System Model VSM führen

Leitstern der Verdichtung der Erkenntnisse des Viable System Model zu Anforderungen an die Führung ist das Prinzip der Lebensfähigkeit. Nur wenn diese sichergestellt ist, verdient Führung das Prädikat «verantwortungsvoll».

Lebensfähigkeit ist der Leitstern verantwortungsvoller Führung.

Wo fangen reflektierende Praktiker an, wenn sie das Viable System Model im Führungsalltag anwenden möchten? Bei sich selbst! Es geht nämlich immer auch um die eigene «Lebensfähigkeit» und Selbstentwicklung. Das VSM lehrt uns, stets alle seine fünf Systeme zu «bewirtschaften» und keines zu vernachlässigen ist. Wer nur eines vergisst, riskiert die Lebensfähigkeit – in dem Fall auch die eigene!

Zunächst möchten wir **sechs Leitfragen** formulieren, die aufzeigen, dass und wie eine Anwendung unseres Ansatzes in der Praxis zu neuen Perspektiven auf die Führungsarbeit führt. Im Anschluss werden diese Überlegungen für alle Systeme separat anstellen.

1. **Wie entdecken wir systemische «Spielregeln» und erweitern unseren Horizont?**
   Gemäß dem Gesetz der erforderlichen Varietät kommt es darauf an, in einer grundsätzlich nicht durchschaubaren Situation dennoch Zusammenhänge, die «Spielregeln» oder eben Muster zu erkennen (Varietätsreduktion). Auf dieser Basis versuchen reflektierende Praktiker diesen Mustern kreativ gerecht zu werden, sie experimentieren damit und entwickeln neue Ideen zur Erweiterung ihres Handlungsspielraums (Varietätserhöhung).

2. **Wie finden wir eine gemeinsame Sprache?**
Das Zusammenspiel der Systeme gelingt nur auf Basis eines gemeinsamen Verständnisses, geteilter Weltsichten und Geschichten (Narrative). Dies ist gemäß VSM der tiefere Grund, warum eine gemeinsame Sprache fundamental wichtig ist. «Mehrsprachigkeit» wird zum Kriterium guter Führung, d.h. die Fähigkeit, in verschiedenen Kontexten die «richtigen» Worte zu finden. Die reflektierenden Praktiker suchen aktiv den Dialog und gehen sehr bewusst mit ihrer Sprache um.
3. **Wie erreichen wir verteilte Intelligenz und vermeiden Engpässe?**
Dem VSM folgend soll dort entschieden werden, wo das erforderliche Wissen und die Erfahrung vorliegen. Dies ist keineswegs trivial, wenn man bedenkt, dass die «Intelligenz» in der Organisation an verschiedenen Orten verteilt und nicht unbedingt an hierarchischen Merkmalen festzumachen ist. Die reflektierenden Praktiker suchen auf allen Rekursionsebenen (siehe Kapitel 2) nach Ideen und Wissen.
4. **Wie organisieren wir die lose Koppelung der autonomen Einheiten?**
Auch wenn es der menschlichen Intuition widerstrebt, komplexe Systeme erfordern ein Mehr an Autonomie ihrer Teile. Die reflektierenden Praktiker verhindern zu starke Kopplungen, um schädliche Kettenreaktionen zu vermeiden. Weniger ist mehr und Loslassen ist kein Führungsversagen – im Gegenteil!
5. **Wie stellen wir einen angemessenen Datenfluss sicher?**
Die Klage über schlechte und intransparente Kommunikation im Unternehmen liegt nach dem VSM auch daran, dass die «Kanalkapazität» zu gering ist. Mit anderen Worten: Um mit der (steigenden) Komplexität des «Maschinenraums» Schritt zu halten, werden mehr und neue Kommunikationsformate benötigt. Die reflektierenden Praktiker sind in diesem Sinne darauf bedacht, permanent den Austausch zwischen der Produktion (der «Basis») und dem Management zu verbessern. Daten müssen fließen, nur so werden daraus Information und schließlich Wissen.
6. **Wie schaffen wir Vertrauen, ermöglichen uns aber auch ein Bild vor Ort?**
Das VSM begründet, warum die Autonomie der kleinsten Einheit so wichtig ist und nur eingeschränkt werden darf, wenn das größere Ganze in Gefahr ist. Wann dies der Fall ist, kann niemand im vorneherein wissen. Deshalb braucht es einen Vertrauensvorschuss, der vielen Führungskräften schwerfällt. Vertrauen bedeutet jedoch nicht, blindlings alles zu glauben und zu akzeptieren. Die reflektierenden Praktiker wissen um die Notwendigkeit einer vertrauensvollen Zusammenarbeit, sie machen sich aber auch immer wieder selbst ein Bild vor Ort. Ihnen ist klar, dass jede Information «gefiltert» ist und sie auch selber «blinde Flecken» haben.

Nach diesen ersten übergreifenden Leitfragen sind nun die für die Führung relevanten Fragestellungen für die einzelnen Systeme des Viable System Model zu formulieren, differenziert zwischen **Selbstführung** und **Führung in Organisationen.**

System 1: Der Ort der Wertschöpfung

Bei der **Selbstführung** stellen sich folgende Fragen:

- Kenne ich meine verschiedenen Rollen als Führungskraft, Kollege, Familienmitglied, Freund?
- Bin ich als Verantwortlicher in der Lage, meine Geschäftseinheit autonom in allen Dimensionen zu führen?
- Kenne ich die Erwartungen der Kunden, und ist meine Wertschöpfungskette konsequent darauf ausgerichtet?
- Stehen mir die operativen Rahmenbedingungen zur Verfügung, um meine Rollen zu erfüllen?
- Stimmen meine «Führungsreflexe», wenn Prozesse nicht funktionieren?

Bei der **Führung in Organisationen** stellen sich folgende Fragen:

- Sind unsere Geschäftseinheiten lebensfähig, da sie unmittelbaren Wert für die Kunden schaffen? Und könnten sie grundsätzlich auch auf sich allein gestellt die Lebensfähigkeit erhalten?
- Verfügen unsere Geschäftseinheiten über die dazu notwendigen Ressourcen und Freiheitsspielräume sowie über ein Führungsteam mit den erforderlichen Talenten und Kompetenzen?
- Steht die Einheit in regelmäßigem Kontakt mit dem Kunden, um diesem zu zuhören, oder wird nur spekuliert?
- Hat die Einheit ein geteiltes Verständnis davon, wie sie bestehende und neue Kunden begeistert?

System 2: Die lokale und übergreifende Abstimmung des Tagesgeschäfts

Bei der **Selbstführung** stellen sich folgende Fragen:

- Bin ich persönlich als Verantwortlicher einer Geschäftseinheit bereit, Informationen und zeitliche Ressourcen zur informellen Abstimmung mit den anderen Einheiten bereitzustellen?
- Widerstehe ich der Versuchung, dabei lästige Infrastrukturaufgaben elegant «abzuschieben»?
- Wie konsequent gestalte ich «Time Boxing», und bin ich in der Lage, kurzfristig zu priorisieren?
- Kenne ich meinen goldenen Korridor aus Tagesgeschäft und Entwicklungsaufgaben, der mich in einen «Flow» geraten lässt?

Bei der **Führung in Organisationen** stellen sich folgende Fragen:

- Organisieren wir die Koordination der Geschäftseinheiten – jenseits der Vorgaben der «Befehlsachse» – auf eine Art und Weise, dass durch gegenseitige informelle Unterstützung Schwankungen im Betrieb vermieden werden?
- Verfügen wir über ein System von Leistungskennzahlen (KPIs), das mögliche Schwachstellen bei Produktivität und Kapazitätsengpässen der Geschäftseinheiten rasch erkennen und Gegenmaßnahmen entwickeln lässt?
- Ist die aktuelle Leistungsfähigkeit/Kapazität der Einheit bekannt? Sind belastbare Prognosen hinsichtlich der Folgen von Repriorisierungen formulierbar?
- Wird dem System 2 Gehör geschenkt? Ist die Relevanz einer eigenverantwortlichen Harmonisierung auf der Ebene des Tagesgeschäfts gesichert, um Entwicklungspotenziale überhaupt nutzen zu können?

System 3: Die Führung des laufenden Geschäfts

Bei der **Selbstführung** stellen sich folgende Fragen:

- Verfüge ich über die notwendigen Ressourcen (Zeit, Kraft, Fähigkeiten), um einen Beitrag zur erfolgreichen operativen Führung des gesamten Unternehmens zu leisten?
- Beteilige ich die für die Erreichung der Ertragsziele Verantwortlichen des «Maschinenraums» auf eine Art und Weise, die ihre Interessen und «Rituale» berücksichtigt sowie sie bestmöglich motiviert?
- Baue ich bei aller Priorität für die Effizienz auch genügend Puffer ein, um die Kundenbedürfnisse optimal befriedigen zu können?
- Schaffe ich Synergien zwischen meinen verschiedenen Rollen, während ich gleichzeitig dazu in der Lage bin, diese mit meinen persönlichen Anliegen auf produktive Weise zu verbinden?
- Setze ich auf mittlere Frist die richtigen Prioritäten?

Bei der **Führung in Organisationen** stellen sich folgende Fragen:

- Wie gestalten wir diese Managementebene so aus, dass eine gesunde mittelfristige Ertragsentwicklung des Unternehmens resultiert?
- Wie erreichen wir eine optimale Abstimmung der mittelfristigen Ertragsplanung mit der strategischen Ausrichtung des Unternehmens?
- Wie koordinieren wir den mittelfristigen Planungsprozess des gesamten Unternehmens mit der Planung und Koordination der Tagesgeschäfte, ohne dass durch «Mikromanagement» die Autonomie der Teileinheiten eingeschränkt wird?
- Sind die strategischen Ziele klar (System 4), damit auf der Ebene des laufenden Geschäfts die richtigen Entscheidungen getroffen werden können?

System 3*: Audits, Intro- und Retrospektiven

Bei der **Selbstführung** stellen sich folgende Fragen:

- Wie beuge ich einer Selbstüberforderung (z. B. Burnout, Schlafmangel) und Selbsttäuschung (Realitätsverlust) vor?
- Stelle ich sicher, dass unerwartet auftretende Fehler im System durch eigene Warnsignale entdeckt werden – und nicht durch die Kunden?
- Wie kann ich dieses Warnsystem so ausgestalten, dass das Vertrauen der operativ Verantwortlichen nicht beschädigt wird?
- Nehme ich mir Zeit zur Introspektion, erlaube ich mir eigene Fehler zu erkennen, kann ich mir selbst verzeihen und daraus lernen?
- Habe ich Freunde, die mir mittels ehrlichem Feedback dabei helfen, mich selbst kritisch zu reflektieren?

Bei der **Führung in Organisationen** stellen sich folgende Fragen:

- Wie entwickeln wir jenseits der «Befehlsachse» – analog zur informellen Koordination des Tagesgeschäfts – ein Korrektiv, das «gefilterte Information» erkennen lässt und frühzeitig Warnsignale sendet?
- Wie stellen wir sicher, dass dieses Warnsystem der Neutralität verpflichtet ist und dem Wohl des Gesamtunternehmens dient?
- Kennen die Führungskräfte den «Maschinenraum» nur aus Excel-Diagrammen, oder sind sie (beizeiten) am Ort des Geschehens?
- Existiert ein Klima, in dem eine sachorientierte Ursachenforschung bei größeren Störungen als Bereicherung aufgefasst wird?

System 4: Die Erkundung möglicher Zukünfte

Bei der **Selbstführung** stellen sich folgende Fragen:

- Nutze ich meine Möglichkeiten, das als «richtig Erkannte» in die langfristige Entwicklung des Unternehmens einzubringen?
- Wie kann ich die Umwelt in ihren Zusammenhängen ganzheitlich erfassen, um nicht Strategien zu entwickeln, die einfach den Status quo fortschreiben?
- Wie transformiere ich Inventionen in Innovationen durch Verlinkung der Strategie und mit den Operationen?
- Wie erreiche ich einen Perspektivenwechsel bei mir selbst und motiviere andere dazu?
- Wie baue ich die Bestimmungsfaktoren des gesellschaftlichen Wertbeitrags in meine Überlegungen ein?

Bei der **Führung in Organisationen** stellen sich folgende Fragen:

- Wie erreichen wir, dass alle Aktivitäten zur Entwicklung des Unternehmens nicht nur untereinander und über alle Hierarchieebenen koordiniert, sondern auch in steter Interaktion mit der Umwelt getrieben werden?
- Wie stellen wir sicher, dass «die Kraft der Räder auf die Straße» gebracht wird, das Zusammenspiel zwischen operativem und strategischem Management optimal funktioniert?
- Wie setzen wir das Instrumentarium des Vernetzten Denkens so ein, dass das Denken in Kreisläufen zum Standard für den Prozess der Strategieentwicklung wird?
- Wie entwickeln wir ein Früherkennungssystem für Umweltentwicklungen, die als Megatrends die Zukunft bestimmen werden?

System 5: Die Identität der Organisation

Bei der **Selbstführung** stellen sich folgende Fragen:

- Wann habe ich zuletzt über meine Werte, meinen «Purpose» und meine Ziele nachgedacht, und wie stehen diese zu den Unternehmenszielen?
- Bin ich in der Lage, meinen eigenen Purpose zu artikulieren und anderen zu vermitteln?
- Was heißt für mich «Walking the Talk» mit Bezug auf die unternehmerischen Werte, die das Gemeinwohl hochhalten?
- Stelle ich mich auch selbst immer wieder in Frage, indem ich Rückmeldungen an mich heranlasse, die Kritik enthalten? Suche ich aktiv danach? Bin ich bereit und in der Lage, mein Handeln in einen größeren Zusammenhang gesellschaftlicher Bezüge und philosophischer Perspektiven zu stellen?

Bei der **Führung in Organisationen** stellen sich folgende Fragen:

- Können wir unseren Purpose überhaupt benennen? Wenn nein, warum nicht?
- Wie können wir sicherstellen, dass der Purpose des Unternehmens dem Beitrag zum Gemeinwohl erste Priorität einräumt?
- Wie erreichen wir, dass der kommunizierte Purpose des Unternehmens mit dem real gelebten (POSIWID) übereinstimmt? Sind wir in der Lage, im Alltagsgeschäft die Zusammenhänge mit dem größeren Ganzen herzustellen (Rekursivität)?
- Welche Mechanismen brauchen wir, um allfällige Wertkonflikte produktiv auszutragen?

Mit diesen aus den fünf Denkmustern und den Erkenntnissen des Viable System Model abgeleiteten Fragen zur verantwortungsvollen Führung schließt sich der Kreis unserer Überlegungen zum Umgang mit einer komplexen Welt.

Epilog

Wir drei Autoren sind in recht unterschiedlichen Umwelten unterwegs. Timo Meynhardt ist Psychologe und lehrt als Professor und Gemeinwohlforscher an der Handelshochschule Leipzig, nachdem er lange Jahre in der strategischen Unternehmensberatung tätig war. Mark Lambertz hat sein eigenes Unternehmen im Bereich der digitalen Kommunikation gegründet und berät heute Firmen zur agilen Operation. Peter Gomez ist ein «Wanderer zwischen den Welten» der Wissenschaft und der Unternehmenspraxis, er führte als Rektor die Universität St. Gallen und als Präsident die Schweizer Börse. Uns verbindet das Interesse für die Führung und Organisation von gesellschaftlichen Institutionen, wie privatwirtschaftliche Unternehmen, Non-Profit Organisationen, öffentliche Verwaltungen oder politische Organisationen.

Alle drei haben, jeder auf seine Weise, nach einem Ansatz für ein ganzheitliches Verständnis von Organisationen gesucht – und dieses im Viable System Model VSM gefunden. Peter Gomez hat dieses Mitte der 1970er-Jahren in seinen Anfängen in engem Kontakt mit Stafford Beer kennengelernt. In einem persönlichen Brief schrieb ihm dieser: «Ich denke, dass Manager einen Instinkt für die Verstärkung und Dämpfung von Varietät und damit für die erforderliche Varietät entwickeln *können*; aber sie würden immer noch nicht danach handeln.»

I think managers can develop an instinct about variety amplification, attenuation, & requisite variety; but they still wouldn't actually compute with it.

Um persönlich zu erfahren, wie diese Blockade bei Führungskräften denn aufgelöst werden könnte, reiste eine Gruppe von St. Galler Doktoranden 1976 nach Lampeter, Wales, wo Stafford Beer damals in seiner Einsiedelei Cwarel Isaf lebte. Wir trafen einen «Leonardo der Neuzeit» an, der uns mit wehendem Bart sein grandioses Wissen in vielen Diskussionen so intensiv nahebrachte, dass wir jeweils weit nach Mitternacht kraftlos in den Seilen hingen. Aber unsere Faszination am Viable System Model war geweckt und wirkt bis heute nach. Denn es ist trotz großer Bemühungen nie gelungen, ein in der Qualität auch nur annähernd vergleichbares Organisationsmodell zu finden. Timo Meynhardt kam während seiner Beratungstätigkeit bei der Suche nach einem Organisationsmodell mit großer heuristischer Kraft zum ersten Mal mit dem Viable System Model in Kontakt. Dabei ging es ihm vor allem darum, dem unproduktiven «alles hängt mit allem zusammen» gängiger Modelle zu entgehen. Das VSM hat ihm eine ganzheitliche Sicht auf das Prinzip des Beitragens ermöglicht, wie er es im Leipziger Führungsmodell und seinem Gemeinwohlansatz beschreibt. Für ihn bringt das VSM Systemdenken und Menschlichkeit in produktiven Einklang. Mark Lambertz schließlich hat vor gut 10 Jahren erkannt, dass sich Unternehmen wie lebendige Organismen anfühlen. Und dass hierarchische Strukturdiagramme wie auch Netzwerktheorien nicht genügen, um diese Lebendigkeit zu erfassen. Es brauchte ein sinnstiftendes Modell, dem es gelingt, zentrale Strukturen mit dezentralen Prozessen zu verbinden. Das VSM ist für ihn immer noch die optimale Vereinfachung einer Organisation und eine stete Reflexionshilfe in schwierigen Situationen des Unternehmensalltags.

Auch in der Herangehensweise beim Einsatz des VSM unterscheiden sich die drei Autoren. Mark Lambertz kommt aus dem «Maschinenraum» der Systeme 1 – 3*. Dies entspricht seiner Erfahrung als Unternehmensgründer. Priorität hatte immer zuerst die Kundenzufriedenheit, die übergreifenden Werte entwickelten sich mit der Zeit. Für Timo Meynhardt ist Ausgangspunkt der Interpretation einer Organisation stets der «Purpose». Dieser steht für das System 5 und gibt dem unternehmerischen Geschehen den übergreifenden Sinn und erklärt, warum und wozu etwas getan wird. Das Denken in Gesamtzusammenhängen des VSM hilft zu vermeiden, dass der kommunizierte und der gelebte «purpose» (POSIWID) auseinanderdriften. Für Peter Gomez schließlich steht das Zusammenspiel zwischen den Systemen 4 und 3 im Mittelpunkt: Wie müssen Strategien entwickelt und umgesetzt werden, so dass die Kraft der Räder optimal auf die Straße kommt? Das VSM lehrt, dass Strategien im luftleeren Raum – abgekoppelt vom direkten Kontakt mit der Unternehmensumwelt und vom internen «Maschinenraum» – zum Scheitern verurteilt sind.

Wir drei Autoren haben versucht, den Leserinnen und Lesern mithilfe des VSM eine ganzheitliche Sicht der Unternehmensführung in Zeiten des digitalen Wandels aufzuzeigen. Dies vor allem zur Illustration des geeigneten Vorgehens und weniger zur Entwicklung konkreter inhaltlicher Vorschläge der Problemlösung. Wenn wir zum Abschluss des Buches gebeten würden, unsere zentrale Erkenntnis aus dem VSM je in einem Gedanken wiederzugeben, so könnte dies so lauten:

Peter Gomez: «Die Autonomie der kleinsten Einheit darf nur eingeschränkt werden, wenn das größere Ganze gefährdet ist. Die Kunst verantwortungsvoller Führung besteht darin, auch in schwierigen Zeiten der Autonomie eine Chance zu geben.»

Timo Meynhardt: «Vertraue nicht dem Organigramm, suche nach denen, die etwas zum größeren Ganzen beitragen!»

Mark Lambertz: «Die beste Idee gewinnt – Titel und Positionen sind nachrangig, um Lösungen zu entwickeln!»

Anhang

Die Werkzeuge des agilen Managements im Detail

Dieser Abschnitt enthält verschiedene Werkzeuge, welche ergänzend zu den in Kapitel 5 behandelten Strukturaspekten nachgereicht werden, um diese noch besser verstehen und umsetzen zu können.

Die übergreifenden Strukturaspekte

Pull Prinzip und Fokus auf Flow im System

Typische Werkzeuge:

Kanban, ist ein Prinzip zur Prozessteuerung, welches dadurch gekennzeichnet ist, dass der letzte Prozessschritt die vorgelagerten Prozesse steuert. Der Begriff stammt aus dem Japanischen und bedeutet schlicht Karte. In der fertigenden Industrie werden zum Auslösen eines Prozesses sogenannte Kanban-Karten eingesetzt, die Informationen des vorgelagerten Prozesses enthalten und angeben, in welcher Menge welche Varianten eines Werkstücks benötigt werden. Damit wird bedarfsgerecht produziert und nur die Materialien genutzt, die tatsächlich notwendig sind, um einen Kundenauftrag zu erfüllen. Durch dieses Prinzip ist es möglich, sich große Lagerbestände zu ersparen, weil jeder Arbeitsschritt über lokale Lager verfügt. Ein unterschrittener Meldebestand ist das Signal an den vorgelagerten Prozess, neue Teile herzustellen. Dies ermöglicht eine Fließfertigung und kontinuierliche Lieferfähigkeit der Produktion.

Neben der Originalfassung der Kartenlogik gibt es auch eine *Interpretation für das agile Umfeld*, die Kanban zur Aufgabensteuerung verwendet und mit einer Tafel (Kanban-Board) arbeitet. Hierbei werden Spalten definiert, welche die typischen Arbeitsschritte für die Bearbeitung einer Aufgabe enthalten. Im einfachsten Fall «Zu erledigen», «in Bearbeitung», «Erledigt» (To do, Doing, Done). Mit sogenannten Schwimmbahnen (horizontale Bereiche) können größere Projekte in Themen oder Arbeitspakete (Epics) gegliedert werden. Die Grundidee der Kanban-Tafel ist die gleiche wie in der Fertigung: Es geht um einen kontinuierlichen Fluss von werthaltigen Beiträgen in Richtung Kunde.

Initiative	Arbeitspaket	Backlog		Geplant		In Bearbeitung WIP = 3		Erledigt	
1	1	Aufgabe	Aufgabe						
	2	Aufgabe		Aufgabe		Aufgabe	Aufgabe		
	…	Aufgabe	Aufgabe	Aufgabe				Aufgabe	
	n	Aufgabe				Aufgabe			
2	1	Aufgabe							
	2	Aufgabe	Aufgabe	Aufgabe	Aufgabe				
	…	Aufgabe	Aufgabe						
	n			Aufgabe				Aufgabe	

Abbildung A1
Ein typisches Kanban-Board aus dem agilen Umfeld, das sowohl die Aufgabenmenge und den entsprechenden Erreichungsgrad visualisiert

Wertstrom, auch als Value Stream bekannt, ist eine umfassende Methodik, um Prozesse zu verstehen und dann zu verbessern. Dieser Denkrahmen wurde von Mike ROTHER und Mike SHOOK (2003) dargestellt und erlaubt eine gesamtheitliche Betrachtung einer Produktionssequenz. Hierbei beginnt die Aufnahme des Wertstroms beim Kunden, von dem ausgehend man rückwärts den Prozess entlanggeht. Typischerweise wird ein Wertstromdiagramm in fünf Bereiche unterteilt: Kunde, Lieferant, Informationsflüsse, Materialflüsse einschließlich der Prozessschritte sowie eine Zeitlinie, welche die Prozess- und Durchlaufzeit enthält.

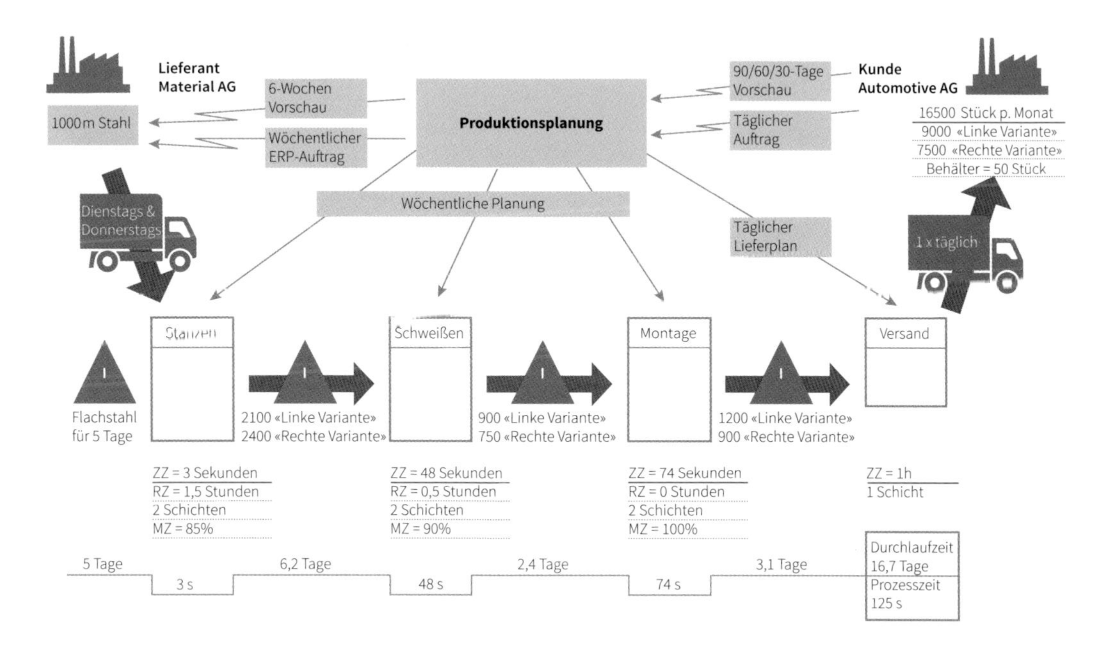

Abbildung A2
Ein vereinfachtes Wertstromdiagramm aus der fertigenden Industrie, aus dem die Durchlaufzeit und die Prozesszeit hervorgeht

Die Boxen unterhalb der Prozessschritte enthalten weitere relevante Informationen zum jeweiligen Schritt wie z. B. die Anzahl der Schichten oder die Maschinenzuverlässigkeit. Aus der ermittelten Durchlaufzeit lassen sich Engpässe und diagnostische Punkte identifizieren.

Wie immer ist bei prozessorientierten Werkzeugen zwischen der Bestandaufnahme der IST-Situation und der Gestaltung des Zielbildes als SOLL-Situation zu unterscheiden.

Aus diesem Diagramm heraus lassen sich viele weitere Ableitungen treffen. Typische Probleme werden anhand eines Wertstromdiagramms sichtbar:

- Der Auftrag ist nicht geklärt, also das interne Kunden- und Lieferantenverhältnis ist diffus. Entweder weiß der interne Kunden nicht, was er wie haben will, oder der interne Lieferant kann nicht in der gewünschten Qualität und Termintreue liefern. Auf jeden Fall hat die Organisation ein Problem, wenn diese Phänomene auftauchen.
- Daraus ergeben sich in den Arbeitsschritten in der Regel zu viele Rückfragen, sodass viele – teilweise informelle – Rückkopplungsprozesse notwendig sind, bis ein Teilgewerk derart beschaffen ist, dass es im nächsten Arbeitsschritt bearbeitet werden kann.
- Dies wiederum deutet auf Schnittstellenprobleme hin, denn offensichtlich herrscht keine gemeinsame Sprache und ein geteiltes Verständnis der internen Beziehungen vor. Der Bedarf an Standards wird offenbar.
- Außerdem sind Wertstromdiagramme hilfreich, um das heikle Thema der «Lager» anzugehen. In der obigen Abbildung werden die Lager mit einem Dreieck dargestellt und mit einem «I» gekennzeichnet (I = Inventar). Denn mitnichten geht es im Lean Thinking darum, alle Lager abzuschaffen. Dies zeugt von einem falschen «Just in time»-Verständnis, denn Lager im Sinne von Puffern sind unumgänglich, da jedes System und jeder Prozess mit Engpässen umzugehen hat. Lager sind also «Schutzzonen» für den Fluss der Werte, damit die Lieferfähigkeit des Gesamtsystems aufrechterhalten bleibt. Im nächsten Werkzeug (Engpasstheorie) wird der Umgang mit Flaschenhälsen noch etwas vertieft, doch zuvor noch ein Hinweis für den Umgang mit Wertströmen im Servicebereich. Diese sind insbesondere in der digitalen Welt anzutreffen. Ebenso wie in der fertigenden Industrie gibt es auch im Servicebereich Prozeduren, die (relativ) linear ablaufen. Auch diese lassen sich als Wertstrom darstellen, wenn man die Eigenheiten der Wissensarbeit berücksichtigt.

Wie beim klassischen Wertstrom gibt es im *Servicewertstrom* einen (oder mehrere) Lieferanten und die bekannten Arbeitsschritte. Die Akteure werden oberhalb des Prozesses aufgeführt und entsprechend markiert, wenn diese in einem Arbeitsschritt gemeinsam an einem Geschäftsobjekt arbeiten. Unterhalb des Servicewertstroms sind die verwendeten Medien enthalten, die in einem Prozessschritt verwendet werden (E-Mail, SAP, SharePoint etc.).

Servicestrom für einen Recruiting-Prozess

Akteure

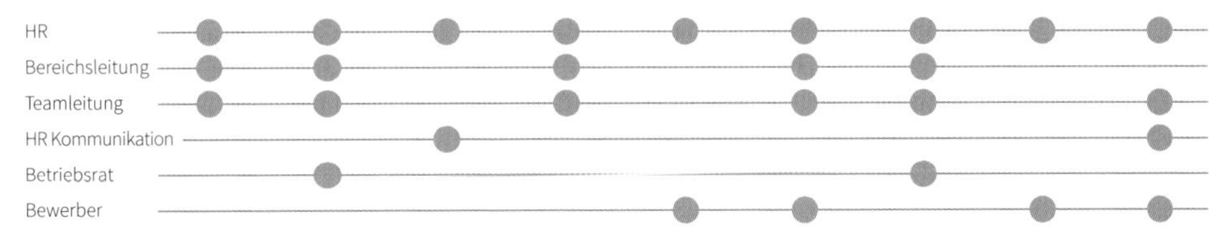

Prozessschritte

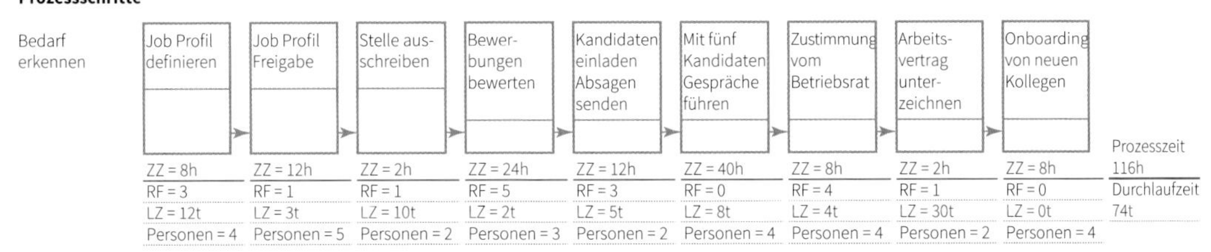

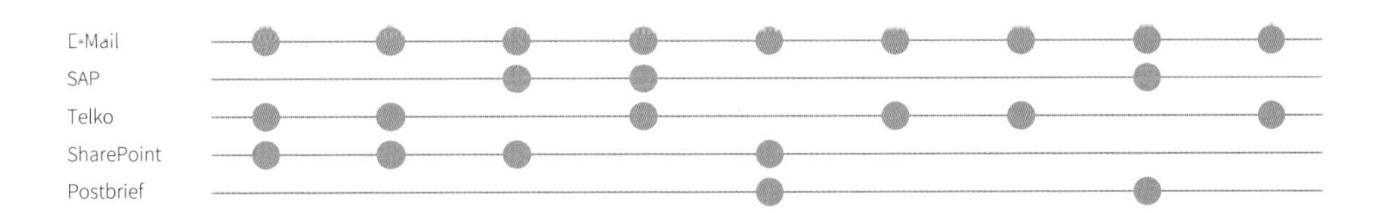

Aus einem derart erfassten IST-Zustand ist es möglich, verschiedene Probleme zu erkennen. Typischerweise ist Verschwendung in Form von zu vielen Rückfragen (RF) in Abstimmungsprozessen, zu vielen Ansprechpartnern (Personenanzahl), fehlenden Meetings oder schlecht genutzten Medien zu erkennen (z. B. zu viele E-Mails in einem Prozessschritt oder zu viele Dokumenttypen im gesamten Prozess).

Abbildung A3
Ein vereinfachter IST-Zustand eines Recruiting-Servicestroms aus dem HR-Umfeld

Wertströme und das VSM

Vielleicht ist den reflektierenden Praktikern die Verwandtschaft des Wertstromdiagramms zum VSM bereits aufgefallen. Beide Modelle enthalten eine Umwelt (mit Lieferanten und Leistungsempfängern) sowie die allfälligen Materialflüsse, die im VSM mit den «Zickzack-Linien» zwischen den 1er-Systemen dargestellt werden. Ebenso sind die Informationsflüsse in beiden Modellen wiederzufinden. Hier zeigt sich, wie sich die beiden Sichtweisen ergänzen: Das Wertstromdiagramm bietet das Verständnis des Wertschöpfungsprozesses, während das VSM den übergreifenden Blick auf die Governance-Architektur einer Organisation richtet.

Theory of Constraints (TOC), ist ein von Eliyahu M. GOLDRATT (2013) entwickeltes Denkgerüst, welches dazu ausgelegt ist, den Durchsatz eines Systems zu erhöhen. Die Theorie geht davon aus, dass in jedem System ein Engpass existiert, der die Leistung des Gesamtsystems beeinflusst. Daher kann ein System nur so viel Outcome produzieren, wie der Engpass zulässt. Aus diesem Ansatz ergeben sich laut Goldratt fünf Fokussierungsschritte, um den Durchsatz zu erhöhen:

1. Identifiziere den Engpass. Welcher Arbeitsschritt hat eine zu geringe Kapazität? Wo fehlen Ressourcen oder Fähigkeiten?
2. Entscheide, wie der Engpass bestmöglich genutzt werden kann. Welche Tätigkeiten gehören zum Engpass? Welche können von anderen Prozesspartnern übernommen werden, um diesen zu entlasten? Wie kann die kontinuierliche Auslastung des Engpasses gewährleistet werden?
3. Ordne alles der obigen Entscheidung unter. Wie viel Arbeit muss im System vorhanden sein, damit der Engpass gut produzieren kann? Wie sollten Unterstützungsprozesse auf den Engpass ausgerichtet werden, um diesen nur die Arbeit machen zu lassen, die unbedingt notwendig ist?
4. Behebe den Engpass. Welche Fixkosten nehme ich in Kauf, um den Durchsatz des Bestands (verkaufbare Gutteile) zu verbessern?
5. Starte wieder bei 1 und überprüfe: Habe ich einen neuen Engpass im System geschaffen? Welche übergreifenden Wechselwirkungen sind erkennbar, damit ein Gesamtoptimum geschaffen werden kann?

Zusammengefasst kann man die Theorie komplementär zum Lean Thinking begreifen. Aus diesem Gerüst wird klar, warum eine 100%ige Auslastung des Gesamtsystems nie produktiv ist. Als Beispiel ein kleines Gedankenexperiment. Wenn im abendlichen Berufsverkehr ein Stau entsteht, dann könnte man zunächst sagen: «Die Autobahn ist optimal ausgenutzt worden, wenn man die Anzahl der Fahrzeuge pro Kilometer betrachtet.». Allerdings ist die Fließgeschwindigkeit gleich null. Es braucht also Pufferbereiche je Autobahnkilometer, damit eine gute Geschwindigkeit für jeden Verkehrsteilnehmer möglich ist. Daher wird in Kanban-Boards ein sogenanntes Work in Progress-Limit für die «In Bearbeitung»-Spalte gesetzt (WIP-Limit, siehe Abbildung A3). Damit wird sichergestellt, dass nicht zu viele Aufgaben parallel bearbeitet werden und man sich auf die Erledigung der wichtigen und dringenden Aufgaben fokussiert. Daher könnte man auch stark vereinfacht sagen: Klopfe deinen Kollegen auf die Schultern, wenn diese *einen Moment lang* unbeschäftigt sind – denn dann hat das System offensichtlich genug Kapazität, um in komplexen Zusammenhängen zu bestehen.

Meetingkadenzen
Typische Werkzeuge:

Tägliche Informationsmeetings, die sowohl im Scrum (Dailys) wie auch im Shopfloor Management in der Lean-Welt zu finden sind. In diesen Meetings geht es darum, sich im Team über den täglichen Fortschritt zu informieren und Hindernisse zu benennen (sofern welche vorhanden sind). Probleme werden immer außerhalb des Informationsmeetings gelöst – das Informationsmeeting ist nur dazu da, solche Probleme zu erkennen.

Mittelfristige Planung, häufig auf einen Sprint bezogen, wenn Scrum praktiziert wird (Sprint Planning). In diesem Meetingtyp werden die Themen und Aufgaben für den nächsten Arbeitstakt relativ detailliert geplant. Erfolgskritisch ist ein gemeinsames Verständnis über die Prioritäten, sowie die Aufgabenstellungen selbst. Leitfragen: Hat jeder im Team den Kontext verstanden? Welche Punkte sind noch zu klären, damit die Aufgaben angegangen werden können? Ist jeder bereit, sich zur Erledigung der Aufgaben freiwillig zu verpflichten? Gibt es Widerstände, die berücksichtigt werden müssen?

Langfristige Planung, wie dieses als sogenanntes PI Planning (Program Increment) im SAFe-Framework durchgeführt wird. Die inhaltliche Ausrichtung dieses Treffens ist eher strategischer Natur und betrachtet einen für Agilisten verhältnismäßig langen Zeitraum (in der Regel ein Quartal). Ein solches Treffen dauert zwischen ein bis drei Tagen, je nach Gruppengröße und Komplexität des Produktes. Die Struktur des Treffens dient dazu, einen abgestimmten Plan zu bestimmen, sowie Abhängigkeiten zwischen verschiedenen Teams zu berücksichtigen, um die Kapazitäten entsprechend vorzuhalten. Zur mittelfristigen Planung kann auch eine Roadmap hilfreich sein, wenn diese im agilen Sinne anpassungsfähig ist und nicht mit einem klassischen Meilensteinplan verwechselt wird. In diesem Kontext sind auch die Treffen zu berücksichtigen, die sich mit dem *Portfoliomanagement* beschäftigen und mit dem PI Planning zu synchronisieren sind.

Identitätsfördernde Treffen, damit sind Interaktionsmuster gemeint, welche dem Team Building dienen und sich weniger um Sachfragen drehen. Hierzu gehören die Klassiker wie eine Weihnachtsfeier oder ein Sommerfest, oder ein Ausflug – neudeutsch als Off-site bezeichnet. Typischerweise finden diese Interaktionsmuster einmal pro Jahr statt.

Rollenverständnis

Typische Werkzeuge:

Scrum Rollen, welche die klassischen Projektleitung beziehungsweise Führungsfunktion in zwei Rollen auf splittet, die sich komplementär ergänzen sollen. Der *Product Owner (PO)*, der noch am ehesten an die typische Führungskraft erinnert, ist für strategische Weiterentwicklung eines Produktes oder Dienstes zuständig. Ihm obliegt es, auf Basis eines soliden Kundenverständnisses den «Aufgabentopf» (das Backlog) für ein Umsetzungsteam zu befüllen und zu priorisieren. Er ist befugt, darüber zu entscheiden, was zu tun ist. Der *Scrum Master (ScM)* oder *Scrum Masterin* fokussiert sich primär auf die Produktivität des Teams und hilft diesem dabei, verantwortungsvoll zu planen und Hindernisse zu erkennen – und soweit wie möglich diese autonom zu beseitigen. Scrum Master unterstützen das Team im Finden eines Lösungswegs und habe das Wie im Blick. Diese Aufgabenteilung erlaubt es einem «gesunden» Team, eigenverantwortlich zu arbeiten und sich voll auf die Umsetzung zu konzentrieren. Ein weiterer Vorteil des Scrum-Rollenkonzepts besteht darin, das diese sich im Sinne eines «Scrum of Scrums» leicht in verschiedenen Rekursionsebenen abbilden lassen und damit gut zum VSM passen. Denn der «PO der POs» ist in einer höheren Rekursionsebene ein «Chief Product Owner» (in manchen agilen Modellen auch Tribe Leader oder Cluster Lead genannt). Ebenso lässt sich die Rolle des «Scrum Masters der Scrum Master» abbilden, denn aus diesem wird dann ein «Chief Scrum Master – zuweilen auch als Agile Coach oder Agile Master bezeichnet.

Pairing, dies ist weniger ein Rollenkonzept als ein Prinzip, um mit fachlichen Rollen umzugehen, und beschreibt das Bilden von Tandems, wenn an einem Geschäftsobjekt gearbeitet wird. Diese Praktik ist aus dem eXtreme Programming bekannt (BECK, 2004) und soll in kleinen Teams für eine gemeinsame Ergebnisverantwortung sorgen. Somit gehört ein Programmiercorde nicht einem Entwickler alleine, sondern einem Tandem. Diese intuitiv komisch anmutende Forderung, dass zwei Entwickler zusammen einen Code programmieren, bietet jedoch zahlreiche Vorteile. Zum einen wird Wissen kollektiviert, sodass kurzfristige Ausfälle eines Menschen nicht automatisch den Verlust des entsprechenden Wissens bedeuten. Außerdem verbessert sich die Code-Qualität erheblich, da gemäß dem Vieraugen-Prinzip die geschriebenen Anweisungen einer gemeinsamen Prüfung durchlaufen sind. Außerdem verringert dies die Aufwände zur Dokumentation eines Codes, da mindestens zwei Personen involviert waren. Abschließend sei noch darauf hingewiesen, dass während des Pair Programming automatisch ein Wissenstransfer zwischen den Entwicklern stattfindet, sodass diese sich en passant fortbilden und Neues lernen und ihre Kompetenz sich stetig erweitert.

Buying Center, steht stellvertretend für das Einkaufsverhalten von Organisationen (WEBSTER und WIND, 1972) und betrachtet sowohl den Beschaffungsprozess, wie auch die darin vorkommenden Rollen. Dieses Werkzeug könnte natürlich auch im Strukturaspekt «Kundenverständnis» vorkommen, ist jedoch bewusst in diesen hier eingefügt worden, um ein ganzheitliches Rollenverständnis zu fördern. Im Buying-Center-Modell existieren die folgenden Rollen:

- *User*: Ist der Nutzer eines Produktes oder Services.
- *Influencer*: Hat Einfluss durch Tipps und Empfehlungen.
- *Buyer*: Die Einkäufer im Unternehmen.
- *Decider*: Entscheidet letztendlich, hat die entsprechende Autorität.
- *Gatekeeper*: Gibt Informationen weiter oder hält diese zurück.

Eine Zusammenfassung dieser Zusammenhänge ist in Abb. 4 dargestellt.

Beschaffungsphase	User	Influencer	Buyer	Decider	Gatekeeper
Bedarfserkennung	●	●			
Klärung von Zielen	●	●	●	●	
Ermittlung von Alternativen	●	●	●		●
Bewertung der Alternativen	●	●	●		
Auswahl der Lieferanten und Kauf	●	●	●	●	

Abbildung A4
Beschaffungsphasen und Rollen im Buying-Center

Durch Kenntnis der Bedürfnisse, die aus den jeweiligen Rollen resultieren, ist eine zielgerichtete Verbesserung des Beschaffungsprozesses für Kunden möglich.

Digitale Werkzeuge

Typische Werkzeuge:

Slack, oder MS Teams von Microsoft, ein Nachrichten Dienst der als Ersatz für die interne E-Mail benutzt wird. Anstelle von Betreffzeilen-Kaskaden à la «Re: Re: FWD: RE: Meeting Notizen» wird die Kommunikation in themenbezogenen Kanälen gebündelt. Dies erhöht den Fokus des Austauschs, insbesondere in Adhoc-Angelegenheiten. Diese Tools lassen sich durch sogenannte Plugins in ihrer Funktionalität erweitern (z. B. die Erinnerung an Termine oder Zugang zu gemeinsam genutzten Dateien).

Skype und virtuelle Bildschirme, mittlerweile schon fest etabliert, wird dieses Werkzeug in Organisationen recht umständlich gehandhabt. So ist der Zugang für externe Partner und Lieferanten meistens nur mit hohem Aufwand möglich, weshalb hier viele Chancen zur produktiven Zusammenarbeit ungenutzt bleiben.

Jira, Trello oder andere Werkzeuge zur Digitalisierung des Aufgabenmanagements. Daher ist dieses Werkzeug eng mit dem Aufgabenmanagement verknüpft, denn ein entsprechendes Werkzeug muss in der Lage sein, die Planungsebenen der Organisation abzubilden. Mithin erstaunt es, dass heutzutage die Post It's-Zettelwirtschaft, immer noch einen so hohen Stellenwert hat. Um dies zu vermeiden, ist also ein digitales Tool unumgänglich, um den verschiedenen Bedürfnissen der Akteure in einer großen Organisation gerecht zu werden.

Wikis, um Informationen einfach zugänglich und bearbeitbar zu machen und die typischen Informationssilos in Form von Word- oder PowerPoint-Dokumenten zu vermeiden. Wikis bieten in der Regel eine bessere Durchsuchbarkeit eines Informationsbestandes, sowie die Möglichkeit, die Texte per Hyperlink-Prinzip aufeinander referenzieren zu lassen. Damit sind nicht-lineare Informationsstrukturen möglich, die besser die Komplexität der Informationen und ihrer Zusammenhänge abbilden.

Dateiablage, Office 365, Dropbox und weitere Dienste, die Plattform- und Geräte-unabhängig den Zugang zu Dateien ermöglichen. Denn trotz der Nutzung des oben genannten Wikis werden auch zukünftig noch Dateien erstellt und verteilt, die an einem Ort abgelegt werden müssen. Statt jedoch auf den typischen Dateiserver zurückzugreifen, sind Cloud-basierte Lösungen zu favorisieren, die insbesondere hinsichtlich der Betriebs- und Wartungskosten deutliche Vorteile bieten.

Automatisierungstools, auch Dunkelverarbeitung genannt, beschreibt die automatisierte Verarbeitung von Vorgängen, die häufig in der Sachbearbeitung anzutreffen sind. Hierzu gehören z. B. Antragsprozesse oder eine Beschwerdeerkennung. Ebenso gibt es Möglichkeiten, «Klick-Wege» zwischen verschiedenen Anwendungen zu einem «Makro» zusammenzufassen, um damit die Durchlaufzeiten zu verkürzen oder ganz allgemein Effizienzen zu heben.

Bei aller Begeisterung für digitale Werkzeuge und den sich daraus ergebenden Möglichkeiten soll das wichtigste «Werkzeug» nicht unterschlagen werden: Die direkte, menschliche Kommunikation – das persönliche Treffen bietet immer noch die höchste Varietät für gemeinsame, produktive Interpretationsprozesse.

Die systemspezifischen Strukturaspekte

Purpose, Vision, Werte

Typische Werkzeuge:

Public Value Scorecard, wie bereits in Kapitel 3 beschrieben. Hier ist die Frage nach dem Purpose und dem Gleichgewicht der unterschiedlichen Anliegen der Kunden, Shareholder und dem Gemeinwohl elementar. Dabei kann die Verwendung der PVSC auch in kleineren Kontexten wie Abteilungen oder Gruppen wertvolle Einsichten offerieren, um den Sinn und Zweck eines agilen Teams zu definieren und Chancen und Risiken einzelner Projekte und Vorhaben zu verstehen.

Golden Circle, von Simon SINEK (2011) entwickeltes Konzept, das davon ausgeht, dass Kunden eine Ware oder Dienstleistung aufgrund eines «Warum» kaufen. Es geht darum, die grundsätzliche Motivation zur Herstellung eines Produktes zu erkunden. Erst danach fragt man sich, «wie» sich das Produkt vom Wettbewerb unterscheidet (USP), um im letzten Schritt das «Was» zu klären. Dies ist die Ebene der konkreten Produktbeschreibung mit all seinen Eigenschaften. Hier geht es um die Fakten.

Vision-Interventionen und Kreativübungen, welche den Denkrahmen erweitern sollen, um in relativ kurzer Zeit neue Ideen und Formulierungen für eine Vision zu finden und zu beschließen. Hierzu gehören strukturierte Assoziationsformate oder Großgruppenveranstaltungen wie z. B. World Cafés, Open Spaces oder eine Fish Bowl-Diskussion. Eine hohe Interaktionsdichte zwischen den Menschen steht hierbei im Vordergrund, um eine hohe Menge von Ideen zu erzeugen. Schon Linus Pauling wusste: «Oh, I just have a lot of ideas and throw away the bad ones» (HARKER, 1961).

Scrum-Werte, denn es ist nicht immer notwendig, das Rad neu zu erfinden. Gemeinsame Werte als «Komplexitätsreduzierer» helfen enorm, agile Praktiken konsequent zu leben. So bietet Scrum fünf Kernwerte an:

- Commitment, damit gefasste Pläne auch umgesetzt werden,
- Mut, um Veränderung aktiv zu gestalten,
- Fokus, um das Richtige schnell und richtig zu liefern,
- Offenheit, weil so Scrum als heuristisches Verfahren Einsichten bieten kann,
- Respekt, da dies die Grundlage für eine produktive Zusammenarbeit in einem Team ist.

Natürlich bleibt es einem agilen Team immer selbst überlassen, die eigenen Werte zu definieren. Die Werte des Scrum mögen dennoch als Denkanstoß dienen.

Kultur des Initiative Ergreifens und Experimentierens
Typische Werkzeuge:

Open Friday, ein Innovationsformat, in dem regelmäßig ein ganzes Unternehmen oder ein Bereich zusammenkommt, um neue Ideen auf informeller Ebene zu verproben. Dies erinnert an den freien Freitag bei Google, der für eigene Forschungs- und Entwicklungsprojekte verwendet werden darf. Zur Strukturierung dieses Tages wird der Ablauf eines Open Spaces genutzt.

Projekt Marktplatz, wenn Projekte oder Reorganisationsmaßnahmen durchgeführt werden müssen. Statt Menschen in Teams hinein zu delegieren, obliegt es den Projektleitern (oder Product Ownern im Scrum), für ihr Team und die entsprechende Aufgabenstellung zu «werben». Dies soll nicht im Sinne eines Wettbewerbs durchgeführt werden, sondern dem Merkmal der Freiwilligkeit gerecht werden. Erfahrungsgemäß finden sich über 90 % der Teams während eines Marktplatzes von alleine, sodass man nur mit 10 % der Menschen Gespräche führen muss, um Kompromisse zu finden.

Hackathon, dem Open Friday nicht unähnlich, aber meistens auf mehr als einen Tag angelegt. In einem Hackathon bilden sich Teams, die in sehr kurzer Zeit ein Problem bearbeiten. Als Ergebnis kommt meistens ein Prototyp oder eine Ideensskizze heraus. Des Weiteren gibt es meistens ein übergeordnetes Motto für eine solche Veranstaltung.

Ritual Dissent, ein von Dave SNOWDEN (2014) entwickeltes Konzept, welches zur Bewertung von Innovationen genutzt werden kann. Der Clou besteht darin, dass Dissens nicht nur möglich, sondern explizit gewünscht ist. Das Format weist einen ernsthaft-spielerischen Charakter auf, da in einzelnen Runden eine Idee validiert und verbessert wird, gelingt die Kooperation viel besser, sodass eine gute Idee zu einer sehr guten Ideen reifen kann.

Brown Bag Sessions, ein Kurzformat, um Wissen schnell im Team zu teilen. Meist geht es um einen kurzen Impuls zu einem Fachthema, der dann in der Gruppe ebenso kurz diskutiert wird. Hierbei liegt die Würze in der Kürze. Das gesamte Format dauert nicht länger 15 Minuten und wird stehend durchgeführt. Man kann während der Session ein zweites Frühstück einnehmen oder einen Kaffee trinken, daher der Name dieses Formats.

Lunch Roulette, ein Verfahren, um den Vernetzungsgrad in der Organisation zu erhöhen und bisher unbekannte Kollegen kennenzulernen. Interessenten lassen sich auf eine Liste setzen und bekommen per Zufall einen Lunchpartner zugewiesen. Dadurch lernt man nicht nur neue Menschen kennen, sondern erfährt mehr über deren organisatorische Probleme und Lösungen. Man erhält Inspirationen und kann sich für weitere Aktivitäten zusammenschließen.

Kundenverständnis
Typische Werkzeuge:

Kundenpersona(s), welche prototypisch für unterschiedliche Kundentypen und deren Präferenzen stehen. Es lohnt sich, dabei den Kunden sowohl demografisch, sozio-kulturell, wie auch psychografisch zu beleuchten. Wichtig: Die entwickelte Persona muss im Alltag benutzt werden, also wenn z. B. neue Features für einen Service entwickelt werden. Gleichermaßen kann die Persona bei Priorisierungsprozessen dienlich sein, da man sich stets fragen kann: Erzeuge ich mit Maßnahme X oder Y einen Wert für meinen Kunden? Angeblich lässt man daher bei Amazon in Meetings immer einen Stuhl für den Kunden frei. Allen Beteiligten soll klar sein, dass ihre Existenz durch den Dienst für den Kunden legitimiert ist.

Customer Journey, eine Art Landkarte der verschiedenen Kontaktpunkte, die dem Kunden zur Verfügung stehen, um mit dem Unternehmen zu interagieren. Häufig ist diese Karte in die verschiedenen Phasen des Beschaffungs- und Nutzungsprozesses unterteilt. Die Reise des Kunden ist dabei sowohl für die Entwicklung eines Produktes, sowie für die Vermarktung und den Vertrieb anwendbar.

Customer Arena, ein mehrstündiges Format, in dem ein Team die Kunden einlädt und diese zu ihren Erfahrungen mit dem Unternehmen und deren Produkten befragt. Daher ist die Teilnahme von Stellvertretern von allen internen Bereichen wichtig, die mit dem Kunden in Kontakt stehen. Das reicht von der Produktentwicklung, über das Marketing bis hin zum Service. Das Ziel besteht darin, eine 360°-Ansicht zu erhalten, damit gesamtheitlich die Kundenerfahrung verbessert werden kann.

Value Proposition Canvas, ein von OSTERWALDER und PIGNEUR (2011) entwickeltes Werkzeug, mit welchem sehr einfach aus dem Kundenkontext heraus (Was muss der Kunden alles tun?) ein Wertversprechen entwickelt werden kann. Hierbei werden die «Gains» (Was macht Freude?) und «Pains» (Was bereitet Schmerzen?) betrachtet, um im Rahmen eines kreativen Prozesses entsprechende Schmerzlöser (Pain Reliever) und Freudenerschaffer (Gain Creators) zu identifizieren. Diese münden dann in einem Wertversprechen für den Kunden.

Design Thinking, ein beliebtes Verfahren, um neue Produktmerkmale zu entwickeln. Es existieren mittlerweile viele Interpretationen und Varianten der Grundidee, einen Kunden zu verstehen, um dann auf Basis von Hypothesen passfähige Lösungen zu finden, die in Form von Prototypen getestet werden können. Greift zum Teil auf die oben genannten Werkzeuge zurück und bietet häufig überraschende Einsichten über die Bedürfnisse der Kunden. Jedoch gibt es auch Grenzen, besonders wenn es um Sprunginnovationen geht, die nicht «Feature für Feature» entwickelt werden können.

Kano-Analyse, welche dazu dient, die Kundenzufriedenheit systematisch zu verbessern. Dieses Verfahren unterscheidet die Merkmale eines Produktes nach Basis- und Grundanforderungen, Qualitäts- und Leistungsanforderungen und zu letzt nach Begeisterungsanforderungen. Diese Anforderungen sind natürlich nicht statisch und verändern sich permanent, da der Wettbewerb ebenso neue Produktmerkmale auf dem Markt platziert. Mit dem Kano-Modell behält man den Überblick und ist in der Lage, ein «Minimal Sellable Feature» zu entwickeln.

Portfoliomanagement
Werkzeuge:

Vernetztes Denken, wie bereits in Kapitel 4 vorgestellt, bietet das vernetzte Denken die Chance, ein komplexes Wirkgefüge zu beschreiben. Im Kontext des Portfoliomanagements ist zuerst der Erfolgsmotor zu identifizieren, von wo ausgehend die weiteren Faktoren und ihre Einflüsse abgebildet werden. Aus diesen Einsichten lassen sich besser die Chancen und Risiken von Investments bewerten, um aktiv das Portfolios zu gestalten. Dies ist immer dann erfolgsversprechend, wenn ein relevanter Querschnitt von Mitwirkenden aus dem Unternehmen an der Entwicklung des Netzwerks beteiligt war.

PMI-Ansatz des Projekt-Portfoliomanagements (OLTMANN, 2016), welcher auf den ersten Blick nicht sehr agil wirken könnte, wenn dieser als bürokratischer Prozess verstanden wird. Doch die Grundstruktur des gemeinsamen Ausrichtungsprozesses offeriert eine solide Basis, wenn diese mit dem agilen Mindset gekoppelt wird. In diesem Ansatz erfolgt das «Alignment» in der Organisation in diesen Schritten:

1. *Identifikation* – Welche Programme oder Initiativen versprechen den größten Erfolg? Welche Business Cases gibt es – und wie realistisch sind diese? Hierbei darf man sich nicht von großartigen Excel-Berechnungen täuschen lassen!
2. *Kategorisieren & Evaluieren* – Wie ist die Passfähigkeit in Bezug auf die strategische Ausrichtung des Unternehmens beschaffen? Wie ist das Risiko zu bewerten? Welche Geschäftsmetriken sind betroffen?

3. *Priorisieren* – Wie hoch ist der zu erwartende finanzielle Ertrag? Welche Risikoklasse ist davon berührt? Wie nachhaltig ist das Investment, insbesondere in Bezug auf den Gemeinwohlbeitrag? Spätestens hier hilft wieder ein Netzwerk-Diagramm, welches mit dem vernetzten Denken erstellt wurde, um die verschiedenen Faktoren in ihrer nicht-linearen Logik abzubilden.
   Zur abschließenden Bewertung können die Vorhaben in einer einfachen Matrix abgetragen werden (TIDD, BESSANT, 2013):

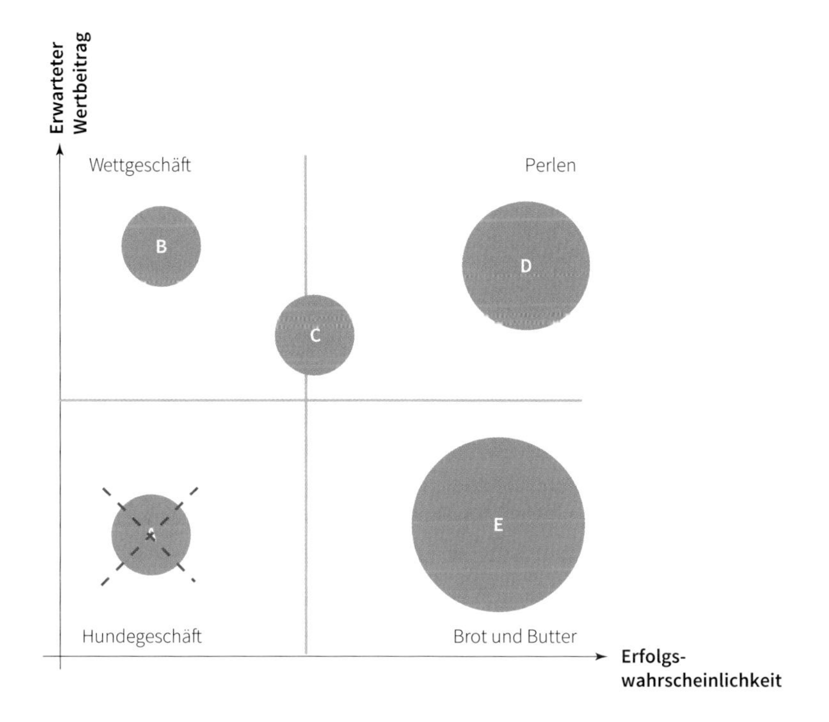

Abbildung A5
Eine einfache Matrix zur Priorisierung verschiedener Programme/Initiativen

Aus der obigen Darstellung geht hervor, dass Initiative A nicht weiterverfolgt wird, weil sowohl der erwartete Wertbeitrag, wie auch die Erfolgswahrscheinlichkeit als zu gering angesehen werden. Alle weiteren Initiativen werden weiterverfolgt, jedoch mit unterschiedlicher Gewichtung (= Investmenthöhe). Diese wird durch die Größe der Flächen repräsentiert – dieser Punkt leitet nahtlos auf das Thema der Portfolio Balance über.

4. *Portfolio Balancing* – Hier wird die Balance zwischen der Wertschöpfung mit dem «Brot und Butter»-Geschäft und in die Zukunft gerichteten Opportunitäten austariert. Die zeitlichen Horizonte erstrecken sich typischerweise über ein bis fünf

Jahre. Auch hier spielt wieder eine Risikoeinschätzung eine wesentliche Rolle, um Ressourcen den Programmen oder Initiativen zur Verfügung zu stellen. Elementar ist auch die Kenntnis der tatsächlichen Lieferfähigkeit des Unternehmens – denn es ist tödlich, einen langfristigen Plan zu schmieden, ohne die eigenen Fähigkeiten und deren Grenzen zu kennen. Ebenso wichtig ist es, ein flexibles Kapazitätsmanagement zu gestalten, um kurzfristig auf Veränderungen reagieren zu können.

5. *Performance Management* – Im letzten Schritt werden die Aktivitäten kontinuierlich betrachtet und bezüglich ihrer Entwicklung bewertet. Ein entsprechendes Reporting sollte automatisiert den Fortschritt der Programme und Initiativen vorhalten. Die Daten aus diesem Report strömen Bottom-Up durch die Organisation und werden nach oben hin aggregiert. Auch hier spielt das Thema Kapazitätsmanagement eine wichtige Rolle, um schnellstmöglich Kräfte verlagern zu können. Der schon angesprochene Kreis zwischen den Systemen 3 und 4 ist wieder gefragt.

Advanced Budgeting, Better Budgeting oder **Zero Based Budgeting**, als Denkrahmen nutzen, um dem Strukturaspekt des Portfoliomanagements aus der Perspektive des Controllings gerecht zu werden. Die beabsichtigte Verbesserung der Planung soll sich an den vier Leitmotiven Integration, Zielfokussierung, Komplexitätsreduzierung und Kontinuität orientieren. Im Kern geht es darum, mit weniger Inhalten häufiger zu planen sowie durch klare Vorgaben und eine enge Kopplung der Führungsinstrumente Ziele besser durchzusetzen (RIEG, 2015). Damit wird auf den noch folgenden Strukturaspekt des Aufgabenmanagements verwiesen, der die allfälligen Planungsebenen einer Organisation erhält. Im Sinne der optimalen Vereinfachung wird auf der richtigen Ebene diskutiert, ohne sich im Klein-Klein zu verlieren. Hervorzuheben ist noch eine einfache Idee des Zero Based Budgeting. In diesem Ansatz werden Budgets am Ende eines Planungszyklus wieder auf «null» gesetzt, und gemäß des aktuellen Bedarfs (siehe wieder Ressourcenkanal!) neu geplant. Allen Ansätzen ist wieder gemein, dass diese besser dazu geeignet sind, Ashby's Gesetz zu entsprechen.

Drei Zeithorizonte, eine Portfoliomanagement-Logik nach Baghai, Coley and White (1999), die zwischen dem aktuellen Geschäft (H1), den mittelfristig entwickelbaren Opportunitäten (H2) und den langfristigen Investments (H3) unterscheidet, deren Nutzen noch ungewiss ist. Auch hier ist wieder der Aspekt der Risikobewertung enthalten, wie dies TIDD und BESSANT in ihrer Matrix dargestellt haben, jedoch wird hier die Perspektive des Unternehmenswachstums eingenommen.

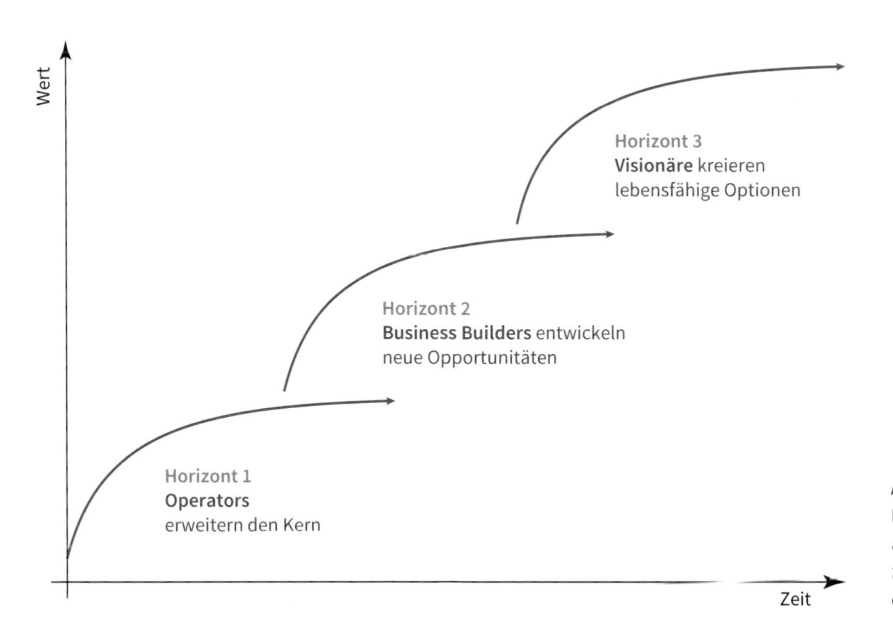

Abbildung A6
Die drei Zeithorizonte als Denkwerkzeug zum Management eines Portfolios.

Zielfindung und Monitoring

Typisches Werkzeug:

OKRs, ein Akronym aus den Worten Objectives und Key Results. Hierbei stehen Objectives für qualitativ beschriebene Ziele, welche durch messbare Ergebnisse (Key Results) greifbar gemacht werden. Der Begriff geht auf Andy GROVE zurück, der diese Philosophie des Ziele Setzens bei Intel entwickelt hat. Die erstmalige offizielle Erwähnung des OKR-Ansatzes ist in seinem Buch «High Output Management» (1995) zu finden.
Dabei hat sich Andy Grove bei Peter Drucker und anderen Management-Denkern bedient, indem er das Prinzip des Führen durch Ziele («Management by Objects», MBO) weiter verfeinert hat. Ein ehemaliger Mitarbeiter von Grove namens John Doerr lernte dieses Verfahren während seiner Zeit bei Intel kennen. Im Silicon Valley erzählt man sich die Geschichte, dass Doerr als einer der ersten Investoren in Google den Gründern nur unter der Bedingung das Geld gab, wenn diese OKRs verwenden. Larry Page schrieb (DOERR, 2018). Measure What Matters:

> *«OKRs have helped lead us to 10x growth, many times over. They've helped make our crazily bold mission of ‹organizing the world's information' perhaps even achievable. They've kept me and the rest of the company on time and on track when it mattered the most.»*

Eine wesentliche Stärke des OKRs-Ansatzes besteht darin, dass dieser als kollaborativer Ansatz angelegt ist und auf einem Dialog auf Augenhöhe basiert. Anstelle der typischen

KPI-Kaskade, welche innerhalb der Organisation zu Zielsilos führt, so dass die Einzelteile gegeneinander arbeiten, birgt der OKR-Ansatz die Chance, eine vernetzte Struktur aufzusetzen, die Flexibilität und Kohärenz zu gleichen Teilen bietet. Im letzten Schritt des OKR-basierten Zielsetzungsprozesses werden Maßnahmen definiert, um mittels Key Results das Objective zu erreichen.

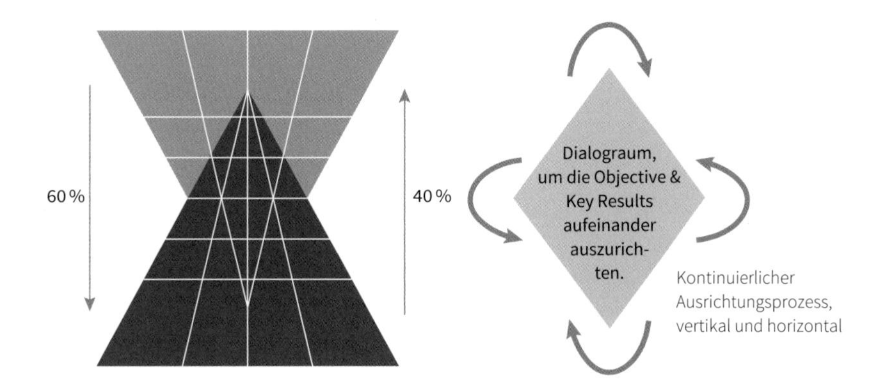

Abbildung A7
Zielsilos durch Dialog vermeiden

Ein weiterer Effekt tritt bei einem OKR-Prozess zutage: Ungeklärte organisatorische Fragen werden unweigerlich berührt, sodass die Themen Prozessverantwortung und die Beeinflussbarkeit von Zielen geklärt werden müssen. Dies ist darauf zurückzuführen, dass OKRs klassisch aus der Vision und Mission der Organisation abgeleitet werden. Für die reflektierenden Praktiker wird in diesem Kontext eine um den Purpose ergänzte Sichtweise angereicht. Die folgende Abbildung illustriert die grundsätzlichen Zusammenhänge.

Artefakte	Zeitlicher Horizont	Beispiel
Purpose	10 bis 100 Jahre	Wir tragen zur lokalen Identität bei, indem wir als sozialer Raum agieren und die Stadtteile mit hochwertigen Backwaren versorgen.
Vision	3 bis 10 Jahre	Wir sind die beste Bäckerei im jeweiligen Stadtteil. Hier trifft man sich gerne.
Mission	1 bis 5 Jahre	Konsequente Kundenorientierung
Objective	0,25 bis 1 Jahre	Bestes Sortiment der Stadt anbieten
Key Result	0,25 bis 1 Jahre	Es gibt immer mindestens 10 Brotsorten zur Auswahl
Maßnahme	Täglich bis Monate	Backplan mit Kanban entwickeln

Abbildung A8
Vom Purpose, über die Vision, zu OKRs und konkreten Maßnahmen

Eine weitere Eigenschaft ist bedeutend, um OKR als Denkwerkzeug zu verstehen: Es geht darum, *ambitionierte* Ziele zu setzen. Denn KPIs bergen bei der klassischen Herangehensweise zwei Probleme:

1. Es wird auf Nummer sicher gespielt – insbesondere dann, wenn mit Sanktionen bei Nichterreichung der Ziele zu rechnen ist. So kommt es vor, dass ein Wert für 100 % angesetzt wird, obgleich man erwartet, dass 120 % geleistet werden. Dies ist eine verwerfliche Verfälschung der Idee von Kennzahlen, die stellvertretend für die Leistung eines Systems stehen sollen.
2. Die alleinige Fokussierung auf Kennzahlen im Organisationskontext greift zu kurz – und bietet dadurch schon in ihrer Definitionsphase eine Gelegenheit zur Selbsttäuschung. Natürlich wollen Agilisten das sinnvoll Messbare messen, aber auch nicht mehr. William Bruce CAMERON (1963) bringt es auf den Punkt: «What can be counted doesn't always count, and not everything that counts can be counted.». Dies gilt im selben Maße für OKRs!

Um den Mut zu fassen, sich wirklich ambitionierte Ziele mittels OKRs zu setzen, wird folgende Faustregel verwendet:

- OKRs < 50 %, dann war das Ziel zu schwer zu erreichen oder es mangelte an Ressourcen, Fähigkeiten, etc.
- OKR > 70 %, dann war das Ziel nicht ambitioniert genug oder man hatte einfach Glück.

Der goldene Korridor liegt also zwischen 50 % und 70 %. Verkürzt gesagt: Wenn man mehr als die Hälfte von ambitionierten Zielen erreicht, kann man zufrieden sein. Diese Art der Bewertung ist für komplexe Umfelder, in denen Agilisten operieren, nicht nur menschengerechter, es liefert auch bessere Ergebnisse.

Aufgabenmanagement und Planungsebenen

Typische Werkzeuge:

Planungsebenen, die sich natürlich immer aus dem Kontext der Organisation ergeben und nicht als Blaupause angereicht werden können. Dennoch soll beispielhaft ein möglicher Aufbau vorgestellt werden, der sich an den Systemen des VSM orientiert.

System 5: «*Themen*», mit denen sich ein Unternehmen immer auseinanderzusetzen hat. Dies können fachliche Funktionen sein (Vertrieb, Compliance, …) oder auch Aktivitäten, die eher die Natur eines Programms aufweisen (Green IT, Diversity, …).

System 4: *«Initiativen»,* die zweite Schnittebene, die eher strategisch ausgerichtet ist und bei der meistens ein Enddatum vorliegt – wenn auch in weiter Zukunft.

System 3: *«Epics»,* vergleichbar mit den bekannten Arbeitspaketen aus dem klassischen Projektmanagement. Diese bündeln Aufgaben zu Sinneinheiten und sollten idealerweise derart beschaffen sein, dass die daraus resultierenden Ergebnisse einem externen Kunden oder internen Leistungsempfänger einen konkreten Nutzen liefern – und sei er noch so klein. Es gilt die (grobe) Faustregel, dass ein Epic innerhalb eines Quartals geliefert werden kann.

System 2: *«User Stories»,* ähneln in gewisser Weise qualitativ einer Aufgabe, sind jedoch in der Anwendung gesondert zu betrachten. Im folgenden Werkzeug werden daher die Prinzipien zur Formulierung einer User Story noch einmal im Überblick dargelegt.

System 1: «Sub Task», im Sinne eines Arbeitsschrittes die kleinste Auflösungsebene innerhalb der Planung. Beispiel: Wenn die User Story beziehungsweise Aufgabe lauten würde: «Organisiere ein Meeting zum Thema X, damit eine Entscheidung für Schritt Y gefällt werden kann,», dann könnte die erste Sub Task der User Story lauten: «Prüfe die Verfügbarkeit der Teilnehmer, um einen Termin festzulegen». Die nächste Sub Task könnte dann in der Reservierung eines Konferenzraums bestehen. Es wird deutlich: Auf dieser Ebene sind viele Schritt linear bearbeitbar und folgen einer inhärenten Logik, die sich aus dem Kontext der User Story ergibt.

User Story, eine Praktik, um eine Aufgabe aus Sicht eines Nutzers zu beschreiben und selbstorganisierten Teams nicht nur das Ziel, sondern auch den größeren Zusammenhang zu vermitteln. Diese Methode entstammt aus dem zuvor benannten eXtreme Programming und hat damit eine lange Historie hinter sich. Auch hier finden wir wieder ein umgedrehtes Dreieck vor (siehe Abbildung A9), um den grundsätzlichen Unterschied zwischen einer User Story und einer klassischen Spezifikation zu erkennen. Wichtig: Bei der User Story wird zu Beginn mehr Aufwand in die Klärung des Kontextes gesteckt, damit die eigentliche Implementation umso leichter von der Hand geht.

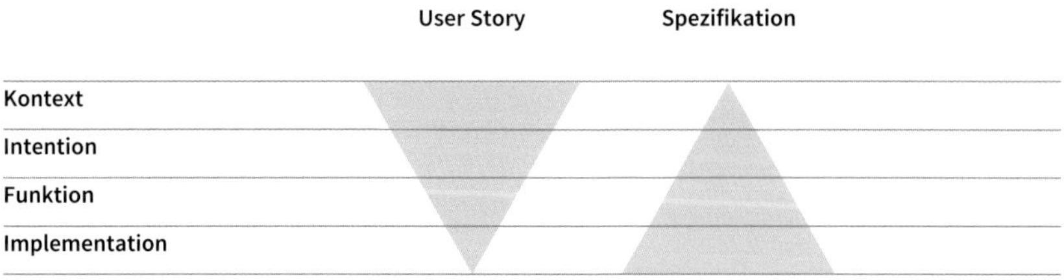

Abbildung A9
Die Vorteile der User Story im Vergleich zur althergebrachten Spezifikation.

Die Syntax einer User Story ist daher immer ähnlich aufgebaut; diese lautet:

> «Leistungsempfänger (in ihrer Rolle X oder Funktion Y) benötigen Outcome Z, weil ... ABC.»

Aus dieser Logik geht hervor, wer was warum braucht – und lässt den eigentlichen Weg des «wie» zunächst außen vor. Durch aktives Rückfragen des Story Owners gelingt es ihm, den Kontext und die Intention zu erfassen, um dann die Funktion und Implementation einer User Story eigenverantwortlich zu bestimmen.

Dynamische Ressourcen Allokation
Typische Werkzeuge:

70/30-Prinzip, ist eine Daumenregel nach der höchstens 70 % der verfügbaren Mittel für ein Vorhaben geplant werden. Die restlichen 30 % verbleiben als Puffer um mit «Unknown Unknowns» umzugehen. Zum Teil kann es sogar ratsam sein, eher auf ein Verhältnis von 50/50 zu setzen – z. B., wenn man versucht, einen Flughafen in Berlin zu bauen ...

Planning im Scrum ist dazu geeignet, die Ressourcen eines Teams gemäß Kundenbedarf zu nutzen. Der Clou besteht darin, dass der Product Owner zunächst das Backlog vorstellt und herleitet, warum welche User Stories welche Priorität haben. Nach dem die Rückfragen des Umsetzungsteams geklärt wurden, kann dieses sich nun überlegen, welche der priorisierten User Stories auf welche Weise abgearbeitet werden können. Die Ergebnisse dieses Schrittes werden dann dem Product Owner wieder vorgestellt und eine erste Schätzung mitgeliefert, wie viele der Stories voraussichtlich umsetzbar sein werden. Hieraus erwächst in der Regel eine Diskussion, was getan werden kann, um möglichst alle Stories abzuarbeiten. Dies kann in einer Verkleinerung der User Story bestehen oder durch Repriorisierungen erfolgen – hier ist Kreativität und ein offener Austausch gefragt! In dieser Phase lohnt es sich, dann die Akzeptanzkriterien einer User Story zu besprechen, damit allen Beteiligten vorher klar ist, woran erkannt werden kann, dass eine Aufgabe erledigt wurde. Wenn auch dies geklärt wurde, könnte nun das sogenannte Team Commitment erfolgen, also dass am Ende die Umsetzer entscheiden, welche Objekte auf jeden Fall geliefert werden können. Hier zeigt sich in vorbildlicher Art und Weise, wie dem Denkmuster der Einheit von Freiheit und Verantwortung Rechnung getragen wird

Story Points & Planning Poker, ist ein alternatives Verfahren zur Aufwandsschätzung und erfreut sich zum Teil großer Beliebtheit in agilen Kreisen. Statt absolute Zeitschätzungen für eine User Story abzugeben, wird mit einer dimensionslosen Einheit geschätzt – den sogenannten Story Points. Diese sollen die Komplexität und die enthaltenen Risiken einer Aufgabe bewertbar machen. Die Reihenfolge der zu vergebenden Storypoints ist an der vereinfachten Fibonacci-Reihe orientiert und lautet: 1, 2, 3, 5, 8, 13, 20, 40 und 100. Durch diese Verteilung soll es leichter fallen, die Aufgaben zu unterscheiden. Hierbei kommt es gar nicht auf den exakten Wert an, sondern darauf, dass ein Team ein gemeinsames Verständnis davon gewinnt, wie lieferfähig es ist, und über die Zeit lernt, welche Menge an Story Points je Sprint abgearbeitet werden können. Um diesen Vorgang zu unterstützen, werden alle User Stories gemeinsam geschätzt – mit Hilfe des sogenannten Planning Pokers. Hierbei wird eine User Story vorgelesen, damit dann das Team gleichzeitig einen Zahlenwert nennt (mittels Spielkarten, auf denen die Zahlen enthalten sind). Im nächsten Schritt werden die Kollegen mit der höchsten und niedrigsten Bewertung darum gebeten, ihre Schätzung zu begründen. Dies wiederum führt dazu, dass die verschiedenen Sichtweisen zur wirklichen Klärung der Bedeutung einer Aufgabe beitragen und die Formulierung einer User Story nochmals angepasst wird. Es ist ein weiterer dialektischer Schritt, damit wirklich auch nur die Aufgaben erledigt werden, die eine hohe Priorität genießen, und gleichzeitig allen bewusst ist, wie diese Aufgaben angegangen werden.

Zu guter Letzt noch der Tipp: Wenn man mit Story Points arbeitet, dann sollte man locker an die Sache herangehen. Diese sind keine exakt berechenbaren Parameter und dienen lediglich als Hilfsmittel, damit ein Team über mehrere Sprints hinweg seine Kapazität einzuschätzen lernt. Mithin ist es auch bei erfahrenen Teams legitim, wenn diese mit Zeitschätzungen arbeiten. Klar ist, dass man selten um das Thema «schätzen» herum kommt.

Retrospektiven
Typisches Werkzeug:

Vier Fragen, die dazu führen sollen, dass die Gruppe Daten sammelt, welche durch einen gemeinsamen Interpretationsprozess zu Informationen werden, welche Einsichten bieten, mit denen entschieden werden kann, was beim nächsten Mal anders gemacht werden soll. Die Kunst in der Beantwortung der ersten beiden Fragen besteht darin, sich wirklich nur auf das Sammeln von Daten zu konzentrieren und nicht sofort eine Bewertung oder Rechtfertigung mitzuliefern.

Die Fragen lauten:
1. Was lief gut, welches wir vergessen könnten, wenn wir nicht bewusst drüber nachdenken würden?
2. Was lief nicht so gut in der Zusammenarbeit?
3. Was haben wir daraus gelernt?
4. Was machen wir beim nächsten Mal anders?

Literatur

ACKOFF, R. L., EMERY, F. E. (1972). On purposeful systems, New York
ANGERMEIER, G. (2013), https://www.projektmagazin.de/glossarterm/rolle
ASHBY, R. (1970), Design for a Brain, London
BAGHAI, M.; COLEY, S.; WHITE, D. (1999), Die Alchimie des Wachstums, Düsseldorf
BARNARD, C. I. (1938). The Functions of the Executive. Cambridge, MA
BARTLOG, H.; HINZ, O. (2018), #PM2025 – 7 Thesen zur Zukunft der Projektarbeit, Berlin
BARTLOG, H. (2019), die Abbildung entstand im Rahmen eines Online-Chats zum Thema Effectuation
BARTON, D. (2011). Capitalism for the long term. Harvard business review, 89(3), 84–91
BECK, K.; ANDRES, C. (2004), Extreme Programming explained, Boston
BEER, S. (1994), Beyond Dispute, Chichester
BEER, S. (1985), Diagnosing the System for Organizations, New York
BEER, S. (1979), The Heart of Enterprise, Chichester
BEER, S. (1975), Platform for Change, London
BEER, S. (1972), Brain of the Firm, London
BEER, S. (1966), Decision and Control, Chichester
BEER, S. (1959), Cybernetics and Management, London
BERINGER, L.; Bernard, S. (2013). Stern des Südens —Fußballverein oder weltweites Entertainment? Der Public Value des FC Bayern München, Zeitschrift für Unternehmensentwicklung und Change Management, 4, 13–19
BERGER, D. J. (2019). Reconsidering Stockholder Primacy in an Era of Corporate Purpose. Available at SSRN 3327647
BINDER, A. et al (2019), Sinn und Zweck der Publikumsgesellschaft – Corporate Governance Leitsätze, Arbeitspapier des Institute for International Management der Universität St. Gallen, St. Gallen
BORGERT, S. (2013), Resilienz im Projektmanagement, Wiesbaden
BOYD, J. (1995), Essence of winning and loosing, http://pogoarchives.org/m/dni/john_boyd_compendium/essence_of_winning_losing.pdf
BRADLEY, C.; HIRT, M.; SMIT. S. (2018), Strategy Beyond the Hocky Stick, Hobocken
BRIDLE, J. (2018), New Dark Age, London
BUGHIN, J.; CATLIN, T.; LABERGE, L. (2019), A Winning Operational Model for Digital Strategy, January 2019, Digital McKinsey
BUGHIN, J.; CATLIN, T., HIRT, M., WILLMOTT, P. (2018), Why Digital Strategies Fail, in: McKinsey Quarterly, January 2018
BULCKE, P. (2014). Wir müssen uns vom Streben nach kurzfristigem Gewinn verabschieden, Neue Zürcher Zeitung, 2, 3. Oktober.
BUZZELL, R.; BRADLEY, R. (1987), The PIMS-Principles, New York
CHRISTENSEN, C. (2003), The Innovator's Dilemma, Boston
CLEARFIELD, C.; TILCSIK, A. (2018), Meltdown, New York

COALITION FOR INCLUSIVE CAPITALISM & EY (2018). The Embankment Project for Inclusive Capitalism Report, London
COLLIER, P. (2019). Sozialer Kapitalismus! Mein Manifest gegen den Zerfall unserer Gesellschaft, München
COLLINS, J. C.; PORRAS, J. I. (1996). Building your company's vision. Harvard business review, 74(5), 65
DAY, G.; SCHOENMAKER, P. (2006), Peripheral Vision, Boston
DAUGHERTY, P.; WILSON, J. (2018), Human + Machine, Boston
Deming, W. E. (1988), Out of the crisis, Cambridge
DENNING, S., The Age of Agile, 2018, New York
DONALDSON, T.; WALSH, J. P. (2015). Toward a theory of business. Research in Organizational Behavior, 35, 181–207
DOERR, J. (2018), Measure What Matters, London
DÖRNER, D. (1989), Die Logik des Misslingens, Reinbek
DRUCKER, P. (2004), What makes an Effective Executive, Harvard Business Review June 2004
DRUCKER, P. (1995), Managing in a Time of Great Change, New York
DRUCKER, P. (1973), Management – Tasks, Responsibilities, Practices, New York
DRUCKER, P. (1954), The Practice of Management, New York
DUNBAR, R. (1992), Neocortex as a Constraint, Journal od Human Evolution 22(6) 469–493
DÜSTERBECK, F. (2018), Vortrag auf der Seacon Konferenz, Hamburg
EPSTEIN, S. (2003), Cognitive-Experiental Self Theory of Personality, in: MILLON, T. et al, Handbook of Psychology, Vol. 5, S. 159
ESPEJO, R. , HARNDEN, R. (1989), The Viable System Model, Chichester
ESPINOSA, A., WALKER, J. (2011), A Complexity Approach to Sustainability, New York
FERGUSSON, N. (2018), The Square and the Tower, London
FESSARD, G. (1956), La dialectique des Exercices Spirituels de Saint Ignace de Loyola, 305–363, Paris
FINK, L. (2018). Larry Fink's annual letter to CEOs: A sense of purpose. BlackRock, accessed January, 30
FINK, F.; MÖLLER, M. (2018). Purpose Driven Organizations. Sinn – Selbstorganisation – Agilität, Stuttgart 2018
FLEISCH, E. (2018), Connected Business, Whitepaper BOSCH IoT Lab HSG, St. Gallen
FORRESTER, J. (1961), Industrial Dynamics, Cambridge MA
FRAHM, M., RAHEBI, H. (2018), Kybernetik, Lean, Digital (independent published)
FRANTZ, E. (2016). Der Public Value des RB Leipzig. Eine Untersuchung des Gemeinwohlbeitrags und zukünftiger Wertschöpfungspotenziale, unveröff. Masterarbeit, Friedrich-Schiller-Universität Jena

FUKUJAMA, F. (2018), Identity, London
GALLOWAY, S. (2017), The Four, London
GLADWELL, M. (2006), Tipping Points, New York
GOLDRATT, E. (1990), Theory of Constraints, Great Barrington
GOLDRATT, E. (1984), The Goal, Great Barrington
GÖTZE, U. (2013), Szenario-Technik in der strategischen Unternehmensplanung, Berlin
GOOGLE, Project Oxygen, https://rework.withgoogle.com/print/guides/5721312655835136/
GOMEZ, P. (2015), Freiheit und Fortschritt, in: Schweizer Monat, April 2015, S. 24 ff.
GOMEZ, P. (1993), Wertmanagement, Düsseldorf
GOMEZ, P. (1978), Die kybernetische Gestaltung des Operations Management, Bern
GOMEZ, P. (1981), Modelle und Methoden des systemorientierten Managements, Bern
GOMEZ, P.; MEYNHARDT, T. (2018), Macrons Traum – Gemeinwohl per Gesetz, in: Neue Zürcher Zeitung 11. 4. 18, S. 9
GOMEZ, P.; MEYNHARDT, T. (2014). Public Value – Gesellschaftliche Wertschöpfung als unternehmerische Pflicht. In: Managementperspektiven für die Zivilgesellschaft des 21. Jahrhundert – Management als Liberal Art. Wiesbaden: Springer Fachmedien, S. 17–26
GOMEZ, P.; MEYNHARDT, T. (2010), Public Value, in: Seiler, S. Führung neu denken, Zürich GOMEZ, P.; PROBST, G. (1999), Die Praxis des ganzheitlichen Problemlösens, Bern
GOMEZ, P.; MALIK, F.; OELLER, K. (1975), Systemmethodik, Bern
GOMEZ, P.; PROBST, G. (1999), Die Praxis des ganzheitlichen Problemlösens, Bern
GOMEZ, P.; PROBST, G. (1987), Vernetztes Denken im Management, Bern
GOULD, R.; FERNANDEZ, R. (1989), Structures of mediation, Sociological Methodology 19, 89–126
GROTEN, M. (2017), Integrierte Planung von Distributionsnetzwerken, Aachen
GROVE, A. (1995), High Output Management, New York
GUPTA, S. (2018), Driving Digital Strategy, Boston
GUTZWILLER, R.; MÜLLER, A. (2018), Wenn die Eins zur Null wird, in: Schweizer Monat, November 2018, S. 17 ff.
HARARI, Y. N. (2018), 21 Lessons fort he 21st Century, London
HARARI, Y. N. (2017). Homo deus: eine Geschichte von Morgen, München
HARKER, D. (1961), https://paulingblog.wordpress.com/2008/10/28/clarifying-three-widespread-quotes/
HOEBEKE, L. (1994), Making Work Systems Better, Chichester
HOFERT, S. (2018), Das agile Mindset, Wiesbaden
HOFERT, S., THONET, C. (2018), Der agile Kulturwandel, Heidelberg
HOFFMANN, R. YEH, C. (2018), Blitzscaling, New York

HONEGGER, J. (2008), Vernetztes Denken und Handeln in der Praxis, Zürich
HOVERSTADT, P.; LOH, L. (2017), Patterns of Strategy, New York
HURST, A. (2016). The purpose economy, expanded and updated: how your desire for impact, personal growth and community is changing the world. Elevate Publishing
ISAACSON, W. (2011), Steven Jobs, München
ISHIKAWA, K. (1985), What is Total Quality Control?, Upper Saddle River
JOHNSON, N. (2009), Simply Complexity, Oxford
KAGAN, R. (2018), The Jungle Grows Back, New York
KAHNEMANN, D. (2011), Thinking Fast and Slow, London
KAPLAN, R., NORTON, D. (1996), The Balanced Scorecard, Boston
KIRCHGEORG, M.; MEYNHARDT, T. ;PINKWART, A.; SUCHANEK, A.; ZÜLCH, H. (2018), Das Leipziger Führungsmodell, Leipzig
KNIBERG, H. (2012), https://blog.crisp.se/2016/06/08/henrikkniberg/spotify-rhythm
KRIEG, W. (1971), Kybernetische Grundlagen der Unternehmensorganisation, Bern
KÜHL, S. (2017), https://www.humanresourcesmanager.de/news/die-agile-organisation-ist-kalter-kaffee.html
LAFELY, A.; MARTIN, R. (2013), Playing to Win, Boston
LALOUX, F. (2014), Reinventing Organizations, Millis
LAMBERTZ, M. (2018), Die intelligente Organisation, Göttingen
LAMBERTZ, M. (2016), Freiheit und Verantwortung für intelligente Organisationen, Düsseldorf
LASSL, W. (2019), The Viability of Organizations, Heidelberg
LEOPOLD, K. (2018), Agilität neu denken, Wien
LEVITSKY, S.; ZIBLATT, D. (2018), How Democracies Die, New York
LIKER, J. (2003), The Toyota Way, New York
LINDGREEN, A. KOENIG-LEWIS, N.; KITCHENER, M.; BREWER, J. D.; MOORE, M.H.; MEYNHARDT, T. (Eds.) (2019). Public Value: Deepening, Enriching, and Broadening the Theory and Practice of Creating Public Value, London
LYPKOWSKY, S. (2019), Führungsaufgabe Purpose. Sinn machen! Managerseminare, 250, S.20–27
LUSCH, R.; VARGO. S. (2014), Service-Dominant Logic: Premises, Perspectives, Possibilities, Cambridge
MALIK, F. (2015), Strategie des Managements komplexer Systeme, Bern
MCAFEE, A.; BRYNJOLFSSON, E. (2017), Machine, Platform, Crowd, New York
MCCHRYSTAL, S. (2015), Team of Teams, London
MCKINSEY GLOBAL INSTITUTE (2018), The Future of Work: Switzerland's Digital Opportunity, New York
MASLOW, A. H. (1943), Psychological Review, 50, 370–396, Washington

MAUCHER, H. (2007), Management-Brevier, Frankfurt a/Main

MAYER, C. (2013), Firm Commitment, Oxford

MAYER, C. (2018), Prosperity, Oxford

MEYNHARDT, T. (2018). Der GemeinwohlAtlas: Die Vermessung des Gemeinwohls Reflexionen zu einem neuen Ansatz. In Das Gemeinwohl im 21. Jahrhundert. Göttingen, 143–158

MEYNHARDT, T. (2016). Public Value: Der Gemeinwohlbeitrag von Organisationen und Unternehmen. in: Verantwortungsvolles Unternehmertum: Wie tragen Unternehmen zu gesellschaftlichem Mehrwert bei?. Gütersloh, S. 25–35

MEYNHARDT, T. (2015). Public Value: Turning a Conceptual Framework into a Scorecard. In: Bryson, John M.; Crosby, Barbara & Bloomberg, Laura (Eds.): Public Value and Public Administration. Washington, 147–169

MEYNHARDT, T. (2014). Nachhaltigkeit – Kein Thema! Fallstudien aus der Unternehmenspraxis. Wiesbaden

MEYNHARDT, T. (2013). Werkzeugkiste: 37. Public Value Scorecard (PVSC). OrganisationsEntwicklung. Zeitschrift für Unternehmensentwicklung und Change Management, 4, 79–83

MEYNHARDT, T. (2010), The practical wisdom of Peter Drucker: roots in the Christian tradition. Journal of Management Development, 29(7/8), 616–625

MEYNHARDT, T. (2009), Public Value Inside. What is Public Value Creation? in: International Journal for Public Administration, 32(3–4) S. 192–219

MEYNHARDT, T. (2008). Public Value: Oder was heißt Wertschöpfung zum Gemeinwohl?. Der moderne Staat: dms, 1(2), 457–468

MEYNHARDT, T. (2004). Wertwissen: was Organisationen wirklich bewegt. Münster.

MEYNHARDT, T.; FRANTZ, E. (2019). Was macht den MDR wertvoll für die Gesellschaft?, Ergebnisse einer Studie zur Ermittlung des Gemeinwohlbeitrages des Mitteldeutschen Rundfunks, Kurzusammenfassung, HHL Leipzig Graduate School of Management, Leipzig

MEYNHARDT, T.; BRIEGER, ST. A.; HERMANN, C. (2018) The International Human Resource Management Journal, (2018), 1–34

MEYNHARDT, T.; FRÖHLICH, A. (2017). Die Gemeinwohl-Bilanz. Wichtige Anstösse, aber im Legitimationsdefizit. Zeitschrift für öffentliche und gemeinwirtschaftliche Unternehmen, (2–3), 152–176

MEYNHARDT, T.; FRANTZ, E. (2016). Der Public Value des RB Leipzig. Eine Untersuchung des Gemeinwohlpotenzials des RB Leipzig, Kurzusammenfassung, HHL Leipzig Graduate School of Management, Leipzig

MEYNHARDT, T.; Gomez, P. (2016 online first, 2019). Building Blocks for Alternative Four-Dimensional Pyramids of Corporate Social Responsibilities, Business & Society, Vol. 58(2) 404–438

MICHL, T. (2015), Blogpost Agieologen vs. Agilisten, https://tomsgedankenblog.wordpress.com/2015/05/14/gedankenblitz-agileologen-versus-agilisten/
Mintzberg, H. (1989), Mintzberg on Management, New York
MIT (2019), Technology Review, Boston
MITROFF, I. (2019), Technology Run Amok, Cham
MOORE, G. (1965), Cramming more components onto integrated circuits, in: Electronics 8, 114–117
MOORE, M. H. (2013). Recognizing public value. Cambridge, MA
MORGAN, G. (1997), Images of Organization, London
MOSS KANTER, R. (2009), Supercorp, New York
MÜLLER, J., MENZ,M. & MEYNHARDT, T. (2013). Haniel (A): Corporate strategy and corporate responsibility, ecch-Fallstudie, London
MÜLLER-STEWENS, G. (2019), Die neuen Strategen, Stuttgart
NADELLA, S. (2018), Hit Refresh, Kulmbah
NASSEHI, S. (2017), Die letzte Stunde der Wahrheit, Hamburg
NEUE ZÜRCHER ZEITUNG (2018), Wo Roboter zu Stellenverlusten führen, 13. 11. 18, S. 23
OESTERREICH, B., SCHRÖDER, C. (2016), Das kollegial geführte Unternehmen, München
OHNO, T. (1993), Das Toyota-Produktionssystem, Frankfurt am Main
OLTMANN, J. (2008), Project portfolio management: how to do the right projects at the right time, Denver
OSTERWALDER A., PIGNEUR Y. (2011), Business Model Generation, Frankfurt am Main
PAETZMANN, K. (1995), Unterstützung von Selbstorganisation durch das Controlling, Berlin
PAPIER, H.-J.; MEYNHARDT, T. (2016). Freiheit und Gemeinwohl. Berlin
PAPST FRANZISKUS (2015). Laudato si. Die Umwelt-Enzyklika des Papstes. Vollständige Ausgabe, Freiburg – Basel – Wien
PEREZ-RIOS, J. (2012), Design and Diagnosis for Sustainable Organizations, Heidelberg
PERROW, CH. (1984), Normal Accidents, New York
PETERS, T.; WATERMAN, R. (1982), In Search of Excellence, New York
PERROW, CH. (1984), Normal Accidents, New York
PICHAI, S. (2018), AI at Google: Our Principles, www.blog.google/topics/ai/ai-principles/
POPPER, K. (2003), Die offene Gesellschaft und ihre Feinde, Tübingen
PORTER, M. (1980), Competitive Strategy, New York
PORTER, M. E.; KRAMER, M. R. (2006). The link between competitive advantage and corporate social responsibility. Harvard business review, 84(12), 78–92
PRINZ, W. (2013). Selbst im Spiegel: die soziale Konstruktion von Subjektivität. Frankfurt

OESTERREICH, B., SCHRÖDER, C. (2016), Das kollegial geführte Unternehmen, München

PROBST, G. (1987), Selbstorganisation, Berlin

RAISCH, S.; BIRKINSHAW, J. (2008), Organizational Ambidexterity, in: Journal of Management 34, S. 375 ff.

RAPPAPORT, A. (1998), Creating Sharehholder Value, New York

RIEG R. (2015), Planung und Budgetierung – was wirklich funktioniert, Wiesbaden

RICHARDS, C. (2004), Certain to win, Bloomington

RIFKIN, J. (2014), The Zero Marginal Cost Society, New York

ROBERTSON, B.J. (2016), Holacracy: The Revolutionary Management System that Abolishes Hierarchy, London

ROOK, S. (2018), User Story vs. Specification,https://twitter.com/stefanroock/status/1002643244390473728

ROTHER, M.; SHOOK M. (2003), Learning to See, Boston

RÜEGG-STÜRM, J.; GRAND, S. (2018), Das St. Galler Management-Modell, 3. Auflage, Bern

RUMELT, R. (2011), Good Strategy, Bad Strategy, New York

SANDBERG, S. (2013), Lean In, New York

SARASVATHY, S. (2005), Knowing What to Do and Doing What You Know: Effectuation as a Form of Entrepreneurial Expertise. In: The Journal of Private Equity, Vol. 9

SCHARMER, C. O. (2015). Theorie U-von der Zukunft her führen: presencing als soziale Technik, Heidelberg

SCHÖN, D. (1984), The Reflective Practitioner, New York

SCHWABER, K. (1995), http://www.jeffsutherland.org/oopsla/schwapub.pdf

SCHWANINGER, M., SCHEEF, C. (2016). «A Test of the Viable System Model: Theoretical Claim vs. Empirical Evidence.» In: Cybernetics and Systems 47(7), S. 544–569

SCHWANINGER, M. (2009), Intelligent Organizations, Berlin

SCHWANINGER, M. (2000), Managing Complexity, in: Systemic Practice and Action Research, Vol. 13, Nr. 2

SCHWARZ, G. (2018), Ohne Freiheit wird es eng, in: Neue Zürcher Zeitung, 1. 11. 18, S. 36

SCRUMGUIDE (2017), abgerufen unter www.scrumguides.org

SENGE, P. (1990), The Fifth Discipline, New York

SHINGO, S. (1988), Non-Stock Production, London

SINEK, S. (2014). Frag immer erst: warum: Wie Top-Firmen und Führungskräfte zum Erfolg inspirieren, München

SINEK, S. (2011), Start with Why, London

SLOTERDIJK, P. (2018), Interview in Neue Zürcher Zeitung, 30. 3. 18

SNOWDEN, D. (2014), https://cognitive-edge.com/methods/ritual-dissent/

SOIRON, R. (2018), Wo Geld ohne Geist ist, säet es nur Streit und Unheil, in: Schweizer Monat, Dezember 2018, 72 ff.

STRASSER, T. (2016), Businesspläne vor dem Hintergrund des Viable System Model, Saarbrücken

STRAUCH, B., REIJMER, A. (2018), Soziokratie – Kreisstrukturen als Organisationsprinzip, München

SUTHERLAND, J. (2014), Scrum – The art of doing twice the work in half the time, London

TAKEUCHI, H; NONAKA, I. (1986), The New Product Development Game, in: Harvard Business Review

TALEB, N. (2018), Skin in the Game, New York

TALEB, N. (2008), The Black Swan, New York

TIDD J.; BESSANT J. (2013), Managing Innovation: Integrating Technological, Market and Organizational Change, New York

TOFFLER, A. (1970), Der Zukunftsschock, Frankfurt am Main

TÖNNIES, F. (1887/2005), Gemeinschaft und Gesellschaft, Darmstadt

TÜRKE, R. (2008), Governance – Systemic Foundation and Framework, Heidelberg

ULRICH, H. (2001), Gesammelte Schriften, Bern

ULRICH, H. (1983), Management – eine unverstandene gesellschaftliche Funktion, in: Siegwart, H.; Probst, G., Mitarbeiterführung und gesellschaftlicher Wandel, Bern 1983

ULRICH, H. (1968), Die Unternehmung als produktives soziales System, Bern

ULRICH, H.; PROBST, G. (1988), Anleitung zum ganzheitlichen Denken und Handeln, Bern/Stuttgart

VESTER, F.; HESSLER, A. (1980), Sensitivitätsmodell, Frankfurt

VON HAYEK, F. (2003), Der Weg zur Knechtschaft, München

VOLKMER, R. et al. (2017), 25 Jahre Lean – und alles ist gut?, Heddesheim

WEBER, B.; SIEGERT, T.; GOMEZ, P. (2007), Firmen kaufen und verkaufen, Zürich und Frankfurt

WEBSTER F.; WIND Y. (1972), Organizational Buying Behaviour, Englewood Cliffs

WEICK, K. (1979), The Social Psychology of Organizing, Reading

WEINBERG, G. (1975), An Introduction to General Systems Thinking, New York

WHITE, W. (2018), Der Fluch des billigen Geldes, in: Schweizer Monat April 2018

WILLEMSEN, M. (1992), Ist die Schweiz ein lebensfähiges System?, Chur

WOMACK, J.; JONES, D.; ROOS, D. (1990), The machine that changed the world, New York

VON HAYEK, F. (2003), Der Weg zur Knechtschaft, München

WUJEC, T. (2017), The Future of Making, New York

ZEHNDER, E. (1981–1987), Der Weg zur Spitze, 5 Bände, Frankfurt

ZUBOFF, S. (2019), The Age of Surveillance Capitalism, New York